광고로 보는 출판의 역사

일제강점기 편

1910
1945

광고로 보는 출판의 역사

일제강점기 편

출판아카이브총서 ❶

초판 1쇄 인쇄 2018년 4월 1일 \ **초판 1쇄 발행** 2018년 4월 10일
엮은이 서해문집 출판문화연구소 · 김흥식 \ **펴낸이** 이영선 \ **편집 이사** 강영선 김선정
주간 김문정 \ **편집장** 임경훈 \ **편집** 김종훈 이현정 \ **디자인** 김회량 정경아
독자본부 김일신 김진규 김연수 박정래 손미경 김동욱

펴낸곳 서해문집 \ **출판등록** 1989년 3월 16일(제406-2005-000047호)
주소 경기도 파주시 광인사길 217(파주출판도시) \ **전화** (031)955-7470 \ **팩스** (031)955-7469
홈페이지 www.booksea.co.kr \ **이메일** shmj21@hanmail.net

ISBN 978-89-7483-916-1 93010
값 32,000원

이 도서의 국립중앙도서관 출판예정도서목록(CIP)은 서지정보유통지원시스템 홈페이지(http://seoji.nl.go.kr)와
국가자료공동목록시스템(http://www.nl.go.kr/kolisnet)에서 이용하실 수 있습니다.(CIP제어번호: CIP2018004944)

출판아카이브총서 ❶

광고로 보는 출판의 역사

일제강점기 편

1910 1945

서해문집 출판문화연구소 · 김흥식 엮음

서해문집

출판아카이브총서를 기획하면서

'아카이브archive'라는 단어를 최근 들어 자주 사용하고 있다.
그러나 우리말 용어가 아닌 까닭인지 아니면 개념이 도입된 지 얼마 되지 않은 까닭인지, 분명한 정의가 아직은 이루어지지 않고 있다.
그래서 사용하는 이나 기관, 또는 상황에 따라 여러 가지 의미로 사용하고 있는 듯하다.
우리말로는 다양한 분야의 정보를 모아 둔 정보창고라는 의미로부터 이전에 존재하던 다양한 정보를 디지털 파일로 변환하여 관리와 사용을 용이하게 한 것이라는 의미 등 여러 개념으로 사용되고 있다.
이러한 의미에서 향후 국립국어원을 비롯한 권위 있는 기관과 학자들이 어떻게 정의하건 '아카이브'는 이전부터 존재해 오는 인류 문명의 자료들을 일정한 기준에 의거(분야별, 시대별, 종류별, 매체별 등), 체계적으로 수집·보존하여 활용할 수 있도록 하는 문명의 창고 역할을 할 것이다.
그러나 우리나라의 아카이브 현실은 녹록지 않은 게 현실이다.
사실 아카이브 작업이 이루어지기 이전에 기본적인 문명의 흔적인 주요 자료(대부분 서적의 형태일 것이 분명한데)조차 소개되지 못하고 있는 것이 현실이다.
교과서에 등장하는 무수한 문명들의 원천인 도서들조차 출간되지 못하고 있으니 인류 문명의 아카이브 구축 작업이 본격적으로 이루어지지 못하고 있는 것은 어떤 면에서는 당연하다 할 것이다.

도서출판 서해문집은 이러한 상황에서 작은 출판사가 맡을 수 있는 범위 내에서 아카이브 구축 작업을 시작하고자 한다.
오늘날과 같은 인터넷 시대에 한 개인 또는 단체가 인류 문명의 아카이브 구축을 담당할 까닭은 전혀 없다. 그러하기에 우리가 추진하는 아카이브 작업은 특별한 의미를 부여할 수준도 아니요, 체계성을 띨 만큼 작업을 추진할 능력도 없다.
그러한 역할을 일개 영세 출판사가 담당한다고 나선다면 그야말로 이란투석以卵投石일 것이다.
그렇다고 출판이라는, 문명의 흔적을 기록하는 역할을 자임하고 나선 자가 모르쇠하는 것 또한 어떤 의미에서든 변명의 여지가 없을 것이다.
그리하여 도서출판 서해문집은 서해문집 출판문화연구소와 함께 몇 년간의 안간힘 끝에 이런 방식으로 첫 삽을 뜨기로 작정했다.

부족하고 어설플 것은 당연지사다.
독자 여러분의 질정叱正과 격려를 기다린다.

도서출판 서해문집 출판문화연구소
도서출판 서해문집

머리말

우리나라 출판 역사는 엄밀한 의미에서 100여 년에 불과하다고 할 것이다.
세계 최초로 금속활자를 발명한 선조를 둔 후손들로서는 너무나 부끄러운 역사임에 분명하다.
금속활자가 서적의 대중적 보급을 위해 필수적이라는 사실은 명약관화明若觀火하다. 그러하기에 지성과 지식, 문명에 대한 사회적 필요가 금속활자라는 매체를 발명하는 뇌관 역할을 하는 것이 당연할 것이다.
그러나 우리는 그러하지 못했다. 탁월한 몇몇 발명가의 등장으로 문명의 보급을 위한 수단이 되어야 할 금속활자가 목적이 되었고, 그것으로 우리 겨레의 금속활자는 역할을 마쳤다.
돌아보면 참으로 안타까운 일이었다.
만일 세계 최초로 발명된 금속활자를 이용해 온 백성들에게 문명을 보급하는 작업이 이루어졌다면 오늘날 대한민국은 세계 최고의 지적知的 사회로 발돋움했을 것이다.

그리고 20세기에 들어서서야 비로소 출판이라고 할 만한 '지식의 대량보급' 시대가 열렸으니 지구상의 여러 문명국가들과 비교한다면 늦어도 한참 늦은 출발이다. 출판의 지연은 단순히 서적이라고 하는 문명을 담을 매체媒體가 늦게 등장했다는 사실에 머물지 않는다. 출판의 지연은 매체에 담을 지적 성과물의 생산을 지연시켰고, 지식의 수용자受容者, 즉 시민의 각성을 지연시켰다. 그리고 이는 당연히 겨레의 지적 발전을 지연시켰으니 그 결과는 타국의 식민지로 전락하는 것이었다.

『광고로 보는 출판의 역사』를 출간하는 것은 우리나라 근대 출판의 역사를 살펴보는 데 그치지 않는다. 근대 출판의 상황을 통해 시대를 읽고, 그 과정에서 우리 겨레가 어떻게 각성覺醒되어 왔는지, 나아가 종이책의 종말을 공공연하게 이야기하는 이 시대에 책과 문명 사이에 어떤 상관관계가 있는지를 살펴보고자 하는 것이다.

『광고로 보는 출판의 역사』는 단순히 책 한 권 한 권의 등장을 살펴보는 작업과는 또 다른 의미를 갖는다. 어떤 책이 그 시대 독자들을 향해 다가갔는지, 나아가 시대는 어떤 책들을 요구했고, 시대의 요구에 부응한 책들은 어떤 것이었는지를 살펴보는 것은 우리 근대사, 특히 문화사를 살펴보는 데 필수적일 것이다. 거시적巨視的으로 우리나라의 문화적 발전 과정에서 중요시되는 책들만을 선정하는 대신 우리로서는 부끄러울 수도 있는 한일강제병합을 기념하거나 창씨개명과 관련된 일본침략주의자들의 성과물, 나아가 일확천금을 노리는 시대적 상황을 보여 주는 책으로부터 성적性的 호기심을 채워 주기 위한 온전한 상업적 도서에 이르는 다양한 분야의 서적 광고를 선정한 것은 그 때문이다. 독자 여러분께서는 오늘날 교과서에서 배우는 우리 겨레의 근대문화와는 사뭇 다른 현상을 그 시대 출판광고를 통해 확인할 수 있을 것이다.
어떤 책이 시대의 선택을 받았는지, 그리고 시대는 선택하지 않았지만 우리 근대사회를 대변한 것으로 인정받는 책들이 어떤 대접을 받았는지 확인하는 것 또한 무의미한 일은 아닐 것이다.

『광고로 보는 출판의 역사』는 제1권 『일제강점기』 편을 시작으로 계속 출간될 것이다.
첫 책은 그 시기가 일제강점기로 한정되어 있을 뿐 아니라 일제가 출간한 서적과 전근대적前近代的 출판물, 그리고 본격적인 출판이 혼재하던 때인 만큼, 편년編年으로 구성하기가 힘들다. 전 시대에 걸친 출판물을 시대적 의미 순으로 모으고 재배치한 것은 그 때문이다.
향후 출간될 책들은 편년체로 구성될 것임을 밝혀 둔다.
한 가지 더 밝혀 둘 점은 일제강점기 이전 광고는 필요한 경우에 한해 수록했다는 점이다. 이전 광고들은 전근대 출판물이거나 일제의 출판물들이 대부분이기 때문이다. 그러나 일제강점기 이후 광고들과 연관이 있거나 의미가 있는 출판물의 경우에는 수록하였다.
잡지는 제외했다는 점 또한 밝혀 두고자 한다.
일제강점기는 잡지의 전성기였다. 다양한 문화 분야에서 본격적인 단행본을 출간할 상황이 조성되지 않은 상태였던 까닭에 여러 성과물을 모아 잡지로 간행한 것으로 보인다. 그러한 까닭에 잡지 광고는 별도로 출간할 예정이다.

엮은이
김흥식

일러두기

1. 본서에서 참고한 자료는『독립신문』,『황성신문』,『대한매일신보』,『매일신보』,『경성일보』,『동아일보』,『조선일보』에 실린 광고이다. 단, 참고자료로서 필요한 경우에는 기사도 수록하였다.
2. 100선 광고의 경우에는 광고 문안과 해설을 동시에 수록하였고, 참고 광고의 경우에는 특별히 의미가 있는 경우에는 광고 문안을 수록하였으나 그렇지 않은 경우에는 광고 정보만을 수록하였다. 또한 광고는 여러 신문에 여러 날 게재되었으므로, 광고가 대표적으로 실린 연도와 달月만을 기록하였다.
3. 국한문 혼용체를 사용한 광고의 경우 가능한 선에서 현대어에 맞게 교열하였다. 그러나 자료로서의 의미를 고려하여 맞춤법에 맞춰 고치지 않거나 원문에 수정을 가하지 않은 경우도 있음을 밝혀 둔다.
4. 본광고의 자료 상태가 좋지 않아서 읽을 수 없는 글자는 ○○로, 광고의 검열이나 기타의 사정으로 글자를 쓰지 않은 부분은 ××로 표기하였다.
5. 본서에서 선정한 100선 광고는 엮은이가 임의로 선정한 것이다. 따라서 특별한 의미를 부여할 필요는 없을 것이다. 그러나 엮은이로서는 일제강점기 신문 자료를 여러 번에 걸쳐 읽고 또 읽은 후 일정한 기준에 따라 선정한 것임을 밝혀 둔다. 선정의 합리성은 독자 여러분께서 판단해 주시리라 믿는다.
6. 본서에서는 광고 자료 또는 광고의 대상 도서에 관한 자료, 저자에 관한 자료 등을 기존에 유통되고 있는 자료들과 비교하여 다름이 있는 경우에는 따로 표기하였다. 그러나 엮은이가 이 분야의 전문가가 아닌 까닭에 정오正誤를 결정할 만한 능력은 없음을 밝혀 둔다. 이에 대해서는 사계斯界의 권위자들께서 추후 지속적인 연구를 통해 정확한 정보를 밝혀 주시기를 기대한다.

차례

周時經氏著

朝鮮語文法

全一冊 定價四十錢

（前名國語文法）

本書가其間乏絶ᄒᆞ엿다가今에改成이오니僉君子ᄂᆞᆫ速々購覽ᄒᆞ시옵 各種書籍도具備ᄒᆞ와隨求隨應ᄒᆞ옵ᄂᆞ다

發賣所

京城南大門外紫岩 新舊書林

京城南大門內尙洞 博文書館

조선어문법 朝鮮語文法

주시경 / 신구서림 · 박문서관 / 『매일신보』 1912. 1.

주시경 씨 저著
『조선어문법』
전 1책(예전 이름 『국어문법』)

본서가 그간 절판되었다가 이번에 완성하였으니 여러 독자들께서는 빨리 구독하시기 바랍니다.

정가 40전 / 발매소: 신구서림, 박문서관

근대 출판 광고의 역사를 정리하는 첫머리로 우리말에 관한 책을 두는 것은 당연하다. 1911년 출간된 주시경周時經(1876~1914)의 『조선어문법朝鮮語文法』은 1910년에 간행된 『국어문법』의 개정판으로, 가장 큰 차이는, 품사를 뜻하는 명칭인 '기'를 '씨'로 바꾼 것이다. 결국 이 책에서 품사를 뜻하는 우리말 '씨'를 처음 사용한 셈이다.

근대 초 우리말 문법 체계를 잡는 데 주시경이 선구적인 역할을 한 사실에 이의를 제기하는 사람은 없을 것이다. 주시경은 19세 되던 1894년부터 배재학당에 다니며 그 무렵 창간한 독립신문사에서 서재필을 도와 우리나라 최초의 순한글 신문이 자리를 잡는 데 일조했다. 또한 1896년에는 신문사 안에 비공식적인 조직이지만 최초의 한글 연구 모임인 '국문동식회國文同式會'를 설립하기도 했다. 1907년에는 지석영이 만든 '국어연구회'에 가입했으며, 같은 해 7월에는 학부의 국문연구소 주임위원이 되어 3년간 국문연구안을 작성 · 제출하는 데 기여했다. 주시경은 그 외에도 국어연구회, 국어교육, 국어사전 등 우리말과 관련된 대부분의 분야에 초석을 놓았다. 오늘날 우리가 사용하는 '한글'이라는 명칭을 만들고, 형태 위주의 맞춤법 역시 그가 처음 주장했으니, 그를 세종대왕-최세진-주시경으로 이어지는 우리말 창제 또는 중흥조라고 해도 무리가 없을 것이다.

그의 저작물로는 필기본인 『국문문법』(1905)을 비롯해 『대한국어문법』(1906) · 『국어문전음학』(1908) · 『국어문법』(1910) 등 여러 권이 있다.

國語文典音學 周時經 著述
全壹冊 定價三拾錢
本書ᄂᆞᆫ周時經氏가拾有餘年을
研究ᄒᆞ야國語에關ᄒᆞᆫ音學에諸
般原則을詳密히說明ᄒᆞ야壹般
學界에極히有用ᄒᆞ오니文學에
有志ᄒᆞ신諸시와學生僉員은速
히需用ᄒᆞ심을바라나이다

『국어문전음학』
주시경
『대한매일신보』 1909. 1.

『국어문전음학國語文典音學』
주시경 저술
전 1책
정가 30전

본서는 주시경 씨가 십여 년을 연구하여 국어에 관한 음학音學에 제반 원칙을 상밀히 설명하여 일반 학계에 극히 유용하오니 문학에 뜻이 있으신 여러분과 학생 여러분은 속히 수용需用하심을 바라나이다.

大韓文典 崔光玉 述 李商在 校閱
此文典은國語의話法과讀法과
作文法을一定ᄒᆞᆫ規模로能成케
ᄒᆞᄂᆞᆫ法이備載ᄒᆞ야高等小學校
나中학一班에所用ᄒᆞᆯ만ᄒᆞ오니
僉子ᄂᆞᆫ速々購覽ᄒᆞ심敬要
發賣所 平壤 大同書館
京城 蓮洞 儆新학校內
安岳 勉學書舖

『대한문전』
최광옥 술 · 이상재 교열
『대한매일신보』 1908. 3.

『대한문전大韓文典』
최광옥 술
이상재 교열

이 문전은 국어의 화법과 독법과 작문법을 일정한 규모로 능히 이룰 수 있는 법이 구비, 게재되어 고등 소학교나 중학 일반에 소용할 만하오니 여러분은 속히 구람하심을 경요敬要.

발매소: 평양 대동서관

책의 저자 최광옥崔光玉(1879~1911)은 대한제국 말기에 활동한 교육자이자 계몽운동가로, 안창호安昌浩(1878~1938)가 설립한 평양 대성학교 교장을 지내기도 하였다. 이 책은 그가 1908년에 간행한 우리말 관련 도서다.

『조선어전』
김희상
보급서관
『매일신보』 1912. 4.

김선생 희상 씨 저
『조선어전朝鮮語典』
150쪽, 정가 금 50전

본전은 조선어를 연구하는 데 절호한 사우師友요, 교수에 간이하고 상명詳明함은 저자가 맡아 증명함.

발매원: 보급서관

김희상金熙祥(?~?)은 초창기에 활동한 국어학자로, 1909년에 초등교육 학도용 문법교과서인 『초등국어어전』을 발행한 것으로 알려져 있다. 1911년에는 『조선어전朝鮮語典』을 출간했는데, 일반적으로 다른 국어학자들이 '문전文典'이라는 용어를 사용할 때 그는 '어전語典'이라는 용어를 사용한 것이 눈에 띈다. 우리말을 다룬 책들이 말의 소리를 다루기 때문에 어전이라는 용어를 사용해야 한다는 입장을 견지한 것으로 알려져 있다. 『울이글틀』 또한 그의 저서인데, 1927년에 발간되었다.

『울이글틀』
김희상
영창서관·한흥서림
『동아일보』 1927. 4.

조선어문법의 정화인 모범적 총람!

전 1책, 국판교과서, 250쪽
정가 1원 25전, 우송료 25전

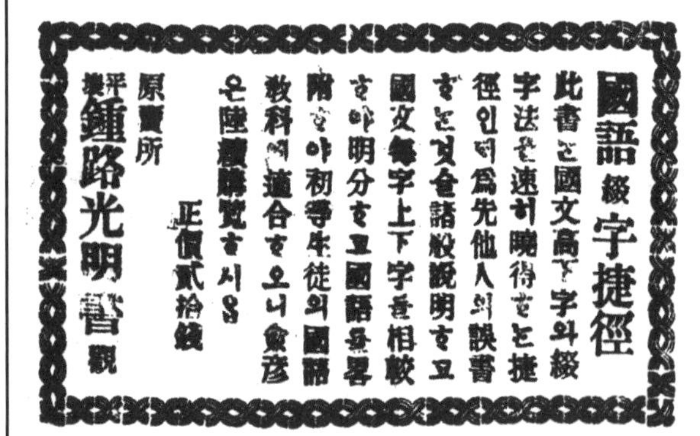

『국어철자첩경』
한승곤
평양 종로 광명서관
『대한매일신보』 1909. 2.

『국어철자첩경國語綴字捷徑』

이 책은 국문 모든 글자와 철자법을 속히 깨달아 알게 하는 지름길인데,
우선 다른 사람이 잘못 쓴 것을 제반 설명하고 국문 매 글자마다
서로 비교하여 분명히 구분하고 국어를 비교·부기하여 초등생도의
국어교과에 적합하오니 여러분은 속히 구입하여 보십시오.

정가 20전
원매소: 평양 종로 광명서관

국어맞춤법에 관한 지침서인『국어철자첩경』은 1908년에 한승곤韓承坤이 지은 책이다. 한승곤은 평안도 출신인 까닭에 보기 설명 또한 평안도 방언으로 되어 있다고 한다.★

★『한국민족문화대백과사전』

『조선문법』
안확
백일서점·유일서관
『매일신보』 1917. 1.

안확安廓(1886~1946)은 국어학자이자 국학자이면서 독립운동가이기도 한 인물이었다. 그의 저서로는 이 책 외에도 『조선문명사』, 『조선문학사』 등 많은 국학國學 관련 서적이 있다. (198~201쪽 참조)

『현금 조선문전』
이규영
신문관
『동아일보』 1920. 7.

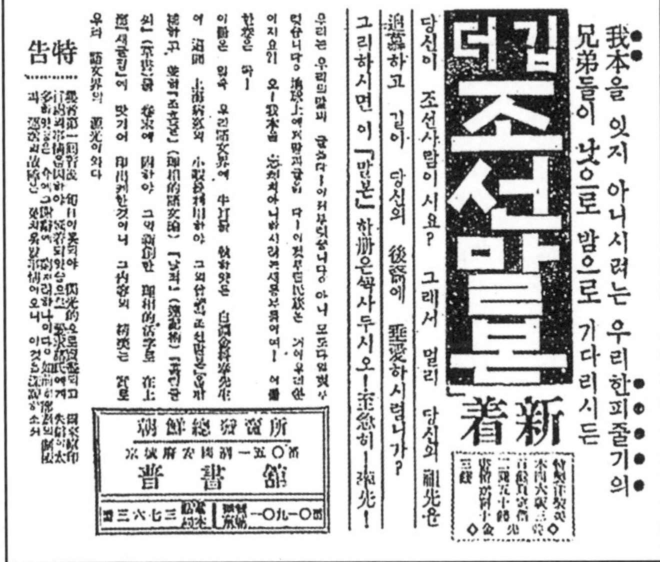

『깁더 조선말본』
김두봉
보서관
『동아일보』 1923. 1.

이규영李奎榮(1890~1920)은 조선광문회 회원을 지낸 국어학자로 이 책 외에도 몇 권의 저술을 남겼다.

김두봉金枓奉(1889~?) 또한 안확과 마찬가지로 국어학자 이전에 독립운동가로 이름이 높다.
'깁더'는 '깁고 더하다'라는 뜻으로 썼다.

『조선어문경위』
권덕규
광문사
『조선일보』 1923. 10.

권덕규權悳奎(1890~1950)는 주시경의 가르침을 받은 제자로 후에 조선어연구회 창립에 참여하였고, 『조선어큰사전』 편찬에도 참여하였다.

「우리말본」
최현배
연희전문학교출판부 · 동광당서점
「동아일보」 1929. 10.

연희전문학교 교수, 문학사 최현배 저
「우리말본」
정가 90전
우송료 14전
조선어 연구의 최량의 지도서

본서는 저자의 20년간 고각연마의 결정으로 조선어법의 과학적 설명은 능히 전인前人 미발未發의 경계를 개척함이 많음은 학계의 정평이다.
조선어 연구에 뜻하시는 이, 보통학교 선생, 중등학교 선생, 문인, 학생 여러분은 반드시 읽으십시오. 이 책을 읽지 않고는 감히 조선어법을 말할 수 없으며, 신철자법 문제를 논할 수 없을 것이다.

발행소: 연희전문학교출판부
총 판매소: 동광당서점

최현배崔鉉培(1894~1970)는 한글학자이자 교육자로, 주시경의 제자다. 『우리말본』은 그의 대표적인 저작인데, 조선어학회 사건으로 4년간 옥고를 치르기도 하였으며, 후에 한글학회 이사장을 지냈다.

松村先生池錫永著

袖珍美本 字典釋要 全一冊 定價八十錢

本書가這間繼刊未及홈을因ᄒᆞ야屢月乏絶이라가今에第五版이竣成이오니 僉君子ᄂᆞᆫ速々購覽ᄒᆞ시옵
外他에各種新舊書籍도具備ᄒᆞ와隨求隨應ᄒᆞ옵나이다

發行元 京城南部大廣橋通 滙東書舘

◉豫約募集廣告◉

本字典釋要ᄂᆞᆫ我韓松村先生池錫永氏가十餘年을硏究ᄒᆞ야普通玉篇보다五千餘字를增補校正ᄒᆞ와以國漢文으로詳解ᄒᆞ야明瞭知易케ᄒᆞᆫ妙盡要書이오니一去不再의時期를失치말으시고陸續購覽ᄒᆞ시옵

松村先生池錫永氏著

袖珍美本

字典釋要

四百七十二頁 全一冊 定價金八十錢

◉豫約特價六十五錢 ◉受取期日七月十日

但地方則五冊以上에ᄂᆞᆫ郵料를自當홈

◉發行期日七月末

發行所 京城南部大廣橋三十七統四戶 滙東書舘

★ 소매 속에 넣어 다닐 만큼 작고 아름다운 책
★ 천연두 예방법

자전석요字典釋要

지석영 / 회동서관 / 『매일신보』 1911. 12.

송촌 선생 지석영 저
『자전석요』
수진미본袖珍美本★ 전 1책

본서가 요즘 들어 간행이 이루어지지 못해 수개월 동안 구할 수 없다가 이번에 제5판이 완성되었으니 여러 독자들께서는 속히 구독하여 읽어 보시기 바랍니다.

정가 80전
발행소: 회동서관

지석영 / 회동서관 / 『황성신문』 1909. 6.

송촌松村선생 지석영 씨 저
수진미본 『자전석요』
472쪽
전 1권

예약모집광고
본 『자전석요』는 우리나라 송촌松村선생 지석영 씨가 10여 년을 연구하여 보통 옥편보다 5천여 자를 증보·교정하여 국한문國漢文으로 상세히 해설하여 명료하고 쉽게 알 수 있게 한 뛰어난 책이오니 다시 오지 못할 기회를 잃지 마시고 끊이지 않고 계속 구입, 읽으십시오.

정가 80전
예약특가 65전
발행소: 회동서관

지석영池錫永(1855~1935)은 국어학자보다는 우리나라 최초로 종두법★을 도입한 의사로 잘 알려져 있다. 그러나 나라의 발전을 위해서는 개화가 필요하고, 개화를 위해서는 한글 보급이 필수적이라고 여겨 한글 연구에도 앞장섰다.
『자전석요字典釋要』는 우리나라 최초의 자전字典인데, 해석을 한글로 표기한 것으로 유명하다. 상·하 두 권으로 이루어진 이 책의 진가는 1909년 7월 회동서관에서 발행된 이래 1925년 제16판이 간행되었을 뿐 아니라, 광복 후인 1945년에는 영창서관에서 재판再版이 간행된 것으로도 알 수 있을 것이다.

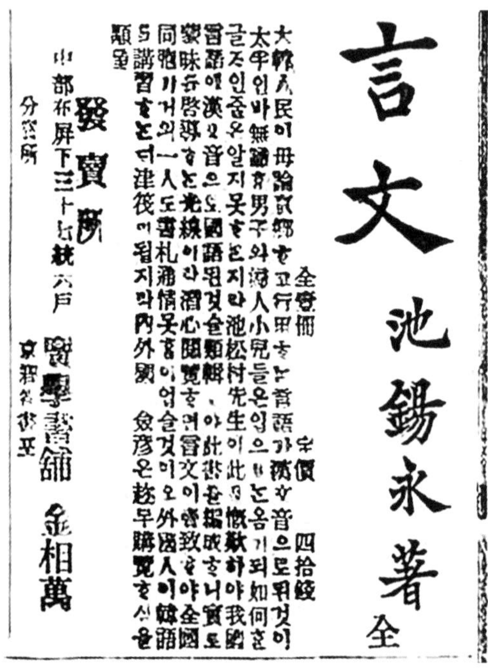

言文

池錫永著

全

全壹冊 定價 四拾錢

大韓人民이毋論貴賤ᄒᆞ고行用ᄒᆞᄂᆞᆫ言語가漢文音으로된것이太半인바無識ᄒᆞᆫ男子와婦人小兒들은입으로ᄂᆞᆫ옴기되如何ᄒᆞᆫ글ᄌᆞ인줄ᄋᆞᆯ지못ᄒᆞᄂᆞᆫ지라池松村先生이此를慨歎ᄒᆞ야我國言語에漢字音으로國語된것을類聚解釋ᄒᆞ야此書를編成ᄒᆞ니實로蒙昧ᄅᆞᆯ啓發ᄒᆞᄂᆞᆫ光線이라潛心閱覽ᄒᆞ면言文이一致ᄒᆞ야全國同胞가거의一人도書札通情못ᄒᆞᆯ이업ᄉᆞᆯ것이오外國人이韓語ᄅᆞᆯ講習ᄒᆞᄂᆞᆫ디津筏이될지라內外國僉彦은趂早購覽ᄒᆞ심을顒望

發賣所 中部布屛下三十五統六戶 廣學書舖 金相萬

分賣所 京鄕各書舖

『언문』
지석영
광학서포
『대한매일신보』 1909. 7.

지석영 저
전 1책 정가 40전
발매소: 광학서포 김상만

대한 인민이라면 말할 것도 없이 누구나 사용하는 언어가 한문음으로 된 것이 태반인바 무식한 남자와 부인, 소아들은 입으로는 옮기되 여하한 글자인 줄은 알지 못하는지라. 지송촌(지석영) 선생이 이를 개탄하여 우리나라 언어에 한자음으로 국어된 것을 분류·편집하여 이 책을 편성하니 실로 몽매를 계도하는 한 줄기 빛이라. 마음에 깊이 새겨 열람하면 언문이 일치하여 전국 동포가 거의 한 사람도 서찰로 뜻을 통하지 못함이 없을 것이요, 외국인이 한어韓語를 강습하는 데 나루터의 뗏목이 될지라. 내외국 모든 선비는 앞서 구입 열람하심을 우러러 바랍니다.

지석영이 지은 국어사전 형식의 교과서.

松村先生池錫永氏著
增補字典釋要
布衣寫裝 全一冊 定價金八十錢
七版에特色은檢字를添付하야索引에便利함
七版에特色은篆字를增補하야古法을參考케함
七版에特色은校正을精密하야訛誤를一掃함
七版에特色은字義를加詳하야完全에充分케함
發行所 滙東書館

『증보 자전석요』
지석영
회동서관
『매일신보』 1921. 10.

○ 지셕영씨가 ᄉᆞ년 동안에 한문 옥편을 국문으로 번역 ᄒᆞ여 쉬히 ᄀᆡ간 ᄒᆞᆫ다 ᄒᆞ니 아마 이 옥편을 ᄀᆡ간 ᄒᆞ여 세상에 젼ᄒᆞ면 대한 남녀의게 ᄆᆡ우 유죠 ᄒᆞᆯ터이니 지씨가 학문 상에 유의 ᄒᆞᆯᄲᅮᆫ더러 동포 남녀들을 위 ᄒᆞ야 이 ᄀᆞᆺᄒᆞᆫ ᄉᆞ업을 힘 쓰니 대단히 죠흔 일이더라

지석영의 자전 발간을 전하는 기사
『독립신문』 1897. 11.

지석영 씨가 4년 동안에 한문 옥편을 국문으로 번역하여 쉬이 개간한다 하니 아마 이 옥편을 개간하여 세상에 전하면 대한 남녀에게 매우 도움이 될 터이니 지 씨가 학문상에 유의할뿐더러 동포 남녀들을 위하여 이 같은 사업을 힘쓰니 대단히 좋은 일이더라.

지석영이 자전 출간을 준비한다는 기사가 실린 1897년 11월 12일 자 『독립신문』 기사. 이렇게 이른 시기에 준비한 책의 출간이 왜 1909년에 이르러서야 이루어졌는지 의문이다. 혹시 더 이른 시기에 출간되었는데 그 자료가 전하지 않는 것은 아닌지 앞으로 연구가 필요하다 하겠다.

金億氏作

詩集 해파리의노래

△四六版美裝百六十餘頁△定價金六十錢△送料十一錢(要先金)

인생에는 깃븜도만코 슬픔도 만타. 특히오늘날, 흰옷닙은사람의 나라에는 여러가지의 애닯고 구슬픈일이만타. 이러한세상사리에서 솟아나오는 수업는탄식과 감동과 감격과 가다가는 웃음과 또는 우슴과 잇던에에는 원망과 그런것이 모도 우리의시가 될것이다. 흰옷입은나라의시가 될것이다.

이러한 흰옷닙은사람― 모혀서 수ㅎ가, 안이다, 이 사람들의 가슴속에 넘치고 다는회포를 대신하여 울리는것이 시인의직책이다. 우리 해파리는 이, 이러한 흰옷닙은나라에 태어나며, 그의곳에 와서 붓는것을 노래햇다.

그의읇흔것을 모혼것이 이 해파리의노래다(李光洙 序)

發行兼總販賣元

京城府堅志洞六○

朝鮮圖書株式會社

電話光化門一七七番

振替京城八二六六番

해파리의 노래

김억 / 조선도서주식회사 / 『동아일보』 1924. 1.

김억 씨 작
시집 『해파리의 노래』
46판, 미장★, 160여 쪽

인생에는 기쁨도 많고 슬픔도 많다.
특히 오늘날 흰옷 입은 사람의 나라에는 여러 가지의 애달고 구슬픈 일이 많다. 이러한 '세상살이'에서 흘러나오는 수없는 탄식과 감동과 감격과 가다가는 울음과 또는 웃음과 어떤 때에는 원망과 그런 것이 모두 우리의 시가 될 것이다. 흰옷 입은 나라의 시가 될 것이다. 이천만 흰옷 입은 사람! 결코 적은 수효가 아니다. 이 사람들의 가슴속에 뭉치고 타는 회포를 대신하여 읊조리는 것이 시인의 직책이다. 우리 해파리는 이 이천만 흰옷 입은 나라에 둥둥 떠돌며 그의 몸에 와 닿는 것을 읊었다. 그 읊은 것을 모은 것이 이 『해파리의 노래』다.
(이춘원 서언)

정가 80전, 송료 11전(선금 요)
발행처: 조선도서주식회사

『해파리의 노래』는 우리 근대 자유시 역사상 최초의 시집이자 김억이 처음 펴낸 시집이다. 필명이 안서岸曙인 김억金億(1896~?)은 우리 근대 문학사, 특히 시와 번역 부문에 불후의 공적을 남긴 인물이다. 『해파리의 노래』가 출간되기 2년 전인 1921년 간행된 우리나라 최초의 번역시집 『오뇌懊惱의 무도舞蹈』 또한 그가 번역해 출간한 것으로, 많은 시인에게 커다란 영향을 끼친 것으로 평가받고 있다.
김억은 그 후로도 여러 권의 시집, 산문집과 번역서를 출간했는데, 특히 인도의 시인 타고르Rabindranath Tagore(1861~1941)의 작품 『기탄자리』(1923)·『신월新月』(1924)·『원정園丁』(1924)과 영국 시인 아서 사이먼스Arthur Symons(1865~1945)의 시를 번역한 『잃어진 진주』(1924) 등을 선보인 것으로 유명하다. 1943년에 번역·출간한 한시집漢詩集 『동심초同心草』는 같은 이름의 가곡으로도 유명하다. 책의 광고를 보면 시집의 서문을 이광수가 쓴 것을 알 수 있다.

★ 아름다운 제본

岸曙金億譯

詩集 懊惱의舞蹈

佛國式美裝
定價金壹圓
郵稅十一錢
(要先金)

黎明의새벗이 어두운世界를 아직方向업시떠도는때 우리의詩壇에 오랜混沌한沈默을 깨치는 큰소리가 생겻다。이소리는 다른것이아니고「懊惱의舞蹈」라는詩集自身이다。南유롭을中心으로삼고 近代 代表的詩人의代表的詩를 譯者一流의 보드랍고도 곱흔弱하게도捕捉하기 어려운彩筆로譯出한 이한卷이야말로 우리詩壇의 압길을 밝게줌이며 갓든때에 새詩歌에對하야 無限한 暗示를 준것이다。뛰노는가슴에 고흔사랑에 어린煩悶의 맘에 香薰놉흔 藝術의쏫에 憧憬하는이에게 얼마나깁흔늣김과 하소연한 생각을주랴。이한卷으로써 모든悲哀 온갓慰安의벗을 삼으라는이야말로 幸福이다。

京城鐘路二丁目 廣益書館

發行所 振替口座京城八三九 光化門局私書函第九號

『오뇌의 무도』
김억 역
광익서관
『동아일보』 1921. 3.

안서 김억 역
『시집 오뇌의 무도』
불국佛國식 미장
정가 금 1원, 우송료 11전

여명의 새 빛이 어두운 세계를 아직 방향 없이 떠도는 때 우리의 시단詩壇에 오랜 혼돈한 침묵을 깨치는 큰 소리가 생겼다. 이 소리는 다른 것이 아니고 『오뇌의 무도』라는 시집 자신이다. 남유럽을 중심으로 삼고 근대 대표적 시인의 대표적 시를 역자 일류의 보드랍고도 고운 약하게도 포착하기 어려운 채필彩筆로 역출譯出한 이 한 권이야말로 우리 시단의 앞길을 밝게 줌이며 같은 때에 새 시가에 대하여 무한한 암시를 준 것이다. 뛰노는 가슴에 고운 사랑에 어린 번민의 마음에 향훈香薰 높은 예술의 꽃에 동경하는 이에게 얼마나 깊은 느낌과 하소연한 생각을 주랴. 이 한 권으로써 모든 비애, 온갖 위안의 벗을 삼으려는 이야말로 행복이다.

발행소: 광익서관

『오뇌의 무도』는 보들레르Charles Pierre Baudelaire(1821~1867)를 비롯한 여러 서양 시인들의 작품 85편을 번역하여 출간한 우리나라 최초의 근대시 서적이다.

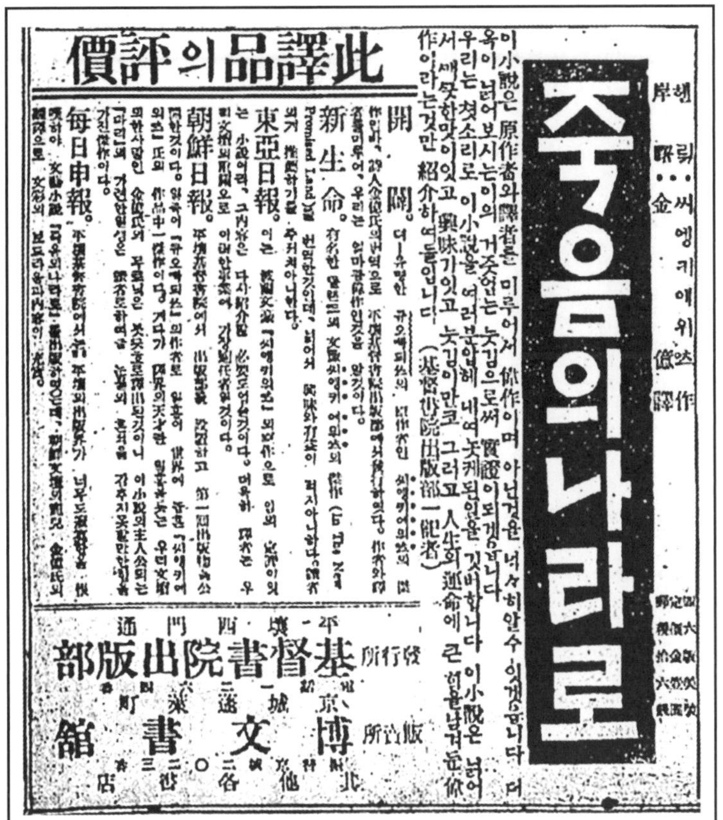

헨릭·씨엥키에위츠作
岸曙···金億譯

죽음의나라로

이小說은 原作者와譯者를 미루어서 傑作이며 아닌것은 넉々히알수 잇겟슴니다 더욱이 넘어보시는이의 거즛업는 늣김으로써 實證이되겟슴니다 우리는 첫소리로 이小說을 여러분압헤 내여 놋케된일을 깃버합니다 이小說은 넘어서 새뜻한맛이잇고 興味가잇고 늣김이만코 그러고 人生의 運命에 큰 힘을남겨둔傑作이라는것만 紹介하여둡니다 (基督書院出版部一記者)

此譯品의評價

開闢。

新生命。

東亞日報。

朝鮮日報。

每日申報。

發行所 基督書院出版部 平壤·西門通

販賣所 博文書館 京城

『죽음의 나라로』
김억 역
기독서원출판부
『동아일보』 1924. 3.

『죽음의 나라로』는 폴란드의 작가 헨리크 시엔키에비치Henryk Adam Aleksander Pius Sienkiewicz(1846~1916)의 작품 『*Na Polu Chwały*』를 번역한 것으로 보인다. 광고 문안을 보면, 『신생명』 서평에 『*In the New Promised Land*』를 번역한 것이라고 쓰여 있기 때문이다.

詩集

金億譯作

잃어진 眞珠

『잃어진 진주』
김억 역
평문관
『동아일보』 1924. 4.

타고아作

金億譯

新月

『신월』
타고르 작 · 김억 역
문우당
『동아일보』 1924. 5.

『잃어진 진주珍珠』는 영국의 시인 아서 사이먼스의 시 모음집이다.

『신월新月』은 인도의 시인 타고르의 『초승달*The Crescent Moon*』을 번역한 것이다.

『기탄자리』
타고르 작 · 김억 역
이문관
『동아일보』 1923. 4.

『기탄자리』는 『기탄자리*Gitanjali*』로 잘 알려져 있는 타고르의 대표적인 시집으로, 1913년에 노벨 문학상을 수상하였다. 기탄자리는 '신에게 바치는 송가'라는 뜻의 벵골어.

『사상산필』
김억 저
백열사
『동아일보』 1925. 12.

『사상산필沙上散筆』은 1925년에 출간한 김억의 수필집이다.

丹齋 申采浩 著

漢裝美本 定價金壹圓 郵稅十四錢

朝鮮에는悠久한歷史와燦然한文化가잇섯다
그러나여러가지原因으로史乘이脫漏되어 幾多의妄斷과臆測이
不無하얏다 그런데本書는著者가平生의心血을傾注하야關係文
蹟과內外文獻을探索對照하야難問疑點을修補考證한寶玉篇이니
朝鮮史에留意하는諸子는本書에依하야史上漏誤을一掃補正하라

京城府堅志洞六〇番地

總發行所 朝鮮圖書株式會社

振京八二五五番
電光一七七番

★ 전통적 아름다운 제본

★ 『한국민족문화대백과사전』에 따르면 1924년 10월 13일부터 1925년 3월 16일까지 『동아일보』에 연재한 논문 6편을 모아 출간했다고 하는데, 확인한 바로는 1925년 10월 13일부터 18일까지 『시대일보』에 「전후삼한고」를 연재하였다.

조선사연구초 朝鮮史研究草

신채호 / 조선도서주식회사 / 『조선일보』 1929. 10.

단재 신채호 저
『조선사연구초朝鮮史研究草』
한장미본漢裝美本★

조선에는 유구한 역사와 찬연한 문화가 있었다.
그러나 여러 가지 원인으로 역사를 기록한 저작들이 사라져 수많은 허황된 주장과 억측이 없지 않았다. 그런데 본서는 저자가 평생의 심혈을 경주하여 관계 문헌과 전적, 내외 문헌을 탐색, 대조하여 어려운 의문과 의혹을 고치고 보완, 고증한 귀중한 내용이니 조선사에 뜻이 있는 여러 독자들은 본서에 의하여 역사상 빠지고 틀린 내용을 제거하고 바른 내용으로 고쳐 나가라.

정가 1원, 우송료 14전
총 발행소: 조선도서주식회사

『조선사연구초朝鮮史研究草』는 단재丹齋 신채호申采浩(1880~1936)의 여러 저작 가운데 처음 출간된 책이다. 1924년부터 1925년에 걸쳐 『동아일보』와 『시대일보』에 연재한 논문 6편을 모아 1929년 조선도서주식회사에서 『조선사연구초』라는 제목으로 간행했다.★

신채호는 이 책이 출간되기 전인 1928년 5월, 대만에서 체포되어 1930년 다롄지방법원에서 10년형을 선고받고 뤼순 감옥에서 복역 중 사망했다. 그러니까 이 책은 저자가 옥에 갇힌 상태에서 출간된 셈이다. 그의 대표작으로 알려진 『조선상고사』는 이 책에 수록된 논문에 앞서 또는 비슷한 시기에 집필했으나 신문에 연재된 것은 그 후이며, 출간된 것은 광복 이후였다.

신채호의 저작 가운데 일제강점기에 출간된 책은 이 책이 유일하다. 『조선사연구초』가 한 권의 단행본이 아닐뿐더러 신채호의 대표작이라고 하기 힘든데도 앞자리에 놓인 까닭은 이 때문이다.

이 책에 실린 6편의 논문은 「고사상 이두문 명사 해석법古史上吏讀文名詞解釋法」·「삼국사기중 동서 양자 상환 고증三國史記中東西兩字相換考證」·「삼국지 동이열전 교정三國志東夷列傳校正」·「평양 패수고平壤浿水考」·「전후 삼한고前後三韓考」·

「조선 역사상 일천년래 제일대사건朝鮮歷史上 一千年來 第一大事件」 등으로 대부분 고대사와 관련된 것이다. 그중 「조선 역사상 일천년래 제일대사건」은 고대사가 아닌, 고려시대 묘청의 난을 다룬다. 김부식의 사대주의에 맞선 묘청의 행동이야말로 우리 고유의 사상인 낭郎·불佛 양가兩家 대 유가儒家의 전쟁이요, 국풍파國風派 대 한학파, 독립당 대 사대당, 진취사상 대 보수사상의 전쟁이라는 것이다. 이때 묘청은 전자의 대표, 김부식은 곧 후자의 대표라는 내용으로 잘 알려져 있다.

한편 책에는 논문 외에도 홍명희가 쓴 서序와 정인보鄭寅普(1893~1950)의 서署가 포함되어 있다.

大東紀年

我韓本朝史乘을精詳蒐輯ᄒᆞ야至于
皇上陛下三十二年乙未ᄭᆞ지純漢文
으로記載ᄒᆞᆫ冊이온ᄃᆡ本市에셔廉價
로發賣ᄒᆞ오니僉君子ᄂᆞᆫ來購ᄒᆞ시옵
一秩五冊定價金 韓貨四元
鐘路大東書市 告白

『대동기년』
윤기진
중국 상하이 미화서관
『황성신문』 1904. 6.

1질 5책
정가 한화韓貨 4원

『대동기년大東紀年』은 조선 말에 윤기진尹起晉이 편찬한 조선의 역사서로 편년체編年體, 즉 연도별로 기술한 것이 특징이다. 1392년부터 1895년까지의 역사를 서술한 이 책의 저자 윤기진은 통리아문 주사를 지낸 인물로 『한국민족문화대백과사전』에 따르면 이 책은 상하이 소재 미화서관美華書館에서 간행되었다.

『동사연표』
어윤적
보문관
『매일신보』 1915. 12.

전 학부 편집국장 어윤적 선생 저
『동사연표』
정가 2원
특가 1원 50전
발행 겸 총 판매: 경성 보문관

일제를 비롯한 열강列强의 침략을 받는 수모를 겪으면서 국내에서는 당연히 우리 역사에 대한 관심이 고조될 수밖에 없었다.
『동사연표東史年表』는 1915년 어윤적魚允迪(1868~1935)이 편찬한 역사연표로, 우리나라 역사를 칠언시로 기술한 운편韻篇, 역대 왕들에 대한 내용과 묘, 도읍 등을 기록한 일람표一覽表로 이루어져 있다. 이 책은 제목 그대로 우리 역사를 단군 원년으로부터 1910년까지를 연표年表 형식으로 기술하였는데, 고대사에 중점을 둔 것이 특징이다. 그러나 편찬자 어윤적은 한일강제병합 이후 조선총독의 자문기구인 중추원 부찬의에 임명되는 등 친일의 길을 밟아 1912년에는 병합기념장을 받기도 하였으며, 1916년에는 중추원이 주관한 조선반도사 편찬 사업의 사료 수집을 담당하기도 하였다. 그러니까 이 책을 편찬·간행할 무렵에도 친일파였던 셈이다.

「조선역사」
최남선
동명사
「조선일보」 1931. 6.

부록: 내외연대표, 조선역대표, 역대요람, 역대 세계표 등
정가 1원

최남선崔南善(1890~1957)은 우리나라 근대가 열릴 무렵 문화의 전 분야에 걸쳐 활동한 인물로, 그가 다루지 않은 분야가 없을 정도다. 이 책에서도 그는 곳곳에서 등장하는데, 역사 분야에서도 예외가 아니었다.

「신편 조선역사」
보성고보교 황의돈 선생 저
이문당
「조선일보」 1929. 10.

증정增訂 4판
총판매소: 주식회사 이문당

이 책의 저자 황의돈黃義敦(1878~1938)은 근대기에 활동한 역사학자이자 교육자다. 군산공립보통학교에서 신학문을 접한 그는 이후 서울과 동경에서 공부하고 북간도에서는 명동학교를 창설하고 우리 역사를 가르침으로써 독립정신을 고취하고자 하였다. 한일강제병합이 이루어진 후에는 안창호가 설립한 대성학교大成學校에서 국사 교육을 맡았으며, 1920년부터 약 20여 년간은 보성고등보통학교에서 국사와 한문을 가르쳤다.

李春園作

創作 無情

[illegible]이 불式洋裝總布裝

金一圓八十錢 送料十五錢

「無情」은우리新文壇建設의第一聲이라。이自覺과自信下에서春園李君의心血을傾到하야苦思力作한것이니그精妙한結構와纖奇한描寫는한번新聞紙上에記載됨에江湖에讚賞이泉湧雷[illegible] 하야 우리新文學史上에가장重要한地位를點有한名著임은公認하는바라。이에第三版은紙質과製本에革命的色彩을띄고[illegible] 普의美를開하야發行되엿도다。진실로文學에留心하야新思潮에非稗코지하는者는다갓치此書에就하야精讀深味하라。

發行所

廣益書館 京城鍾路二丁目八 振替京城八三九七番

滙東書館 京城南大門通一七二 振替京城一一二二番

무정 無情

이광수 / 광익서관 · 회동서관 / 『동아일보』 1922. 3.

이춘원 작
창작 「무정」
바이블식 양장지 견포의堅布衣★

「무정」은 우리 신新문단 건설의 제1초석이라. 이 자각과 자신 아래에서 춘원 이 군의 심혈을 기울이고 도달하여 애태워 생각한 끝에 힘써 쓴 것이니 그 정묘한 얼개와 정밀하면서도 기이한 묘사는 한 번 신문지상에 기재됨에 강호에 찬상讚賞이 샘처럼 솟고 번개처럼 치니 우리 신문학사상 가장 중요한 지위를 점유한 명저임은 공인하는 바라. 이에 제3판은 지질과 제본에 혁명적 색채를 띠고 최선의 아름다움을 더하여 발행되었도다. 진실로 문학에 뜻이 있어 신사조에 함께하고자 하는 자는 다 같이 이 책을 취해 정독 심미深味하라.

정가 1원 80전, 우송료 15전
발행소: 광익서관 · 회동서관

이광수李光洙(1892~1950)의 첫 장편소설 『무정無情』은 우리 근대 문학사상 최초의 장편소설이다. 1917년 1월 1일부터 6월 14일까지 『매일신보』에 126회에 걸쳐 연재되다 1918년 광익서관에서 단행본으로 출간했다. 이 작품 한 편으로 이광수는 우리 근대 문학 역사에 우뚝 솟은 선구자로 인정받게 된 셈이다. 그는 참고자료에서 볼 수 있듯이 일제강점기 내내 신문광고 지면을 가장 자주 장식한 작가이기도 하니, 그 시대에 그의 인기가 얼마나 높았는지 알 수 있다.

★ 성서에 사용하는 서양 종이에 견고한 천 포장

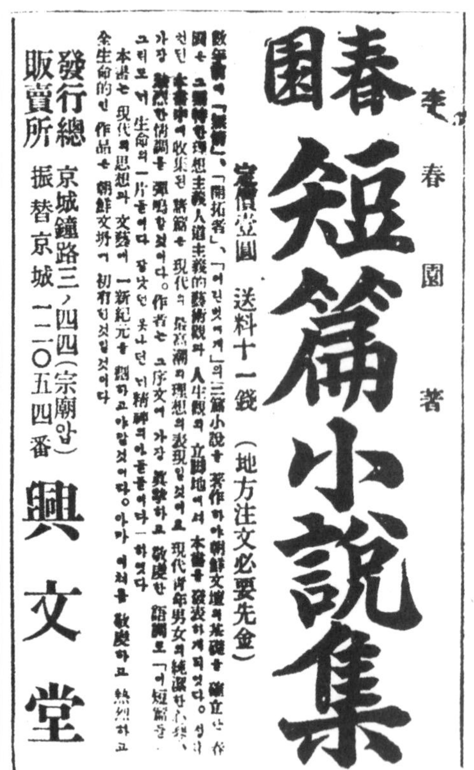

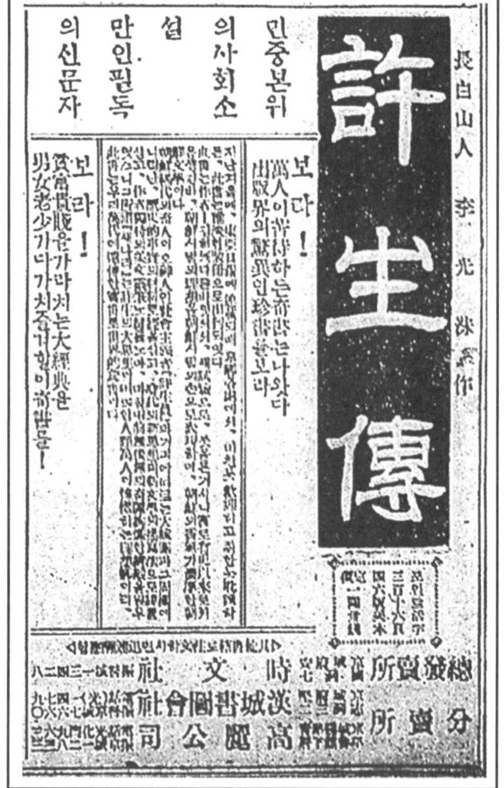

『춘원단편소설집』
이광수
흥문당
『조선일보』 1923. 10.

『허생전』
이광수
시문사
『동아일보』 1924. 8.

장편소설 『재생』
이광수
회동서관 · 광동서국 · 홍문당
『동아일보』 1926. 2.

『신생활론』
이광수
박문서관
『동아일보』 1926. 10.

이광수는 문학작품 외에 시론時論도 다수 발표하면서 시대와 겨레의 삶에 개입하고자 하였다. 『신생활론』도 그 가운데 한 권으로, 1926년 10월에 발간되었다.

李舜臣

一名「壬辰兵亂史」

朝鮮文豪 春園 李光洙 作
朝鮮畵伯 靑田 李象範 揷畵
朝鮮名筆 葦滄 吳世昌 題簽

「李舜臣」出刊에 際하야

卷頭에 肖像畵添付

發行兼總販賣所 大成書林
京城府笠井町百十九番地
振替京城一二三二八番

『이순신』
이광수
대성서림
『동아일보』 1932. 9.

滿天下愛讀者의渴望하든

春園先生의最近作品은現代朝
鮮文壇을裝飾하고出現되엿다!!

春園李光洙著

흙

四六判上下合本一八〇〇頁
洋裝 極上美本
紙質 라·푸紙
定價 一圓
送料 廿四錢

『흙』
이광수
한성도서주식회사
『동아일보』 1934. 1.

香山光郎著

同胞に寄す

朝鮮人の胸の奥底に深く潜在せる誠心の勇敢なる表白！初めて世に問ふ大膽且率直な内鮮一體への誠實！之ぞ我等が只今直面した最大境局題の核心を貫く快. 書である

四六判紙製二三六頁 定價一圓卅錢

最新刊

同胞に寄す

内鮮一體と文學

朝鮮文學の將來

内鮮青年に寄す

顔が變る

志願兵訓練所の一日

發行所 博文書館

美國 스토우夫人 原著 李光洙翻譯 (寫眞板入)

검둥의 셜음

定價金參拾錢 郵稅四錢

라미이夫人 原著 崔南善 翻譯

불상ᄒᆞᆫ동무

全壹冊精巧寫眞板入 定價二十錢郵稅四錢

發行所 京城南部上犂洞 新文館 振替貯金京城一六六四番 電話一三九二番

『동포에 부침』
이광수
박문서관
『경성일보』 1941. 1.

『검둥의 셜음』
스토 부인 · 이광수
신문관
『매일신보』 1913. 2.

이광수는 일제강점기 초기에는 독립운동에 열성적이었다.
1919년 1월에는 일본에서 「2 · 8독립선언서」를 작성하였고,
그해 8월에는 임시정부에서 발행한 『독립신문』을 간행하기도
하였다. 그 후에도 지속적으로 독립운동에 참여했는데, 1938년
수양동우회 사건으로 예심을 받던 중 전향하였다.
그 후 그는 친일행위에 적극 나섰으며 가야마 마쓰로香山光郎로
창씨개명하기도 하였다.
『동포에 부침』은 일본어로 쓴 산문집이다.
광복 후 그는 『나의 고백』이라는 책을 통해 자신의 친일 전향에
대한 전말을 공개하기도 하였다.

『검둥의 셜음』은 우리에게도 잘 알려진 스토 부인Harriet Beecher Stowe(1811~1896)의 『톰 아저씨의 오두막*Uncle Tom's Cabin*』을 번역한 것이다.

新詩　萬海韓龍雲著

純洋裝美製金字入　定價壹圓五拾錢　送料十六錢

사랑의瀑布나 愛國의珊瑚島나 想華는아름답고 情調는꾀롭다 그러나한줄기希望이 눈에는비치지 아니하나마음으로는 볼수잇다 微笑인듯하더니눈물이되고 눈물인듯하더니 실안개뒤에숨어잇는 薔薇花가된다 우슬내야입설이 움적이지안코 울내야소리를내일수업는 사람이잇다면 재生命을찻기爲하야 이詩를 읽어도無妨하다

內容

님의沈默、離別은美의創造、알수업서요、나는잇고자、가지마서요、고적한밤、나의길、꿈깨고서、藝術家、離別、길이막혀、自由貞操、하나가되여주서요、나루배、차라리나의노래、당신이아니더면、잠업는꿈、生命、사랑의測量、眞珠、슯음의三昧、疑心、당신은、幸福、錯認、밤은고요하고、秘密、사랑의存在、꿈과근심、葡萄酒、誹謗、「?」님의손길、海棠花、당신을보앗슴니다、비、服從、참어주서요、어늬것이참이냐、情天恨海、첫키쓰、禪師의說法、그를보내며、金剛山、님의얼골、심은버들、樂園은가시덤풀에서、참말인가요、꽃이먼저아러、讚頌、論介에게、後悔、사랑하는싸닭、당신의편지、거짓離別、꿈이라면、달을보며、因果律、잠꼬대、桂月香에게、滿足、反比例、눈물、어데라도、떠날때의님의얼골、最初의님、두견새、나의꿈、우는때、타골의詩를읽고、繡의秘密、사랑의불、사랑을사랑하야요、버리지아니하면、당신가신때、妖術、당신의마음、여름밤이기러요、冥想、七夕、生의藝術、꽃싸움、거문고탈때、오서요、快樂、苦待、사랑의끗판、讀者에게

發行所　滙東書館

京城南大門通一丁目一七

振替京城七一二二番

님의 침묵沈默

한용운 / 회동서관 / 『조선일보』 1926. 5.

신시 만해 한용운 저
『님의 침묵』
순양장, 미제美製, 금자입金字入

사랑의 폭포냐 애국의 산호도珊瑚島냐, 상화想華는 아름답고 정조情調는 괴롭다. 그러나 한 줄기 희망이 눈에 비치지 아니하나 마음으로는 볼 수 있다. 미소인 듯하더니 눈물이 되고 눈물인 듯하더니 실안개 뒤에 숨어 있는 장미화가 된다. 웃으려야 입술이 움직이지 않고 울려야 소리를 낼 수 없는 사람이 있다면 새 생명을 찾기 위하여 이 시를 읽어도 무방하다.

정가 1원 50전, 송료 16전
발행소: 회동서관

『님의 침묵沈默』은 우리나라 최초의 시집은 아니다. 그러나 한용운韓龍雲(1879~1977)의 시세계는 우리 현대시 초창기를 대표하는 불후의 작품으로 꼽기에 손색이 없다. 특히 시의 형식과 내용 면에서도 그 무렵 시의 한계를 뛰어넘는 탁월한 작품이 분명하다. 한용운은 시인이자 승려, 독립운동가로 활동한, 우리나라 근대기를 이끈 대표적인 지식인 가운데 한 사람이다. 그는 첫 시집『님의 침묵』을 1926년에 간행하기 전에 일찍이 1910년에 우리나라 불교의 거듭남을 주장한『조선불교유신론』을 출간하여 불교에 새 바람을 불러일으켰을 뿐 아니라 1914년에는 『불교대전 佛教大典』과 중국 고전『채근담 菜根譚』 주해본을 출간하기도 하였다.

그 후 1918년에는 불교 잡지 월간『유심惟心』을 발행하였고, 잘 알려져 있다시피 1919년 3·1독립운동 때에는 승려 백용성白龍城 등과 함께 불교계를 대표하여 참여하였다.

1920년에는 만세 사건의 주동자로 몰려 3년간 옥살이를 한 그는 출옥 후에도 독립운동에 앞장섰는데, 시집『님의 침묵』은 이 무렵에 출간된 것이다.

『조선불교유신론』
한용운
중앙포교당·광학서포
『매일신보』 1914. 4.

『조선불교유신론』은 한용운이 30세 되던 1909년에 집필을 시작하여 이듬해 완성하고 1913년에 간행하였다. 책의 내용은 우리나라 불교에 새로운 바람을 불러일으켜야 한다는 것으로, 불교 각 분야에 대해 구체적인 개혁 내용을 담고 있다. 『한국민족문화대백과사전』에는 이 책이 1913년에 회동서관에서 간행된 것으로 기록되어 있는데, 1914년에 『매일신보』에 게재된 광고를 보면 중앙포교당에서 발매하고 광학서포에서 보급한 것으로 나와 있다.

韓龍雲撰 八百餘頁純洋裝(無割引)

佛教大典

定價 八十五錢 持上製 一圓十錢(郵稅八錢)

發賣所 京城中部寺洞 朝鮮禪宗中央布敎堂

京城中部布屛下 廣學書舖 振替口座京城八一六番

『불교대전』
한용운
조선선종중앙포교당 · 광학서포
『매일신보』 1914. 5.

再刊

韓龍雲先生撰

精選講義 菜根譚

發行兼總發賣所 京城鍾路二丁目八六 振替口座四九貳番 東洋書院

『채근담』
한용운
동양서원
『동아일보』 1921. 5.

『불교대전佛敎大典』은 한용운이 편찬한 불교 경전의 발췌본으로, 알려진 바로는 1912년부터 『고려대장경』을 열람한 후 그 가운데에서 중요한 내용을 발췌·출간하였다.

巴人詩集

國境의 밤

布裝美本 定價四拾錢

獨立軍、馬賊、武裝警官、守備隊步哨 그래서 砲火、亡命、脫出! 이모든 國境豆滿江岸을 背景으로하고 日夜이러나는 피와눈물의 此史實이여! 同胞는이러케悽慘한光景을想像이나하여보앗던가、世上아、이血腥의事實에哭하라! (內容은長篇敍事詩「國境의밤」을爲始하야 哭廢墟、放火犯外아름다운抒情詩編載)

京城府堅志洞三二

總發行所 漢城圖書株式會社

振替京城四七九・電話光化門七六〇

국경國境의 밤

김동환 / 한성도서주식회사 / 『동아일보』 1925. 4.

파인시집
『국경의 밤』
포제미본布製美本★

독립군, 마적, 무장경관, 수비대보초, 그래서 포화 망명, 탈출! 이 모든 국경 두만강 변을 배경으로 하고 하룻밤에 일어나는 피와 눈물의 이 사실史實이여! 동포는 이렇게 처참한 광경을 상상이나 하여 보았던가. 세상아, 이 피비린내 나는 사실事實에 울어라!(내용은 장편 서사시 「국경의 밤」을 위시하여 「곡폐허哭廢墟」, 「방화범放火犯」 등 아름다운 서정시 만재滿載)

정가 40전
총 발행소: 한성도서주식회사

파인巴人 김동환金東煥(1901~?)이 지은 장시★ 「국경國境 의 밤」이 실린 시집으로, 한성도서주식회사에서 1925년 3월에 초판, 그해 11월에 재판을 선보였다.
우리 현대시의 역사가 그리 오래되지 않은 점을 고려한다면 1925년에 3부 72절의 장시를 창작한다는 것은 쉽지 않은 일이다. 시의 체제 또한 하룻밤과 그 이튿날 낮에 이르는 '현재-과거회상-현재'의 시제로 전개된다는 점이 작품의 의의를 더욱 높인다고 하겠다.
김동환은 일본 유학을 다녀온 후 첫 시집인『국경의 밤』을 1925년 3월에 간행한 후 카프★에서 활동하는 등 진보적인 활동을 하였는데, 일제 말에는 적극적으로 친일 행위를 하여 친일반민족행위자 명단에 올라 있다. 한국전쟁이 발발한 후 납북된 것으로 알려져 있으며 그 후의 행적은 전하지 않는다.

★ 천으로 만든 아름다운 제본
★ 우리 현대 문학사상 최초의 서사시라는 평이 우세하나 그렇지 않다는 주장도 있기 때문에 장시長詩라고 했다.
★ KAPF: 조선프롤레타리아예술가동맹

李光洙
朱耀翰
金東煥
詩歌集

民族文學의光輝

最良最廉의書出現!

鴻宗哀史、悔悟、開拓者、再生、新生活論等으로數百萬兄弟의心琴을울려오든四千年來의大才士春園李光洙氏가이제[illegible]報恩的의丹誠을기우려서우렁찬노래를부르리사랑하는「大朝鮮」에바치는선물이即이「詩集」이니이속의어느詩篇인들千秋萬代에[illegible]것이아니랴만은特히絕世의名文으로讚歎을맛든「五道踏破記」속時調全部와또上海、西伯利亞로悲壯한決心을품고도라다닐때지은詩篇들은이세상에서다시求見하기어려우리라이밧게哀婉悱惻한사랑의노래나悠然飄逸한田園의牧歌等모다氏一流의[illegible]한筆觸으로그려어젓스니實로民族的大文豪의全面目이이詩集에서躍如하다[illegible]「아름다운새벽」에서이[illegible]의飛躍하는生命을마치[illegible]가리熱熱하게、새벽하늘[illegible]아릿답게노래하너서十三道靑春士女의愛誦을一身에모흐리만든情熱의詩人朱耀翰氏의近作全部가이詩集속에잇스니그詩想의[illegible]과韻律의艶美함에는오직驚嘆할뿐이라。그밧게또한「國境의밤」으로알니우든金東煥氏[illegible]하야絕好詩歌二百餘篇을이詩歌集에담어發行하노니大衆의熱讀을비라나이다.

春園篇 ‖ 詩、四十篇 時調、三十篇 譯詩、[illegible]
요한篇 ‖ 詩、三十五篇 時調、十七篇 譯詩、四篇
파인篇 ‖ 詩、三十六篇 小曲、十九篇 俗謠、十二篇

總頁數 四六版二百頁
定價六十錢(外郵稅一六錢)
注文은반듯先金(代金引換謝絕)

發行所 三千里社
京城敦義洞七四(振替京城[illegible])
販賣所 永昌書館
京城鍾路二丁目(振替京城6431)

『이광수 · 주요한 · 김동환 시가집』
이광수 · 주요한 · 김동환
삼천리사
『동아일보』 1929. 11.

김동환이 이광수, 주요한과 함께 펴낸 3인 시가집은 1929년에 출간되었다.

『승천하는 청춘』
김동환
한성도서주식회사
『조선일보』 1926. 1.

파인 작『승천하는 청춘』
양장 2백 쪽
정가 금 50전

조선민중에게 노예로의 해방과 와신상담적 복수를 권하는 일대 경전

비절참절悲絶慘絶한 대조선의 애사哀史

김동환의 두 번째 장편 서사시로 1926년 1월에 한성도서주식회사에서 간행되었다. 전체가 7부 61장으로 구성되어 있는데, 일본 소재 조선인 이재민 수용소인 '습지야 이재민 수용소'와 조선을 배경으로 한 여인과 청년의 비극적인 삶을 다룬 작품이다.

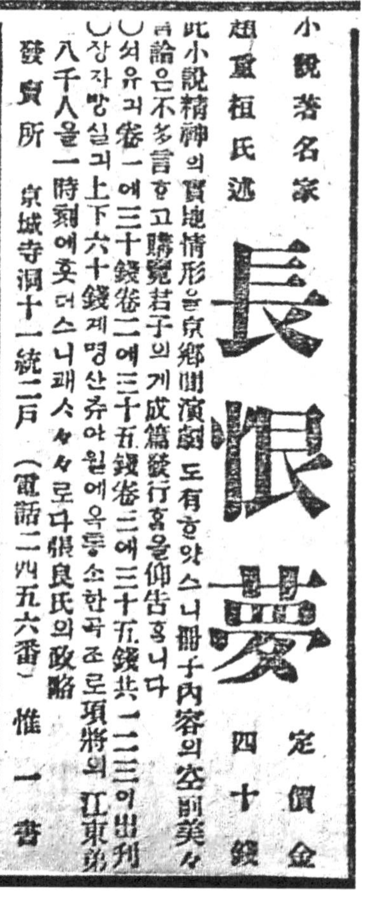

小說著名家
趙重桓氏述

長恨夢

定價金 四十錢

此小說精神의實地情形을京鄕間演劇도有ᄒᆞ얏스니冊子內容의空前美々
ᄒᆞᆫ論은不多言ᄒᆞ고購覽君子의게成篇發行홈을仰告ᄒᆞᄂᆞ니다
◯서유긔卷一에三十錢卷二에三十五錢卷三에三十五錢共一二三이出刊
◯장자방실긔上下六十錢제명산ᄎᆔ야월에옥통소한곡조로項將의江東弟
八千人을一時刻에흣더스니쾌ᄉᆞ々々로다張良氏의政略

發賣所 京城寺洞十一統二戶 (電話二四五六番) 惟一書

장한몽長恨夢

조중환 / 유일서관 / 『매일신보』 1913. 11.

소설저명가 조중환 씨 술述
「장한몽」
정가 금 40전

이 소설 정신의 실지 정형情形을 경향간 연극도 있으니 책자 내용의 전에 없는 아름다움에 언론은 말을 잃고 구매하여 읽는 여러분에게 완성편 발행함을 삼가 고합니다.

발매소: 유일서관

일제강점기 초기 민중의 인기가 가장 높은 문학 작품을 꼽는다면 단연 소설 『장한몽長恨夢』일 것이다. 『장한몽長恨夢』은 『매일신보』에 1913년 5월 13일부터 10월 1일까지 발표되었는데, 일본의 오자키 고요尾崎紅葉(1867~1903)가 1897년에서 1899년 사이에 발표한 『곤지키야샤金色夜叉』를 조중환趙重桓(1863~1944)이 번안해 발표한 것이다. 『곤지키야샤』는 그 무렵 서양에도 알려질 만큼 유명세를 탄 듯한데, 이는 영역판 『곤지키야샤』 광고가 게재된 것만 보아도 알 수 있다.
『장한몽』은 처음에는 소설로, 그 후에는 신파극으로 식민지 조선 백성의 마음을 사로잡았다.
우리에게는 『장한몽』보다는 『리수일과 심순애』로 더 잘 알려져 있는데, 『리수일과 심순애』는 『장한몽』의 인기를 등에 업고 후에 발표된 속편이다.

『리수일과 심순애』
조일재
조선도서주식회사
『동아일보』 1925. 4.

조일재 작★
『리수일과 심순애』
『장한몽』 속편, 상하 2책

추장推奬하노라
리수일과 심순애는 모르는 사람이 없게 회자된다. 그러나
1. 일시 허영에 마취되어 부족함이 없는 정남情男 리수일을 배신하여 버렸던 심순애의 그 후 신세는 어찌 되었을까?
2. 교묘한 말의 화려한 색에 포로되어 한 점도 취할 것이 없는 최만경에게 농락되었던 리수일의 최후는 과연 어찌 되었을까?
함은 일반의 의문이었다. 이에 이 의문을 일소코자 장한몽 속편의 일독을 추장하노라.

정가 각 75전, 송료 각 11전
발행 겸 총 판매소: 조선도서주식회사

★ 저자 조일재는 조중환을 가리킨다. 일재一齋는 조중환의 호

영역 『금색야차』
오자키 고요
성문당
『경성일보』 1911.

『금색야차』는 일본 작가 오자키 고요가 1897년 1월 1일 『요미우리신문讀賣新聞』에 연재를 시작하면서 탄생한 소설로, 이후 일본 전역을 뒤흔들 만큼 커다란 인기를 끌었다.

이 광고는 『금색야차』의 영역본 광고로, 이 작품의 인기를 실감케 한다.

演興社
各等半額
長恨夢劇割引入場券
每日申報社
革新團

『장한몽』 극 할인입장권
『매일신보』 1913. 11.

『불여귀』
조중환
유일서관
『매일신보』 1913. 11.

조중환의 또 다른 작품인 『불여귀』 광고이다.

臨時土地調査局測量・陸地測量部發行

五万分一朝鮮地形圖

東京麹町區隼町

全國一手販賣元 小林又七

電話番町二六九二番
電話特許番町三九八〇番
振替東京二九六番

朝鮮荷捌所 同朝鮮出張店

龍山漢江通六番地

電話五二〇番
振替五一〇番

陸地測量部御發行五萬分一・一圖五百六十枚●一枚七錢五厘郵送料五枚迄二錢■土地調査局測量二色刷五萬分一既刊五十四枚一枚十錢郵送料五枚迄二錢
前金の外發送せず照會は必返信料を要す●代理店に品切等の節は東京本店又は荷捌所たる龍山出張店へ御申込を乞ふ●地方に販賣代理店を募集す

代理店所在地

釜山	吉田市次郎
同	大阪屋號書店
馬山	上井又平
晉州	清水佐太郎
大邱	小西伊兵衛
金泉	立川晋五郎
光州	角田貞雄
羅州	澤井政之助
木浦	加藤光三
全州	寧吉眞左太
群山	牛尾政一
公州	木村勘次
同	大西伊與市
大田	鈴本喜一
江景	河本甚吉
鳥致院	酒井俊三郎
清州	袴田讓
忠州	宇野伊三郎
同	原口一二
鎮海	古村朝光
浦項	白石和三
尙州	進藤豐造
安東	河野猛
慶州	高田兵藏
密陽	前川恒二
蔚山	福島龜太郎
統營	竹内唯雄
榮山浦	中原佐平
裡里	草ケ谷英之助
京城	町田文次郎
同	大阪屋號書店
水原	靑木爲一
開城	平野源太郎
永登浦	母袋米作
仁川	町田文次郎
春川	河野元七
海州	島田幾藏
鐵原	木村瀧子
平壤	臨坂壽之助
鎮南浦	日高梅吉
義州	鈴木運次郎
新義州	島田德之助
元山	芝田辰治
咸興	玉置省二
同	長谷川長藏
羅南	高橋愛治郎
鏡城	森下瀧藏
會寧	小池輿吉
淸津	玉置榮太郎
城津	藤谷市作
通川	赤羽春次

5만분 1 조선지형도

伍万分一 朝鮮地形圖

임시토지조사국 측량 / 육지측량부 / 『매일신보』 1916.

「5만분 1 조선지형도」
임시토지조사국 측량·육지측량부 발행

육지측량부 발행: 5만분 1도. 560매
1매 7전 5리. 우송료 5매당 2전
토지조사국 측량 2색 인쇄 5만분 1
전국일수판매원全國一手販賣元★ 소림우칠小林又七
조선하별소朝鮮荷捌所★ 동同조선출장점朝鮮出張店

발행소: 육지측량부

일본제국주의자들이 조선을 강제 병합한 후 효과적인 통치를 위해 맨 처음 한 일은 정치로부터 문화에 이르기까지 우리나라의 모든 것에 대해 철저히 조사·분석한 것이다. 이 광고는 그 결과물 가운데 하나인 5만분의 1 조선 지도로, 1916년에 게재되었다. 한일강제병합이 이루어진 이듬해인 1911년에는 『최신조선분도지도最新朝鮮分道地圖』가 발행되었고, 1914년에는 80만분의 1 지도인 『부군폐합府郡廢合조선신지도朝鮮新地圖』가 발행되었다. 이러한 과정을 거쳐 조선의 효율적 통치와 경제·농업 부문의 성과를 거두기 위해 반드시 필요한 기초 자료인 상세지도가 완성된 셈이다.
광고 문안대로 이는 책이 아니라 지도다. 조선 전국을 560장의 지도로 나누어 표기한 것이니 오늘날 우리가 전문적으로 사용하는 지도에 버금가는 정밀한 것이라 하겠다.
덧붙이자면 이 지도는 우리나라에서 발행된 것이 아니라 일본에서 발행된 것을 수입·판매한 것이다.

★ 전국 독점판매원
★ 조선 보관소

『최신조선분도지도』
신구서림
『매일신보』 1911. 7.

『최신조선지지』
우에다 슌이치로上田駿一郎 열閱
일한서방
『매일신보』 1912. 7.

『시베리아대전도』
시베리아연구회 편
충성당
『경성일보』 1918.

세계문명과 동양보전을 위하여 시베리아 출병을 단행한 군과 국민 각자의 손에 꼭 필요함.

일본도의 섬광은 적군의 간담을 서늘케 하니 실로 이는 통쾌함의 극에 달함.

정가 70전
발행소: 충성당

일본의 시베리아 공격은 1918년에 이루어졌다.
러일전쟁(1904~1905)에서 승리하고 조선을 병합한 일본은 호시탐탐 대륙 침략의 기회를 엿보다가 1918년 러시아 혁명이 일어나자 혁명군 진압을 명분으로 시베리아 공격에 나선 것이다. 광고는 시베리아 지역 지도 광고로, 일제의 대륙 침략 야욕이 얼마나 철저히 이루어졌는지를 보여 주는 사례라 할 것이다.

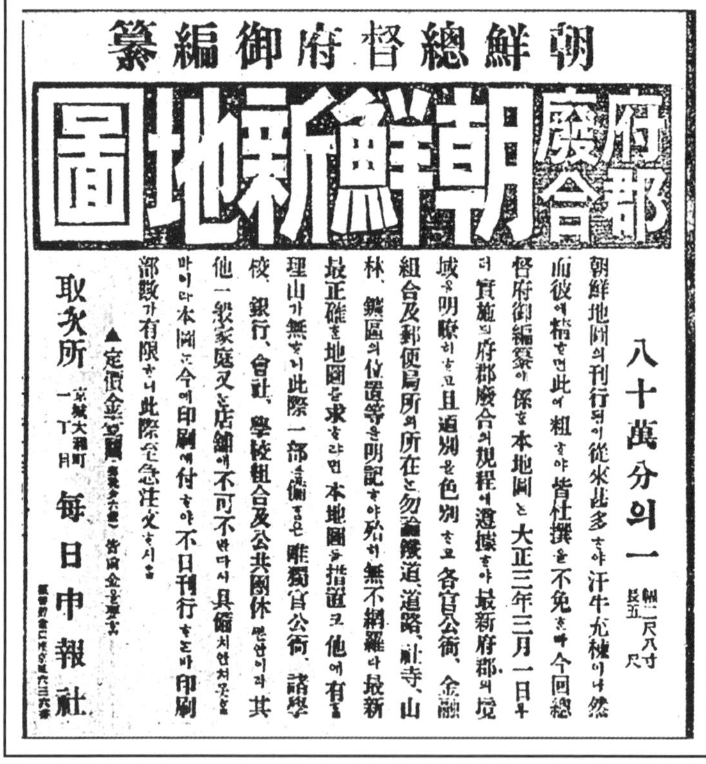

朝鮮總督府御編纂

府郡廢合 朝鮮新地圖

八十萬分의一 (縱二尺八寸 長五尺)

朝鮮地圖의刊行되이從來甚多ᄒᆞ야汗牛充棟이나然而彼에精ᄒᆞ면此에粗ᄒᆞ야皆杜撰을不免ᄒᆞᄂᆞᆫ바今回總督府御編纂에係ᄒᆞᆫ本地圖ᄂᆞᆫ大正三年三月一日부터實施된府郡廢合의規程에遵據ᄒᆞ야最新府郡의境域을明瞭히ᄒᆞ고且道別을色別ᄒᆞ고各官公衙、金融組合及郵便局所의所在ᄂᆞᆫ勿論鐵道、道路、社寺、山林、鑛區의位置等을明記ᄒᆞ야殆히無不網羅ᄒᆞ니最新最正確ᄒᆞᆫ地圖를求ᄒᆞ라면本地圖를措ᄒᆞ고他에有ᄒᆞᆯ理由가無ᄒᆞ니此際一部를備ᄒᆞᆷ은雖獨官公衙、諸學校、銀行、會社、學校組合及公共團体뿐안이라其他一般家庭又ᄂᆞᆫ店舖에不可不반다시具備치안치못ᄒᆞᆯ마이다本圖ᄂᆞᆫ今에印刷에付ᄒᆞ야不日刊行ᄒᆞᄂᆞᆫ바印刷部數가有限ᄒᆞ니此際至急注文ᄒᆞ시ᄋᆞᆷ

▲定價金五十錢(郵稅六錢) 代金은要前金

取次所 京城大和町一丁目 每日申報社

『부군폐합 조선신지도』
조선총독부 편찬
매일신보사
『매일신보』 1914. 5.

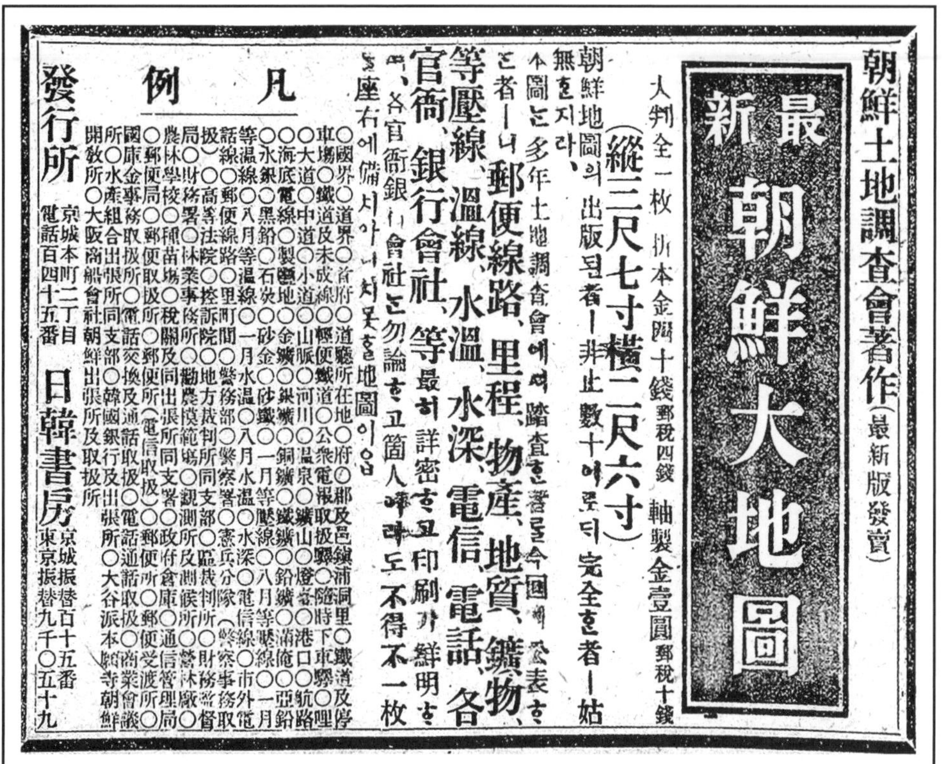

『최신조선대지도』
조선토지조사회
일한서방
『매일신보』 1911. 3.

조선토지조사회 저작(최신판 발매)
최신 조선대지도

대판 전 1매
절본折本★ 금 40전
축제軸製★ 금 1원
세로 3척 7촌(약 112센티미터) 가로 2척 6촌(79센티미터))

★ 접은 지도
★ 두루마리 지도

萬斛의 凉味가 紙上에 넘치는

六堂崔南善先生近著三種

山에 海에 此書를 가지라!

金剛禮讚

洋裝美本 名畵 珍寫眞 詳細地圖挿入

白頭山覲參記

天池、三池、神武峙等實地寫眞多數와 詳細한白頭山四周圖揷入

時調類聚

兩千年時調全集이요 乘하야 그辭典

讀書로써 炎熱을 征服하라!

漢城圖書株式會社 發行

심춘순례 尋春巡禮 금강예찬 金剛禮讚 백두산근참기 白頭山覲參記

최남선 / 동양서원 / 『동아일보』 1928. 7.

산에 바다에 이 책을 가지라!
수많은 시원한 아름다움이 지상紙上에 넘치는 육당 최남선 선생
최근 저작 3종
독서로써 염열炎熱을 정복하라!

『금강예찬』

양장 미본, 명화, 귀한 사진, 상세지도 삽입
정가 1원 60전, 송료 18전
발행소: 한성도서주식회사

『백두산근참기』

천지, 삼지연, 신무치 등 실지 사진 다수와 상세한 백두산 사방 주위도 삽입

정가 1원 60전, 송료 20전
발행소: 한성도서주식회사

『시조유취』

2천년 시조전집이요, 겸하여 그 사전

정가 1원 50전, 송료 18전
발행소: 한성도서주식회사

최남선崔南善(1890~1957)은 광복 후에 친일 행적으로 인해 혹독한 비판을 받았다. 하지만 근대가 열리던 20세기 초, 조선의 문명文名을 날리는 데 그보다 더 큰 성과를 거둔 인물을 찾기도 힘들다. 최초의 신체시新體詩인 「해에게서 소년에게」를 자신이 깊이 관여한 잡지 『소년』★에 발표했을 뿐 아니라, 우리나라 역사부터 문화에 이르는 왕성한 집필을 통해 근대 초기 조선의 문화 창달에 큰 기여를 했다.
그 가운데서도 탁월한 작품을 꼽는다면

★ 발행인이 최남선으로 알려져 있었으나 최근, 그의 형 최창선이 발행했고 최남선은 집필과 제작을 담당한 것으로 확인되었다.

『심춘순례尋春巡禮』, 『금강예찬金剛禮讚』, 『백두산근참기白頭山覲參記』를 들 수 있다. 기행문 형식을 띠고 있지만 내용은 우리 겨레의 역사로부터 문화, 신화, 풍속, 지리 등 모든 것이 담긴 조선의 종합문화비평서라고 해도 지나치지 않다. 『심춘순례』는 그의 남도南道 기행문집으로 1926년 백운사白雲社에서 출간됐다. 『백두산근참기』는 1926년에 백두산을 다녀온 뒤 1926년 7월 24일부터 『동아일보』에 연재를 시작하여 1927년 한성도서주식회사에서 단행본으로 간행했으며, 『금강예찬』은 1928년 금강산을 유람한 후에 집필했다.

六堂 崔南善 著

「포인트」 一冊 紙數三百頁
名勝古物珍奇寫眞多數及巡禮地圖挿入

尋春巡禮

山河大地에活讀한朝鮮心의大聖典을讀하라!!!

三十三題、一千細目、詩調百餘篇

定價 金壹圓五拾錢
送料 拾八錢

總發行所及發賣所 白雲社

「심춘순례」
최남선
백운사
「동아일보」 1926~1928.

육당 최남선 저
'포인트' 인쇄 양장 전 1책 300쪽
명승고적 진기사진 다수 및 순례 지도 삽입

「심춘순례」
산하 대지에 활발히 해석한 조선 마음의
대성전을 읽으라!!!
33제題, 1천 세목★, 시조 백여 편

정가 금 1원 50전, 송료 18전
발행소: 백운사

★ 세부적인 목차

朝鮮女俗考

朝鮮解語花(妓)史

兒時朝鮮

六堂 崔南善著 (朝鮮歷史之一)

四六判洋裝 定價九十錢 送料十六錢

易學汎論

發行所 東洋書院

漢城書林

『아시조선』
최남선
동양서원 · 한림서림
『동아일보』 1927. 10.

육당 최남선 저 (조선역사의 1)
『아시조선』
46판 양장
정가 90전, 우송료 16전

아시조선兒時朝鮮은 조선 역사의 안목이 되는 고대사를 이름입니다. 그 재료가 부족하고 연구의 어려움으로 오래 학계의 처녀로 있는 것을 육당의 정도精到한 공부로써 그 비오祕奧를 헤쳐 보이게 된 것입니다.
조선민족은 어디로써 왔나? 조선국은 어떻게 생겼나? 단군은 누구시며 기자箕子는 무엇인가? 조선문화의 기조는 무엇이며 조선민족 이상의 핵심은 무엇인가? 등 중대한 문제에 대하여 엄정히 사실에 기반한 독특한 개시開示가 『아시조선』 일부의 내용입니다.
조선은 먼저 조선을 알아야 합니다. 제 근본과 내력을 알아야 합니다. 여기 대하여 최고 최량의 안내자가 이 『아시조선』일 것입니다. 청신한 체제와 평이한 서술은 가장 민중독본 되기에 적절하기를 기한 것입니다.

최남선의 우리 고대 문화에 대한 저술로, 1927년 7월에 동양서원에서 발행하였다.

책의 제목 『아시조선兒時朝鮮』은 '어린 시절의 조선'이니 우리 겨레의 출발인 고대사를 가리킨다고 하겠다.

한편 이 책에 대하여 『한국민족문화대백과사전』을 비롯하여 여러 사전에서 "1926년 4월 『조선일보』에 「고조선, 그 문화」라는 제목으로 발표된 내용을 단행본으로 출간하였다"라고 기록하고 있는데, 아무리 확인해 보아도 그런 기사를 찾을 수 없었다.

『신정 삼국유사』
최남선
삼중당서점
『매일신보』 1943. 11.

1943년이면 일본제국주의가 마지막 단말마를 지르기 직전이었고, 친일인사들의 학병 권유 활동 등 다양한 친일활동 또한 극성을 부릴 때였을 것이다.
그런데 최남선은 그 무렵 학병 권유 같은 친일활동을 벌이면서 다른 한편으로는『삼국유사三國遺事』와『조선고사통朝鮮古事通』을 발간하였으니 그가 내적으로 어떤 심경이었을지 자못 추측이 가능하다.
광고에 따르면『신정 삼국유사』는 번역본이 아니고, 원본에 교정과 구두점을 더한 것이니 한글로 토씨를 단 구결口訣(입겿)일 듯하다. 물론 그것에 그친 것은 아니고 최남선 본인이 70쪽에 이르는 해설과 요긴한 부록 11종 80쪽을 첨부하였다고 한다.

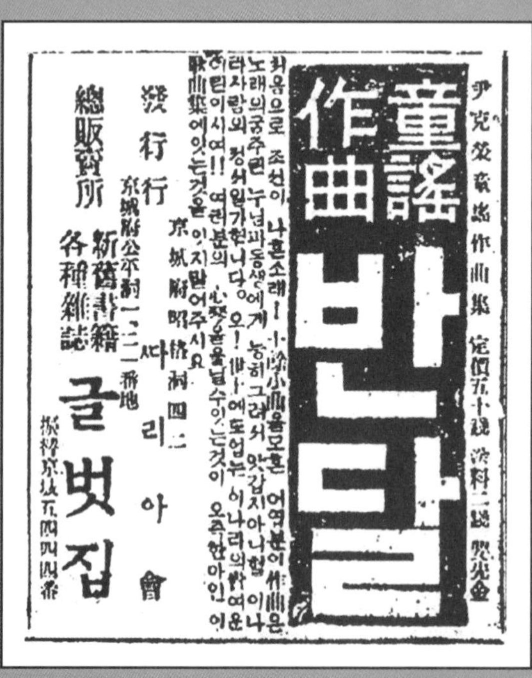
尹克榮氏童謠作曲集 定價五十錢 送料二錢
童謠作曲
반달
처음으로 조선이 나흔소래! 十餘小曲을모흔 어엽분이作曲은
노래의궁주린 누님과동생에게 농히 그래서 맛갑지아니할 이나
라사람의 정서일가합니다。 오! 世上에도업는 이나라의귀여운
어린이시여!! 여러분의 心琴을울닐수잇는것이 오즉한아인 이
歌曲集에잇는것을 잇지말어주시요
發行行 京城府明治町四二 따리아會
總販賣所 京城府公平洞一二二番地 新舊書籍 各種雜誌 글벗집 振替京城五四四四番

반달

윤극영 / 싸리아회 / 『동아일보』 1926. 2.

동요작곡 『반달』
윤극영 동요작곡집

처음으로 조선이 낳은 소리! 10여 소곡을 모은 어여쁜 이 작곡은 노래에 굶주린 누님과 동생에게 능히 그려서 아깝지 아니할 이 나라 사람의 정서일까 합니다. 오! 세상에도 없는 이 나라의 귀여운 어린이시여!! 여러분의 심금을 울릴 수 있는 것이 오직 하나인 이 가곡집에 있는 것을 잊지 말아 주십시오.

정가 50전, 송료 2전
발행소: 싸리아회
총 판매소: 글벗집

'반달'은 1924년 윤극영尹克榮(1903~1988)이 작사·작곡한 동요 제목이기도 하고, 1926년 간행된 윤극영의 동요 작곡집 제목이기도 하다. 동요「반달」은 우리나라 창작동요의 효시로, 오늘날에도 민족의 노래로 불릴 만큼 시공을 초월한 우리 겨레의 정서를 담고 있다. 동요 작곡집『반달』에는 그의 작품인「설날」,「고드름」,「따오기」등도 함께 수록되어 있다. 한편 이 책의 발행소인 '싸리아회'는 색동회의 일원이기도 했던 윤극영이 '나라를 잃은 어린이에게 꿈과 희망을 주는 동요를 부르게 하자'라는 일념으로 조직한 노래단체로, 어린이들을 모아 노래를 가르치는 등의 활동을 펼쳤다.

『조선동요집』
엄필진
조선기독교창문사
『동아일보』 1924. 12.

조선 제일의 쾌저快著 독서계를 경도驚倒
흥미와 교훈될 만인이 읽어야 할 필독
출간되자 조선 열광적 대환영 호평 여용如湧
초판 장진 조선 출판계 대호평 주문 쇄도

정가 40전

엄필진嚴弼鎭(1894~1951)은 충북 출신으로, 1923년에 우리나라 최초의 동요집인 『조선동요집朝鮮童謠集』을 출간한 것으로 알려져 있다. 다만 이 책은 그가 작사 또는 작곡한 것이 아니라 우리나라에 구전되어 오던 동요를 수집해 엮은 것이다. 전체는 동요 80편, 외국 동요 6편으로 구성되어 있다.

尹石重童謠集發刊

년래로 본지상에 동요를 발
표하던 석동 윤석중 (石童尹石
重)군의 동요집이 발행되엿다
[illegible]가의 그림과 작곡이 잇고 춘
원의 서문이 잇다 인쇄와 장정
의 아름다움도 조선출판물에는
드믈다 정가 八十전

「윤석중동요집발간」
『동아일보』 1932. 7.

윤석중(1911~2003)은 우리나라를 대표하는 아동문학가이자 동요작가인데, 그의 첫 번째 동요집은 1932년에 출간되었다. 그러나 광고는 찾을 수 없고, 기사만 찾을 수 있었다.

조선경제론朝鮮經濟論

배성룡 / 문화사 / 『동아일보』 1926. 12.

배성룡 저
『조선경제론: 파멸의 원인 현상과 대책』
『동아일보』 현상 당선문

조선경제 파멸의 혈루기血淚記!
2천만 대중의 생명수!!!
고기는 물을 떠나서 못 사는 것이요, 사람은 경제를 떠나서 못 사는 것이다. 경제는 전 인류를 통하여 생존의 기초 조건이 되는 것이다. 그러므로 정치적으로 망한 나라는 부흥할 희망이 있으되, 경제적으로 망한 나라는 부흥할 희망이 없는 것이다. 우리의 경제 상태를 보면 그 파멸이 극도에 달하여 대중이 알거지가 되어 기한飢寒에 우는 소리가 구천에 사무친다. 2천만의 대중이 그대로 앉아서 굶어 죽고 만다면 그렇다고 하거니와 그렇지 않고 살아 보자면 반드시 그 파멸의 원인을 찾아보고 살아 나아갈 대책을 강구치 아니하면 안 될 일이다. 본서는 배성룡 선생이 경제적으로 숨넘어가는 반도를 어찌하면 살려 볼까 하고 일생의 심혈을 다하여 지은 것이니, 파멸의 원인 장章은 절절이 피눈물이요, 대책 장章은 구구마다 생명수다. 읽으라, 2천만의 백의대중아! 살려거든 읽으라!!

내용 개요
●예언例言 ●경제 파멸의 원인 ●내적 원인 ●경제 사상의 결함 ●경제지식상의 결함 ●농업입국의 고유한 불리 ●생활표준의 향상과 지출의 증대 ●경제 파멸의 현상 ●농업현상 ●상업현상 ●공업현상 ●수산업현상 ●광업현상 ●임업현상 ●은행금융업현상 ●외래자본의 현상 ●팽대한 부담 ●경제 파멸의 대책 ●소극적 대책 ●소비절약 ●자급자작 ●생산기관에 관한 이권 고수 ●적극적 대책 ●자본의 활용과 합동 ●제조공업의 장려 ●농업의 개량 ●해외무역의 장려 ●산업적 단결 ●구제와 불상용하는 총독부 정책의 2, 3 ●일본인 본위의 경제정책 ●대일본 관세제도의 철폐 ●동양척식회사의 활동과 일본인 이민 ●결론

정가 70전, 송료 19전
발행소: 문화사
발매소: 동양대학당

배성룡裵成龍(1896~1964)은 언론인이자 사회운동가다. 일제강점기에 그는 진보적 입장에서 지속적으로 독립운동에 투신했음은 물론, 그 시대에는 드문 경제학적 지식을 통해 식민지 조선의 경제 상황에 관한 저술활동에 매진했다. 또 광복 이후에는 김구와 김규식과 남북협상을 지지하며 평양에 가서 남북협상에도 참여했다. 그 후 그는 남쪽에서 강의와 언론인으로서 역할을 다하다가 숨을 거두었다. 그의

懸賞經濟論文發表

【論題 經濟破滅의原因現狀及對策】

◇…三等當選 京城 裵秀星氏

◇論文內容의槪觀

乙丑八月十四日 東亞日報編輯局

【當選者의住所를至急通知하시압】

「현상경제논문 발표」
『동아일보』 1925. 8.

[논제: 경제 파멸의 원인, 현상 및 대책]
3등 당선: 경성 배수성씨

본보에서 [경제 파멸의 원인, 현상 및 대책]이라는 논제를 발표하여 현상논문을 모집하게 된 이후 본사에 도착한 논문이 20통에 달하였나이다. 이를 취사선택하기에 다대한 시일을 요하게 된 것은 특히 논문의 표제가 현하의 민중생활에 대하여 중대한 의의가 있을 뿐만 아니라 또한 도착된 논문이 대부분 광범위한 장편이므로 내용의 검토와 체제의 주의에 부단한 노력을 계속한 까닭입니다. 선발한 순서는 제1회로 본보의 경제부에서 예선을 완료하였고 제2차로 본보의 간부회의에서 재심을 행한 결과 좌기 배수성 씨의 논문이 3등으로 피선하게 되었습니다.

논문 내용의 개관
첫째, 논문의 내용적 연술이 실제적 사실에 가까운 것과, 둘째, 사실을 증명하는 조사 숫자가 정확한 것과, 셋째, 제재와 조직이 논문체에 적합한 점에서 최후의 결정을 행하게 된 것입니다. 그러나 다소의 결함을 느끼게 되는 것은 논문 전체가 개설 범론에 주력한 결과 조선에서 조선인으로 생장·발달케 할 가능성이 풍부한 각종의 산업에 대하여 구체적 성안成案의 발표가 없는 것과 또한 통계숫자 중에도 조선 사람이 가장 알고 싶어 하는 선일인 구별이 토지산림 등 숫자의 예시가 없는 그것입니다. 여하간 씨가 서론으로부터 결론에 이르기까지 고심한 그 노력에 대하여는 특히 경의를 표시하는 바입니다.

을축 8월 14일
『동아일보』 편집국

다양한 활동에도 불구하고 오늘날 배성룡이라는 이름을 기억하는 이는 드물다. 그런데도 그의 책 『조선경제론朝鮮經濟論』 광고가 앞 순위를 차지한 것은 까닭이 있다.

1925년 8월 15일, 『동아일보』는 현상경제논문 수상작으로 배수성의 작품이 선정되었음을 알렸는데, 배수성은 배성룡의 필명이다. 이와 유사한 현상공모가 있었는지 모르겠으나, 식민지 조선경제 파멸의 원인과 현상, 대책을 구체적으로 제시하는 경제논문을 공모한 것은 그 시대로서는 탁월한 사업이라고 할 수 있다. 결국 배성룡은 우리나라 최초로 경제논문 현상공모에서 수상한 것이다. 이러한 사실을 기억하는 것은 당연하지 않을까.

裵成龍先生著
朝鮮經濟의現在와將來
裵成龍先生著
朝鮮農村研究의準備知識

『조선경제의 현재와 장래』
배성룡
한성도서주식회사
『동아일보』 1934. 1.

본서는 최근 조선이 받는 심각한 현상을 해부하여 논술한 것이니 조선을 생각하는 이, 조선인에 당면한 경제문제를 연구치 않을 수 없을 것이다. 갈수록 사활의 전선에서 싸우는 조선인 대중에게 본서를 통하여 일대 광명탑光名塔이 이루어질 것이다.

46판 150쪽
정가 50전

『조선 농촌 연구의 준비지식』
배성룡
한성도서주식회사
『동아일보』 1934. 1.

본서는 농촌에 대한 기본지식을 간략하게 서술한 중中에 조선의 실제사정을 말한 것이니, 조선 농촌에 대한 지식을 알려고 하며 또한 일하고자 하는 이에게 지침이 될 것을 확신한다.

46판 80쪽
정가 30전

이 광고를 보더라도 배성룡은 지속적으로 식민지 조선의 경제 상황에 대한 연구를 게을리 하지 않았음을 알 수 있다.

배성룡이 간사로 선출된 「조선경제학회 창립」 기사
『동아일보』 1933. 6.

조선경제학회 창립
경제학을 연구하는 사람들로서 아무 모임이 없음을 유감으로 생각하여 학교, 신문사 이 밖에 각 방면의 대표자들이 그동안 단체를 조직하는 준비를 하여 오던 바 필경 9일 오후 일곱 시부터 명월관 본점에서 경제학을 연구하는 사람들로 조직되는 단체를 발회하였는데 당일 출석자는 시내 전문학교 각 신문사 기타의 방면으로부터 27명이었고 먼저 창립 준비를 하던 사람 중의 한 사람으로 김우평 씨가 이 단체를 만들기로 한 동기와 그동안 경과를 간단히 보고한 뒤 저녁을 먹고 나서 비로소 정식으로 발회가 시작되었다. 먼저 이 단체의 규칙이 될 초안을 한 조문씩 들어가지고 토의 결정하였는데 그중에 이 단체의 이름을 경제학회라고 하였으며, 사업으로는 경제자료 수집, 잡지, 경제 강연 등을 하기로 하고 이 밖에 모든 규칙을 다소 수정하여 결정하였다.
다음에는 전형위원 5명을 선거하여 아래와 같이 간사 7명을 선거하고 이 회의 사무소와 사임에 관한 일은 간사에게 모두 맡기기로 하고 폐회하니 때는 9시 50분이었다.
▲이긍종 ▲조병옥 ▲김홍진 ▲배성룡 ▲노동규 ▲김우간 ▲한보용

▼▼亂麻와갓흔荒雜한우리文壇에
▼▼호을로暗啞하는神人의獅子吼!!
玄憑虛氏作
小說 墮落者
墮落者 合本
全勸하는社會
貧妻 部
▼▼我文壇初有의高級創作
▼▼新興出版界의新試錬!!
美本 全一冊(半洋)
定價 金六十錢
送料 九錢
先金注文必要
朝鮮圖書株式會社

타락자墮落者

현진건 / 조선도서주식회사 / 『동아일보』 1922. 11.

현빙허 씨 작
소설 『타락자』
미본美本 전 1책(반양장)

「타락자」, 「술 권하는 사회」, 「빈처」 합부合部
●난마와 같은 황잡荒雜한 우리 문단에 홀로 조용히 외치는
신인神人의 사자후獅子吼!!
●우리 문단 초유의 고급 창작
●신흥 출판계의 신 시련!!
본서는 신흥문단의 제1인자로 백조파 소설가의 권위인 빙허 현진건 씨의 단편걸작집이니 한 번 『개벽』 지상에 발표됨에 만천하의 학문을 좋아하는 여러분의 빛나는 환영은 실로 작자로 하여금 대만족을 금할 수 없게 하였다.
그 내용의 심각한 묘사와 곱고 화려한 필치는 사람의 창자를 간지려 거의 끊어지게 하며 강렬한 정조와 달콤하고도 순박한 향기는 지상에 뛰어올라 리얼리스트인 씨의 독특한 이념으로 가장 대담하게 인간의 추함과 아름다움을 새빨갛게 들춰냈다. 엄숙한 인생관, 타는 듯한 성性의 오뇌, 탐람貪婪한 육체의 모색, 청초한 사랑의 속삭임! 혼연한 예술의 경지에 그 처음을 시작하여 황홀한 법열 속에 그 끝을 맺었다.

정가 60전, 송료 9전
발매원: 조선도서주식회사

일제강점기 초기 신문광고를 세밀히 관찰해 보면 소설가 이광수와 현진건, 그리고 염상섭의 이름이 눈에 띈다. 근대 소설가 가운데 우리 귀에 익은 인물들은 이 외에도 많다. 그러나 오늘날 시각에서 누가 그 시대에 문학성과 대중성을 동시에 획득했는지 판단하는 일은 쉽지 않을 것이다.
현진건의 첫 작품집 『타락자墮落者』를 선정한 것 또한 자의적 판단이지만, 일제강점기 신문광고를 유심히 살펴본 결과임에는 분명하다. 특히 이 작품집에는 오늘날에도 고전으로 이름 높은 「술 권하는 사회」, 「빈처」가 함께 수록되어 있어 그 가치를 더한다.

變形된戀愛의極致를보랴거든
妖艶한女性의眞相을알랴거든이冊을닑어보시요

二이冊은 小說이면서도小說이아니요、事實로잇든바이니、저 아름다운 『시르톤』 쏫이 핀다는 남쪽나라사람의 多情多恨한 自叙傳이외다。自叙傳이라하야도 항다반 잇는 平凡한 그것이아니고、사람으로 鬼神노릇을 하며 鬼神으로 사람노릇(九雲夢中의賈春雲이 그敬愛郎楊少游를幻迷하는것과는例(類似한))을 하는 奇怪하고도 悽愴한 自叙傳이외다

이 世上에 絶世美人의 아해를 둔것가티 복된일이 또 어데잇슬것이며、그안해가 몸과마음을 오죽 저하나에게만 바치는줄밋는 滿足이야 무엇에 겨주리까。하물며 財產도잇고 地位도잇고 名譽도잇슴이랴、이야말로 人生幸福의 絶頂일것이다。이러틋 이유복한몸이 몹쓸流行病에 걸리어 사랑하는안해의 얼굴을 보지도못하고 햇길에 려구려지게되엇스니、그 얼마나 비참한일이며 원통한일입니까。천만다행으로 돈칠줄알앗든 목숨이 다시 깨어는낫스나 그의몸은 벌서 관안에 들어겟시요 원악이 流行病으로 死亡한者에게 쓰는 허술한관이라、깨개고 나올수잇섯스되 거긔는 光明한天地가 아니요 黑洞洞한 그집의 무덤굴이엇습니다。돌도싸고 쇠문으로 잠근 무덤굴속이엇습니다。여긔서 事件은 奇怪하게 發展되어 海賊의김추운 산데미가튼 金銀珠玉을 發見하고 다시 그들의 秘密出入口를 차저내어 그무덤굴을 벗어나아、自己를 위해 한숨을짓고 눈물을 흘릴 안해를 한시밧비 慰勞하라고 총총이 집에 돌아오니 하루밤사이에 그의집은 벌서 그의집이아니요、그의안해는벌서 그의안해가아니엇습니다。깁히밋고 깁히사랑하얏든만큼 그의원한은 뼈ㅅ골에사무처、원수깁는 모질고모진 惡魔가되고말앗습니다。여긔 變形된戀愛의極致를 볼수잇는것이다。

憑虛玄鎭健譯述

惡魔와가리

定價壹圓 郵稅拾貳錢

몹쓸苦痛으로시어진 뼈안난白髮을 奇貨로삼아 모양을 고치고 姓名을 고처서 제가 속은것만큼돌이어 제안해를 속이는 아질아질한때문에 이른더서는 보는이의손에 땀이 절로 흐를것이외다。山靈疊疊、波瀾重重、비ㅅ날제안해와 다시금 結婚하야 그무서운 무덤굴속으로 쇼을고갈때까지 艶麗한情景、凄慘한場面이 얼키고 설키어、잇다금 눈물을자아내고 잇다금 간담을서늘하게할것이외다 더구나 絶世의美人이요 稀世의妖婦인 女主人이 그흉악한手段과 아릿다운姿態로 산애를 롱리고홀리고하는 光景은 사람으로하야금 눈을어리게하고 머리ㅅ골이 힝힝하는 刺戟을 일으킵니다。이외에 痴情兒의 靑年畵家며 산해당은海賊王이며、비록 도적의계집이되엿슬지언정 밋븜을盟誓하고칼을물고넘어지는 [illegible]女며、안해의不義를 目睹하고 奸夫奸婦를 한칼에죽이고 無味한歲月을 보내게되어 人生의無常을 嘆息하는 덕마권하는 老人이며、各種各樣의人物이 出沒하야 迎接에不暇할만치 興味가 絶對한것이외다。

地方注文迅速酬應

京城府慶雲洞九四番地

同文書林

振替口座京城一二五二六番

『악마와 가티』
현진건 역술
동문서림
『조선일보』 1924. 10.

변형된 연애의 극치를 보려거든, 요염한 여성의 진상을 알려거든 이 책을 읽어 보시오.

빙허 현진건 역술
정가 1원, 우송료 12전
동문서림

1924년 2월에 실린 광고에 따르면 원작자가 '로마나니트하포'라고 하는데, 누구인지 알 수가 없다. 현진건은 이 외에도 번역서를 몇 편 더 남긴 것으로 전한다.

『조선의 얼골』
현진건
글벗집
『동아일보』 1926. 10.

1926년에 간행된 현진건의 단편집이다.

『남방의 처녀』
염상섭 역술
평문관
『동아일보』 1924. 4.

1924년 4월 17일 자 『동아일보』 광고를 보면 염상섭이 역술譯述한 『남방의 처녀』라는 작품 광고가 다른 책들과 함께 게재되었다. 이를 보면 그 무렵 다수의 문인들은 창작과 번역을 함께했음을 알 수 있다.

『적도』
현진건
박문서관
『조선일보』 1939. 4.

최신간!! 명소설名小說
빙허 현진건 선생 회심의 거작!!

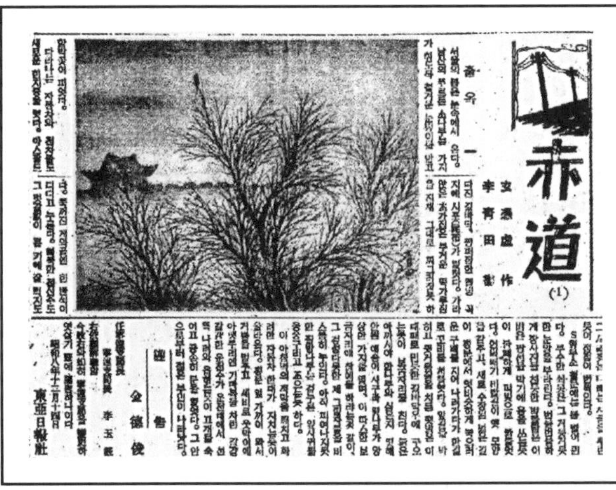

『적도』
현진건
『동아일보』 1933.

현진건이 1933년 12월 20일부터 이듬해인 1934년 6월 17일까지 연재한 소설로, 1939년에 단행본으로 출간하였다. 『동아일보』 1회 연재분을 보면 유명한 동양화가인 청전 이상범(1897~1972)이 삽화를 담당했음을 알 수 있다.

異彩를띄인良書의出現!
入學試驗
模範準備書
어둠의 힘
에쓰페란토語
發音과文法
詩集
진달내꽃
勞農露西亞의眞相
數理界
京城鍾路二丁目四二番地
中央書林
電光一六三七 振替京城七四五番

014

★ 맑고 곱다.

진달래꽃

김소월 / 중앙서림 / 『동아일보』 1925. 12.

김소월 작
시집 「진달래쏫」
46판, 300쪽, 쇄려灑麗★한 미본美本, 전 1책

시집 「진달래쏫」
구워 놓은 진주 반짝이는 별 '서정의 극치'인 조선 시단에 일대 탄미歎美를 느끼게 하던 시집이 이제야 출현하게 되었다!

정가 1원 30전, 송료 13전
발행소: 중앙서림

김소월金素月(1902~1934)의 유일한 시집인 『진달래꽃』은 그가 23세 때 출간됐다. 32세에 음독자살로 생을 마감한 그가 이승에 남긴 유일한 흔적인 셈이다.

그 무렵 출간된 시집은 대부분 동인지 성격의 잡지였으니, 개인 시집인 『진달래꽃』이 우리 시 역사에서 차지하는 비중이 얼마나 큰지 알 수 있다.

그러나 현재 찾을 수 있는 책 광고는 다른 책들과 함께 소개된 몇 줄짜리가 유일하다.

광고를 보면 두께가 300쪽에 달하고 정가가 1원 30전인데, 이는 그 시대 다른 책들과 비교해 보면 이례적이라 할 만큼 두껍고 비싼 것이다.

그런데 2015년에 복간된 『진달래꽃』 초판본에 따르면 256쪽이다. 『한국민족문화대백과사전』에 따르면 234쪽인데, 정확한 검토가 필요하다 하겠다.

『소월시초』
김억 편
박문출판사
『동아일보』 1939. 12.

『소월시초素月詩抄』는 김억이 김소월이 세상을 떠난 후 5년이 지난 1939년 12월, 그를 기리기 위해 펴낸 시선집詩選集이다.
발행처는 박문출판사이고, 김억이 쓴 「예언例言」, 「김소월의 행장行狀」, 서문을 대신한 「요절夭折한 박행시인薄倖詩人 김소월의 추억追憶」이 78편의 시와 함께 수록되어 있으며, 김소월이 쓴 유일한 평론인 「시혼詩魂」도 실려 있다.

『조선의 마음』
변영로
평문관
『조선일보』 1924. 10.

변영로卞榮魯(1898~1961)가 지은 이 책은 우리 시 역사상 초창기에 간행된 시집으로 28편의 시 외에 8편의 산문이 수록되어 있는데, 그 양이 시 부분을 능가할 만큼이라 엄밀히 말하면 변영로의 문집이라고 할 수 있다. 이 책에 수록된 시 「논개」는 매우 유명하다.

朝鮮初有의大詩集
朝鮮詩人選集
二十八文士의代表作
三百五十頁洋裝美本 (定價壹圓八拾錢) 郵料十六錢
朝鮮의文藝運
朝鮮의廢墟를
創造하는二十八詩
八峰 金基鎭
素月 金廷湜
巴人 金東煥
金明淳
岸曙 金億
石松 金炯元
草夢 故南宮璧
抱石 趙明熙
無涯 梁柱東
春城 盧子泳
柳春燮
春園 李光洙
想華 李相和
東園 李一
古月 李章熙
月灘 朴鍾和
金麗水 朴八陽
樹州 卞榮魯
孫晋泰
吳相淳
天園 吳天錫
요한 朱耀翰
露雀 洪思容
象牙塔 黃錫雨
發行所 朝鮮通信中學館
總販賣所 滙東書館

『조선시인선집』
이광수 외 27명
조선통신중학관
『동아일보』 1926. 10.

『조선시인선집朝鮮詩人選集』
350쪽 양장 미본

조선 초유의 대시집
28인 문사文士의 대표작

『조선시인선집』은 조선 사람으로서 조선의 노래를 부르고 조선의 정신을 읊조린 최초의 대시집이다. 조선의 문예운동은 어떠하며 최근의 시단 경향은 어떠한가를 대표하여 말하는 대시집이다. 조선의 폐허를 개척하며 조선의 문예를 창조하는 28시단 대가의 작품 중에서 제일 우수하고 미려한 걸작품만 선집한 것이다. 그 분방한 정열과 심혼深渾한 사상은 실로 새어가는 조선 시단의 빛깔이며 모범이다.

● 내용 목차(가나다순)
팔봉 김기진 – 「고대하는 마음」 외 3편
소월 김정식 – 「월색」 외 4편
파인 김동환 – 「봄노래」 외 4편
탄실 김명순 – 「추억」 외 4편
안서 김억 – 「꿈의 노래」 외 7편
석송 김형원 – 「백골의 난무」 외 5편
탁몽 고 남궁벽 – 「풀」 외 3편
포석 조명희 – 「경이」 외 4편
무애 양주동 – 「꿈노래」 외 6편
춘성 노자영 – 「장미」 외 4편
유춘섭 – 「낙엽」 외 4편
춘원 이광수 – 「기도」 외 1편
상화 이상화 – 「말세의 희탄」 외 4편
두우성★ 이은상 – 「황혼의 묵상」 외 5편
동원 이일 – 「나의 눈물」 외 4편
고월 이장희 – 「동경」 외 4편
회월 박영희 – 「꿈의 나라로」 외 4편
월탄 박종화 – 「정밀」 외 3편
김려수 박팔양 – 「거리로 나와 해를 겨누라」 외 7편
백기만 – 「산촌모경」 외 5편
수주 변영로 – 「버러지도 싫다 하올 이 몸이」 외 5편
손진태 – 「생의 철학」 외 3편
벽동탄운 오상순 – 「폐허의 재단」 외 3편
천원 오천석 – 「인류」 외 2편
조운 – 「이 세기의 시인아」 외 4편
요한 주요한 – 「빗소리」 외 4편
노작 홍사용 – 「묘장」 외 2편
상아탑 황석우 – 「석은 꺼진다」

정가 1원 80전, 우송료 16전
발행소: 조선통신중학관
총 판매소: 회동서관

1926년이면 말 그대로 우리나라 시문학詩文學의 태동기다. 김억의 첫 창작시집이 간행된 것이 1923년인데 그로부터 고작 3년 정도밖에 지나지 않은 시기이니 말이다. 그런데 이 시점에 350쪽에 이르는 방대한 시선집이 출간되었다는 것은 두 가지 면에서 우리를 놀라게 한다. 첫 번째는 그 짧은 시간에 그렇게 많은 시인들이 탄생했다는 점이다. 다른 하나는 21세기에도 두껍게 여길 시선집이 출판될 만큼 시를 읽는 독자 수가 있었을 거라는 점이다. 독자가 없다면 이런 방대한 시 모음집이 출간될 리가 없었을 테니 말이다. 다른 한편으로는 수록작가 명단을 통해 그 시대 우리 문화계를 이끌어 가던 인물들이 누구였는지 살펴보는 기회가 되기도 할 것이다.

★ 두우성은 필명, 호는 노산

美國 迦爾威尼 原著 大韓 李海朝 譯述

表紙石版畫
國文全一冊
金二拾五錢

本小說은化學家의構設宏傑과經營慘澹이며慈善家의博愛事業과衛生制度를一一模寫하야令人으로可驚可懼며可喜可悅이오니科學從事에最要할小說이라新知識啓發에有力한者니愛讀諸君子는速速購覽하시오

發行元 皇城南部大廣橋東邊 滙東書館

發售處 皇城罷朝橋中央書館 鍾路大東書市 尙洞博文書館
紫岩新舊書林 銅峴博學書館 文明書館
漢城書籍組合 中央分店 布屛下廣學書舖
典洞光東書局 各地有名書肆

★ 『왕비의 유산』이라는 제목은 원제가 아니라 영어 책 제목이다.

★ 김종방, 「한국 과학소설의 성립과정 연구」, 세종대학교 대학원 석사학위논문, 2009. 현재 인터넷에서 검색되는 대부분의 자료에서는 이해조의 작품을 쥘 베른의 『불독이학사 이야기』를 번안한 것이라고 소개하고 있는데, 『불독이학사 이야기』는 모리타 시겐이 번역한 작품 제목이다.

철세계 鐵世界

이해조 역술 / 회동서관 / 『황성신문』 1908. 12.

과학소설 『철세계』

본 소설은 화학가의 대단히 뛰어난 설계와 참담한 경영이며 자선가의 박애 사업과 위생 제도를 일일이 모사하여 사람들로 하여금 놀라고 두려우며 즐겁고 기쁘게 하니 과학에 종사하는 데 가장 중요할 뿐 아니라 신지식 계발에 유력한 책이니 애독자 여러분은 속히 구입하여 보시오.

전 1책, 정가 25전

프랑스 소설가 쥘 베른Jules Verne의 『왕비의 유산*Les Cinq Cents Millions de la Bégum*』★을 일본인 모리타 시겐森田思軒(1861~1897)이 1887년에 번역·출간한 책을 저본으로 중국인 포천소包天笑가 다시 『철세계鐵世界』라는 제목으로 소개했는데, 이해조李海朝(1869~1927)가 1908년에 소개한 이 작품의 제목이 『철세계』인 것, 그리고 이해조가 한학자였다는 점을 고려하면 포천소의 작품을 저본으로 한 것으로 보인다.★

한편 광고 문안을 보면, 미국의 '가이위니迦爾威尼' 원저原著라고 적혀 있는데, 미국에서 이 작품을 번역, 소개한 이가 킹스턴 부부William Henry Giles Kingston & Agnes Kinloch Kingston이다. 따라서 가이위니는 Giles를 음역한 것이 아닐까 조심스레 추측해 본다.

번안소설翻案小說은, 외국 원작의 줄거리는 기본 골격을 살리면서 자국自國의 언어와 문화·배경 등으로 개작한 소설을 가리키는데, 그 역사는 고려 시대로 거슬러 올라가는 것으로 알려져 있다.

근대에 들어서면서 최초의 번안소설이 무엇인지에 대해서는 확실하지 않지만 1908년경에 본격적으로 소개되기 시작한 것으로 전한다.

『철세계』 또한 1908년에 출간되었는데, 그 무렵 대부분의 번안소설이 일본 원작을 바탕으로 했다면 이 소설은 프랑스 소설을 원작으로 한 것이 눈에 띈다.

東亞將來大勢論 一冊三拾錢
監本孟子 一冊一圓
土地測量術 一冊七拾錢
法規類編 七冊五圓
林野法令 一冊廿五錢
蔬菜栽培法 一冊四拾五錢
新纂國文家庭簡牘 一冊三十錢
教育論 一冊二十錢
監本四書 一匣六冊 七拾錢
政治小說雪中梅 一冊二拾錢
科學小說鐵世界 一冊廿五錢
日語雜誌 八冊八拾錢
古文略選 一冊五拾錢
拾九世紀文明進化論 一冊三拾錢
大韓新地誌 一冊一圓
唐玉編 一冊三拾錢
言文 一冊五拾錢
接木新法 一冊二拾錢
醴泉銘習字帖 一冊拾五錢
國文課本 一冊二拾五錢
신뎡分道大韓帝國地圖 일冊五拾錢
大韓帝國地圖 일幅四拾錢
中國魂 일冊五拾錢
外他文房諸具와學校用品과圖畫材料와印肉等諸般物品이俱備홈
京城南部大廣橋二拾七統四戶
滙東書舘 高裕相

佛國文豪 뒤ㅣ마先生 元著
東亞日報編輯局長 李何夢先生 飜案

海王星

■總頁數 壹千三百三十頁
■洋裝總布衣金文字入 全二冊金三圓五十錢
■半洋裝上下二冊金三圓
■前金郵稅各二十三錢

奇想天外의結構는現代新水滸傳
驚神鬼泣의妙技는傳奇小說의覇王

빌비해동안을감옥이라는토굴속에서슬픈원한을부르짓는주인공은(남이내눈을쌔이거든나도그놈의눈을쌔이리라)(남이내손을자르거든나도그놈의손을쏙자르리라)굿게굿게맹세를하고거손짓송장으로변하야다시이세샹으로나오게되엿도다。고국의회복을간절히도모하든인도법사의교훈이며망국의원한으로눈을마를사이가업든안남공주의사랑은그의주위를옹위하는 가온데수효를모를만한보배는철두철미토그의활동을도앗도다。

本小說은滿天下의歡迎을蒙하야發行한지不過幾月에初版이賣盡에近하얏사오니速々購覽하시와世界文章의大傑作을玩味하시옵
第二版은紙價印刷料等高騰에因하야再刊키難한大印刷物이외다

『해왕성』
이상협
광익서관
『동아일보』 1920. 8.

프랑스의 소설가 알렉상드르 뒤마Alexandre Dumas(1824~1895)의 장편소설 「몽테 크리스토백작*Le Comte de Monte Cristo*」이 원작인데, 원작을 일본인 구로이와 루이코黑岩淚香(1862~1920)가 번안한 소설 『암굴왕巖窟王』을 중역한 것으로 알려져 있다.

特別廣告

◎발售書籍中概要

學部編纂敎科書各種

學部新編動物學 一冊四拾錢

檢定精選算學 二冊七十錢

新訂算術 三冊六十錢

敎育辭典 一冊卄五錢

進明剳論 一冊卄五錢

華盛頓傳 一冊二十錢

字典釋要 一冊八拾錢

日韓會話辭典 一冊一圓卅錢

『설중매』
이해조
회동서관
『대한매일신보』 1910. 7.

『설중매雪中梅』는 1908년 5월, 회동서관에서 발간한 번안소설로, ‘정치소설’이라는 설명이 붙어 있다. 이해조의 작품으로 알려져 있는데, 원작은 일본의 스에히로 데초末廣鐵腸(1849~1896)가 1886년 8월에 출간한 「설중매」이다.
회동서관의 광고에는 『설중매』와 『철세계』가 함께 등장한다.

『무쇠탈』
민태원
동아일보사 편집국
『동아일보』 1923. 11.

프랑스 작가 부아고베Fortuné du Boisgobey(1821~1891)가 1878년에 쓴 『생 마르 씨의 두 마리 티티새*Deux Merles de Monsieur de Saint-Mars*』는 본래 제목보다 『철가면』으로 알려져 있는데, 프랑스 역사에 실제로 존재했던 철가면을 쓴 죄수의 이야기를 배경으로 했기 때문일 것이다.
민태원閔泰瑗(1894~1935)은 수필가로 잘 알려져 있는데, 번안소설도 여러 편을 출간했다. 『무쇠탈』은 전형적인 번안소설로 주인공 이름도 모두 우리나라 이름으로 바꿨음을 광고가 말해 주고 있다.

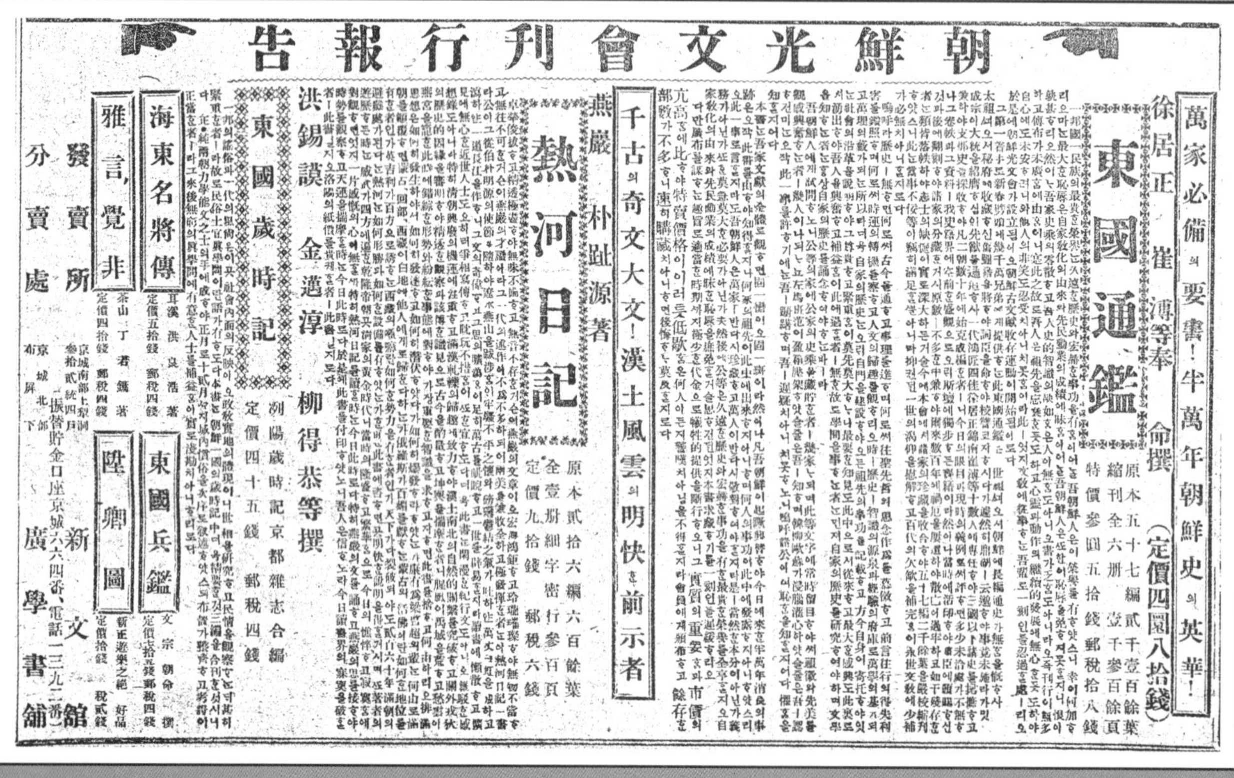

朝鮮光文會刊行報告

萬家必備의要書! 半萬年朝鮮史의英華!

東國通鑑

徐居正 崔溥等奉 命撰

(定價四圜八拾錢)

原本五十七編貳千壹百餘葉
縮刊全六册壹千參百餘頁
特價參圜五拾錢郵稅拾八錢

千古의奇文大文! 漢土風雲의明快호前示者

熱河日記

燕巖 朴趾源著

原本貳拾六編六百餘葉
全壹册細字密行參百頁
定價九拾錢 郵稅六錢

洪錫謨 金邁淳 柳得恭等撰

東國歲時記

冽陽歲時記京都雜志合編
定價四十五錢 郵稅四錢

一邦의謠俗과一代의風尙은이共社會內面의反映이오政敎實地의譜現이니世相을硏究ᄒᆞ고民情을觀察ᄒᆞᄂᆞᆫ딕其히緊重ᄒᆞᆫ者ㅣ라故로民俗土宜異學聞이란語가有ᄒᆞ도다本書ᄂᆞᆫ朝鮮一國의歲時記中에최精要ᄒᆞᆫ것三編을合刊ᄒᆞᆫ섯시니다 正•純兩朝力學能文之士의手에成ᄒᆞ야正月로十貳月ᄭᆞ지城內慣俗을次序로敍述ᄒᆞ얏스며布貨가豫齊ᄒᆞ고考證이正當ᄒᆞᆫ者ㅣ라ᄀᆞ來後無前의異學問에有意ᄒᆞᆫ人士ᄂᆞᆫ補益ᄒᆞᆷ이實로淺尠치아니ᄒᆞ리로다

海東名將傳

耳溪 洪良浩著
定價五拾錢 郵稅四錢

東國兵鑑

文宗 朝命撰
定價七拾五錢郵稅四錢

雅言覺非

茶山 丁若鏞著
定價四拾錢 郵稅四錢

陞卿圖

新正遊樂之絕好品
定價拾錢 稅貳錢

發賣所 京城南部上犁洞參拾貳統四戶 振替貯金口座京城六六四番、電話一三九二番 新文館

分賣處 京城北部布屛下 廣學書舖

조선광문회 간행보고

朝鮮光文會 刊行報告

조선광문회 / 신문관 / 『매일신보』 1912. 2.

조선광문회 간행보고

「동국통감」
만 가정이 반드시 구비해야 할 필요서!
반만년 조선사의 빛나는 꽃봉오리
서거정 · 최부 등 봉명奉命 찬撰
정가 4원 80전

「열하일기」
천고의 뛰어난 문장, 대단한 문장!
중국 풍운의 명쾌한 전시자前示者
연암 박지원 저
원본 26편 6백여 장
전 1권, 철자 밀행密行 3백 쪽, 정가 90전, 우송료 6전

「동국세시기」
홍석 · 김매순 · 유득공 등 찬撰
열양세시기, 경도잡지 합편, 정가 45전, 우송료 4전

발매소: 신문관

조선광문회는 1910년 12월 최남선, 현채玄采, 박은식朴殷植(1859~1925) 등이 주축이 되어 설립한 단체로, 한일강제병합으로 우리 고유의 문화가 사라질지 모른다는 위기의식 속에 우리 역사와 사상의 보존 · 전파를 위해 활동했다. 이에 따라 고전 간행, 귀중 문서의 수집 · 편찬 · 개간을 통한 보존 · 전파에 힘을 기울였는데, 첫 성과물은 『동국통감』 · 『열하일기』의 간행이었고, 이후 『동국세시기』 · 『해동명장전』 · 『동국병감』 · 『아언각비』 · 『승경도』 등을 연이어 출간했다. 장지연 · 유근 · 이인승 · 김교헌 등이 주축이 되어 추진한 고전 출간 사업은 『동사강목』 · 『삼국사기』 · 『삼국유사』 · 『발해고』 등의 역사류, 『택리지』 · 『산수경』 · 『도리표道里表』 등 지리류, 『해동제국기』 등 풍토류, 『동언해東言解』 · 『훈몽자회』 등 어운류語韻類, 『산림경제』 · 『지봉유설』 · 『성호사설』 등의 고전, 『익재난고益齋亂稿』 · 『율곡전서』 · 『이충무공전서』 · 『매월당집』 등의 전집류 간행으로 이어졌다. 그러나 180여 종을 간행하려던 사업은 20여 종만을 간행하고 중단되었다.

李尚俊先生編纂作譜

朝鮮俗曲集

上卷 曲譜附

定價金 三十五錢

本書의內容은俗曲中淫佚에近ᄒᆞ며悲哀에過ᄒᆞᆫ者ᄂᆞᆫ刪除ᄒᆞ고古今天下의風氣를流通ᄒᆞ며快活勇敢ᄒᆞᆫ道德의性情을養成ᄒᆞᆷ에適當ᄒᆞᆫ者를精選ᄒᆞᆫ者이오니江湖僉君子ᄂᆞᆫ此와如ᄒᆞᆫ趣味가津々ᄒᆞᆫ書冊을速速注文ᄒᆞ시옵（但地方에ᄂᆞᆫ郵換으로送呈ᄒᆞ되一二冊을請求ᄒᆞ실時ᄂᆞᆫ先金을要ᄒᆞᆷ）

京城府[illegible]洞二百六番地

朝鮮福音印刷所（電話二〇五五番）

017

조선속곡집朝鮮俗曲集

이상준 / 조선복음인쇄소 / 『매일신보』 1914. 11.

이상준 선생 편찬작보編纂作譜
「조선속곡집」
상권 곡보曲譜 부附

본서의 내용은 속곡 가운데 음란하고 방탕하며 너무 처량한 곡은 제외하고 고금 천하의 풍속음악을 알리며 쾌활, 용감, 진취의 성질을 양성함에 적당한 곡을 정선한 것이오니 강호의 여러분께서는 이와 같이 취미가 귀한 책을 즉시 빨리 주문하시기 바랍니다.

정가 35전
발행소: 조선복음인쇄소

『조선속곡집朝鮮俗曲集』을 출간한 이상준李尙俊(1884~1948)은 근대에 활동한 최초의 작곡가로 평가받는데, 우리에게는 잘 알려지지 않은 인물이다. 그는 15세 무렵에 이미 평양 대성학교에서 음악을 가르쳤고, 우리나라 최초의 음악 전문 교육기관인 조양구락부 조선악과에 입학해서 국악을 전공했다. 그 후에는 홍난파 등과 함께 우리나라 서양음악의 개척자로 알려진 김인식으로부터 배워 우리 전통음악을 서양식 악보에 채보하기도 했다. 그 결과물이 『조선속곡집』과 『조선가곡朝鮮歌曲』 등이다.

精選 朝鮮歌曲

全一冊 定價金 三十五錢

此書은朝鮮五百年內에屈指를던名賢英俊과文人才子의傑作을無漏編輯이온바近者有名歌客某々의新著述을添加ᄒᆞ와朝鮮樂部의唯一無二ᄒᆞᆫ珍書이오니急速購覽ᄒᆞ시옵

(但一二冊注文에ᄂᆞᆫ先金을要홈)

編目 時調、編、지름、사설、合三百七十餘章、相思別曲、春眠曲、古相思別曲、首陽山歌、襄陽歌、處士歌、竹枝詞、白鷗詞、黃鷄詞、漁夫詞、關山戎馬、回心曲、王昭君怨歎、老處女歌、香山錄、寡婦歌、鳳凰曲、花柳詞、惜春詞、閨秀相思曲、等

大發賣所

京城府和泉町二百十三番地 新舊書林

京城府仁寺洞二三番地 朝鮮書館

『정선 조선가곡』
심송욱
신구서림 · 조선서관
『매일신보』 1914. 12.

『정선 조선가곡』
전 1권 정가 35전

이 책은 조선 5백 년 내에 굴지의 유명 선비와 뛰어난 인물, 문인과 인재의 걸작을 빠짐없이 편집한 것이온바 최근 유명 가객 모모 씨의 신 저술을 첨가하여 조선 악부의 유일무이한 진서珍書이니 급히 구독하여 보시기 바랍니다.
편목編目: 시조, 편, 지름, 사설, 합 370여 장, 「상사별곡相思別曲」, 「춘면곡春眠曲」, 「고상사별곡古相思別曲」, 「수양산가首陽山歌」, 「양양가襄陽歌」, 「처사가處士歌」, 「죽지사竹枝詞」, 「백구사白鷗詞」, 「황계사黃鷄詞」, 「어부사漁父詞」, 「관산융마關山戎馬」, 「회심곡回心曲」, 「왕소군원탄王昭君怨歎」, 「노처녀가老處女歌」, 「향산록香山錄」, 「과부가寡婦歌」, 「봉황곡鳳凰曲」, 「화류사花柳詞」, 「석춘사惜春詞」, 「규수상사곡閨秀相思曲」 등.

대발매소: 신구서림 · 조선서관

심송욱이 1914년에 간행한 시조집으로, 모두 370여 수의 시조가 수록되어 있다. 심송욱에 대해서는 알려진 내용이 별로 없는 게 안타깝다.

『가곡집』
현제명
한성도서주식회사
『조선일보』 1935. 8.

대구에서 태어나 일제강점기에 활발한 활동을 한 현제명玄濟明(1902~1960)의 가곡집인데, 목차를 보면 외국의 곡이 다수를 차지하고 있는 게 특징이다.

『풍금독습 중등창가집』
이상준
삼성사
『조선일보』 1929. 9.

朝鮮舊樂 洋琴獨習 靈山會像

▲洋裝四六倍版 ▲全一冊定價金五十錢 送料十四錢

好樂家의大歡迎으로出來未久에再版出來

神聖하고、어름다운朝鮮音本은本質에잇서서는참으로優雅하나學習하는方式이但只傳心授일뿐임으로推奬普及하기에周到치못한지라 培材의教鞭을잡고계신金仁湜先生께서編輯하시고 朝鮮音樂을數十年間專門研究하신朝鮮正樂傳習所舊樂編輯員趙彝淳先生의校閱을밧아서西洋樂譜와朝鮮樂律名을서로對照하야 完成한것이西洋樂譜만알고朝鮮律名을아시지못하시는紳士淑女나그反對로朝鮮律名만알고 西洋曲譜를解得치못하시는諸賢이나何者를勿論하고學習할수잇는簡明平易하고唯一無二한教科書이올시다

▲獨唱行曲 世界歌曲集 ▲全一冊 ▲一圓五十錢　▲歌謠曲撰集 ▲全二冊 ▲一圓六十錢

▲西洋樂譜 朝鮮歌曲集 ▲全一冊 ▲三十五錢　▲하모니카獨習自解 流行唱歌集 ▲全一冊 ▲五十錢

發行所 京城府鍾路二丁目八四番地 振替京城六二三一番 永昌書館

『영산회상』
김인식
영창서관
『조선일보』 1929. 3.

조선구악朝鮮舊樂 양금독습洋琴獨習
『영산회상』
양장 46배판 전 1책

음악을 좋아하는 사람들의 대환영으로 출시 얼마 되지 않아 재판 출시
신성하고, 아름다운 조선 음본音本은 본질에 있어서는 참으로 우아하나 학습하는 방식이 단지 전심수傳心授일 뿐이므로 추천하여 보급하기에 주도周到치 못한지라, 배재의 교편을 잡고 계신 김인식 선생께서 편집하시고 조선음악을 수십 년간 전문 연구하신 조선 정악전습소正樂傳習所 구악편집원舊樂編輯員 조이순趙彝淳 선생의 교열을 받아서 서양 악보와 조선 악률명樂律名을 서로 대조하여 완성한 것이 서양 악보만 알고 조선 율명律名을 아시지 못하는 신사숙녀나 그 반대로 조선 악률명만 알고 서양 악보를 해득지 못하시는 제현이나 누구나를 물론하고 학습할 수 있는 간명 평이하고 유일무이한 교과서이올시다.

정가 50전, 우송료 14전
발행소: 영창서관

영산회상靈山會像이란 '영산회상 불보살', 즉 영취산이라는 곳에서 석가여래가 설법을 베풀 때 그를 따르는 신자들이 모여든 모습에서 유래했다. 그 후 같은 제목의 음악이 탄생했으니, 당연히 불교음악이라고 할 수 있겠다. 그러나 오늘날 국악 「영산회상」은 불교음악이라기보다는 우리 전통음악을 대표하는 곡이 됐다. 「영산회상」은 한자로 '靈山會上', '靈山會相', '靈山會象' 등으로 표기하는데, 이 책에서는 '靈山會像'으로 표기한 것이 이채롭다.

『교과적용 보통창가집』
김인식
보급서관
『매일신보』 1912. 3.

평양 출신의 김인식金仁湜(1885~1963)은 우리나라 최초의 서양음악 교사로 알려져 있다. 서울에 온 후에는 상동청년학원 중학부, 진명·오성·경신·배재 등 여러 학교에서 서양음악을 지도하였다.

1910년, 우리나라 최초의 음악교육기관인 조양구락부調陽俱樂部가 발족하자 이곳에서 교사로 활동하면서 홍난파洪蘭坡와 이상준에게도 가르쳤다.

그는 찬송가 가사를 우리말로 번역하는 한편, 슈베르트의 「아베마리아」·「세레나데」, 헨델의 「할렐루야」 등 성가와 합창곡들도 번역하였고, 우리나라 전통음악의 채보에도 힘써 「영산회상」·「여민락」·가곡 등을 서양식 5선보로 채보하였다.★

★ 『한국민족문화대백과사전』

이야기주머니
天下奇談의 府庫
特價五拾錢
六錢小說
發行所 新文館
廣學書舖

육전소설 六錢小說

『이약이주머니』 / 최남선 / 신문관 / 『매일신보』 1914. 10.

『이약이주머니』
전 1책

천하기담의 부고府庫
긴긴 가을밤에 비교할 수 없는 반려가 되오.

정가 30전, 우송료 4전
발행소: 신문관

『육전소설』
고소설 가운데 가히 절후한 작품을 택하여 자구를 수정, 간행한 총서.
기간旣刊: 『심청전』, 『홍길동전』, 『흥부전』, 『면우치전』, 『져마무전』, 『남훈태평가』, 『삼셜긔』(상 · 하), 『사시남정긔』(상 · 하)

정가 (매권) 6전, 우송료 2전
제1집 전부 특가 50전
우송료 8전
발행소: 신문관

우리나라 최초의 문고본이라 할 『십전총서』는 1909년 초 최남선이 설립한 신문관에서 간행했다. 그러나 2종을 출간한 뒤 중단했고, 1913년 다시 『육전소설』을 출간했다. 『육전소설』은 10종이 출간되어 본격적인 문고시대를 열었다고 할 수 있다.
『육전소설』은 말 그대로 책 한 권을 6전의 염가로 공급하여 누구나 쉽게 읽을 수 있도록 했으며, 판형 역시 B6판(128mm×182mm)으로 휴대하기에 간편했다. 아쉬운 것은 지속적으로 추진되지 못했다는 점을 들 수 있겠다. 한편 이 문고본 역시 최남선에 의해 추진됐으니 근대 여명기 문화출판계에 끼친 최남선의 영향이 얼마나 큰지 다시 확인할 수 있을 것이다.
광고에는 『육전소설』 광고와 더불어 신문관에서 출간한 『이약이주머니』라는 책의 광고가 혼재되어 있다.

每月二回發行 〈龍飛御天歌〉 一編 特別部輯

青年文庫

△紳士의標準智識▽

△朝鮮文明의叢淵▽

定價金五錢 各編六冊金三十錢 各編十二冊金六十錢 郵稅一冊二錢

△一切前金을要홈

發行所 京城府壽昌洞 新文社 電話一八二○番 振替一二九九番

『청년문고』
신문사
『매일신보』 1915. 10.

『청년문고』
제1편 편집부 찬
매월 2회 발행
신사의 표준지식, 조선 문명의 총연叢淵

청년 제군이여, 제군이 숙지하는 바와 같이 학식은 능히 인생으로 하여금 지혜의 물길을 내며 가치를 고상케 하는 바이라. 학식을 구할 자 누가 천리를 멀리 하며 천금을 아까워하리요마는 천리의 노고와 천금의 무거움을 다 쓰고도 필경 그 목적을 달성치 못함은 왜인가. 방법이 잘못되었음이라. 이에 대해 본사는 그 의무와 책임을 부담한 고로 문학 대가 강매姜邁 선생께서 머리를 짜낸 결과로 『청년문고』의 제1회를 출간하는 바인데, 이 문고의 재료는 태반이 조선에 있는 지지地誌, 역사, 인물을 중심으로 하고 부수적으로 세계 기적奇蹟을 편술하되, 제1기를 5개년, 120회로 정하고 매월 10일, 25일 2회로 하고 오늘에는 『용비어천가』, 『퇴계 이 선생전』을 간행하였으니 청년 제군이여 천금을 주고도 살 수 없는 귀한 보물이요, 만 권을 독파하여도 얻기 힘든 학식이라. 시간적으로 금전적으로 경제적인지 깊이 생각하라.

정가 5전, 각 편 6권 30전, 각 편 12권 60전, 우송료 1권 2전
발행소: 신문사

일본은 예나 지금이나 문고본의 천국이다. 그만큼 일본 문고본의 역사는 오래됐다. 그렇다면 우리나라 문고본의 역사는 어떨까? 우리나라에서 최초로 '문고文庫'라는 이름을 달고 나온 시리즈는 『청년문고青年文庫』다. 그러나 안타깝게도 청년문고는 일본인 다케우치 로쿠노스케竹内錄之助(?~?)가 세운 출판사인 신문사新文社에서 만들어졌다. 신문사는 1913년 4월 종합 월간지 『신문계』를 발행한 뒤, 2년쯤 지난 1915년 10월부터 『청년문고』를 출간하기 시작했다.

청년문고는 1차로 『용비어천가』와 『문순공 이퇴계 선생』을 출간했으며, 앞으로 5년간 매달 10일과 25일에 1권씩 문고본을 출간하는 방식으로 총 120권을 펴내겠다고 광고했다. 이후 광고를 찾아보니 제3권 『경성의 금석今昔』과 제4권 『독일황제』를 예고대로 출간한 것을 확인할 수 있었다.

그러나 계획과는 다르게 광고에 언급된 4권 외에는 더 이상 출간되지 않은 것으로 보인다. 그렇다고 해서 『청년문고』의 의미가 약한 것은 아니다. 이 전통이 훗날 여러 문고로 이어지기 때문이다. '문고'라는 용어 또한 일본에서 사용하던 것이 그대로 우리나라에 전해졌다는 근거이기도 하고.

(出版廣告)

鄭鑑錄

今日出來

一、總發賣 朝鮮圖書株式會社 漢城圖書株式會社

一、內容

原本一種 私本六種碩儒名僧秘訣四十章某處에深藏御覽하셧다는原本과各地方에秘傳하는私本

一、價格

諺文雜說等은不付하고原文만約百九十頁

一冊 代金一圓 自發行日로滿一個月間은特價八十錢

一、趣意

願一見之하는千古秘書가今日出版發行하오原本대로古昔文獻을社會에提供코자함이올시다近日鄭鑑錄이何其多耶인지某々奸商輩가日人의名義로或은木版의一少部分或은諺文橫竪說을加한者等으로屢次虛兇廣告를하고羊頭狗肉을放行코저하오니兒欺치마시고兩會社發刊左記內容目次에注意하시옵

一、目次

徵秘錄 鑑訣 運奇龜策 東國歷代記(東世記) 要覽歷歲 東車訣 鑑寅錄

右七書中細目如下

鄭堪問答 敎外問答 氣數[illegible]訣 無學秘傳 論史秘記 北宮秘訣 保古之地 西山秘訣 山林秘記 七十古訣 秘知論 子的祖傳 精處十勝地 [illegible]

土亭妙訣 湖南北傳 北窓朝鮮 十勝地 王都未定 五百論史 道宮秘訣 楊坤古訣 杜師聰秘訣 滿城[illegible] 又歌詩 土亭秘訣 西溪秘訣

三韓山記 李先生家訣 玉龍子記 九宮建法 北窓[illegible]記 南格[illegible]記 可避可居處 三陟島甚記 放錄島說 宋[illegible]論 南師古秘訣 無忘論 背邱秘訣

總發賣所

京城府堅志洞六十番地
朝鮮圖書株式會社
電話本局一九九四番 振替京城八二五五番

京城府堅志洞三二番地
漢城圖書株式會社
電話本局一四七九番 振替京城七六六〇番

分賣所 市內重要書店及地方各書肆

★ 이 『징비록』은 류성룡의 『징비록懲毖錄』과는 전혀 다른 비서의 한 종류이다.

★ 「감결」은 『정감록』의 핵심 부분으로, 일반적으로 『정감록』 하면 「감결」만을 가리키기도 하고 다른 부분까지 함께 가리키기도 한다.

★ 이른바 비밀스러운 미래의 예언 내용을 담고 있다고 해서 '참서讖書' 또는 '비기祕記'라고 부르는 책들의 종류는 다양한데, 『정감록』은 그 가운데 대표적인 서적이다. 「운기귀책」과 「동세기」도 그러한 종류의 책 가운데 하나이며, 이 책에 실린 모든 글들이 대부분 민간에 전승되어 오던 참서의 일종일 것이다.

정감록鄭鑑錄

작자미상 / 조선도서주식회사 · 한성도서주식회사 / 『조선일보』 1923. / 『동아일보』 1923. 3.

『정감록』
금일출래今日出來

1. 총 발매소
조선도서주식회사
한성도서주식회사

1. 내용
원본 1종, 사본私本 6종, 유명 유학자들과 스님들의 비결祕訣 40장, 모처에 임금이 깊이 감춰두고 보셨다던 원본과 각 지방에 비전祕傳하던 사본私本

1. 가격
언문 잡설 등을 제외한 원문만 약 190쪽, 1책 대금 1원
발행일로부터 만 1개월간 특가 80전

1. 취의
한 번 만나기를 바라던 천고의 비서祕書를 금일 출판 발행하오. 원본대로 오래된 문헌을 사회에 제공코자 함이오. 근일 『정감록』이 얼마나 많은지 몇몇 간사한 장사치들이 일본 사람 명의名義로 혹은 본서의 적은 부분 혹은 언문으로 횡설수설을 더한 것들로 앞서 누차 허황된 광고들만 하고 양두구육羊頭狗肉을 감행하고 있으니, 보고 속지 마시고 두 회사에서 발간한 이 책의 왼쪽에 있는 내용 목차를 잘 살펴보시오.

1. 목차
징비록徵祕錄★
감결鑑訣★
운기귀책運奇龜策★
동세기東世記
요람역세要覽歷歲
동차결東車訣
감인록鑑寅錄

『정감록鄭鑑錄』은 잘 알려져 있다시피 조선시대 이래 민간에 널리 유포되어 온 예언서 가운데 대표적인 것이다. 워낙 유명하다 보니 판본 또한 다양하며, 시대가 어수선하고 혼란스러울 때마다 민중 사이에 널리 읽힌 것은 당연한 일일 것이다. 이 책의 저자와 출간 시기에 대해서도 여러 가지 설이 있으나, 밝혀진 것은 없다. 반反왕조적이며 현실 부정적인 내용을 담고 있는 까닭에 조선시대 이래 금서로 지정되어 민간에서

은밀히 전승되어 왔다.

다음은 1923년에 갑자기 봇물처럼 터져 나온 『정감록』의 다양한 판본들 광고다. 1910년 한일강제병합 이후 조선 백성의 삶은 고통스러웠을 것이고, 1919년 3·1운동 실패 후에는 더더욱 절망과 고통 속에 놓여 있었을 것이다. 그런 절망과 분노의 결과물이 『정감록』의 유행으로 나타난 것이 아닐까 유추해 본다. 출구 없는 삶을 사는 백성들에게 누군가 '약속의 땅'을 권한다면 한번 쯤 관심을 갖는 게 사람의 정일 테니 말이다.

『비서 정감록』
자유토구사
『조선일보』 1923. 3.

이 책은 특이하게도 일본 도쿄의 자유토구사로 주문하라는 것으로 보아 일본에서 발행한 것으로 보인다.

廣告

特別書籍案內

眞本 鄭鑑錄 附諸家祕訣

定價七十五錢 送料十一錢

國史自習書

地理自習書

朝鮮語自習書

國語自習書

國語讀本詳解

新式辭典

朝鮮語法

漢日鮮新玉編

朝鮮里程地圖

安昌男君飛行記

愛의眞境

巡査看守受驗書

京城慶雲洞三十六番地

文化書館

『진본 정감록』

문화서관

『조선일보』 1923. 4.

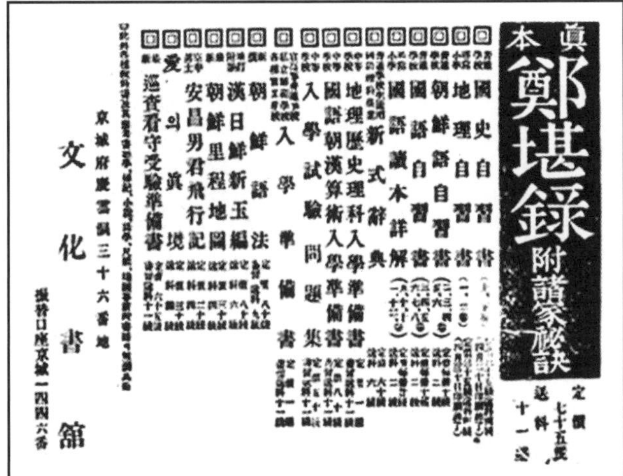

眞本 鄭堪錄 附諸家祕訣

定價七十五錢 送料十一錢

國史自習書

地理自習書

朝鮮語自習書

國語自習書

國語讀本詳解

新式辭典

地理歷史理科入學準備書

國語朝漢算術入學準備書

入學試驗問題集

入學準備書

朝鮮語法

漢日鮮新玉編

朝鮮里程地圖

安昌男君飛行記

愛의眞境

巡査看守受驗準備書

京城府慶雲洞三十六番地

文化書館

振替口座京城一四四六番

『진본 정감록』

문화서관

『동아일보』 1923. 4.

黑雲을劈破하고晴空을快睹하라

吾人의眞實無瑕한新生活을發見!!

批難 鄭鑑錄眞本

朝鮮八道 秘密地誌

地誌讀法을鼓吹함에不二法門!!

權花社

日語大學

友文館書會

東一書莊

『정감록 진본』

근화사

『조선일보』 1923. 4.

朝鮮詩壇의 첫收穫!

詩集 봄잔듸밧위에

金岸曙 先生作 … 定價七十錢

金星湖 朝鮮魂의 우름

神秘로운 잔듸밧의 봄노래

[illegible]

金岸曙氏의 序文一節 — [illegible]

詩歌에 주린 兄弟야 읽으라!

기운찬 […]에 우는 兄弟야 읽으라!

個人的思想과 社會的思想

[illegible]

定價 二十錢 送料 二錢

發行所 春秋閣書店

振替京城 二三八三

봄 잔듸밧 위에

조명희 / 춘추각서점 / 『동아일보』 1924. 6.

적로笛蘆 조명희趙明熙 작
시집 『봄 잔듸밧 위에』
46판 미장美裝

조선 시단의 첫 수확!
슬픔 많은 조선 혼의 울음
신비로운 잔듸밧의 봄노래

어머니의 나라는, 저 넓은 자연! 죄 받아 나온 뇌옥牢獄은 이 인간생활 동경하여 마지않는 자연의 미! 벗으라이 벗을 수 없는 인간생활의 무거운 짐. 그 두 기둥 사이 영원히 매인 줄에 매달려 타고 오르고 내리며 영원히 우는 인간의 울음소리! 이 울음소리가 여기에 써 있다.

"교수대를 향하는 미인은, 거문고를 잡으라.
눈물을랑은 멈추고 봄맞이하자!
칼 맞은 장사는 봄 잔듸밧 위로 오라.
상한 가슴 헤치고 볕의 영광을 받자!"

이같이 생의 비극을 짊어지고 저 장엄신비한 자연 밑에 서서 울부짖는 소리! 그 소리가 이 시집에 써 있다.
김정설金鼎卨 씨 서문 1절: 형의 시는 어디까지든지 자기의 속살림(內生活)을 힘써 정직하게 고백한 영혼의 발자취이다-운운.
사상과 감정을 한 유희물로 아는 현대에서, 이같이 순실純實한 시가가 어디에 또 있으랴?
이 외에 또 장편의 시론詩論인 서문이 실려 있다.
시가에 굶주린 형제야, 읽으라!
깊은 고통에 우는 형제야 읽으라!

정가 70전, 우송료 9전
발행소: 춘추각서점

조명희趙明熙(1894~1938, 생몰년에는 다른 의견도 있으므로 정확한 것은 아니라고 봐야 할 것이다)는 20세기 초에 활동한 시인이자 소설가, 극작가에 독립운동가였고, 사상적으로는 프롤레타리아 혁명을 꿈꾼 인물이다. 그래서인지 그에 대해 알려진 내용이 썩 많지 않다. 첫 시집 『봄 잔듸밧 위에』는 1924년 6월에 출간됐다. 이 시집이 출간되기 이전에 간행된 시집으로는 아무리 찾아보아도 『해파리의 노래』 외에는 보이지 않는다. 앞서 살펴본 김소월의 『진달래꽃』도 그의 시집에 비해

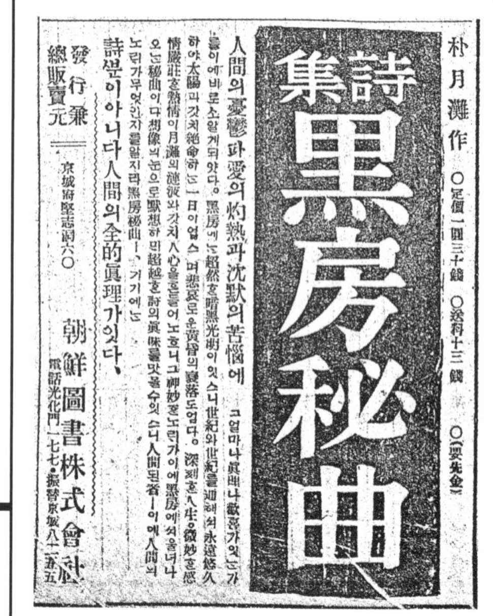

시집『흑방비곡』
박종화
조선도서주식회사
『매일신보』 1924. 7.

『봄 잔듸밧 위에』와 비슷한 시기에 간행된 박종화의 시집. 1924년 6월 조선도서주식회사에서 간행하였다. 박종화는 이 시집을 간행한 후 소설가로 전환하였다.

1년 뒤 1925년에 출간됐으니, 이 시집이 기억되어야 할 까닭이 여기에 있다.

한편 그의 이름을 가장 드날린 작품은 1921년경에 발표한 희곡「김영일의 사死」로, 이 작품을 극화한 연극은 선풍적인 인기를 끌었다고 한다. 이 작품 또한 훗날 단행본으로 출간됐다는 기록은 있으나, 광고는 찾을 수 없었다.

한편『봄 잔듸밧 위에』와 비슷한 시기에 간행된 시집으로는 박종화의『흑방비곡』, 주요한의『아름다운 새벽』등을 찾을 수 있다. 이 가운데 어떤 시집이 가장 먼저 출간되었는지 확인코자 하였으나 찾을 수 없었다. 다만『봄 잔듸밧 위에』는 1924년 6월 17일 자『동아일보』신간소개란에 소개된 것을 확인할 수 있었다.

詩集 아름다운새벽 朱耀翰

春園評曰 ─ 주요한君은 별가튼사람이다. 새벽가튼詩人이다. 君은十六七歲의 中學時代에 벌서日本詩人 川路柳虹에게 詩才를 認識하이되여서 數篇의日本詩를 그의雜誌에發表하엿다. 君은以來로相常詩作을 쉬지아니하엿고 그의詩想은더욱 熟하고 詩形은더욱整하여젓다. 君은이제從來의作品中에서 가장會心의佳作을選하야 「아름다운새벽」이라는이詩集을엮은것이다. 君의一生으로도 아름다운새벽이려니와 朝鮮詩壇으로도 그러할것이오 아울너모든靑年의아름다운새벽이될것이다.

늘봄評曰 ─ 兄弟여姉妹여아름다운새벽가튼詩의나라로우리를은근히인도하는 天使의손에든꼿가지가운데서꼿송이를밧으시오. 깁고기픈 詩의龍宮으로 우리를인도하는 [illegible]가운데서꼿송이를밧으소서.

요한君은 多感多情하고도明徹敏銳한理知와 아름다운人格을가진詩人, 人格과天才를가초아가진理想的詩人이다. 그의愛人은朝鮮의山이오 물이오사람이다. 그는이愛人을 그리어웃고뛰놀고 눈물흘니고痛哭하엿다.

東亞日報評曰 ─ 黎明期의가난하고 無色한詩壇에氏의 詩集의出現은어둡던하늘에 光明의[illegible]을엿보는듯한感이잇다. 朝鮮말에美와力이잇다는것을 [illegible] 氏의詩句는마디마디가 [illegible] 이말로朝鮮사람의노래를할줄안다. 朝鮮魂의 純實한朝鮮말로 [illegible] 아름다운詩集을 [illegible] 江湖의詩歌에뜻둔 人士에게勸한다.

京城府[illegible]大內町一丁目
發行及發賣所 朝鮮文壇社
定價一冊六十錢(郵送料)要先金
分賣所 京鄕各書店

시집『아름다운 새벽』
주요한
조선문단사
『조선일보』 1924. 12.

同友巡廻演劇團

작일아츰부산에도착
경성에오기는금월말

동경에잇는 조선인로동자 삼천여명으로 조직된 동우회 (同友會)에서는 순회연극단 (巡廻演劇團)을꾸미어서 조선각디를도라다니면서 순회연극을하고자 금년봄부터 여러가지로 준비를하야오든중 금번하긔를 리용하야 남녀류학생

삼십여명 으로순회연극단을조직하야 작일아츰에 부산에상륙하얏다 원래 동우회원은 정드른고국을 등지고 사랑하는 부모의슬하를떠나 수천리 타향에서 무한한고심을 격는사람들이라 그중에는생활이 곤란하야 로동을하고자간사람도잇슬것이요혹은 뜨거운마음과 피끌는가슴으로 문명의바다를을 엇어마시고자간고학생도잇슬것이라 그목뎍은 하여간모다 그들은생존경쟁의급격한물결파싸호고자하는자들이며 더욱금번 순회연극단에가입한

남녀학생 은 모다상당한 교육을밧은 학생들이라 사랑하는부모의 슬하와정드른 고국산천을떠나 멀니타향에 외로히잇스면서 천신만고로 학업을닥는 그들의 괴로옴이 과연엇더하리요 아츰에우유수레를끌고 저녁에 신문지를팔아서 가진고난과 가진천대를 알뜰히밧으며 견듸어가는 그들이라 금번각디를순회연극할때에 뜻잇고 눈물만흔 디방인사는 심대한동정을 기우리어 동단을환영할줄도 깁히밋는바이라 더욱그들이 지독한고난을격느니만큼 그들의몸과 마음이우울너 텰석가튼 단련을밧은지라 그들은 이제어두운

조선사회 의개혁을 두어개에짐을 스々로깨닷고 금번에연극을꿈인것이니 그들이 출연할김영일의 사 (金英一의死) 찬란한문 (燦爛한門)최후의 악수(最後의握手)등 삼편은 모다 조선현대의 사회를 중심으로하야열렬한 새사람의 부르지짐을 표현한것이라 보통연극단 에서 엇어보지못할 깁흔뜻을 발견할터인바 동단은남조선 각디를순회하고 금월삼십일에 경성에도착하야 그이튼날부터경성에서삼일간출연할예뎡이더라

연극『김영일의 사』 관련 기사
조명희
『동아일보』 1928. 6.

1928. 6. 13.자
『동아일보』에 조명희 본인이
「김영일의 사」에 대해 쓴 글.

百科新辭典

宋完植先生編

總子로스金文字入洋裝
定價三圓、送料二十七錢

萬人必備의活顧問
朝鮮初有의新辭典

生存競爭이激烈한現代에서남과가치살나면모름직이日常의新知識을啓發치아니하면안될것이요그新知識을啓發하랴면辭典이업서서는안될일이다그러나우리朝鮮은半萬年의歷史를가지고上古의文化는남만못하지아니하얏스되于今것辭典이란것이업섯다그리하야暗黑天地에서헤매이는大衆은모르는것을알아볼랴야알길이업섯다玆에著者는뜻한바잇서五個星霜을두고腦가마르고붓끗이달토록苦心編纂하야비로소半島에百科新辭典이란것을完成하야노앗다內容은純全히萬種科學을土臺삼어가지고政治、經濟、法律、制度、地理、歷史、軍事、教育、哲學、宗教、天文、物理、化學、植物、動物、鑛物、倫理、論理、生理、衛生、心理、數學等의術語와熟語、現代語、流行語、外國語等을가장簡明하게解釋하야논것이라아모나本書一册만座右에備置할것갓흐면日常生活에모를것이업슬이니實로本書는無言의博士요月謝金밧지안는家庭教師다

朝鮮日報
讀者優待券

京城府鐘路一丁目
東洋大學堂
振替京城七五二番

021

★ 고려대학교 도서관 서지정보

백과신사전 百科新辭典

송완식 / 문화사(동양대학당) / 『조선일보』 1928. 11.

송완식 선생 편
『백과신사전百科新辭典』
총 구로스 금문자金文字 입入, 양장

만인萬人이 필수적으로 갖추어야 할 살아 있는 고문顧問, 조선 초유의 신사전
생존경쟁이 격렬한 현대에 남과 같이 살려면 모름지기 일상의 신지식을 계발치 아니하면 안 될 것이요, 그 신지식을 계발하려면 사전이 없어서는 안 될 일이다. 그러나 우리 조선은 반만년 역사를 가지고 상고上古의 문화는 남만 못하지 아니하였으되 지금껏 사전이란 것이 없었다. 그리하여 암흑천지에서 헤매는 대중은 모르는 것을 알아보려야 알 길이 없었다. 이에 저자는 뜻한 바 있어 5년을 두고 뇌가 마르고 붓끝이 닳도록 고심, 편찬하여 비로소 반도에 『백과신사전』이란 것을 완성하였다. 내용은 순전히 만종萬種 과학을 토대삼아 정치, 경제, 법률, 제도, 지리, 역사, 군사, 교육, 철학, 종교, 천문, 물리, 화학, 식물, 동물, 광물, 윤리, 논리, 생리, 위생, 심리, 수학 등의 술어術語와 숙어, 현대어, 유행어, 외국어 등을 가장 간명하게 해석하여 놓은 것이라 아무나 본서 한 권만 좌우에 비치할 것 같으면 일상생활에 모를 것이 없을 것이니 실로 본서는 말없는 박사요, 월사금을 받지 않는 가정교사다.

정가 3원, 우송료 27전
발행소: 동양대학당

백과사전! 하면 우리는 세상의 모든 지식, 인류 문명의 모든 자취가 담긴 것으로 인식한다. 따라서 한 사회나 개인이 개명開明하여 지식인으로 성장하기 위해서는 반드시 필요한 저작물로 여긴다. 그렇다면 우리나라에서 백과사전이 처음 탄생한 것은 언제일까? 1958년에서 1965년에 걸쳐 학원사에서 출간한 『학원대백과사전』을 한국 최초의 백과사전으로 보는 게 정설이다. 물론 내용면에서 오늘날 우리가 기대하는 백과사전에는 한참 못 미치지만, 46배판 전 6권으로 이루어진 체제를 감안한다면 이를 우리나라 최초의 백과사전이라고 인정하는 데 이의는 없을 것이다.

그러나 백과사전이 추구하는 목표를 이루고자 하는 노력은 그보다 한참 전에 이미 있었으니, 바로 송완식宋完植(?~?)이 1927년에 편찬한 『백과신사전百科新辭典』이다.★

총 510쪽으로 된 이 책은 경성의 동양대학당에서

★ 인종차별 및 계급제도 철폐, 조선의 독립을 주장했던 비밀 결사 단체

★ 위키백과

1927년에 발간한 것으로, 고려대학교 도서관에서 소장 중이다. 『매일신보』 1927년 10월 9일 자 전면 광고에 따르면 『백과신사전』을 사려면 문화사로 연락하라고 되어 있다. 송완식이 동양대학당과 문화사를 동시에 운영한 듯싶다. 책의 저자인 송완식이라는 인물에 대해서는 아무리 찾아도 알아내기 힘들다.

신현규라는 친일파 경찰에 대한 『위키백과』 내용 가운데 "십자가당十字架黨★ 관련자 9명(김경한, 김재인, 남궁식, 남천우, 송완식, 어인손, 유자훈, 이기섭, 이윤석) 등 총 19명을 직접 취조하여 조사했다"라는 문구가 있어 그의 행적을 어렴풋이 떠올릴 수 있을 뿐이다.★

참으로 안타깝다. 송완식은 1922년 9월에 이미 『현대노동문제』라는 노동자와 무산계급無産階級 문제를 다룬 단행본을 출간했다. 이후 1926년에는 개화기 신소설에 속하는 『만국대회록』을 출간하는 등, 일제강점기 당시 활발한 집필 활동과 아울러 민족의식을 고취하는 다양한 움직임을 전개해 나간 것으로 전한다. 그런데도 그에 관한 자료를 이렇게 찾기 어렵다는 사실이 어찌 안타깝지 않겠는가.

『현대노동문제』
송완식
영창서관 · 한흥서림
『동아일보』 1922. 9.

『만국대회록』
송광식
영창서관 · 문화사
『동아일보』 1926. 3.

『20세기 매도론』
송완식
동양대학당
『매일신보』 1926. 12.

警務總監部許可

日韓併合紀念

寫眞銅版印刷鮮明、高尙美麗、軸用印刷物 長三尺五寸、廣二尺五寸

天皇、皇后兩陛下御眞影、皇太子、皇太子妃兩殿下、李王、李太王、李王妃、李王世子、故純獻妃各殿下御肖像과日韓併合詔勅及前韓國皇帝陛下 勅諭

一 實價(實價)金壹圓 外地方郵送 [illegible]
一 多數[illegible]
[illegible]

夫併合一事는惟我 天皇陛下의保仁厚德이靑邱黎庶를愛恤ᄒᆞ샤塗炭ᄒᆞᆫ元元을水火에拯救ᄒᆞ심이오强制策略에出ᄒᆞᆷ이아니며 舊韓國皇帝陛下께셔ᄂᆞᆫ時局에大勢를洞察ᄒᆞ시고統治에位權을大日本天皇陛下에게讓渡ᄒᆞ샤生靈을安保ᄒᆞ시고東洋의不和를鞏固케ᄒᆞ심이라是故로併合의聖意를紀念코져ᄒᆞ야特히一簇子를精製ᄒᆞ고 御眞을奉寫ᄒᆞ야陛下萬里의本意를仰體ᄒᆞ야信加尊敬ᄒᆞᆷ이今日臣民의適當ᄒᆞᆫ義務라ᄒᆞ노라

明治四十四年九月　日

京城南部惠民洞十五統四戶

著作兼發行者　任寅鎬

京城大和町一丁目

發賣所　每日申報社

京城明治町三丁目

發賣所　日韓印刷株式會社

請求ᄒᆞ시ᄂᆞᆫ諸氏ᄂᆞᆫ右記代金을先히送付ᄒᆞ심을切望ᄒᆞᆷ

일한병합기념 日韓併合紀念

임인호 / 매일신보사 / 『매일신보』 1911. 10.

경무총감부 허가
『일한병합기념』
저작 겸 발행자 임인호

사진 동판 인쇄 선명, 고상 미려, 축용軸用인쇄물, 길이 3척 5촌(약 1미터 17센티미터), 폭 2척 5촌(약 77센티미터)
천황, 황후 양 폐하 존영尊影, 황태자, 황태자비 양 전하, 이왕李王, 이태왕李太王, 이왕비, 이왕세자, 고故 순헌비純獻妃★ 각 전하 초상, 일한병합 조칙詔勅과 구舊 한국 황제 폐하 칙유勅諭

병합이라는 한 사건은 오직 천황 폐하의 어짊과 두터운 덕이 이 땅의 많은 백성을 사랑하고 근심하사 어려움에 처한 바탕을 물불 속에서 구하심이요, 강제적인 책략이 아니며, 구舊 한국 황제 폐하께서는 시국에 대세를 통찰하시고 통치권을 대일본천황 폐하에게 양도하사 백성들을 지키시고 동양 평화를 공고케 하심이라. 이에 병합의 성스러운 뜻을 기념코자 하여 특히 한 족자를 정교하게 제작하고 어진御眞을 받들어 그려 계단 아래 만 리의 본뜻을 우러러 믿음을 더하여 존경함이 오늘날 신민臣民의 적당한 의무라 하노라.
– 메이지 44년 9월

판매가 30전
발매원: 매일신보사

한일강제병합이 일어난 지 1년여 만에 출간된 『일한병합기념日韓併合紀念』이라는 제목의 책이다. 그런데 놀라운 사실은 이 책의 저자가 조선인이라는 점이다. 저자인 임인호任寅鎬(?~?)라는 사람은 아무리 찾아봐도 잘 드러나지 않는데, 오직 한 곳, 서재필이 배재학당 학생들에게 대중 계몽을 목적으로 결성을 지원한 협성회 임원 명단에서 발견할 수 있었다. 그 임인호가 이 임인호인지 모르겠으나, 만일 그렇다면 서재필이 뜻한 바가 이루어졌다고 말하기는 힘들 듯하다. 미국에서 교육받은 서재필이 조선 땅에 들어와 전파하고자 한 것이 항일독립인지 서구식 민주주의인지 잘 모르겠다. 만약 그가 알리고자 한 것이 서구식 민주주의였다면, 그 결과는 자연스럽게 독립운동보다는 식민지 체제 내의 교육과 계몽으로 연결되지 않았을까. 그래서 교육은 무엇보다 중요하다.

이 책은 엄밀한 의미에서 책이라고 하기에는 어려움이

★ 고종의 계비繼妃인 엄비嚴妃

東京支局特電 (卅日午前一時至急報)

聖上昇遐

(三十日午前一時宮內省公示)

天皇陛下께옵서는三十日午前零時四十三分에昇遐하옵셧더라

右官報號外로써宮內大臣內閣總理大臣의連署로告示하얏더라

●昇遐의御模樣

天皇陛下께옵셔는廿九日午後八時브터御病勢가漸次增惡하사同十時頃에至하야御脈이次第로微弱하시고御呼吸이愈益淺薄하사昏睡의御狀態를依然히持續하옵시다가맛츰내三十日午前零時四十三分에心臟痲痺에陷하사昇遐하옵셧스니實로恐懼를不堪하는바오. 岡, 青山, 三浦, 西鄕, 相磯, 森永, 田澤, 樫田, 高田各侍醫拜診

●午後三時의御容態

廿九日午後三時(岡侍醫頭, 青山三浦兩博士, 西鄕, 相磯, 森永, 田澤, 樫田, 高田各侍醫拜診)

御躰溫三十七度三分 御脈數는微弱하야 凡百四十六 御呼吸은四十八인데促迫하신 狀態오 其他는零時拜診의時와同樣 (廿九日午後四時宮內省公示)

●午後七時의御容態

午後七時(岡侍醫頭, 青山, 三浦兩博士拜診)

御躰溫三十九度 御脈搏은凡百四十四 御呼吸은四十八인데淺薄하시고御總躰는午後三時拜診의時보다御病勢가增進하신 御狀態에在하시더라 (廿九日午後八時宮內省公示)

많다. 커다란 두루마리 형태로 제작되어 집에 걸어 놓도록 만든 것이기 때문이다. 두루마리 안에는 일본 천황 가족과 대한제국 왕가 가족의 사진, 그리고 한일강제병합 내용을 담은 천황 조칙과 고종의 칙유가 새겨져 있다.

메이지 천황 사망 소식을 전하는 기사
『매일신보』 1912. 7.

성상 승하
(30일 오전 1시 궁내성 공시)
천황폐하께옵서는 30일 오전 0시 43분에 승하하옵셨더라.
우 관보 호외로써 궁내대신 내각총리대신의 연서로 고시하였더라.

● 승하의 모습
천황폐하께옵서는 29일 오후 8시부터 병세가 점차 악화되사 동 10시경에 다다라 맥이 차제로 미약하시고 호흡이 점차 약해지사 혼수의 상태를 의연히 지속하옵시다가 마침내 30일 오전 영시 43분에 심장마비에 빠지사 승하하셨으니 실로 두려움을 견디기 어려운 바이오. 강岡, 청산青山, 삼포三浦, 서향西鄕, 상기相磯, 삼영森永, 전택田澤, 견전樫田, 고전高田, 각 시의侍醫 배진拜診★

★ 공손히 진찰함.

『황족화보』
『경성일보』 1915. 9.

조선총독부의 일어본 기관지인『경성일보』에 게재된 광고. 일본 천황 가족의 사진첩인 듯하다.

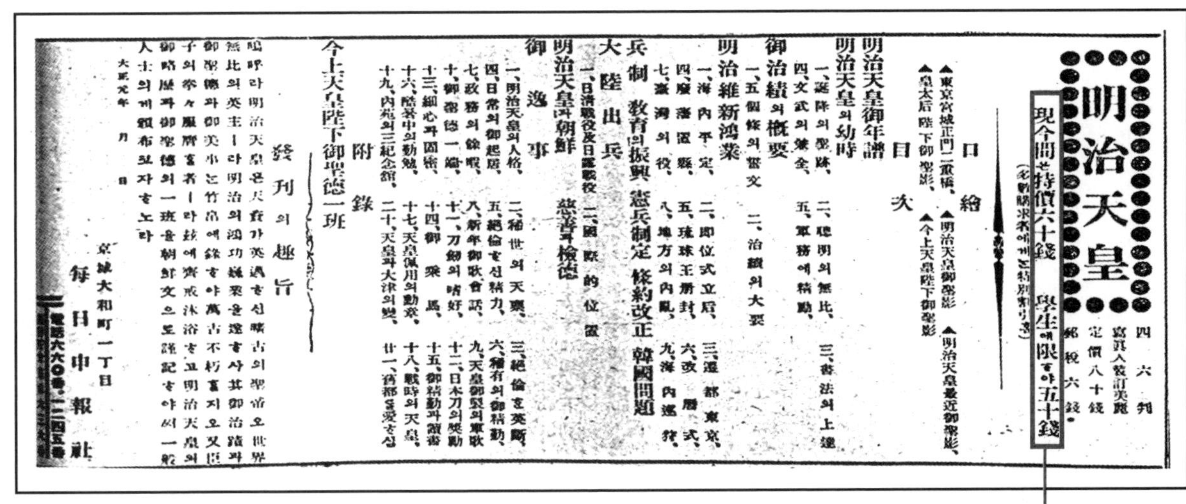

『메이지 천황』
『매일신보』 1912. 11.

메이지明治 천황은 1852년에 태어나 1912년 7월 30일에 사망했다. 이 책은 그의 사망을 기리기 위해 그해 11월, 매일신보사에서 간행한 추도 책자라 할 수 있다. 광고에서 특이한 점은 학생에게는 책값을 할인해 준다는 것이다. 책값을 신분에 따라 다르게 책정한 경우가 또 있는지 궁금하다.

금방울

오천석 / 광익서관 / 『동아일보』 1921. 8.

오천원吳天園 씨 편
동화집 『금방울』
46판 의장 장정 극미려極美麗, 삽회插繪 미려 수십 매, 170쪽

우리 새로이 일깨는 조선사회에 있어 오히려 가장 잊지 못할 것은 어린 국민에게 훌륭한 동화를 줌이외다. 오늘날까지 우리 사회에서 떠돌아다니는 완고한, 자유롭지 못한 교훈담이라든가, 아름답지 못한 부자연한 허튼소리는 얼마나 비둘기같이 양순한 어린 벗의 가슴에 고치지 못할 상처를 주었습니까? 한 사람의 존귀한 어린 생명을 밝고 어진 곳으로 인도함이 여간 큰 역사役事가 아니겠습니다. 이제 오천원 군은 그 유려한 채필彩筆로 동화의 왕이라 할 만한 안데르센의 구슬 같은, 비단 같은, 장미 같은 작품을 비롯하여 여러 나라 어린이의 세계에만 허락하는 아름다운, 다스한 시를 품은 읽을거리를 순 우리글로 모아, 우리 사회에서 일찍 시험하여 보지 못한 최초의 동화집을 만들었습니다. 우리 어린 벗들은 물론 가정에서 학교에서 영리한 자녀가 아름답게 되기를 바라는 부모, 선생 및 적어도 한 나라의 앞길을 염려하시는 여러 어진 분들께도 반드시 일독할 가치가 있습니다. 찌는 듯한 더위에 가장 적당한 읽을거리로서 간절히 이 『금방울』을 널리 소개합니다.

내용

정가 70전, 우송료 11전
발행소: 광익서관

천원天園은 교육학자 오천석吳天錫(1901~1987)의 호號다. 이 책은 창작물이 아니라 외국의 주요 작품을 번역·소개한 동화집으로, 광고로는 우리나라에서 발간한 첫 동화집으로 판단된다. 실제로도 이 동화집에 앞서 간행된 동화책에 관한 자료는 어디에서도 찾아볼 수 없었다. 이 책이 출간된 이후 몇 년이 흘러 다양한 동화책 광고가 등장한다. 그러나 초창기 동화책은 대부분 외국의 동화를 번역한 것들이었다.

再版! 再版!! 再版!!!

方定煥氏監修 李定鎬氏譯

三十餘國寫眞銅版入 凸版挿畵四十餘點入 表紙石版五度刷 全文二百六十頁

世界一周童話集

定價六十錢 郵稅十四錢

‖大好評‖

全世界三十餘民族의代表的童話大集編

童話集치고 이만큼구비하게모힌冊은 업슬것이니 東으로朝鮮 日本 中國은물론이요 印度, 西藏, 臺灣으로부터 西으로 독일 불란서 백이의 소격란 애란에 이르기까지 三十여나라의 자미잇는 童話中에서 가장자미잇는 것만 한가지씩 추려모아 자미잇는뎜으로나 구비한뎜으로나 이세상童話의나라의 꼿이란꼿은 모조리 한곳으로 모도아노은감이잇는데 더욱 장장에 世界各國의 사진一枚씩과 친절한 소개문까지 잇는것은 비단우에 꼿을더한 것이요 冊맵시와 表紙까지도 처음보게 아름다옴에 이르러는 다시 이冊을따를것이 절대로 업슴을단언합니다. 때는 正히 새로운봄! 봄비가조용히 大地에 나리는날에 당신은 반드시 이冊을 닑으시기를 간절히 권합니다.

‖(代金引換은彼此에損이오니可成的先金을要함)‖

五月一日부터새冊發賣

海英舍出版部
京城授恩洞六八番地
振替京城一五〇二三番

『세계일주 동화집』
방정환 감수 · 이정호 역
해영사출판부
『동아일보』 1926. 4.

30여 국 사진 동판 입
요판 삽화 40여 점 입
표지 석판 5도쇄
전문 260쪽
정가 60전

전 세계 30여 민족의 대표적 동화 대편집
동화집치고 이만큼 구비하게 모은 책은 없을 것이니 동으로 조선, 일본, 중국은 물론이요 인도, 서장(티벳), 대만으로부터 서로는 독일, 불란서, 백이의(벨기에), 소격란(스코틀랜드), 애란(아일랜드)에 이르기까지 30여 나라의 재미있는 동화 중에서 가장 재미있는 것만 한 가지씩 추려 모아 재미있는 점으로나 구비한 점으로나 이 세상 동화의 나라의 꽃이란 꽃은 모조리 한곳으로 모도아 놓은 감이 있는데 더욱 장장에 세계 각국의 사진 1매씩과 친절한 소개문까지 있는 것은 비단 위에 꽃을 더한 것이요, 책 맵시와 표지까지도 처음 보게 아름다움에 이르러는 다시 이 책을 따를 것이 절대로 없음을 단언합니다.
때는 정히 새로운 봄! 봄비가 조용히 대지에 내리는 날에 당신은 반드시 이 책을 읽으시기를 간절히 권합니다.

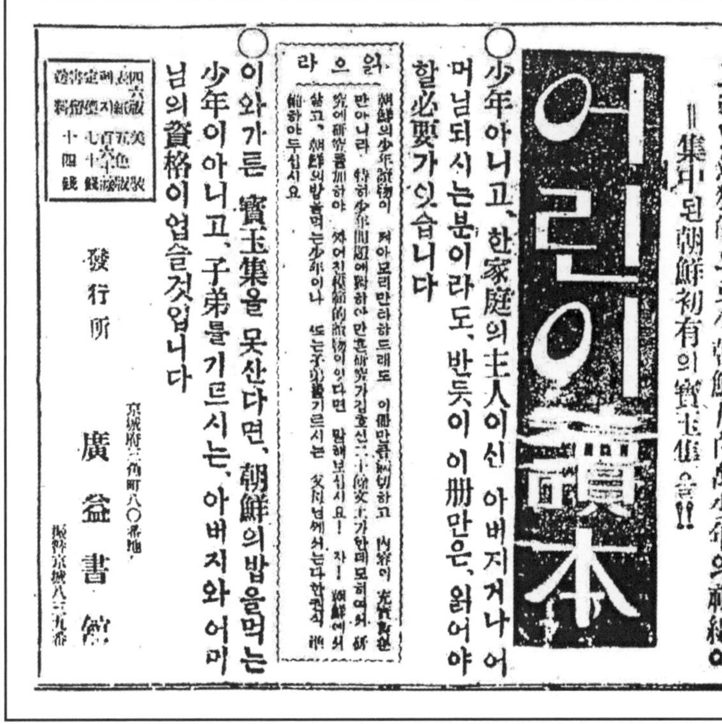

『어린이독본』
광익서관
『동아일보』 1928. 10.

方信榮女史 撰
朝鮮料理製法
第三版出刊되앗소
定價 五十
郵稅 四
發行所
廣益書館

024

조선요리제법朝鮮料理製法

방신영 / 광익서관 / 『동아일보』 1921. 8.

방신영 여사 찬撰
『조선요리제법朝鮮料理製法』

장醬, 유油, 초醋, 밀蜜의 제조법과 소채어육蔬菜魚肉의 조리법 등 조선 고금 요리법 350여 종을 방신영 여사의 아름답고 고운 붓으로 알아보기 쉽고 자세하게 만들었을 뿐 아니라 끝에는 지나支那, 일본, 서양 등 외국 요리 제조법 40여 종을 부록하였으니 자양과 지미旨味를 취하려는 가정에 없지 못할 양서良書니 초판과 재판이 출간된 지 오래지 않아 전부 매진되었는바 서늘한 가을을 맞아 식욕이 생길 시절이 점차 가까워지는 이때를 맞아 증보增補 정정訂正한 제3판을 세상에 제공하나이다.

제3판 출간되었소.
정가 50전, 우송료 4전
발행소: 광익서관

방신영方信榮(1890~1977)이 지은 이 책은 근대에 출간된 최초의 우리나라 요리책인 듯하다. 내용을 보아도 장 담그는 법, 기름, 식초, 꿀 만드는 법부터 350종에 이르는 요리법이 망라되어 있다고 하니, 그 시대로서는 대단한 성과물이라고 할 수 있다. 『한국민족문화대백과사전』에 따르면 이 책은 1917년에 출간됐는데, 그보다 앞서 1913년에 출간된 『요리제법』의 증보판이라고 한다.
방신영은 서울에서 태어나 정신여학교를 졸업하고 동경영양학교에 유학을 다녀왔으며, 여러 학교에서 교편을 잡다가 이화여전 가사과 설립과 함께 그곳에서 가르쳤다.

工學士劉銓先生、姜邁先生共編

朝鮮鑛業法規付鮮文

成功秘訣 朝鮮探鑛寶鑑

美本洋裝總紙數九百餘頁 定價貳圓 送料拾貳錢 地方에代金引換

本書는朝鮮의鑛床을探査홈에唯一無二호實際이오鑛業家의無雙호秘訣이오니速々購讀호시와此書의眞價를評호시옵소서

發賣元 京城大平通 京城日報社代理部 振替京城三〇〇番

取次販賣所 京城本町三丁目 ウツボ屋書店 振替京城二二三番

성공비결 조선채광보감

成功祕訣 朝鮮採鑛寶鑑

유전·강매 공편 / 경성일보사대리부 /『매일신보』1919. 5.

공학사 유전劉銓 선생, 강매姜邁 선생 공편
조선광업법규 부付 조선문
『성공비결 조선채광보감』

미본 양장 총 지수 500여 쪽
정가 2원, 송료 12전

본서는 조선의 광산을 찾음에 유일무이한 보감이요, 광업가의
무쌍한 비결이오니 속속 구독하시와 이 책의 진가를 평하시옵소서.

발매원: 경성일보사대리부

일제강점기가 시작되면서 조선 땅에서는 일확천금을 노린 광산 투기 붐이 일었는데, 이는 당연히 일제의 조선 자원 약탈 정책에 따른 움직임이었다. '노다지'라는 말이 일상화된 것도 이 무렵이니, 광산 투기 관련 책의 출간이 성황을 이룬 것 역시 무리는 아니다.
광산 투기는 일제강점기 내내 이루어졌음을 관련 도서 광고를 통해 확인할 수 있다.
책의 편자인 유전劉銓(?~?)은 1900년대 초창기에 활동한 공학 전공자로, 후에 조선제사朝鮮製絲 경영에 참여했고, 조선경제회 간부로도 활동하였다.
강매姜邁에 대해서는, 주시경의 제자이자 국어학자(?~?,『한국민족문화대백과사전』)라는 내용과, 독립운동가이자 언론인(1878~1941,『두산백과사전』)이라는 내용이 공존한다.

『광산발견과 경영법』
김용관
이문당
『동아일보』 1934. 6.

『조선광업지』
경성일보사편집국편
경성일보사
『매일신보』 1914. 2.

「조선 계통지질론」 / 조선광산보국연구소

「조선 금광발견법」 / 대륜중앙당

「동아일보」 1938. 1.

「조선지금광」

가와사키 시게타로川崎繁太郎

황금인쇄소

「경성일보」 1916. 7.

聯盟版 マルクス エンゲルス全集

가장조흔것을選擇하라—聯盟版에의信賴

一人의힘은 數人의協力에不及하나다。斯學의最高權威가스스로譯事를執하고、協力하야一行一句에 絶對의責任을負하나니다。이大協同組織에 依하는 聯盟版에잇서서만、世界에자랑할全集의完成은可能합니다。더욱이또、眞正한맑시슴에 立脚한聯盟版에잇서서만、眞正한맑스—엥겔스全集은可能합니다。反맑시슴에低迷하는곳에 무슨맑스—엥겔스全集이잇슬것입니까。于先사람을보라。그리고미드라。河上、櫛田、大山、大內氏를爲始하야、大塚高野、森戶氏가튼이가主力을傾注하는것은다만우리聯盟만의聲明할수잇는일이니다。解說解題는勿論이요、總索引年譜傳記와 가튼것은完全한全集이가지는當然한附錄뿐이니다。平均頁數는저절로豫定을超過할것이니다、實質的權威에 絶對의確信을가진 聯盟版은 誇大한宣傳을하지아니합니다。그러나只今은聯盟版에의信賴는 決定的이되엇습니다。潮水와가튼申請을압헤두고嚴肅한緊張속에 우리들은이世界的全集의完成에精進하고잇습니다。敢히滿天下의聰明한 讀書子의淸鑑을 기다리고잇습니다。

編輯責任者

河上肇
櫛田民藏
大山郁夫
森戶辰男
高野岩三郎

刊行責任者

岩波書店
希望閣
同人社
弘文堂
叢文閣

申込金不要
一册一圓

略規

昭和三年六月早旬第一回配本、每月一册式刊行(甲種(全廿卷)每月拂一册分一圓、一時拂十九圓(乙種(資本論五册를除함)十五卷)每月拂一册分一圓、一時拂十四圓(別로送料一册分(東京市內)六錢(內地)十二錢(台、樺、鮮、滿)十四錢

見本 呈進

東京神田西紅梅町十二(振替東京七八九七七)
マルクス—エンゲルス全集刊行聯盟

改造社版 マルクス エンゲルス全集

偉大한全體系完成!! 이것은人類最大의收穫!!

現存한사람들은現代思想의根幹이요、全社會運動의基調가되는맑시슴의眞髓를全解할必要에切迫하얏다。澎湃한現下의經濟恐慌、勞資鬪爭의底流에무엇이深奧히潛在하얏는가? 그가만한巨浪는現段階에如何한反映을주는가? 本全集은本社가苦心慘憺하야爭奪의全權威에依囑하야그의全體系를集大成한古에빗나는典章으로、雨後의竹筍과가티簇出하는此種全集界에홀로돕히、巨大한雄姿에光輝를나타낸다。더욱히그의良友이오全生涯의協力者이든엥겔쓰의全勞作을加하얏다。飜譯의正確、流暢、本社는强한自信을가지고잇다。

飜譯擔當者(順序不同)

福田德三　佐々弘雄　堀經夫　河西太一郎　住谷悅治　田上順造
堺利彥　林要　平野義太郎　丸岡重堯　松澤兼人　復本謙輔
森戶辰男　嘉治隆一　河村又介　平井新　靑野季吉　坂本勝
猪俣津南雄　後藤信夫　中川善之助　小岩井淨　堀眞琴　鳥海篤助
河野密　高畠素之　山田盛太郎　笠新太郎　岡田宗司　高井三郎
向坂逸郎　石濱知行　加田哲二　宗道太　松下芳男　大森義太郎
荘原達　宇野弘藏　小松原謙　山口正吾　石川準十郎　大塚金之助
田中九一　蠟山政道　友岡久雄　八木澤善次　山村喬　山川均
檜崎煇　我妻榮　九谷夏雄　後藤貞治　三宅鹿之助　高野岩三郎

豫約募集

〆切六月五日限

一册壹円(甲種全二十册 乙種全十五册)

第一卷—一八四一—一八四四年

第二卷—一八四四—一八四七年

第三卷—一八四七—一八五〇年

第四卷—一八五〇—一八五二年

第五卷—一八五二—一八五四年

第六卷—一八五五—一八五八年

第七卷—一八五九—一八六六年

第八卷—一八六五—一八七七年

第九、一〇、一一、一二、一三卷

第一四、一五、一六、一七卷

第一八卷

第十九卷

第二〇卷

內容見本進呈

改造社

마르크스·엥겔스 전집

연맹판 『마르크스·엥겔스 전집』 / 『동아일보』 1928. 6.

가장 좋은 것을 선택하라-연맹판에의 신뢰
1인의 힘은 여러 사람의 협력에 미치지 못합니다. 사학斯學의 최고 권위가 스스로 번역의 붓을 잡고, 협력하여 한 줄, 한 문장에 절대의 책임을 짊어집니다. 이 대협동조직에 의하는 연맹판에 있어서만, 세계에 자랑할 전집의 완성은 가능합니다. 더욱이 또, 진정한 맑시즘에 입각한 연맹판에 있어서만, 진정한 『맑스-엥겔스 전집』은 가능합니다. 반反맑시즘에 낮게 깔려 헤매는 곳에 무슨 맑스-엥겔스 전집이 있을 것입니까? 우선 사람을 보라. 그리고 믿으라. (후략)

편집책임자
河上肇, 櫛田民藏, 大山郁夫, 森戸辰男, 高野岩三郎

간행책임자
岩波書店, 希望閣, 同人社, 弘文堂, 叢文閣

신청금 불필요
1책 1원

·약규略規
- 소화昭和 3년★ 6월부터 매월 1책씩 간행
- 갑종甲種(전 20권): 매월 지불 1책분 1원, 일시불 19원
- 을종乙種(『자본론』 5권을 제외함): 15권, 매월 지불 1책분 1원, 일시불 14원
- 별도로 우송료 1책분(동경 시내) 6전, (내지) 12전, (대만, 사할린, 조선, 만주) 14전

개조사판 『마르크스·엥겔스 전집』 / 『동아일보』 1927. 10.

개조사판 『마르크스·엥겔스 전집』
위대한 전 체계 완성!! 이것은 인류 최대의 수확!!
현존한 사람들은 현대 사상의 근간이요, 전 사회운동의 기조가 되는 맑시즘의 진리를 전부 이해할 필요가 절박하였다. 팽배한 현재의 경제공황, 노동자본투쟁의 저류에 무엇이 깊이 잠재하였는가? 그가 말한 큰길은 현 단계에 여하한 반영을 주는가? 본 전집은 본사가 고심참담하여 학계의 전 권위에 위촉하여 그의 전 체계를 집대성한 만고에 빛나는 전장典章으로, 우후죽순과 같이 솟아나는 이 종류 전집계에 홀로 높이, 거대한 웅자에 광휘를 나타낸다. 더욱이 그의 존경하는 벗이요 전 생애의 협력자인 엥겔스의 전 노작을 더하였다. 번역의 정확, 유창, 본사는 강한 자신을 가지고 있다.

번역담당자(순서는 같지 않음)
福田德三, 堺 利彦, 森戸辰男, 猪俣津南雄, 河野 密, 向坂逸郞, 莊原 達, 田中九一, 楢崎 煇 외.

- 예약모집 6월 5일 한
- 1책 1엔
- 갑종 전 20책, 을종 전 15책
개조사

1920년대에 들어서면서 가장 눈에 띄는 출판계의 움직임은 사회주의 관련 서적의 출간이다. 마르크스의 『자본론』은 말할 것도 없고 무수히 많은 사회주의 관련 잡지, 단행본, 강좌가 봇물을 이룬다. 이런 상황에서 식민지 조선의 활로를 찾고자 하는 지식인이 한 번이라도 그 사상에 관심을 갖지 않는다면 그게 오히려 이상한 일일 것이다.

『마르크스 · 엥겔스 전집』은 당연히 일본에서 간행된 것인데, 두 종류가 각축을 벌이고 있다.

하나는 '마르크스 · 엥겔스 전집 간행연맹'이라는 곳에서 출간한 것인데, 줄여서 '연맹판'이라고 한다. 이 판의 편집 책임은 일본 마르크스주의 경제학의 선구자이자 대표격인 가와카미 하지메河上肇(1879~1946), 후에 마르크스 이론 관련 전집을 간행한 쿠시다 타미조櫛田民藏(?~?), 잡지 『중앙공론中央公論』의 초창기에 활동하면서 다이쇼 데모크라시의 기수 역할을 하도록 힘을 보탠 오야마 이쿠오大山郁夫(1880~1955) 등이 맡았다. 간행 책임은 일본 진보적 출판계의 중심인 암파서점(이와나미 서점), 희망각, 동인사, 홍문당, 총문각이 맡았으니 일본 진보세력과 진보적 출판세력이 온 힘을 모은 듯하다.

다른 하나는 '개조사판'이다. 여기에는 가와카미 하지메와의 논쟁으로 유명할 뿐 아니라 마르크스주의 소개에 앞장서면서도 비판을 서슴지 않았던 근대 일본의 대표적인 경제학자 후쿠다 도쿠조福田德三(1874~1930)를 비롯해 일본 공산당 창립 멤버 가운데 한 사람인 사카이 도시히코堺利彦(1871~1933) 등 수많은 사람들이 번역진으로 참여했다.

두 판 모두 전 20권으로 구성되어 있으며, 그 가운데 5권이 『자본론』이다.

책 가격은 양쪽 모두 한 권에 1원.

『마르크스주의 강좌』
가와카미 하지메河上肇 · 오야마 이쿠오大山郁夫
상야서점
『동아일보』 1927. 11.

희망각의 책 광고
희망각
『동아일보』 1928. 2.

『스탈린 부하린 저작집』
백양사
『동아일보』 1928. 3.

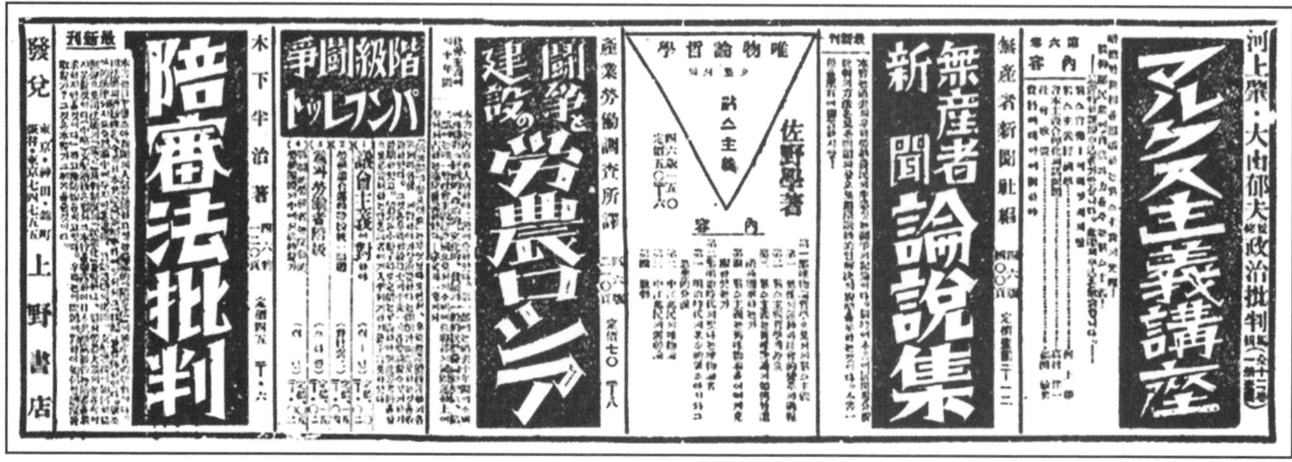

『마르크스주의강좌』
가와카미 하지메 · 오야마 이쿠오
상야서점
『동아일보』 1928. 6.

맑쓰思想의眞相

定價十五錢 送料二錢

科學社會主義의元祖인맑쓰의思想을簡明赤裸々히編作한新人의必讀書요、現代思想을알고저하는靑年의經典이다!!

大好評 發行所及發賣所 京城安國洞一五〇 振替京一〇九一〇 平文館

『맑쓰사상의 진상』
조선청년회연합회 편
평문관
『동아일보』 1924. 4.

朝鮮女俗考

朝鮮總督府 編修官 李能和 先生著

全一冊 菊版 四百四十頁 定價 二圓 (送料十八錢)

朝鮮解語花(妓)史

全一冊 菊版 [illegible] 定價 一圓八十錢 (送料十八錢)

右二書는歷史研究에專心注力하는李能和先生이多年苦心으로冥搜博訪하야古今을網羅하야國風을詠嘆하고俗習을記注하야源流가了然하고系統이分明하고內容이豐富할뿐만아니라沿革이昭詳하야四千年來黑暗中에在하든朝鮮女界에一道光明을放射하야從此로朝鮮新舊女性社會가文獻的解脫開放을得하엿습니다凡文學家、敎育家、政治家、宗敎家、社會研究家、新舊學問家의推一參考書요案頭必携品으로好評을博得함으로爭先恐後하야江湖君子는購讀玩味합니다玆에妓史內容의一斑을擧示하면洪景來動亂檄文갓흔것은初見하는珍材올시다

兒時朝鮮

六堂 崔南善著 (朝鮮歷史之二)

四六判洋裝 定價九十錢 送料十六錢

○兒時朝鮮은朝鮮歷史의眼目이되는古代史를말슴입니다그材料의蒐集之하고研究의不備함으로오래學界의暗黑으로잇는것을六堂의精到한工夫로써그秘奧을헤쳐보이게된것입니다

○朝鮮民族은어대로셔왓나? 朝鮮國은어떠케생겻나? 檀君이누구시며箕子는무엇인가? 朝鮮文化와神話는무엇이며朝鮮民族理想의淵源과核心은무엇인가? 이러한大問題에對하야斷正하야民族에親切한解決을한開示가兒時朝鮮一部의內容입니다

○朝鮮은몬저朝鮮을알어야하니다제根本과來歷을알어야합니다여긔對하야啓發指導의指路者가이兒時朝鮮인것입니다讀物한讀者와不易한迹은가장民衆的本되기에適切하기爲하야것입니다

易學汎論

四六判一冊 定價六十錢 送料十四錢

本書는謙齋申益均氏의著述한것인대、易의眞理妙用이宇宙間萬般事物의顯露한것을通俗的으로說明한自然易과또吾人의存心養性、處事接物에關한心靈의易、修養의易等으로分類가詳密하며論調가高尙하야普通古術의比할것이아니라。西로研易의入門이이오處世의指針이될만한近世稀有의珍書이며。또그卷末附錄刊行計畫中易學關係書籍三百餘種은擧皆朝鮮及中國諸名賢의獨特한學說이오니易學研究家는勿論이오學生、官公吏、宗敎、敎育家의一大參考書籍이올시다

發行所

東洋書院 朝鮮京城鐘路二丁目八十六番地 電話光化門一一八番 振替口座京城四九二三番

翰南書林 京城府寬勳洞十八番地 振替口座京城四四七八番

조선여속고朝鮮女俗考
조선해어화사朝鮮解語花史

이능화 / 동양서원 · 한남서림 / 『동아일보』 1927. 10.

「조선여속고朝鮮女俗考」
전 1권, 국판, 340쪽, 정가 2원, 우송료 18전

조선총독부 편수관 이능화 선생 저

「조선해어화(기)사朝鮮解語花(妓)史」
전 1권, 국판 300쪽, 정가 1원 80전, 우송료 18전

위 두 책은 역사연구에 전심 주력하는 이능화 선생이 다년간 고심으로 깊이 찾고 널리 방문하여 고금을 망라하여 국풍國風을 영탄詠嘆하고 습속을 기록하여 원류源流가 명백하고 계통이 분명하며 내용이 풍부할 뿐만 아니라 연혁이 소상하여 4천 년 동안 어둠 속에 존재하던 조선 여성계에 한 길 광명을 비추어 이로부터 조선의 신구 여성사회가 문헌적으로 해탈 개방하게 되었습니다. 문학가, 교육가, 정치가, 종교가, 사회연구가, 신구 학문가의 유일한 참고서요, 책상 앞 필수 휴대품으로 호평을 널리 얻음으로 앞서기를 다투고 뒤처지는 것을 두려워하여 강호 군자는 구독하여 감상합니다. 이에 기생의 역사 내용의 일부를 알려 드리면 「홍경래 동란 격문」 같은 것은 처음 보는 보물 같은 내용이올시다.

발행소: 동양서원 · 한남서림

이능화李能和(1869~1943)는 일제강점기 내내 조선총독부 산하 기관인 조선사편찬위원회 위원으로, 보물고적보존회 위원, 일본 학자들이 주도한 청구학회 평의원, 국민총력조선연맹의 문화부 문화위원을 맡아 활동한 인물이다. 그 결과 그는 『친일인명사전』에 등재됐다.

이에 대해 그는 무척 억울할지 모른다. 친일행적 외에 조선 불교의 진흥을 위해 일했고, 계명구락부 활동을 통해 민족정신 앙양에 앞장서기도 했으니 말이다. 그러나 어쩌랴? 역사는 내면을 다루는 대신 행동과 기록된 결과를 다루는 것임을. 그렇다고 해도 그가 남긴 두 권의 여성 관련 서적은 매우 의미가 크다. 특히 그는 우리 역사상 소외되어 있던 여성의 삶에 관심을 기울여, 한국여성사 전반을 정리한 『조선여속고朝鮮女俗考』와 기생의 역사를 집중 거론한 『조선해어화사朝鮮解語花史』를 남기기도 했다. 이는 여성의 삶과 문화를 다룬 거의 최초의 저작물이었다.

의下에諸般事項에亘ᄒᆞ야老兄의蘊蓄을傾注ᄒᆞ얏스니其考證의精嚴ᄒᆞᆷ과識見의卓拔ᄒᆞᆷ은實로敬服ᄒᆞ겟ᄉᆞ오며或은春川貊國說을訂ᄒᆞ며或은檀君開國說을論ᄒᆞ며或은半島의道敎事蹟을採ᄒᆞ며或은麗朝의風水說을難ᄒᆞᆷ과如ᄒᆞᆫ等은朝鮮人의著中에殆히未見ᄒᆞᆫ바로反히內地諸大家의所說과吻合ᄒᆞᄂᆞᆫ者有ᄒᆞ나其學界를稗益ᄒᆞ고迷信을打破ᄒᆞᄂᆞᆫ効功이決코不尠ᄒᆞᆯ줄노確信ᄒᆞ옵ᄂᆞ다加之編纂ᄒᆞᆫ體裁에ᄂᆞᆫ一新機軸을出ᄒᆞ야時代의區分에獨創의見을持ᄒᆞ고用引ᄒᆞᆫ文字ᄂᆞᆫ悉皆其原據를明케ᄒᆞ얏슬ᄲᅮᆫ안이라往々稀覯의資料를紹介ᄒᆞ얏고目次索引을整備ᄒᆞ야閱讀에便케ᄒᆞᆫ等과如ᄒᆞᆫ것도ᄯᅩᄒᆞᆫ他書에셔多見치못ᄒᆞ던바인가ᄒᆞ옵ᄂᆞ다

惟컨ᄃᆡ朝鮮은崇儒排佛ᄒᆞᄂᆞᆫ風을成ᄒᆞᆫ지于玆五百年에其間圖書의散佚과堂塔의頹敗ᄂᆞᆫ實로不忍言ᄒᆞᆯ者有ᄒᆞᆷ으로現時에在ᄒᆞ야佛敎에關ᄒᆞᆫ編著를爲ᄒᆞᆷ이容易치안인줄은何如ᄒᆞᆫ人이라도能히此를認ᄒᆞᄂᆞᆫ바어ᄂᆞᆯ老兄은奮然히唾手而起ᄒᆞ야刻苦精勵ᄒᆞ야小毫도官憲又ᄂᆞᆫ他人의援助를不借ᄒᆞ고全然獨力으로外無慮貳千百五拾有頁의大著를大成ᄒᆞᆷ은眞로老兄一人의榮譽ᄲᅮᆫ안인줄로思ᄒᆞ나이다玆에謹히貴成功에對ᄒᆞ야甚深ᄒᆞᆫ敬意를表ᄒᆞᄂᆞᆫ同時에聊히謝辭를如斯히呈ᄒᆞ나이다敬具

朝鮮佛敎通史著者李能和殿

朝鮮佛教通史

朝鮮總督府 內務部長官 宇佐美勝夫
學務局長 關屋貞三郞
編輯課長 小田省吾

拜啓前日에貴著朝鮮佛教通史를拙者等에게一部式惠贈ᄒᆞ시니感謝ᄒᆞᆷ니다從來朝鮮의佛教는全혀社會로外度外視되야當地의學者로此를硏究ᄒᆞᄂᆞᆫ者絕無ᄒᆞᆷ의從ᄒᆞ야佛教에關ᄒᆞᆫ著書의可觀ᄒᆞᆯ者無ᄒᆞᆷ은朝鮮文獻上에一大缺陷인줄로窃히遺憾으로思惟ᄒᆞ옵더니併合後佛教는一視同仁의視政下에舊時의面目을一新ᄒᆞ야布教規則의發布와共히公然工弘布ᄒᆞᆷ을許ᄒᆞ니三十本山은聯合制規를設ᄒᆞ야斯教의興隆을企圖ᄒᆞᄂᆞᆫ秋에際ᄒᆞ야老兄이多年硏鑽ᄒᆞᆫ結果로如斯ᄒᆞᆫ一大著述을見ᄒᆞᆷ에至ᄒᆞᆫ것은誠히慶賀를不堪ᄒᆞᄂᆞᆫ바올시다貴著의內容은姑히精細玩讀은無暇ᄒᆞ얏스나大略拜閱ᄒᆞᆫ바에依ᄒᆞᆫ건ᄃᆡ上編及中編에ᄂᆞᆫ佛教의起源並東漸의事實로始ᄒᆞ야各宗分派及朝鮮과의關係其他三國時代로브터併合後에至ᄒᆞ기ᄭᆞ지各時代에代ᄒᆞᆫ佛教關係의事實高僧의傳記를細大網羅ᄒᆞ야至치안인바無ᄒᆞ고博引旁證ᄒᆞ야朝鮮의正史野乘과金石文等은勿論이오廣히和漢의史籍을通覽ᄒᆞ고또新聞雜誌官報類에至ᄒᆞ기ᄭᆞ지汎히此를涉獵ᄒᆞ야써少毫라도遺漏가無케ᄒᆞ기를期ᄒᆞ야過去의事實을詳케ᄒᆞ얏

『조선불교통사』(이능화) 출간 관련 기사
『매일신보』 1924. 7.

『조선불교통사』는 이능화의 대표작일 뿐 아니라 우리나라 불교에 대한 대표적 저작으로 꼽힌다. 1918년에 처음 출간된 이 책은 그 양도 방대해 3권 2책으로 구성되어 있다. 위 기사는 조선총독부 내무부장관을 지낸 우사미 가쓰오宇佐美勝夫를 비롯해 학무국장, 편집과장이 이능화에게 편지 형식의 글을 통해 『조선불교통사』의 뛰어남을 소개하는 내용이다.

世宗大王時頒布原本

訓民正音은朝鮮文字創始의글이다
오직한卷뿐인그原本을影印하야實
費로提供한다「가갸거겨」를님그며
쓰는사람은반드시닐거야될것이다

訓훈民민正졍音음 寫眞版

半洋裝本
定價 六十五錢 送料六錢

發行所
京城府仁寺洞一五二番地
朝鮮語學研究會
啓明俱樂部
電話光化門九七九番

內容
一、訓民正音重刊序……朴勝彬
一、影印訓民正音序……鄭寅普
一、訓民正音原本寫眞版
一、跋……吳世昌
一、附錄(一) 訓民正音原書의考究……朴勝彬
一、附錄(二) 朝鮮語學講義拔萃……朴勝彬

販賣所
京城府寬勳洞一三三番地
東光堂書店
振替京城一六三二二番
電話光化門三一九二番

훈민정음 사진판 訓民正音 寫眞版

박승빈 / 조선어학연구회·계명구락부 / 『동아일보』 1932. 9.

세종대왕 시 반포 원본
『훈민정음 사진판』
반양미장본半洋美裝本

훈민정음은 조선 문자 창시의 글이다. 오직 한 권뿐인 그 원본을 번인飜印하여 실비로 제공한다. '가갸거겨'를 읽으며 쓰는 사람은 반드시 읽어야 될 것이다.

내용
1. 훈민정음 중간重刊 서序 – 박승빈
1. 영인 훈민정음 서 – 정인보
1. 훈민정음 원본 사진판
1. 제전題篆 – 오세창吳世昌
1. 부록(1) 훈민정음 원서의 고구考究 – 박승빈
1. 부록(2) 조선어학강의 발록拔錄 – 박승빈

정가 65전, 우송료 6전
발행소: 조선어학연구회, 계명구락부
판매소: 동광당서점

훈민정음의 창제 목적으로부터 창제 원리, 사용 방법 등 오늘날 우리가 '한글'이라 부르는 '훈민정음'의 모든 것을 알 수 있는 책자는 『훈민정음 해례본』이다. 『훈민정음 해례본』이 1940년 경북 안동에서 발견되기 전에는 훈민정음의 창제 원리를 알 수가 없어 우리 고유의 문창살 모양을 본떠 글자를 만들었다는 등 잘못된 이론들이 생겨나기도 했다.
『훈민정음 해례본』은 세계 문자 역사상 문자를 누가, 언제, 어떤 원리로 만들었는지 기록된 유일한 자료의 가치를 인정받아 유네스코 세계기록유산에 등재되었다. 우리 겨레에게만 소중한 것이 아니라 세계적으로 의의가 있는 문자인 것이다.
이 책이 발견되기 전에 훈민정음과 관련해 전해오던 자료는 『언해본 훈민정음』이 유일했는데, 이 자료는 독립적으로 존재한 것이 아니라, 1459년(세조 5년)에 간행된 『월인석보』 책머리에 실려 있는 「세종어제훈민정음世宗御製訓民正音」을 말한다.

결국 이 광고에 실린 『훈민정음 사진판訓民正音寫眞版』은 『언해본 훈민정음』을 가리키는 셈이다. 이 책을 간행한 '조선어학연구회'와 '계명구락부'는 조선어학회의 이론과는 다른 주장을 펼치던 국어학자이자 법조인, 교육자인 박승빈朴勝彬(1880~1943)이 조직한 단체로, 국어 관련 잡지 『정음正音』, 『계명啓明』 등을 간행했다. 박승빈은 주시경과 그의 제자들이 주장한 '한글맞춤법통일안'과는 달리 소리 나는 대로 적는 방식에 가까운 표기법을 주장했으나, 결국 받아들여지지 않았다. 그러나 그의 우리말과 한글에 대한 애정은 대단했다. 광고에서 보듯이 그는 우리나라 최초로 『훈민정음』 원본을 간행·보급했고, 그 외에도 여러 우리말 관련 서적을 간행·보급했다.

『정음』
조선어학연구회
동광당서점
『동아일보』 1934. 9.

잡지『정음』은 1934년 2월 15일 자로 창간된 조선어학연구회의 기관지로, 1941년 4월 통권 37호로 종간되었다. 판권장을 보면, 편집 겸 발행인 권영중權寧仲, 발행소 조선어학연구회★, A5판 85쪽, 정가 20전이다.★ 편집 겸 발행인이 권영중으로 되어 있으나 여러 사정을 살펴볼 때 잡지를 주도적으로 이끌어 간 인물은 역시 박승빈이 아닐까 싶다.

★ 서울 · 인사동 152

★ 『한국잡지백년』 3 참조

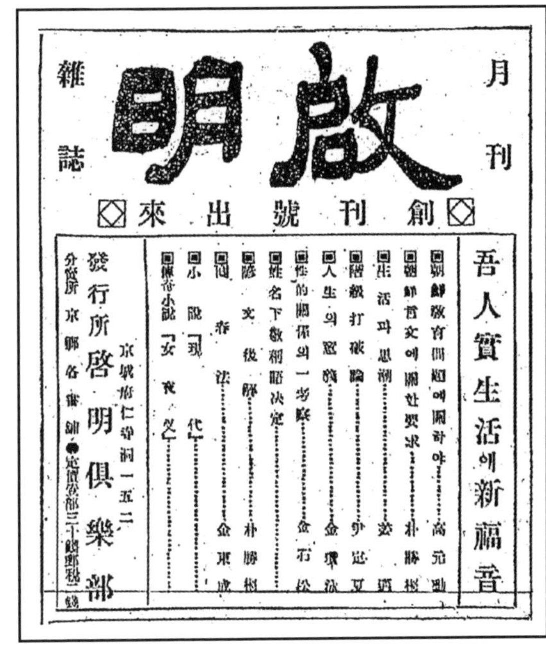

잡지『계명』의 창간호 광고
계명구락부
『동아일보』 1921. 5.

『계명』 역시 박승빈이 주도적으로 간행한 것으로 판단된다.

滿天下에期待渴仰ᄒᆞ던東西醫學評論書가今焉新出版矣라

全鮮醫生大會의絶好의記念的好[illegible]物

東西醫界의幾多難問은本書로解決!!!

典醫　洪哲普　先生　序文
松村　池錫永　先生　序文
東渠　張基茂　子春　譯述
▲大正四年十一月初旬發行
特價提供期　大正四年十一月卅日

東西醫學新論

全一册　洋裝　裝釘美麗　特價金　九拾五錢　正價金壹圓貳拾錢　送費無料

熱히現下朝鮮醫界의現狀을觀ᄒᆞ면、幾千年來로繼承相傳ᄒᆞ던我神聖ᄒᆞᆫ東醫學은世界科學의急激ᄒᆞᆫ移動으로將히其光輝를埋沒코저ᄒᆞᄂᆞᆫ도다ㅣ誰가前途多望ᄒᆞᆫ靑年으로、笈을負ᄒᆞ고無用陳腐ᄒᆞᆫ東醫術을學習研究코자ᄒᆞ며、誰가減縮退步ᄒᆞᄂᆞᆫ東醫學으로改革發展코저ᄒᆞᄂᆞ뇨? 於此二者、遂ᄒᆞ야도、東醫界에一大危機에瀕ᄒᆞᆷ은識者ᄅᆞᆯ不待ᄒᆞ고認ᄒᆞᆫ바ㅣ라、然而當局者ᄂᆞᆫ如斯ᄒᆞᆷ에不拘ᄒᆞ고周密ᄒᆞᆫ獎勵와指導ᄅᆞᆯ不怠ᄒᆞᄂᆞᆫ、一般當業者ᄂᆞᆫ自暴自棄ᄒᆞ야水火의偏見을各持ᄒᆞ고大勢의趨向을不覺ᄒᆞ야、學術의權威가掃地無餘ᄒᆞ야時勢의使然ᄒᆞᆫ바이나、反而思之ᄒᆞ면術者其人을得지못ᄒᆞᆷ과、醫科學的見地로敢히論議折衷치못ᄒᆞᆷ이亦其重要ᄒᆞᆫ一罪因이라、若此不已ᄒᆞ면我東醫學은、永히磨劫을脫ᄒᆞ고光明ᄒᆞᆫ世界에齊驅키誠難ᄒᆞ지니、言이此에及ᄒᆞᆷ에、我生爲幾多의기[illegible]安을圖ᄒᆞ야警告的熱誠을難ᄒᆞᄂᆞᆫ同時에、愛惜嗟歎ᄒᆞᆷ을不已ᄒᆞ것도다此時에際ᄒᆞ야醫海能文의士로多年醫報에筆을執ᄒᆞ야、侃侃諤諤ᄒᆞᆫ筆鋒으로醫界革新을唱導ᄒᆞᄂᆞᆫ東渠張先生은、大히素抱主義의實施ᄒᆞᆷ을期圖ᄒᆞᆷ과、醫又東醫界의如斯ᄒᆞᆫ不振[illegible]ᄒᆞᄂᆞᆫ因을革命的救濟의一方針으로、先年來로大醫和田啓十郞氏의[illegible]ᄒᆞᆫ「醫界之鐵椎」를[illegible]ᄒᆞ야、簡明流暢ᄒᆞᆫ先生의筆法으로、文字이[illegible]ᄒᆞ고[illegible]가明瞭ᄒᆞ게意譯ᄒᆞ야、[illegible]木이即本書라。其本旨ᄂᆞᆫ古來幾千年以來ᄒᆞ던漢方醫術에對ᄒᆞ야、各數十種疑問을反覆考證ᄒᆞ며、[illegible]新學說의[illegible]喚醒ᄒᆞᄂᆞᆫ[illegible]年의經驗으로折衷歸論ᄒᆞ야[illegible]야其一言一句가皆足히東西醫學의頂門에一針이되[illegible]家가、日夜競進ᄒᆞᄂᆞᆫ此際에、先生이勞苦ᄅᆞᆯ不惜ᄒᆞ고急急、速ᄒᆞ야世에供ᄒᆞᆷ은、明言치아니ᄒᆞ야도其深意의所在ᄒᆞᆫ바ᄅᆞᆯ推測ᄒᆞᆯ지다、濟生의大任을自覺ᄒᆞᄂᆞᆫ東西醫學家及社會에有志ᄒᆞ신人士가、苟히東西醫術의如何ᄒᆞᆫ缺點과如何ᄒᆞᆫ特長을有ᄒᆞ며、又其改革研究의方針[illegible]那邊에在ᄒᆞᆫ가? 願知코ᄌᆞᄒᆞ시ᄂᆞᆫ疑問이有ᄒᆞ시거던、本書一冊을熟讀玩味ᄒᆞ시면救命[illegible]難疑問은一蹴에渙然氷釋될지니、實로東醫界에對ᄒᆞ야ᄂᆞᆫ[illegible]요、疑怒[illegible]一吼에百獸慴伏의槪가有ᄒᆞ다ᄒᆞᆫ지라、請컨ᄃᆡ江湖諸彦은一本을速購ᄒᆞ사、我半島醫界에一新生面을開拓ᄒᆞ오면、奚獨本書의光榮이며弊舍의欣幸뿐이리오、嗟乎、先醫諸氏어! 本書의內容은、前後二篇에分ᄒᆞ야、本論十九章과續錄一百三十二節에細論ᄒᆞ야、共히東西醫學에喫緊研究ᄒᆞᆫ材料를包括搜羅ᄒᆞ야、宛然히一部醫史、醫談、醫學大論文、一大病理的診斷治療書를兼備ᄒᆞᆫ[illegible]이有ᄒᆞᆫ지라、紙面에有限ᄒᆞᆷ과繁瑣에過ᄒᆞᆷ으로玆에細記치못ᄒᆞ오니、讀者ᄂᆞᆫ實告에就ᄒᆞ야一讀後에事實과價値ᄅᆞᆯ批評ᄒᆞ심을伏望

發行兼發賣元　京城鍾路　八寶丹本舖

和平堂藥房　李應善

分賣所　朝鮮京城府公平洞八十六番地 [illegible]　專業　郁文書舍

東西醫界의革命端緖ᄂᆞᆫ本書로引導!!!

★ 우리나라 최초로 종두법을 도입하고 한글 연구에도 앞장선 그분이다.

동서의학신론東西醫學新論

전선의생대회 기념 출간 / 화평당약방 이응선 / 『매일신보』 1915. 10.

전선의생대회全鮮醫生大會의 절호絶好의 기념적 호독물好讀物
만천하에 기대를 받으며 갈망하던 동서의학평론서가 오늘날 새로이 출판되었다.
『동서의학신론』
전 1책, 양장 장정미려

동서의학계의 수많은 어려운 문제는 본서로 해결!!!
전의典醫 홍철보洪哲普 선생 서문
송촌松村 지석영池錫永 선생 서문
동거東渠 장기무張基茂 자춘子春 역술譯述
다이쇼大正 4년(1915년) 11월 초순 발행
특가 제공 기한: 다이쇼 4년 11월 30일

특가금 99전, 정가 1원 20전, 배송비 무료
발행 겸 발매소: 화평당약방 이응선
분매소: 육문서사

1915년 가을, 서울에서는 공진회共進會라는 명칭으로 산업박람회가 열렸다. 그리고 이를 계기로 전국의 한의사들이 모여 전선의생대회全鮮醫生大會, 즉 '전조선 의사 대회'를 개최했다. 이때 참석한 인원이 770여 명이라고 한다.
『동서의학신론東西醫學新論』이 그 대회를 기념·출간하기 위해 사전에 준비한 것인지, 아니면 우연히 그 무렵에 출간된 것인지 알 수는 없지만, 분명 연관이 있는 듯하다. 왜냐하면 이 책의 서문을 쓴 지석영★이 이 대회를 계기로 조직된 한의사 단체인 전선의회全鮮醫會의 회장으로 선출되었으니까. 책의 서문을 쓴 사람은 지석영 외에 홍철보洪哲普(1853~?)도 있었는데, 그는 승녕부전의承寧府典醫, 이왕직전의李王職典醫 등을 지낸 그 시대 대표적인 한의사였다. 한편 책을 역술한 장기무張基茂(1886~?)는 1904년 대한의학교를 졸업한 후 대한의학교 교관, 육군 3등군의관 등을 지냈다. 1908년 11월에는 서울을 중심으로 활동하는 한국인 의사들의 모임인 '의학연구회'를 조직하여 그 간사를 맡기도 했다. 책이 출간될 무렵, 한의학은 서양에서 물밀 듯이 밀려온 서양 의학에 밀려 쇠퇴 일로를 걷고 있었다. 특히 그 무렵 조선의 실세를 자임하던 일본 당국은 우리 고유의 한의학을 말살시키려는 의도를 노골적으로 드러내고 있었다. 그러한 시대에 전국의 한의사와 서양 의학을 공부한 인물들이 나서 이런 방대한 책을 만든 것은 참으로 기억할 만한 쾌거라 할 것이다.

「소아의방」
최규헌
광학서포
「매일신보」 1912. 9.

책의 저자인 최규헌崔奎憲(1846~?)은 조선 후기에 활동한 소아과 분야의 명의로, 고종 때에는 어의御醫를 지내기도 하였다.

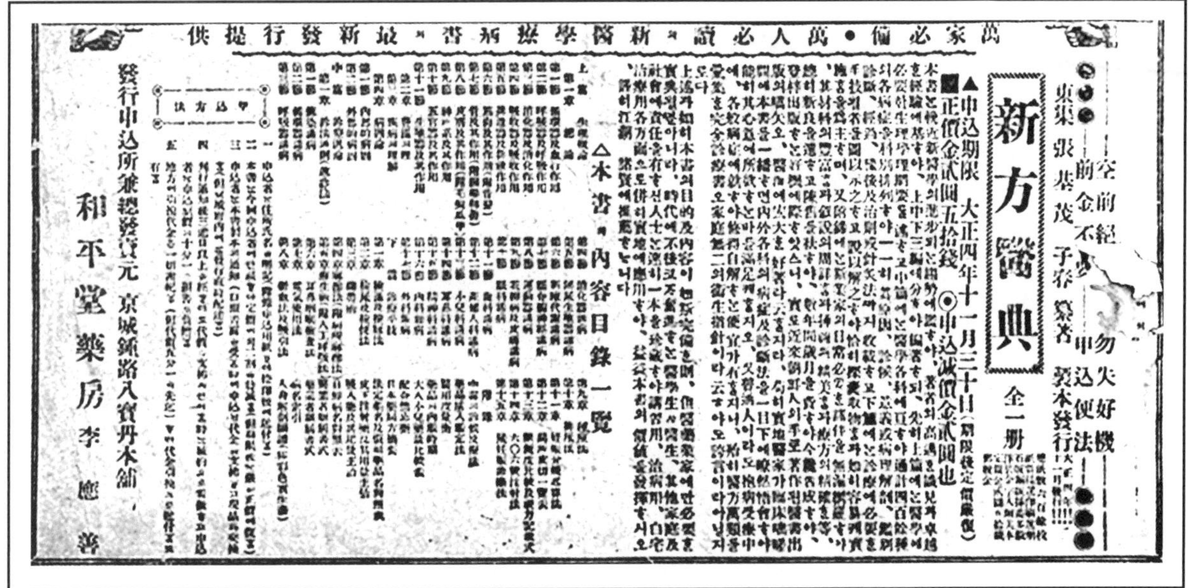
萬家必備●萬人必讀 新醫學撮要書 最新發行提供

空前絶後 勿失好機

前金不要 申込便法

東渠 張基茂 子春 纂著

新方醫典 全一冊

▲申込期限 大正四年十一月三十日

正價金貳圓五拾錢 ⊙申込減價金貳圓也

△本書의內容目錄一覽

發行申込所兼總發賣元 京城鍾路入蔘丹本舖

和平堂藥房 李應善

『신방의전』
장기무
화평당약방 이응선
『매일신보』 1915. 10.

『신방의전新方醫典』을 편찬한 장기무張基茂는 『동서의학신론』도 역술譯述한 양의사였다. 이 책도 『동서의학신론』과 같은 시기에 광고를 한 것으로 보아 거의 같은 시기에 출간된 것으로 보인다. 출간한 곳 또한 두 책 모두 화평당약방이다.

화평당약방 주인 이응선은 개화기에 활동한 인물로 제약업의 효시라고 할 만큼 다양한 약을 개발·판매하였다. 그가 개발한 '단丹', '환丸', '산散'류의 약품만 해도 수십 종에 달하였으니 약 산업화의 효시라 할 만하다.

鄭光鉉 著

姓氏論考

附 · 最新朝鮮民事令法令集

重要內容目次

定價 一圓二十錢 送料 九錢

「氏」制度란무엇인가?
「姓」은果然고처야하나?
本書는!
二千四百萬의疑問에答한다

朝鮮民事令은朝鮮民衆의最大關心事에改正되엿다여기에는民法의法律知識으로解釋하기힘든點이잇다。

宗中에서氏를協定할것은宗中이全部따라야되는가?
氏選定에戶主와家族이不合할때에는어떠케하는가?
朝鮮姓과同一한內地人氏에는엇더한것이잇는가?
氏制度實施이면朝鮮女姓에게는엇더한變動이잇는가?
姓과氏는엇더케다른가?
姓字를그대로氏의名稱으로할수없는가?

성씨논고 姓氏論考

정광현 / 동광당서점 / 『동아일보』 1940. 2.

정광현 저
『성씨논고』
부록; 최신 조선민사령 법령집

'씨氏' 제도란 무엇인가?
'성姓'은 과연 고쳐야 하나?
본서는 2천4백만의 의문에 답한다.
조선민사령은 조선 민중의 최대 관심리에 개정되었다. 여기에는 이왕의 법률지식으론 해석하기 힘든 점이 너무나 많다.
제1로 창씨문제, 제2로 서양자 문제, 기타 재래 조선의 대가족제도는 그 면목을 일신하게 되었다.
본서는 이 모든 첩첩 문제에 의혹이 없는 명쾌한 해답과 동시에 권위 있는 지시를 제공한다.
저자 정광현 선생은 동경제대 법과를 십수 년 전에 졸업하고 그 후 십여 년 동안을 조선의 친족, 상속법을 전문으로 연구 계속하고 있는 사계斯界의 대권위학자이다.
만천하 모든 선비는 신문 잡지에서 보지 못할 법률적 근거 있는 이 책을 정독하사 가장 현명한 길을 취하기를 바란다.
성과 씨는 어떻게 다른가? 성은 없어지는가? 씨는 반드시 갈아야 하는가?
성자姓字를 그대로 씨의 명칭으로 할 수 없는가?
종중에서 씨를 협정한 것은 종중이 전부 따라야 되는가?
씨 선정에 호주와 의견이 맞지 않을 때는 어떻게 하는가?
조선 성과 동일한 내지인 씨에는 어떠한 것이 있는가?
조선 성에 어떠한 자를 첨가하면 내지인 씨가 되는가?
씨 제도를 실시하면 조선 여성에게는 어떠한 영향이 미치는가?

이상 제 문제에 대하여 정확명료한 해답이 있고 최신 『조선민사령집』에는 개정 조선민사령, 개정 조선호적령, 개정 인사조정령 외 10여 건과 최신민사 중요법령이 수록되었다.

정가 1원 20전, 우송료 9전
발행소: 동광당서점

『성씨논고姓氏論考』를 지은 정광현鄭光鉉(1902~1980)은 구한말 거물인 윤치호의 사위이자 동경제국대학을 졸업한 법학자였다. 그는 1940년 초, 그러니까 일본제국주의가 조선의 혼을 말살시키기 위해 창씨개명 정책을 강력하게 밀어붙이던 시기에 창씨개명 관련 이론서를 발간했다. 그러나 창씨개명을 합리화하거나 조장하기 위한 행동이라고 보기는 어렵다. 실제로 정광현은 친일파도 아니었다. 오히려 일제에 의해 옥고를 치르기도 했다.

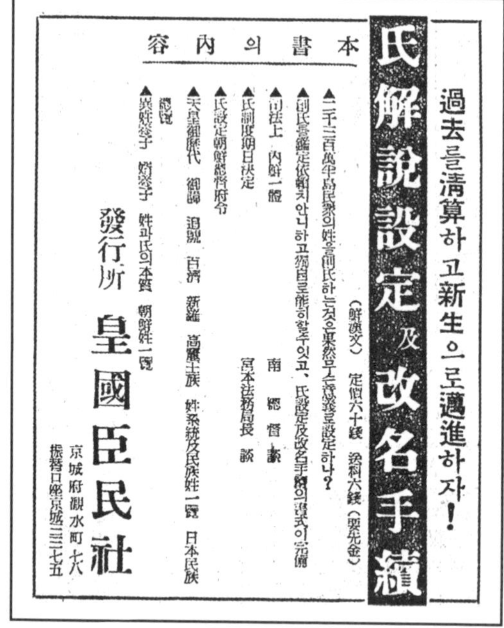

『씨 해설설정과 개명수속』
황국신민사
『매일신보』 1940. 3.

그렇다면 왜 이 책을 창씨개명 시대를 이용한 출판계의 광고 가운데 대표로 제시하는가? 당시 다른 책들은 유치한 작명법 수준의 정보를 제공하는 데 그친 반면, 이 책은 가족제도에 대한 학술적 접근을 시도한 유일한 책이기 때문이다. 저자는 우리나라의 성姓과 창씨개명으로 인해 새로이 도입되는 씨氏의 차이점 등을 학문적으로 분석·설명하는 자세를 취하고 있다. 이 무렵 창씨개명 정책이 일제에 의해 강압적이고 신속하게 추진되자, 이를 이용해 한몫 잡기 위해 많은 광고가 등장한다. 이름 짓는 법에 관한 책부터 이름 지어 주는 성명철학관 광고에 이르기까지 다양하다. 이를 통해 우리는 그 시대 조선인이 얼마나 새로운 일본식 이름을 짓는 일에 어려움을 겪고 있었는지, 그리고 이를 이용해 자신의 이익을 챙기고자 하는 이들이 어떻게 행동했는지를 확인할 수 있을 것이다.

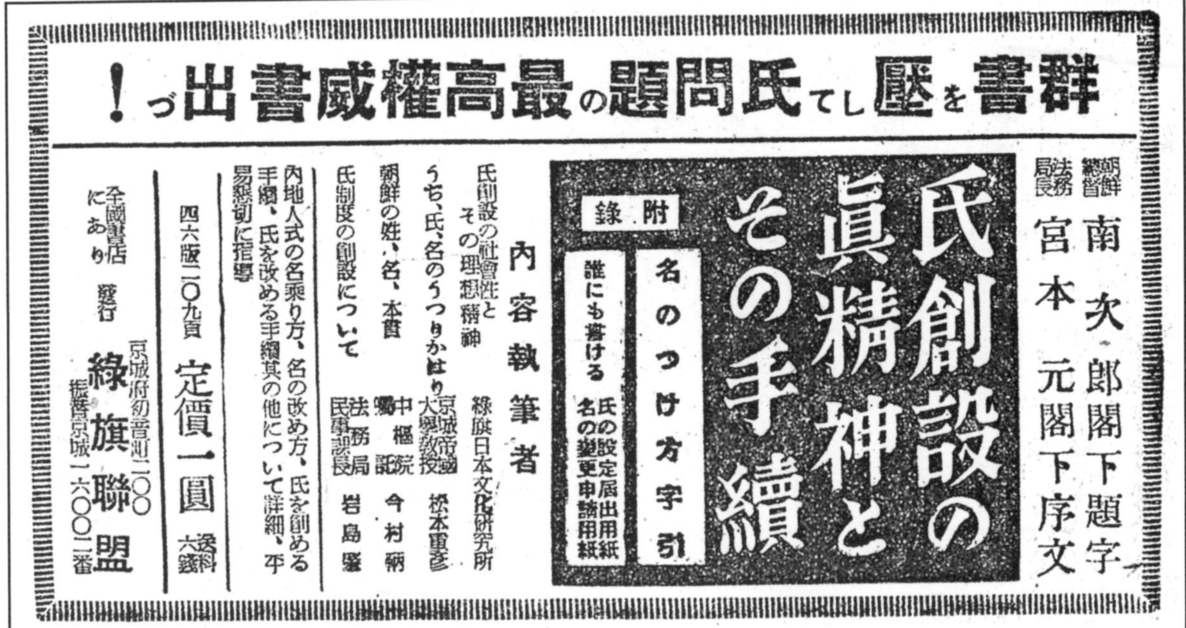

『씨 창설의 참 정신과 수속』
록기연맹
『매일신보』 1940. 5.

『창씨』
조선중앙창씨명상담소
『매일신보』 1940. 6.

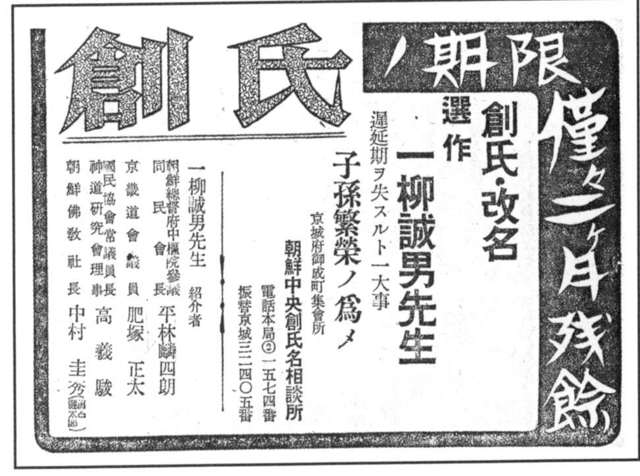

「창씨개명은 일본성명학관에」
일본성명학관
『동아일보』 1940. 5.

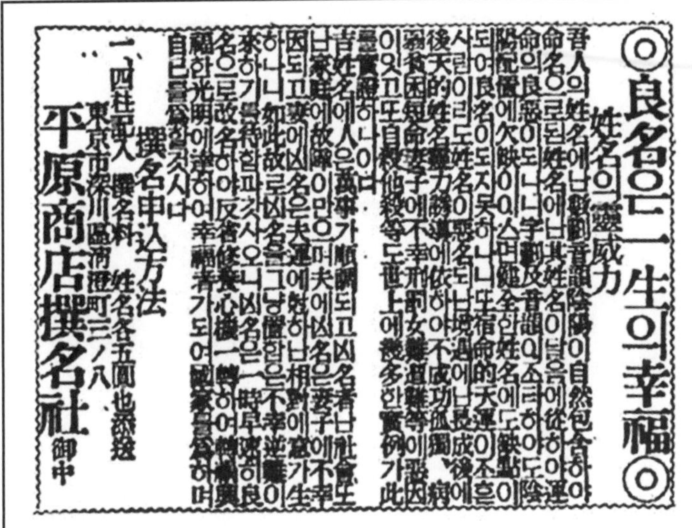

「양명은 일생의 행복」
평원상점찬명사
『동아일보』 1940. 7.

★ 활엽수인 정향나무를 가리키는데, 향이 좋아 향신료로 사용한다.

031

진정 眞情

나도향 / 영창서관 / 『조선일보』 1923. 10.

나도향 창작집
『진정眞情』
전 1책, 미장美裝

씨의 작품은 감격의 작품이다. 그의 눈물은 넘치는 환희에 느끼는 눈물인 동시에 또한 에이는 듯한 침통의 짜내는 듯한 눈물이다. 정향丁香★같이 강렬한 향기 속에도 담즙膽汁같이 쓴 눈물이 섞여 있으며, 비애를 극極하고 고통을 극하고 절망과 나락을 극한 가운데에도 감로 같은 위안이 있다. 모든 작품에 어린 애욕의 견디지 못하는 오뇌, 두 눈에 눈물이 어리는 사랑의 추회追懷, 잡히지 않는 욕심과 같이 어쩔 수 없는 사랑의 추구, 실사회實社會의 남모르는 혼백과 우리 인생에 공연한 모순.
그의 열화 같은 정열, 그의 차가운 재 같은 이성은 이적 온 『진정』 가운데 비단올같이 얽혔다.

실가 80전, 우송료 13전
총 발행소: 영창서관
분매소: 한흥서림

「벙어리 삼룡이」, 「뽕」 등 불후의 작품을 통해 식민지 조선 농촌의 현실을 사실주의적으로 표현한 나도향羅稻香(1902~1926)이 고작 스물네 해밖에 살지 못했다는 사실을 아는 사람은 드물다. 그 짧은 생애 동안 우리 문학사에 길이 남을 작품을 여럿 남겨서일까. 그래서 "인생은 짧으나 예술은 길다."라는 말은 진리다.

1923년이면 나도향이 스물한 살 되던 해다. 그해에 창작집 『진정眞情』이 출간되었는데, 이 작품집에 대해 알아보고자 여기저기 찾아보았으나 눈에 띄지 않는다. 그러니 이 작품집은 잊힌 것이나 다름없는 듯 보이는데, 만일 그렇다면 참으로 안타까운 일이다.

『어머니』
나도향
박문서관
『동아일보』 1939. 7.

장편『어머니』는 나도향의 유작인데, 그는 짧은 작품 활동 기간 동안『환희』와『어머니』, 두 편의 장편만을 남겼다고 전한다.

「벙어리 삼룡이」의 영화 광고
『동아일보』 1929. 1.

나운규가 감독·주연을 맡고 나운규 프로덕션이 제작을 담당했다.
단편「벙어리 삼룡이」는 1925년 7월 잡지『여명』에 발표되었다.

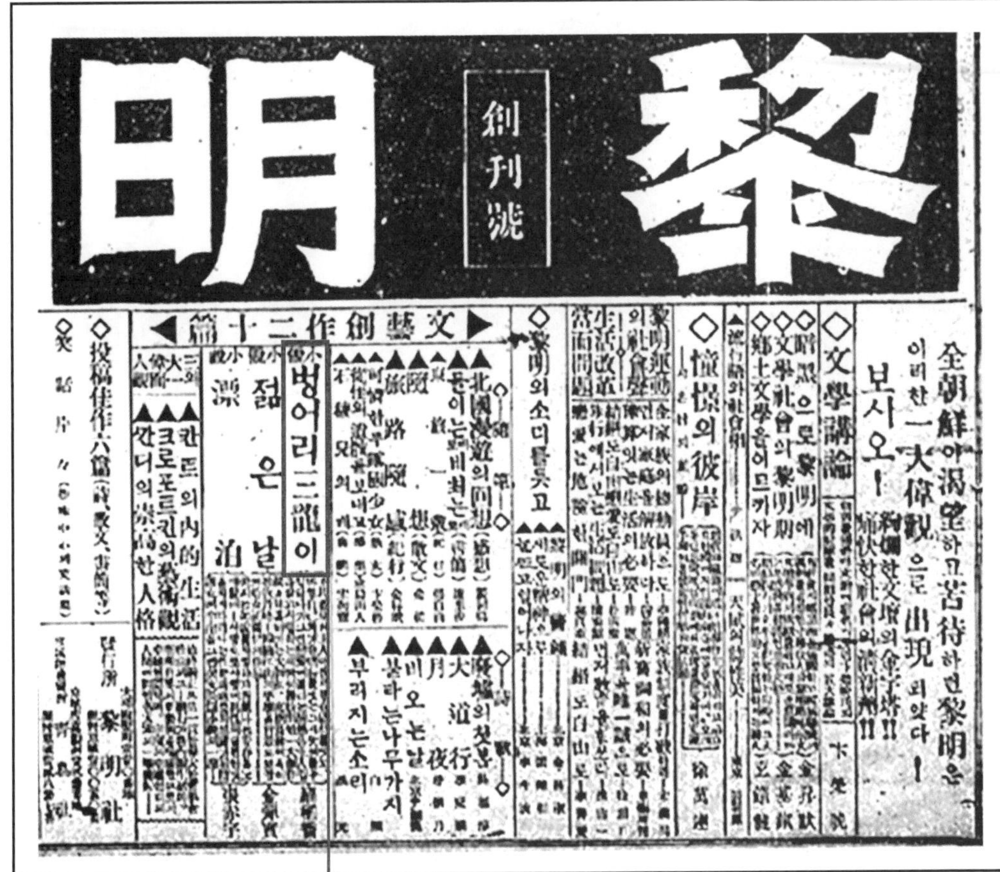
黎明

創刊號

全朝鮮이渴望하고苦待하던黎明은

이러한一大偉觀으로出現되얏다!

보시오!

◇文學講論

◇文學社會의黎明期

◇憧憬의彼岸

◇文藝創作二十篇

벙어리三龍이

젊은날

漂泊

▲北國漫遊의回想

▲旅路

▲大道行

▲月夜

▲비오는날

▲부러지는소리

▲칸트의內的生活

▲크로포트킨의藝術觀

▲간디의崇高한人格

◇投稿佳作六篇

發行所 黎明社

잡지 『여명』 창간호 광고
여명사
『동아일보』 1925. 7.

나도향의 「벙어리 삼룡이」가 수록되었다는 내용이 선명하다.

▲現代의婦人問題、戀愛問題에一大暗示를與한

金泳俌氏作

◎美本洋裝 全一冊
定價金 一圓二十錢
送料(書留) 十二錢
(要先金注文)

激烈한情熱과高大한理想을품고、人生을爲하야노력하며、人生을爲하야우는作者가、雜然한現文壇의圈外에處하야、恒常眞摯孤獨의態度로써 荒野의第一畝를開耕할제、荊棘과泥濘의裡에서得한바最初의收穫이本書이다、全卷에收集한바『나의世界로』『詩人의家庭』『戀愛의물결』『情痴三昧』『구리十字架』等五篇의戲曲에、或은父母와戀人을버리고 스사로살고자하는大々한婦人의因襲과情義에苦悶하는 悲痛한부르지짐도잇스며、或은自己의烈々한사랑의납품을엇지못한一美人의慘絕한人間最大의自己犧牲으로써、永遠히戀人의품안에살고자하는可憐한눈물도잇다。神聖한家庭의享樂을노리하는詩人은、무엇을꿈꾸며 耽溺三昧에自喜自悲하는愚女의넉두리는、무엇을意味하는가。强한人生의嚴肅한소리를그에서드를수잇스며、弱한人生의沈痛한態度를그에서볼수잇도다。아ㅣ聰明한讀者여、讀者의眼前에聳立한、眞理의門은장차열니도다.

◆讀하라 新人의叫號를!

◆觀하라 新裝의勇姿를!

發賣元 京城府寬勳洞三〇 振替京城八二五五番 電話本局一九五四番

朝鮮圖書株式會社

황야荒野에서

김영보 / 조선도서주식회사 / 『조선일보』 1922. 12.

김영보 씨 작
희곡집 『황야에서』
미본양장美本洋裝 전 1책

현대의 부인문제, 연애문제에 일대 암시를 부여한 김영보 씨 작

격렬한 정열과 높고 큰 이상을 품고, 인생을 위하여 노래하며, 인생을 위하여 우는 작자가 잡다한 현 문단의 외면에 처하여 항상 진지고독의 태도로써 황야의 제1묘畝를 개간할 때 가시밭길과 진흙탕 속에서 얻은 바 최초의 수확이 본서이다. 전권全卷에 수집한 바 「나의 세계로」, 「시인의 가정」, 「연애의 물결」, 「정치삼매」, 「구리 십자가」 등 5편의 희곡에, 혹은 부모와 연인을 버리고 스스로 살고자 하는 꿋꿋한 부인의 인습과 정의情義에 고민하는 비통한 부르짖음도 있으며, 혹은 자기의 열렬한 사랑의 아픔을 얻지 못한 한 미인의 참절慘絶한 인간 최대의 자기희생으로서, 영원히 연인의 품안에 살고자 하는 가련한 눈물도 있다. 신성한 가정의 향락을 노래하는 시인은 무엇을 꿈꾸며, 치정삼매에 스스로 기뻐하고 스스로 슬퍼하는 어리석은 여인의 넋두리는 무엇을 의미하는가. 강한 인생의 엄숙한 소리를 그려서 들을 수 있으며, 약한 인생의 침통한 태도를 그려서 볼 수 있도다. 아, 총명한 독자여, 독자의 눈앞에 벽으로 선 진리의 문은 장차 열렸도다.
읽어라 신인의 절규를!
보아라 새로운 모습의 용자勇姿를!

정가 1원 20전, 우송료 12전
발매소: 조선도서주식회사

우리나라 최초의 희곡집이 바로 김영보金泳俌(1900~1962)의 작품집인 『황야에서』다. 이 책에는 「정치삼매」, 「시인의 가정」, 「나의 세계로」, 「연애의 물결」, 「구리 십자가」 등 5편이 수록되어 있는 것으로 알려져 있으니 결국 책 제목인 '황야에서'라는 작품은 존재하지 않는 셈이다.
개성 출신인 김영보는 1921년 이기세가 주도한 극단 예술협회와 관계를 맺게 되면서 희곡을 쓰기 시작했다. 그의 작품은 대부분 전통인습 타파와 관련된 신파극이었는데, 이는 광고 문안을 통해서도 확인할 수 있다.

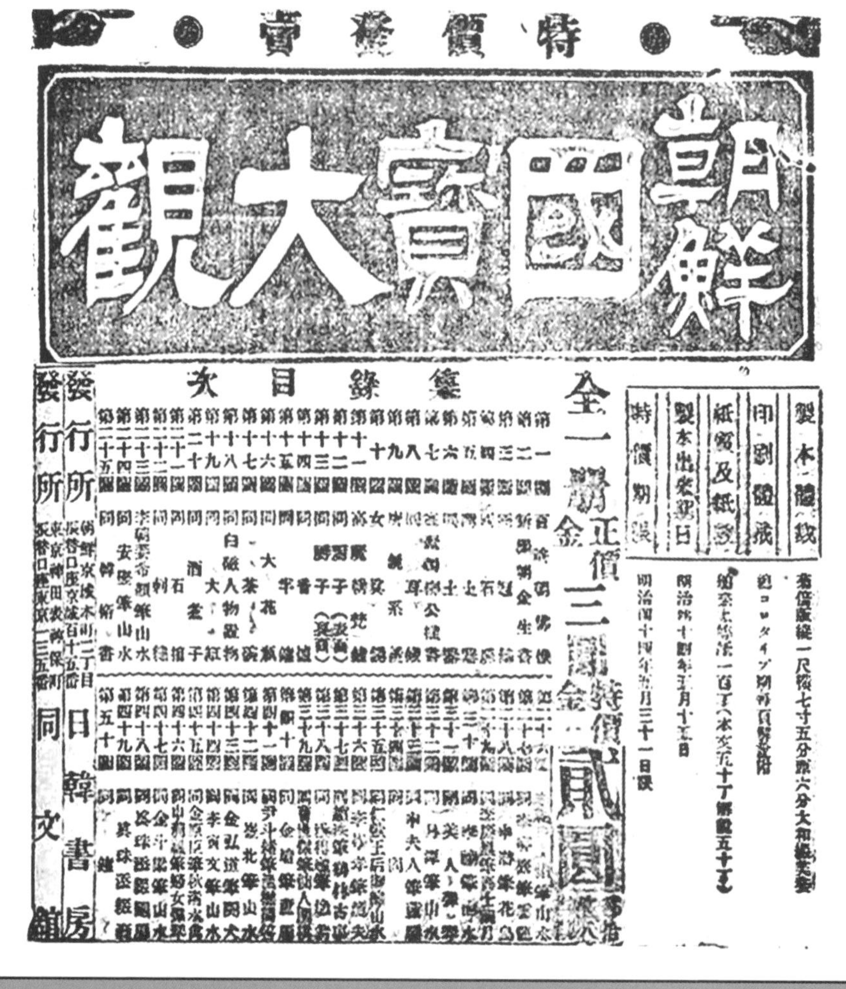
特價發賣
朝鮮國寶大觀
纂錄目次
全一冊
正價金三圓
特價金貳圓
製本體裁
印刷體裁
紙質及紙數
製本出來期日
特價期限
發行所 日韓書房
發行所 同文館

★ 일본식 제본 방식으로 여러 장의 종이를 겹쳐 반으로 접고 접힌 자리에 구멍을 뚫어 실로 철하는 것
★ 콜로타이프(collotype)로, 인쇄 기법 가운데 하나

조선국보대관 朝鮮國寶大觀

일한서방(경성) · 동문관(동경) / 『매일신보』 1911. 5.

「조선국보대관朝鮮國寶大觀」
전 1책

제본체제: 국배판, 세로 1척(30.3cm), 가로 7촌 5분(22.7cm), 두께 6분(1.8cm), 대화철大和綴★ 미장美裝
인쇄체제: 총 코로타이프★ 매쪽 해설 부附
지질 및 크기 ○○
제본 출판 기일 메이지 44년(1911년) 5월 15일
특가기한: 메이지 44년 5월 31일한

정가 3원, 특가 2원
발행소: 일한서방(경성) · 동문관(동경)

일한서방日韓書房은 1906년, 우리나라 최초로 부산에 설립한 길전박문당吉田博文堂에 이어 두 번째로 일본인에 의해 설립된 서점이자 출판사로 경성에 위치했다. 그런 까닭에 일한서방은 조선인이 운영하던 출판사에 비해 훨씬 많은 책을 다룬 것으로 보인다. 「일한서방 판매목록 초抄」를 보더라도 그 무렵 다른 출판사의 도서목록과는 비교가 되지 않을 정도다. 그러한 출판사가 간행한 책 가운데 하나가 『조선국보대관朝鮮國寶大觀』이다. 그 당시 국보國寶가 오늘날 우리나라의 국보 목록과 다를 것은 당연하다. 그러나 어떤 기준에서건 조선의 국보를 한 곳에 모아 발간한 작업은 그 의의가 클 것이다.

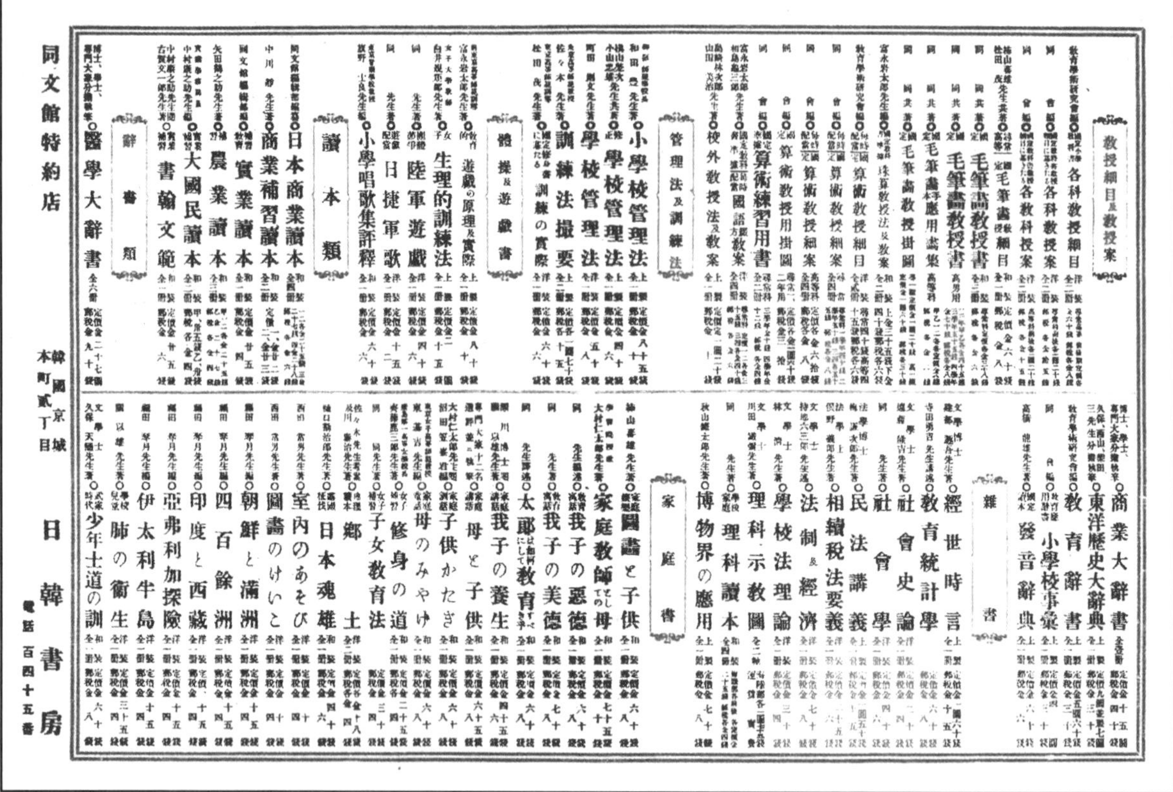

同文館特約店

教授細目及教授案

各科教授細目
各科教授案
各教科授案
毛筆畫教授書
毛筆畫教授細目
毛筆畫應用畫集
毛筆畫教授掛圖
珠算教授法及教案
算術教授細目
算術教授細案
算術教授細案
算術教授用掛圖
算術練習用書
國語教案
校外教授法及教案

管理法及訓練法

小學校管理法
學校管理法
學校管理法
訓練法撮要
訓練の實際

體操及遊戲書

遊戲の原理及實際
生理的訓練法
陸軍遊戲
日捷軍歌
小學唱歌集評釋

讀本類

日本商業讀本
商業補習讀本
實業讀本
農業讀本
大國民讀本
書翰文範

辭書類

醫學大辭書

雜書

商業大辭書
東洋歷史大辭典
教育辭書
小學校事彙
發音辭典
經世時言
教育統計學
社會史論
社會學
民法講義
相續稅法要義
法制及經濟
學校法理論
理科示教圖
理科讀本
博物界の應用

家庭書

圖畫と子供
家庭教師としての母
我子の惡德
我子の美德
太郎は如何に教育すべき
我子の養生
母と子供
子供かたぎ
母のみやげ
修身の道
子女教育法
鄉土
日本魂雄
室内のあそび
圖畫のけいこ
朝鮮と滿洲
四百餘洲
印度と西藏
亞弗利加探險
伊太利半島
肺の衛生
少年士道の訓

韓國京城本町貳丁目
日韓書房
電話百四十五番

일한서방 판매목록
일한서방
『대한매일신보』 1907. 5.

일한서방의 도서목록을 살펴보면 그 무렵 일본이 근대 문물을 받아들인 속도가 어느 정도인지 금세 알 수 있다.

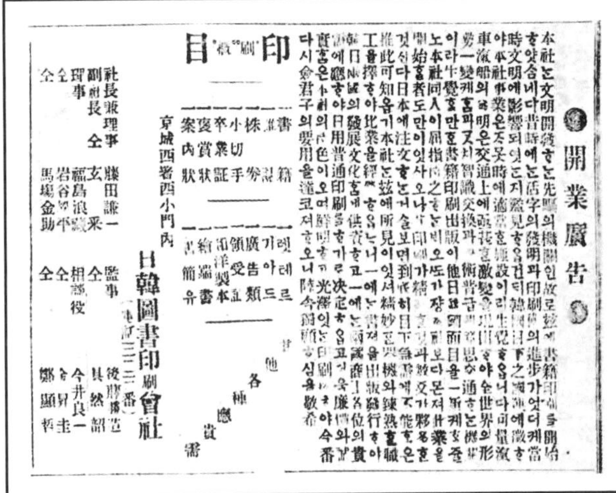

「일한서방 개업광고」
후쿠시마 나미조福島浪藏 · 이마이 료이치今井良一
김승규
『대한매일신보』 1906. 1.

본사는 문명 개발하는 선구의 기관인 고로 이에 서적 인쇄를 개시하였습니다. 예전에는 활자의 발명과 인쇄술의 진보가 어떻게 당시 문명에 영향되었는지 감견鑑見하옵건대 한국의 목하 국운에 징徵하여 본사 사업은 자못 때에 적당한 시설이라 생각하옵니다. 가량可量 기차 기선의 발명은 교통상에 극심한 격변을 현출現出하여 전 세계의 형세를 일변케 함과 같이 지식 교환과 기술보급과 의사교통하는 기관이라 생각할 만한 서적인쇄출판이 타일他日 나라의 면목을 일신케 할 줄로 본사 동인同人이 굴지남지屈指南之하는 바요, 또 가장 본사보다 먼저 이 업을 개시할 자도 많이 있사오나 인쇄가 정밀한 것과 수효가 과다한 것은 다 일본에 주문하는 것을 보면 도저히 목하 수요에 급히 맞추는 것이 가능하옵기 본사는 이에 소견이 있어 정묘한 기기와 숙련한 직공을 택하여 이 업을 경영하옵나니 첫째, 서적을 출판 발행하여 한일 양국의 발전 문화함에 자본을 공급하고 둘째, 양국 상공인 여러분의 귀한 수요에 응하여 매일 사용하는 보통인쇄를 하기로 결정하옵고 더욱 염가와 성실함은 본사의 특색이오며 선명하고 광택 있는 인쇄를 하여 금번 다시 여러분의 필요와 사용에 미치고저 하오니 빨리 먼저 돌아보심을 삼가 바랍니다.

인쇄 개목槪目
서적, 잡지, 주권, 소절수小切手, 졸업증, 포상장, 안내장, 레테르, 가아드, 광고류, 영수증, 화양제본, 회단서繪端書, 서간류

일한도서인쇄회사
사장 겸 이사 등전겸일藤田謙一
부사장 겸 이사 현채玄采
이사 후쿠시마 나미조福島浪藏
동 암곡송평岩谷松平
동 마장금조馬場金助
감사 후등승조後藤勝造
동 구연소具然韶
상담역 이마이 료이치今井良一
동 김승규金昇圭
동 정현철鄭顯哲

『조선고적도보』
조선총독부 편찬
오사카 옥호서점
『경성일보』 1923. 8.

조선동화대집 朝鮮童話大集

심의린 / 한성도서주식회사 / 『동아일보』 1926. 11.

경성사범학교 선생 심의린 편찬
담화재료談話材料 「조선동화대집」
총 300쪽, 반양장

본서의 특색
1. 순전한 조선동화를 수집하였으니 교육적 가치와 역사풍속습관 연구 재료를 구비.
2. 언한문에 언문 부음附音을 하였으므로 학교나 가정이나 각계 인사의 통독에 지극히 편리.
3. 어법은 조선어 교과서에 사용한 경성표준어 발음법에 의하였으므로 과외 읽기물로 적절.
4. 어체는 아동심리에 맞는 문예적 연설체로 하였으므로 조선어 '화방話方'★ 시간에 유일한 재료.
5. 구두句讀와 대고 떼는 것을 일일이 주의하였으므로 조선어 작문의 좋은 표준.
6. 체재와 표지, 지질, 활자 등에 특별 주의하였으니 아동심리에 반드시 대환영.

정가 1원, 우송료 16전
발매소: 한성도서주식회사

심의린沈宜麟(1894~1951)은 국어학자이자 교육자다. 계명구락부와 조선광문회, 조선어연구회★에 참여하여 평생을 한글 연구에 바쳤기에 그의 이름은 한글 관련 저작물에 자주 등장한다. 그러나 그가 우리 겨레의 동화를 모은 책을 처음 출간했다는 사실은 별로 알려져 있지 않다. 한글 연구에 몰두한 그가 동화책을 출간한 까닭은 모교인 교동보통학교와 경성사범학교부속보통학교에서 교사로 일했기 때문일 것이다.

이런 업적을 남긴 그가 한국전쟁 와중에 좌경학생을 도왔다는 혐의로 체포되어 부산형무소에 수감 중 옥사했다는 사실은 가슴을 아프게 한다.

★ 대화
★ 현재 한글학회

신간동화집『옥톡기』
최선익 · 이승근
경성수송유치원
『동아일보』1929. 12.

1929년 간행된 동화집『옥톡기』는 유치원에서 활동한 것으로 보이는 두 사람, 즉 이승근과 최선익이 엮은 것인데, 어떤 작품들로 구성되어 있는지는 알 수가 없다. 하나 더 기억해야 할 것은 이 책의 발행소가 경성수송유치원이라는 사실이다. 유치원이 출판사를 운영한 것은 아닐 테니 이 책의 출간을 위해 임시로 출판 업무를 한 것은 아닐까.

『조선동화 우리동무』
최남선 · 이상범 · 한충
운향서옥
『동아일보』 1927. 2.

『조선동화 우리동무』는 최남선이 서문을 쓰고 화가로 이름이 높은 이상범이 삽화를 그렸으며, 한충이 엮은 동화책이다. 한충은 이 책을 발행한 운향서옥의 주인으로 알려져 있는데 최남선과 각별한 사이였던 듯하다.

定價金七十錢 郵稅四錢

活動寫眞界의 覇王으로滿天下愛劇家諸氏의多大혼歡迎과白熱的喝采를博得혼沖積映畵名金은米國유니바살社에서三百萬圓의莫大혼資金을投ᄒ고世界一流의名俳優로로、후레데릭구、기지삭레以下數百名을[illegible]ᄒ야撮影된名[illegible]인바本書林에셔는此寫眞의[illegible]細혼內容을一般讀者에紹介키爲ᄒ야旣[illegible]脚本을輸入혼後尹秉[illegible]君의苦心研究三個月餘으로完全히[illegible]譯ᄒ야今般의出版이

新刊小說 이니名金寫眞全이卒十[illegible]의對혼大奇蹟이此冊一部로[illegible]然可[illegible]케되얏슴은勿論이오[illegible]句句의妙ᄒ마다神出鬼沒ᄒ고奇奇怪怪혼事實의趣味는가히[illegible]人으로ᄒ야금不可不讀ᄒ겟[illegible]이오니絕刊되기前에陸續速히購覽ᄒ시오

總發行所 京城府鍾路二丁目八四五九番 **新明書林**

地方注文은三冊以內先金

명금名金

윤병조 역술 / 신명서림 / 『조선일보』 1920. 12.

『명금』
대활극 탐정 모험 소설

활동사진계의 패왕으로 만천하 애극가愛劇家 여러분의 다대한 환영과 백열적白熱的 갈채를 널리 얻은 연속영화 「명금」은 미국 유니버설사에서 3백만 원의 막대한 자금을 투입하고 세계 일류 명배우 로로, 후레데릭, 기지쿠레 이하 수백 명을 망라하여 촬영한 명편名篇인바, 본 서림에서는 이 사진의 세세한 내용을 일반 독자에 소개키 위하여 기존 원본을 수입한 후 윤병조尹秉祖 군의 고심 연구 3개 성상으로 완전히 역술譯述하여 금반 출판이 신간소설이니 「명금」 사진 전 50편에 대한 대기적이 이 책 1부로 요연히 깨달을 수 있게 되었음은 물론이요, 구구절절의 기묘한 문장마다 신출귀몰하고 기기괴괴한 사실의 취미는 가히 주위 사람들로 하여금 읽지 않을 수 없게 하는 보전寶典이오니 절간絶刊되기 전에 속히 구입하여 읽으시오.

정가 70전, 우송료 4전
총 발행소: 신명서림

"우리나라 최초의 영화가 무엇이냐?"라는 질문에 대한 답변은 여러 가지다. 먼저 1919년 10월 27일 단성사에서 개봉한 「의리적 구투義理的仇鬪★」를 들 수 있지만, 이는 연쇄극★이라 본격적인 극영화로 볼 수는 없다. 그래도 연극에 사용된 필름에 우리나라 배우들이 출연한 것은 사실이므로, 이를 최초의 영화로 여길 수 있는 것이다. 본격적인 극영화, 즉 처음부터 끝까지 필름으로 이야기를 끌어가는 영화의 시초는 1923년에 제작·상영된 윤백남尹白南의 「월하의 맹서」를 드는 게 일반적이다. 따라서 이 영화를 한국 영화의 효시로 보기도 한다.

소설 『명금名金』은 우리나라 최초의 영화가 만들어지기 훨씬 전에 외국영화를 바탕으로 한 소설을 출간한 것이다. 그런 점에서 이 책의 기획은 매우 참신하다고 할 수 있다. 「명금」이라는 영화의 원제原題가 무엇인지는 잘 모르겠지만, 국내 광고 이전에 상영된 것이 분명하다. 1920년에 실린 이 광고에서 원작 영화를 3년여에 걸쳐 번역·집필했다고 소개하고 있기 때문이다.

★ 의리에 의한 원수와의 싸움
★ 연극과 연극 사이에 영화필름을 삽입한 연극

林 圭著!!!
日本語學
音語篇
洋裝美本 定價一圓七十錢
半洋裝 定價一圓四十錢
郵稅十六錢
郵稅十四錢
潛心工夫今其時矣
林 圭著!!!
總發行所
京城南部上犂洞
新文館
(電話一三九二番) (振替口座六六四番)
日本語學文典篇
定價 六十五錢
郵稅 六錢

日本語學音·語篇
半洋裝六百餘頁 定價金壹圓四十錢 (郵稅金 十四錢)
本書는日本에서十數年遊學ᄒᆞ야實地의研究를積ᄒᆞ고教壇의經驗이富ᄒᆞᆫ
林 圭氏가暗黑ᄒᆞᆫ我國日本語學界에大光線을放코자ᄒᆞ는誠力의產物
이라一卷三編에分ᄒᆞ야第一編은假名의起原과發音의蘊奧를明示ᄒᆞ고第二編
온各品詞의用例와言語의結構法을詳述ᄒᆞ고第三編은簡易ᄒᆞᆫ日常語와實用인
會話對話等을總括ᄒᆞ엿는ᄃᆡ皆聚精採華ᄒᆞ고從類分門ᄒᆞ야註解가明晰ᄒᆞ고秩
序가整齊ᄒᆞ야斯學研究者의好材料일ᄲᅮᆫ아니라實로初學海의大指針이오獨習
門의賢師友가될만ᄒᆞᆫ唯一의珍本이오니
有志諸君子는購覽ᄒᆞ시오
總發賣處
漢城 新文館
漢城南部絲井洞五十九統五戶 電話壹三九二番
大韓留學生會
其他書館

일본어학 음·어편
日本語學 音·語篇

임규 / 신문관 / 『매일신보』 1912. 10.

임규 / 신문관 / 『대한매일신보』 1910. 1.

반양장 600여 쪽
정가 1원 40전

본서는 일본에서 십수 년 유학하여 실지의 연구를 쌓고 교단의 경험이 풍부한 임규 씨가 어두운 일본어학계에 큰 빛을 놓고자 하는 성력誠力의 산물이라. 1권 3편에 나누어 제1편은 가명(카다카나)의 기원과 발음의 숨겨진 뜻을 명시하고 제2편은 각 품사의 용례와 언어의 결구법을 상술하고 제3편은 간이한 일상어와 실용인 회화대화 등을 총괄하였는데, 각기 모아 정밀하게 가려 밝히고 나아가 분야별로 나누어 주해가 분명하고 질서가 가지런하여 사학斯學 연구자의 좋은 재료일 뿐 아니라 실로 처음 배울 때의 대 지침이요, 독습하는 사람들의 뛰어난 스승이 될 유일한 진본이오니 뜻이 있는 여러분께서는 구입하여 보시길 바랍니다.

총발행처: 신문관

한일강제병합은 1910년 8월 29일에 이루어졌다. 그날부터 우리나라의 국어國語는 일본어가 대신하기 시작했다. 사용하던 말과 글을 하루아침에 일본어가 대신하게 되었으니, 언중言衆은 분명 당황했을 것이다.

그러나 일본어가 우리나라에 본격적으로 소개되기 시작한 것은 그 전부터의 일이었다. 일본의 영향력이 이 땅에서 커진 것은 이미 오래 전이었기 때문이다. 『일본어학 음·어편日本語學 音·語篇』은 한일강제병합 전에 간행되어 발매되고 있었다.

책의 저자 임규林圭(1867~1948)는 친일과는 거리가 먼 독립운동가로, 3·1운동에서도 중요한 역할을 맡았다. 광복 후에 대통령표창, 건국포장, 애국장 등을 받은 그는, 일본에 유학하고 돌아와 여러 학교에서 일본어를 가르쳤는데, 그때 필요에 의해 저술한 책인 듯하다.

『일어대성』
정운복
광학서포
『대한매일신보』 1910. 6.

『일문역법』
신문관
『황성신문』 1909. 2.

『일어대성日語大成』의 저자 정운복鄭雲復(?~?)도 애국지사로 교육사업과 항일운동에 전념하였다. 두 책 모두 한일강제병합 이전에 출간되었으며, 그 무렵을 전후해 일본어 학습용 책들이 봇물처럼 간행되기 시작했다.

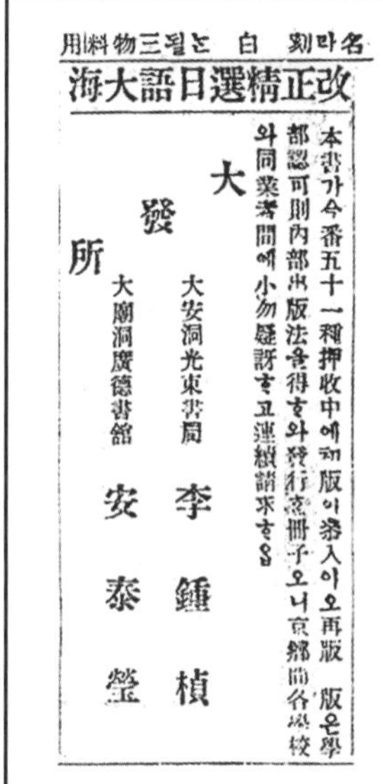

『개정정선일어대해』
광동서국 이종정·광덕서관 안태형
『매일신보』 1910. 11.

『포켓일한회화』
성남동지회 편찬
『매일신보』 1910. 12.

「일어연구회 회원모집」
일어연구회
『매일신보』 1911. 1.

『일어대성』의 저자 정운복이 회장을 맡은 일어연구회의 회원모집 광고. 오늘날로 하면 외국어학원 정도가 아닐까 한다.

朝鮮 列聖朝陵行圖

一組十幅 特價 實價 [illegible]

이룡행구경은로인들은이왕에보앗거니와
현대사십이하칭년들은괴답겁고답삽아조
선에대일가는봉가사의구경거리[illegible]한번못
보면조선사람으로큰유감이외다또구경을
하시려면극히간단하고경제되오가량자동
차전차긔차긔선인력거가라각항비용을합
하야이원내외의금전을소비하면능맛게거나
가지아니하고도천가족이능히구경하고또
한번만구경할뿐아니라마음대로영중이나
도록보실수잇는긔막히고거진말가튼청말
이올시다또만거량두으로다며쌍금천슈하
비하야곽분양행락도를모방하야오색이찬
란하게그런조션임군께서만조백관과오영
문군대를거느리시고거동하시는쳡차를조
곰도틀임업시장엄미려하게심쳡병풍차로
조성하야일반에수용하오니유지하신신사
숙녀는주저치마시고일차시험하옵소서

조선열성조능행도 朝鮮列聖朝陵行圖

한남서림 / 『동아일보』 1926. 12.

『조선열성조능행도』
1조 10폭

이 능행구경은 노인들은 이왕에 보았거니와 현대 사십 이하 청년들은 기념 겸 옛이야기 삼아 조선에 제일가는 불가사의 구경거리를 한 번 못 보면 조선 사람으로 큰 유감이외다. 또 구경을 하시려면 극히 간단하고 경제적이오. 가령 자동차, 전차, 기차, 기선, 인력거 기타 각 항 비용을 합하여 2원 내외의 금전을 소비하면 문밖에 나가지 아니하고도 전 가족이 능히 구경하고 또 한 번만 구경할 뿐 아니라 마음대로 싫증이 나도록 보실 수 있는 기막히고 거짓말 같은 정말이올시다. 또 일거양득으로 다대한 금전을 허비하여 곽분양행락도郭汾陽行樂圖★를 모방하여 오색이 찬란하게 그 전 조선 임금께서 만조백관과 오영문 군대를 거느리시고 거동하시는 절차를 조금도 틀림없이 장엄 미려하게 10첩 병풍차로 조성하여 일반에 수응하오니 뜻이 있으신 신사숙녀는 주저마시고 일차 시험하옵소서.

특제 2원 50전, 보통 2원 20전
총 발행소: 한남서림

능행도陵行圖는 조선시대에 국왕이 선대先代 왕의 능에 참배하러 가는 것을 그린 그림이다. 우리에게 가장 잘 알려진 것은 정조가 어머니인 혜경궁 홍 씨를 모시고 수원 화성에 이장한 부친 사도세자의 묘소를 참배하러 가는 모습을 그린 화성능행반차도이다. 요즘도 출간하기 어려운 이런 자료집을 1926년에 출간했다는 것에 긍지와 더불어 오늘날 출판 상황의 안타까움을 동시에 느낀다.

★ 중국 당나라 때 안녹산의 난을 평정한 공으로 분양왕汾陽王에 봉해진 곽자의郭子儀의 벼슬길과 가정생활을 그린 그림. 한국에서는 부귀영화와 오복향락五福享樂의 표본으로 주로 조선 후기 이후에 그려졌다.

淸國戊戌政變記 上下兩編 五百六十頁

定價金壹元

右冊은 戊戌年븟터 庚子十一月까지 淸國의 事變을 記載ᄒᆞ얏ᄂᆞᆫᄃᆡ 上編은 開進家康有爲等이 光緖帝를 輔導ᄒᆞ다가 被逐ᄒᆞᆫ 事蹟이오、下編은 義和團이 作亂ᄒᆞᆫ 後 各國이 擧兵入京과 現今 談判各條까지 國漢文으로 交譯詳載ᄒᆞ얏ᄉᆞ니 願覽諸君子ᄂᆞᆫ 左開賣却所로 來購ᄒᆞ오

夜珠峴 [illegible] 紙舖
中署壽洞 [illegible] 畵舖
南署滙東 高濟弘 書肆
鍾路 大東書市

대동서시 大東書市

『청국무술정변기』 / 『황성신문』 1901. 5.

상·하 두 권 560쪽
정가 1원

이 책은 무술년부터 경자 11월까지 청나라 사변을 기록하였는데 상권은 개진당開進黨 강유위 등이 광서제를 도와서 인도하다가 쫓겨난 사건 기록이요, 하권은 의화단이 난을 일으킨 후 각국이 군대를 일으켜 입경하고 오늘날 맺은 조약까지 국한문으로 상세히 기록하였으니 읽고자 하는 분들은 다음 판매소로 오셔서 구매하십시오.
야주현 위경식 지전紙廛
중서수동 정두환 서화포書畫鋪
광교동 고제홍 서사書肆
종로 대동서시

개화기 신문광고 가운데 대표적인 것 가운데 하나가 서점 및 서적 광고이다. 이러한 흐름은 동서양 문물이 물밀 듯이 밀려 들어오는 상황을 고려한다면 당연한 것이다. 그 시대에 새로운 문물을 소개하는 수단은 책 외에는 없었을 테니 말이다.

그 시대에는 출판사와 서점을 겸한 곳이 많았던 것으로 보이는데, 어떤 출판사와 서점이 언제 사업을 시작했는지 명확한 자료를 구하기 힘들다. 여기서는 그 시대의 서점 및 출판사 광고를 통해 초창기를 대표하는 곳을 살펴보기로 한다.

대동서시는 미국 선교사 아펜젤러가 1890년에 세운 종로서점의 후신으로 1894년에 재개장한 것으로 알려져 있다.★

그 외에 개화기의 대표적인 서점으로는 1897년에 고유상이 설립하여 출판사를 겸한 회동서관匯東書館, 1880년대 초에 설립된 후 1890년대 초에 폐업한 광인사廣印社, 평양에서 활동한 야소교서원耶蘇敎書院, 역시 평양에서 개점한 대동서관大同書觀 등이 있다.

★ 『한국민족문화대백과사전』

廣告

平壤鍾路大同書觀主人告

國民讀本 小學讀本
世界ᄌᆞ本 普通新智識ᄌᆞ本
蒙學ᄌᆞ本全部 女子新ᄌᆞ本
尋常小學ᄌᆞ本蒙學修身教科書
蒙學經國修身教科書
蒙學文法敎科書
蒙學漢文教科書
文學初階
蒙學西洋歷史教科書
蒙學東洋歷史教科書
蒙學[illegible]地理教科書
蒙學生理教科書
蒙學衛生教科書
蒙學植物教科書
蒙學動物教科書
蒙學礦物教科書
蒙學天文教科書
蒙學地文教科書
몽학地質教科書
몽학格致教科書
몽학化學教科書
初等物理教科書
初等[illegible]學新編
博物學大意 몽學毛筆習畫帖
몽學鉛筆習畫帖
몽學習字帖 各種
몽學算術教科書
몽學珠算教科書
몽學體操教科書
몽學世界地圖
以上몽學用
高等小학한文ᄌᆞ本
高等小학理科教科書
高等小학西洋歷史教科書
高等少학地理教科書

高等小학博物教科書
高等小학理教科書
高等少학衛生教科書
高等小학遊戲法教科書
理化학大意
高等小학幾何학教科書
高等小학萬國地理敎科書
倫理教科範本 修身唱歌書
小학修身教과셔 算術新法
高等小학모範習畵帖
小학體操
以上高等小학用
中학修身教과셔
中학文法教과셔
商業教本 修학篇
中학生ᄌᆞ셔法 中等教育倫理학
中等法律학교과셔
中外故事ᄌᆞ本
普通商業교과셔
習字範本 中等倫理교과셔
中等世界地理교과셔
中等地리교과셔
東西洋歷史교과셔
最新代數학교과셔
最新實驗化학 학교遊戲法
生리위교本
普通動物학교과셔
新撰博物학교과셔
中等植物교本 名학교과셔
中학文粹全篇 萬國史[illegible]
代數학 平面幾何학
立體幾何학 計학
數학 力학 金학
氣학 자학 天文학
動物학 [illegible]
靜力학 地質학
地文학 生리학
普通礦物학교과셔
植物학교과셔 用器畵교과셔

格致학교과셔
以上中等用
大학堂講義全編 微積학
以上高等用
교授法原리 학校管리法
小학校實驗管리術 新리교授法
論리학 교育史
唱歌교授法 論리학綱要
교育학 各과교授法
교育心리학
速成師範講義叢錄
東京遊학要覽 한文교授法
新稅교授학 [illegible]
德育鑑 國民교育論
德育及體育 교育論新史全編
實心교授法 統계학校論
女子교育說 家政학
家庭학 心리교育
精神之교育 학校衛生학
百과교授指南
以上교育家及師範用

●刑法大全 一帙定價金 新貨六十錢
牧民心書 一帙 一圓二十五錢
耳談續纂 一冊 七錢五厘
溫故知新堂叢鈔 七錢五厘
父師必讀小學指南 七錢九厘
人工[illegible]一冊 十五錢
萬國地誌三冊 一圓
農政新書 五十錢
法學通論 一圓
尺牘完編 一圓五十錢
大韓地誌 七十五錢

發賣所 布廛門下金相萬書舖 大韓每日申報社

「광고」
평양대동서관
『대한매일신보』 1906. 6.

廣告

凡國家文明은書籍發展에本ᄒᆞ고書籍發展은價額低廉에在ᄒᆞᆫ지라現今我國에ᄂᆞᆫ有志諸氏의勞心硏究ᄒᆞᆫ結果로著述編輯ᄒᆞᆫ書籍이數百種에達ᄒᆞ엿스되定價ᄂᆞᆫ最高ᄒᆞ고割引은甚厚ᄒᆞᆷ으로發賣營業者의게ᄂᆞᆫ幸福이라ᄒᆞᆯ지나一般學界에ᄂᆞᆫ大不幸이라故本書院에셔營業上薄利를不願ᄒᆞ고但以書籍發展에公益으로目的ᄒᆞ야雖一卷一帙에些少ᄒᆞᆫ書冊이라도特別大割引發賣ᄒᆞ오니學界諸彦은陸續請求ᄒᆞ심을務望

但遠方에셔郵便引換으로請求ᄒᆞ시ᄂᆞᆫ디ᄂᆞᆫ代金中十分之二에先金을要

平壤貫洞上隅
二層屋
耶蘇教書院
賣書所
鄭益魯
金聖鐸

「광고」
야소교서원
『매일신보』 1910. 9.

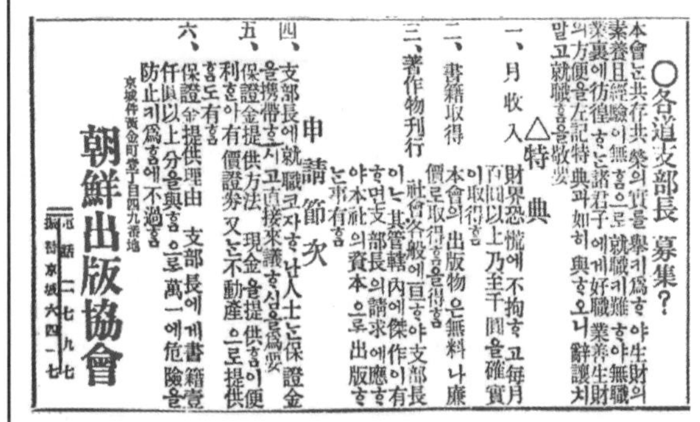

「각도 지부장 모집?」
조선출판협회
『조선일보』 1921. 1.

○ 각도 지부장 모집?
본회는 공존공영의 열매를 거두기 위하여 재산을 만드는 소양과 경험이 없음으로 취직하기 어려워 무직으로 방황하는 여러분에게 좋은 직업과 재산을 만드는 방편을 다음 특전과 같이 부여하오니 사양치 말고 취직할 것을 바람.

○ 특전
1. 월수입: 재계 공황에도 불구하고 매월 100원 이상 내지 1,000원을 확실히 취득함.
2. 서적취득: 본회의 출판물은 무료나 염가로 취득하도록 함.
3. 저작물 간행: 사회 각 분야에 걸쳐 지부장이나 그 관할 내에 걸작이 있으면 지부장의 청구에 응하여 본사의 자본으로 출판하는 일이 있음.
신청절차
4. 지부장에 취직코자 하는 인사는 보증금을 휴대하시고 직접 와서 의논하심을 요구함.
5. 보증금 제공방법: 현금을 제공함이 편리하나 유가증권 또는 부동산으로 제공함도 가능함.
6. 보증금 제공 이유: 지부장에게 서적 일천 원 이상분을 드림으로 만일에 위험을 방지키 위함에 불과함.
조선출판협회

「조선각도지방사무감독모집」
대동출판협회
『조선일보』 1921. 11.

1921년에 조선출판협회와 대동출판협회에서 각도 지부장(또는 사무감독)을 모집한다는 광고를 게재하였는데, 오늘날로 보면 대리점 모집 광고쯤 되겠다. 월수입은 두 협회 모두 100원에서 1,000원 사이를 제시하고 있으며, 보증금을 납부하면 1,000원에서 3,000원에 해당하는 도서를 제공한다고 한다. 이 광고를 보더라도 그 시대에 서적 발행 및 판매 등의 사업이 꽤나 유망업종이 아니었을까 추정할 수 있다.

原本備旨中庸集註 全一冊 實價金四十錢

原本備旨大學集註 全一冊 實價金三十錢

原本辨疑小學集註 上下二冊 實價金一圓二十錢

同 次品 實價金一圓

發行所 朝鮮書籍業組合

發賣所

조선서적업조합
『매일신보』 1921. 4.

일제강점기인 1917년 4월에 『매일신보』에 게재된 광고이다. 조선서적업조합이 발행한 『중용집주』, 『대학집주』, 『소학집주』 광고인데, 그 무렵 활동한 조선의 서점을 거의 망라한 듯하다.

이종호
보성관
『매일신보』 1911. 5.

보성관 도서목록
본관에서 문명 전진의 가르침과 교육 보급의 원료를 공급하기 위하여 각종 학문에 관한 신서적을 편집·발간한 것이 40여 종에 이르고, 일본어로 된 서적 가운데 각종 참고서와 동식물 표본과 각국 지도 등을 보유하고 있으니 경향 각지의 서점과 일반 교육계 여러분께서는 잘 살펴보시고 구입하여 보시기를 바람.

오늘날 명성 있는 고려대학교의 본래 이름이 보성전문학교라는 사실은 유명하다. 그런데 그 대학 설립자가 유명한 인촌仁村 김성수金性洙(1891~1955)가 아닌 이용익李容翊(1854~1907)이라는 것은 잘 알려져 있지 않다. '널리 인간의 본성을 계발하고 인간성을 실현시킨다'라는

本館에셔文明前進의指南과教育普及의原料를供給ᄒᆞ기爲ᄒᆞ야各種學問에關ᄒᆞᆫ新書籍을編輯發刊ᄒᆞᆫ것이四十餘種에達ᄒᆞ고日本文의書籍中各種參考書及動植物標本과各國地圖等이有ᄒᆞ오니京鄕各書舖와一般教育界 僉彦은照亮購覽ᄒᆞ심을望홈

△東國史略	一帙四冊	定價壹圓	郵稅二十八錢
△東西洋歷史	一帙二冊	仝 一圓五十錢	仝 拾貳錢
△世界一覽	全	仝 貳拾錢	仝 二錢
△初等小學	卷一	仝 貳拾五錢	仝 貳錢
△商業大要	全	仝 六拾錢	仝 拾錢
△新編博物學	全	仝 七拾錢	仝 拾錢
△外交通義	一帙二冊	仝 壹圓貳拾錢	仝 拾八錢
△中等生理學	全	仝 八拾錢	仝 拾錢
△五偉人小歷史	全	仝 拾錢	仝 參錢
△家庭教育學	全	仝 參拾錢	仝 六錢
△萬國地理	一帙貳冊	仝 壹圓拾錢	仝 拾四錢
△師範教育	全	仝 五拾錢	仝 四錢
△新編大韓地誌	全	仝 七拾錢	仝 八錢
△商業汎論	一帙二冊	仝 壹圓拾錢	仝 拾四錢
△比律賓戰史	全	仝 四拾錢	仝 拾錢
△普通經濟學	全	仝 八拾五錢	仝 拾錢
△中等地文學	全	仝 五拾錢	仝 八錢
△比斯麥傳	全	仝 拾五錢	仝 貳錢
△農學初階	全	仝 四拾五錢	仝 六錢
△心理學	全	仝 八拾五錢	仝 拾錢
△銀行論	一帙一冊	仝 壹圓五十錢	仝 貳拾錢
△會社法綱要	一帙二冊	仝 壹圓五十錢	仝 貳拾錢
△貨幣論	全	仝 壹圓貳拾錢	仝 拾錢
△小物理學	全	仝 六拾錢	仝 四錢
△初等理化學	全	仝 八拾五錢	仝 拾錢
△倫理學	壹帙貳冊	仝 壹圓五拾錢	仝 拾四錢
△學校管理法	全	仝 三拾錢	仝 六錢
△天文學	全	仝 九拾錢	仝 拾錢
△新編化學幷付圖	全	仝 七十錢	仝 四錢
△植物學 附圖	全	仝 壹圓三拾錢	仝 拾三錢
△農業新論	壹帙貳冊	仝 壹圓四拾錢	仝 拾八錢
△行政法	壹帙貳冊	仝 壹圓五拾錢	仝 拾八錢
△外國貿易論	全	仝 六拾五錢	同 九錢
△農學入門	全	同 八十五錢	同 六錢
△政治學大綱	全	同 八十五錢	同 拾貳錢
△政學原論	全	同 八拾錢	同 拾貳錢
△新式鑛物學	全	同 五拾錢	同 六錢
△普通理科教科書	全	同 七拾錢	同 拾錢
△新撰普通衛生學	全	同 壹圓拾錢	同 拾壹錢
△新撰家畜飼養學	全	同 壹圓三拾錢	同 拾貳錢
△普通動物學教科書	全	同 壹圓貳拾錢	同 拾貳錢
△新訂蠶業大要	全	同 七拾錢	同 拾錢
△森林學	壹帙貳冊	同 壹圓三拾錢	同 拾貳錢
△農產製造編	全	同 八十錢	全 十錢

京城西部夜珠峴 [illegible]

普成館 告白

의미의 '보성普成'을 교명으로 한 보성전문학교는 1905년 5월 5일 대한제국 내장원경內藏院卿 이용익이 설립했다. 다른 사립학교가 대부분 서양 선교사들이 세운 것인 데 비해 보성전문학교는 우리나라 사람이 세운 근대식 고등교육기관이자 국내 최초의 전문학교였다.

그러나 이용익이 을사늑약 이후 해외로 망명했다가 1907년 3월 사망하자, 그의 손자 이종호李鍾浩(1885~1932)가 학교 경영을 이어받았다. 그러나 이종호마저 1909년 안중근 의사의 의거 사건에 연루되어 구금되자 학교는 경영난에 빠졌고, 이듬해 천도교가 학교를 인수하게 됐다.

그런데 3·1운동 직후 천도교 지도자 손병희孫秉熙(1861~1922) 또한 일본경찰에 검거되어 학교 운영에 어려움을 겪게 됐다. 이에 사회 각계 인사 58명이 나서 1921년 재단법인 보성전문학교를 발족시키고, 이듬해에는 정식으로 보성전문학교 인가를 받았다. 조선총독부의 지나친 간섭과 재정 부족 등에 시달리다가, 1932년 김성수가 세운 재단법인 중앙학원에 인수되기에 이르렀다. 이것이 보성전문학교, 오늘날 고려대학교의 간략한 역사다.

보성전문학교를 조부로부터 이어받아 경영한 이종호는 독립운동에 투신한 인물이다. 조부의 사망 이후 보성전문학교와 출판사 보성관, 인쇄소 보성사 등을 운영하는 한편 이준·이동휘 등과 함께 교육운동에 힘썼다. 후에는 안창호를 도와 평양 대성학교를 세우는 등 다양한 교육문화운동을 꾸준히 이어나갔다. 그러는 도중 안중근 의사의 의거에 연루되어 3개월간 복역하기도 했다.

광고는 그가 운영하던 출판사 보성관의 광고다. 할아버지로부터 시작한 교육운동과 독립운동을 이끌었던 이종호를 오늘날 알아주는 사람이 거의 없으니, 그가 운영하던 출판사의 광고를 통해서라도 그를 기억하는 것이 어찌 의미가 없겠는가.

政治的朝鮮史出づ

朝鮮研究會主幹 京城新聞社長 青柳南冥論著

◉菊版金クロース◉一千頁
◉史蹟寫眞銅版五十個挾入◉定價金四圓
◉特價金三圓五十錢

著者本書に自序して曰

▲日韓併合は日韓政治的復古にして 此歴史は即ち大日本帝國一部の歴史と為れり左れば日鮮人は何人にても既往一貫せる朝鮮史を了解せざる可からざる必要に迫られたり

▲前韓の歴史は誤謬と僞作多し 著者は特に日鮮關係の從來塗抹改作せられたるものを收拾して日鮮同族同根の史實を闡明し、新羅王國は日本人の建設したるものにて 任那金官國の首露王は日本の皇族たることを論じ 一面唐宋以來支那政治家及び文士が前韓の歴史地理を改作僞造せるを喝破して其例證を擧げ來り 滿洲は曾て我高句麗苗民の範圍なるを明かにせり

▲朝鮮史の編纂は方今時代の要求也 日鮮關係の史實を闡明して兩民族の精神的融合を達成するは 我學界の一大任務にして 又現今我政治上の意義に於て特に其然るものあるを見る 而も是れ燃犀なる史眼と精細なる史筆を缺はざる可からず豈一介の書生青柳南冥の任ならんや 而も世の學者政治家物質に拘泥して精神的事業を度外視し現代鮮民思想の過渡期を閑却して越人の秦人の肥瘠を見るが如し是れ余が慷慨本書を編纂せし所以也

▲本著は學者の歴史に非ず 又歴史家の歴史にも非ず世の腐儒と興國的鮮民の氣魄無き史家は余の嫌厭措かざる所のもの也 余は市井の野史一介の操觚者也 故に世の學者の歴史に比較し放膽なる斷定に失せる嫌ひ 傍若無人の譏は免かれざる可し然れども朝鮮現時の思潮を憂慮せる熱誠慷慨の餘聲として余の歴史は世の學者歴史家に一歩も讓るものに非ず

▲本著は朝鮮四千年史と云ふも 正味は二千年史也 檀君箕子の朝鮮は漠として雲を攫むが如し、史家の之を史上に捕捉することを得るもの蓋し新羅建國以後にあり、支那に於てすら支那人は四千年以前より歴史ありと云へるも年代の釋ね可ものは二千八百餘年に過ぎず春秋に傷るも二千五百年前の事を僅かに知り得るゝのみ、然るに余が朝鮮史を四千年と題名したるは上古神代の口牌傳説を放棄するなく 韓史の四千年説を其儘採用したれば也

▲日本の二千五百年史は 神武天皇即位以後の歴史にして上古神代は東ねて之を筑紫の海に投ぜり之れ史家の史眼が書契以前の史實を映寫し能はざれば也然れども神代の口牌傳説は日本も尚四千年の歴史を有せること朝鮮と同樣也

▲日韓一家の史實を歴史に求め 日鮮同化の利益を世界の大勢より說かんとするは大正の現代に寧ろ時代遲れ也と評するの識者あり 是れ半可通の政治家の瘦我慢也 一千五百萬大多數の鮮民の思想は大正の現代より一歩も二歩も三歩も遲れたり而して兩民族同化に於て肝要なる一點の理解されざるものあるを忘る可からず 鮮人法學士李能昇君は實に左の如く言へり（以下略す）

京城黃金町二丁目
朝鮮研究會出版部
電話一九三〇番 振替口座京城三七六五番

039

조선 사천년사 朝鮮 四千年史

아오야기 난메이 / 조선연구회출판부 / 『경성일보 』 1918.

조선연구회 주간, 『경성신문』 사장 아오야기 난메이青柳南冥 논저論著 『조선 사천년사』
국판, 금 구로스, 1,000쪽, 사적史蹟, 사진 동판 50매 끼워 넣음.

정치적 조선사 출시
저자, 본서에 자서自序하여 말하길
▲ 일한병합은 일한의 정치적 복고로서 그 역사는 즉 대일본제국 역사의 일부가 되었으니, 그러므로 일선인은 누가 되었든 기왕에 일관된 조선사를 이해해야만 하는 필요에 당면했다.
▲ 전한前韓의 역사는 오류와 위작이 많다. 저자는 특히 일선관계에서 종래에 지워지고 개작된 것을 수습하여 일선동족동근日鮮同族同根의 사실史實을 천명하고, 신라 왕국은 일본인이 건설한 것으로서 임나 금관국의 수로왕은 일본의 황족인 것을 논하였으며, 한편 당송 이래 중국 정치가와 문사들이 전한의 역사지리를 개작하고 위조시킨 것을 갈파하며 그 예증을 들고 있다. 만주는 일찍이 우리 고구려 고 씨의 구령舊領임을 분명히 했다.
▲ 조선사의 편찬은 바야흐로 지금 시대의 요구이다. 일선관계의 사실을 천명하여 양 민족의 정신적 융합을 달성하는 것은 우리 학계의 일대 임무임과 동시에, 오늘날의 정치적 의의에 있어서도 특히 그러해야 한다는 것을 목도하고 있다. 더구나 이것은 날카로운 사안史眼과 세밀한 사필史筆을 빌리지 않으면 안 되는 일이다. 어찌 일개 서생 아오야기 난메이의 소임이랴. 그런데도 세상의 학자, 정치가들은 물질에 구애되어 정신적 사업을 도외시하고 현대 선민사상鮮民思想의 과도기를 등한시하니, 마치 월越나라 사람이 진秦나라 사람의 비척肥瘠함을 보는 것과 같다. 이것이 내가 강개하여 본서를 편저하는 까닭이다.

정가 4원, 특가 3원 50전
발행소: 조선연구회출판부

책의 저자 아오야기 난메이青柳南冥(1877~1932)는 아오야기 츠나타로青柳綱太郎라고도 하는데, 일제의 침략이 본격화할 무렵 그의 활동 또한 활발해져 조선연구회의 주도적 인물이었고, 『경성신문』의 사장도 지냈다.
책을 출간한 조선연구회는 극우 인물이자 한일합병론자인 호소이 하지메細井肇가 1910년에 조선 병합을 기념해 설립한 조선 연구 단체다.
조선연구회는 출범한 목적에 걸맞게 이후 다양한 제국주의자들이 참여하는데, 그 가운데는 기쿠치 겐조, 아오야기 난메이 등이 포함되어 있었다.
조선연구회의 창설취지서에 따르면, 조선연구회는

★ 최혜주, 「일제강점기 조선연구회의 활동과 조선인식」, 『한국민족운동사연구』 제42집(2005. 3), 한국민족운동사학회, 474쪽.

★ 앞의 책, 479쪽.

"조선의 인문을 연구하고 풍속·제도·구관·전례를 조사하여 그것으로써 시설에 도움을 제공하는 것은 시대의 요구이다. …… 따라서 유익한 조선의 서사書史를 간행해서 연구에 도움을 제공하고, 혹은 강연회를 개최하여 사물의 연구와 고결한 사교상의 기관으로 만들고, 혹은 저술·자선·교학敎學·풍기風紀에 관해서 선량한 계획을 세워 그것으로써 본회의 목적을 달성하도록 노력한다."라고 하였으니★ 일본의 조선 침략에 도움이 되는 자료를 제공하기 위해 조선의 고서적 및 조선 관련 도서의 간행을 주 목적으로 했다고 볼 수 있다. 따라서 이 책을 비롯해 다양한 책들이 조선연구회에 의해 간행되었는데, 그 가운데는 조선의 옛 전적典籍들을 비롯해 『이조5백년사』 같은 조선 역사를 폄하하는 저술, 그리고 후에 다룰 『조선미인보감』 같은 책 외에 『이순신전집』, 『징비록』, 『삼국사기』, 『삼국유사』, 『동국통감』, 『목민심서』, 『지봉유설』 등 주요한 우리 고전들이 포함되어 있다. 특히 조선시대 실학자들의 책이 다수 포함되어 있는데, 이는 "조선의 백성들이 얼마나 가렴주구에 시달렸는지를 강조하고, 그리하여 그것이 한 원인이 되어 조선왕조가 멸망할 수밖에 없었다는 것을 입증하기 위한 목적에서 번역 간행된 것"이다.★

寺內總督題辭 文學士河合弘民先生序 菊池謙讓先生序 (朝鮮研究會幹事)靑柳南冥氏著

好評

李朝五百年史

菊版 크로ー스製 六百頁 定價金二圓五十錢

三千部限ᄒᆞ야特價金貳圓 送本費十八錢

朝鮮은今에帝國의新版圖에入ᄒᆞ야、其歷史ᄂᆞᆫ新히日本國史의一部에編入되얏도다然則朝鮮史의硏究調査ᄂᆞᆫ方今時勢의要求ㅣ라。本書ᄂᆞᆫ筆을太祖李成桂의建國에셔起ᄒᆞ야日韓倂合에結ᄒᆞ니著者ᄂᆞᆫ奇拔ᄒᆞᆫ史眼과寸鐵이骨을斬ᄒᆞᆷ과如ᄒᆞᆫ筆로ᄡᅥ李朝五百年間治亂興廢의史跡을痛切히透徹히記述ᄒᆞ얏노라、若夫李太王、李王의朝ᄂᆞᆫ最近史의異彩라縱橫의史筆은疾風이[illegible]葉을捲ᄒᆞᄂᆞᆫ慨가有ᄒᆞ도다從來朝鮮歷史의著述이不少ᄒᆞ나、李朝만開ᄒᆞᆫ統一的精細의著述은本書로ᄡᅥ嚆矢라ᄒᆞ노니蓋本書ᄂᆞᆫ政治家、宗敎家、學者、敎育家、實業家、志士仁人君子가必讀ᄒᆞᆯ書ㅣ오又各種學校의歷史參考書가되니、讀者가若一本을座右에備ᄒᆞ면朝鮮幾百卷의史書를讀破ᄒᆞᆷ과同樣의敎訓을得ᄒᆞ리로다

發行所 京城永樂町一丁目三四 朝鮮硏究會 電話一九三〇

『이조5백년사』
아오야마 난메이
조선연구회
『매일신보』 1912. 10.

사내총독 제사題辭
문학사 가와이 히로타미河合弘民 선생 서序
기쿠치 겐조 선생 서
(조선연구회 간사)
아오야마 난메이 씨 저
국판, 구로스 약 6백 쪽
정가 금 2원 50전
3천 부 한하여 금 2원, 송본비 18전

조선은 지금에 제국의 신판도에 들어와 그 역사는 새롭게 일본 역사의 일부에 편입되었도다. 그러한즉 조선사의 연구 조사는 방금 시세時勢의 요구라. 본서는 붓을 태조 이성계의 건국에서 일으켜 일한병합에 맺을새, 저자는 기발한 사안史眼과 촌철이 서리를 참斬함과 같은 붓으로써 이조 5백년간 치란治亂 흥폐興廢의 사적史跡을 통절痛切히 투철히 기술하였노라. 약부若夫 이태왕, 이왕의 왕조는 최근사最近史의 이채라. 종횡의 사필史筆은 질풍이 우엽祐葉을 권捲하는 개慨가 유하도다. 종래 조선 역사의 저술이 적지 아니하나 이조만 개開한 통일적 정세精細의 저술은 본서로서 효시라 하노니 개蓋 본서는 정치가, 종교가, 학자, 교육가, 실업가, 지사, 인인仁人, 군자가 필독할 서요, 또 각종 학교의 역사 참고서가 되니, 독자가 만약 한 권을 좌우에 구비하면 조선 기백 권의 사서를 독파함과 동양同樣의 교훈을 득하리로다.

발행소: 조선연구회

新朝鮮 全

菊版總クロース約三百頁
定價金壹圓
郵税不要

▲東拓論 同志會幹事長 富田幸次郎

▲東拓殖民事業の成績並滿蒙發展私見 東拓理事 井上孝哉

▲鄭夢周の手簡に就て 朝鮮總督府判事法學士 淺見倫太郎

▲朝鮮開發の要義 同志會總務 安達謙藏

▲歐米列強の殖民政策を比較して我總督政治を許す 前農商務大臣貴族院議員 仲小路廉

▲帶方郡は日本文明の發祥地 在東京朝鮮研究會評議員 山路愛山

▲佛教の振興を圖れ 前韓國財政顧問貴族院議員 目賀田種太郎

▲鮮滿の經濟的統一 朝鮮銀行理事 水越理庸

▲朝鮮に於ける外國宣教師 セウルプレス社長 山縣五十雄

▲朝鮮文明と鎌倉時代 前代議士朝鮮研究會評議員 福本日南

▲朝鮮の今昔 中樞院書記官長 小松緑

▲新朝鮮の鑛業 朝鮮公論社々長 牧山耕藏

▲總督政治を非難する一部の論者を諭す 京城通信社々長 大垣丈夫

▲現在の京城 京城商業會議所書記長 大村友之丞

▲既往の朝鮮と現在の支那 在東京前漢城新報主幹 菊池謙讓

▲荒蕪地開墾と土工兵制 伯爵 大木遠吉

▲關税政策の誤謬 斷々乎として税關を撤廢し我殖民策を確立せざる可からず 前韓國財務官京城新報社長 青柳南冥

▲新朝鮮の後に書す 朝鮮雜誌社々長 釋尾旭邦

◎京城通信本書を評して曰く

前韓國財務官青柳南冥氏は高遠なる理想を有し朝鮮研究會主幹として古書の飜譯と其出版に從事し傍ら京城新聞を發行し刊行書目約四十種出版部數六萬五千の多きに達し確かに朝鮮學界の重鎭たり今回其五週年の記念として朝野名士の朝鮮に關する高論卓説を編纂し以て新朝鮮と題する一冊子を發兌せり大隈伯爵、後藤男爵、三宅博士、目賀田男爵、島田議長、大木伯爵等三十二名家の意見論説を網羅したる者にして近來の好冊子也と

◎「新朝鮮の好評」と題し日本電報通信本書を評して曰く

朝鮮研究會主幹青柳南冥氏の新朝鮮の前に書すの一文を冒頭として大隈首相、後藤男爵、安達謙藏、山路愛山、仲小路廉、島田三郎、大木遠吉伯、福本日南、目賀田男、早川鐵治、小松緑等内鮮數十名家の名論卓説を網羅し朝鮮の文物を縱横に論議し半島の面目爲めに赤裸々たり蓋し近來罕に觀るの好著たるを失はず

(發行所京城黄金町三丁目朝鮮研究會定價金壹圓)

發行所 京城黄金町三丁目 朝鮮研究會

朝鮮研究會五週年記念出版

本書の内容

▲新朝鮮の前に書す　朝鮮研究會主幹　青柳南冥
▲偉大なる帝國の使命　內閣總理大臣伯爵　大隈重信
▲朝鮮王の局外中立と國防同盟　在東京 前漢城新報主幹　菊池謙讓
▲同化政策根本策論　前遞信大臣男爵　後藤新平
▲教育勅語と新附鮮民　文部省參政官　大津淳一郎
▲金末の怪傑蒲鮮萬奴　東京朝日新聞記者　村田懋麿
▲世界的産物と　外務省參政官　田川大吉郎
▲朝鮮統治の根本方針　前韓國財務官 前宮內府書記官　井上雅二
▲朝鮮の膨脹　法學博士　蜷川新
▲日鮮同種同根論　衆議院議長　島田三郎

『신조선』
조선연구회
『경성일보』 1916.

조선연구회 5주년 기념 출판
『신조선』

◎경성통신京城通信 본서를 평하길
전 한국 재무관財務官 아오야기 난메이 씨는 고원한 이상을 가지고 조선연구회 주간으로서 고서의 번역과 출판에 종사하는 한편 『경성신문』을 발행했다. 간행 서목 약 40종, 출판 부수 6만 5천에 달하였으니, 확실히 조선학계의 중진이다. 이번에 그 5주년을 기념하여 조야 명사의 조선에 관한 고론탁설高論卓說을 편찬, 신조선新朝鮮이라 제題한 한 책자를 발행했다. 오오쿠마大隈 백작, 고토後藤 남작, 미야케三宅 박사, 메가타目賀田 남작, 시마다島田 의장, 오오키大木 백작 등 32명의 명가의 의견과 논설을 망라한 것으로서, 근래 나온 훌륭한 책자이다. (…)

『신조선新朝鮮』은 조선연구회 설립 5주년 기념 출판물로, 한일강제병합 이후 조선의 현실, 나아가 강제병합의 효과 등을 집대성한 책이다. 저자 또한 그 무렵 조선과 관련된 모든 분야의 전문가가 총동원되었으니, 이 책 한 권이면 1916년 조선의 현실을 이해할 수 있을 것이다. 물론 침략자 일본인의 시각이겠지만.

新頒

總督府新法令集

定價金 參拾錢

右書는今次總督府에서ᄉᆡ로頒布ᄒᆞᆫ法令을蒐集ᄒᆞᆫ者니土地收用令施行規則、漁業令施行規則、寺刹令、訴訟代理業의關ᄒᆞᆫ件、會社의登錄의關ᄒᆞᆫ件森林令施行規則、宿泊과及居住規則、國有未墾地利用法施行規則、鑛産稅取扱法等과其他海關檢疫의關ᄒᆞᆫ件、稅關貨物取扱人의關ᄒᆞᆫ件等을編輯ᄒᆞᆫ바國民에携帶치안이치못ᄒᆞᆯ寶鑑이니速速購覽ᄒᆞ옵

京城中部承洞禮拜堂前

東洋書院

電話一〇三二番

振替口座四九二番

發行兼總發賣所

北部大安洞三十四統四戶

光東書局

신반 총독부신법령집
新頒 總督府新法令集

동양서원 / 『매일신보』 1911. 10.

「신반 총독부신법령집」

이 책은 이번에 총독부에서 새로 반포한 법령을 수집한 것이니 토지수용령 시행규칙, 어업령 시행규칙, 사찰령, 소송대리업에 관한 건, 회사의 등록에 관한 건, 삼림령 시행규칙, 숙박과 거주 규칙, 국유 미간지未墾地 이용법 시행규칙, 광산세 취급법 등과 기타 해관海關 검역에 관한 건, 세관 대물취급인에 관한 건 등을 편집한 바 국민에 휴대치 아니할 수 없는 보감寶鑑이니 속히 구독, 열람하기 바람.

정가 30전
발행 겸 총 발매소: 동양서원

근대가 시작되면서 도입된 대부분의 신문물이 조선 백성들에게는 낯선 것이었을 텐데, 법 또한 예외는 아니었을 것이다. 조선시대의 법이 극히 제한적인 범위 내에서 백성들의 삶을 통제했다면, 근대로 들어서면서부터 법은 백성들과 사회의 모든 행위를 제약하는 존재였을 것이다.

그런 까닭에 개화기 출판 광고를 보면, 일제강점기를 전후해 다양한 법 관련 서적이 출간되었음을 알 수 있다.

그리고 한일강제병합이 이루어지면서는 일제의 사법제도가 본격적으로 적용되기 시작한다.

『신반 총독부신법령집新頒 總督府新法令集』은 '새로이 반포된 총독부의 새로운 법령집'이란 말이니, 한일강제병합 이후 백성들의 삶을 규제한 기본법령집일 것이다.

이 외에 여러 법과 관련된 서적들이 한일강제병합을 전후해 출간되었다.

이를 보면 한일강제병합 이전, 즉 을사늑약 이후에 이미 이 땅에는 일본의 사법 체제가 도입되어 적용되기 시작했다고 보아도 틀리지는 않을 것이다.

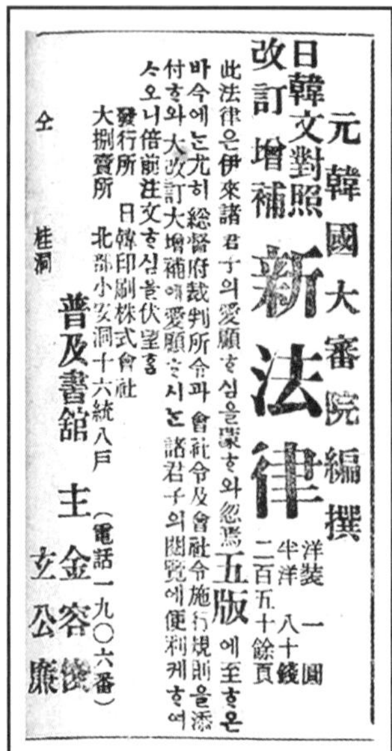

『일한문대조 개정증보 신법률』
원한국대심원 편찬
보급서관
『매일신보』 1911. 7.

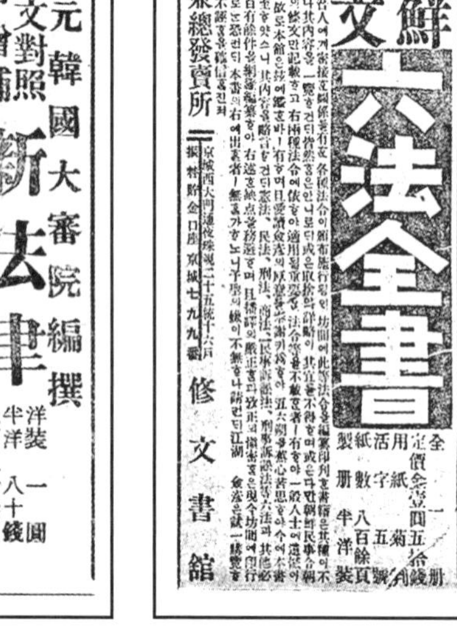

『조선역문 육법전서』
수문서관
『매일신보』 1912. 10.

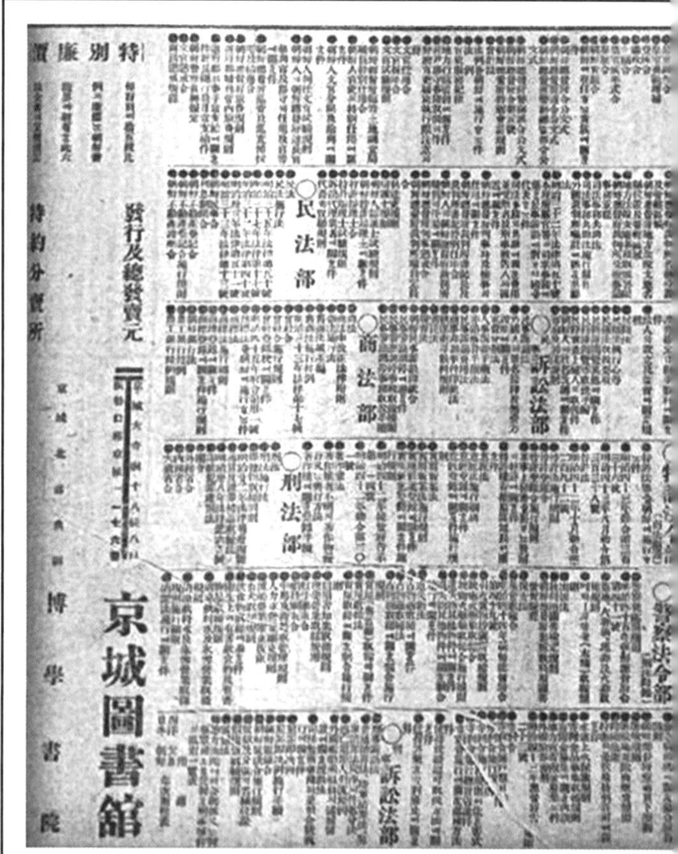

『현행 육법전서』
경성도서관
『매일신보』 1912. 12.

現行六法全書

石鎭衡君序文
兪鈺兼君序文
張燾君序文

朴勝彬君校閱
朴晩緖君校閱
劉文煥君監修
崔鎭君監修

定價

(割引規定)

京城圖書館發行

註釋 現行 新法令

此書은我國에現行하는法令中土地家屋證明規則과民刑事訴訟規則을法律卒業生李範星시가詳密히註釋하야法律學에生疎한人이라도容易瞭解케하얏스오니成年以上法律行爲를할者는不可不購覽할書冊이오니速々購覽하시옵

元賣所 布屛下 廣學書舖 金相萬

『주석 현행 신법령』
광학서포
『대한매일신보』 1908. 12.

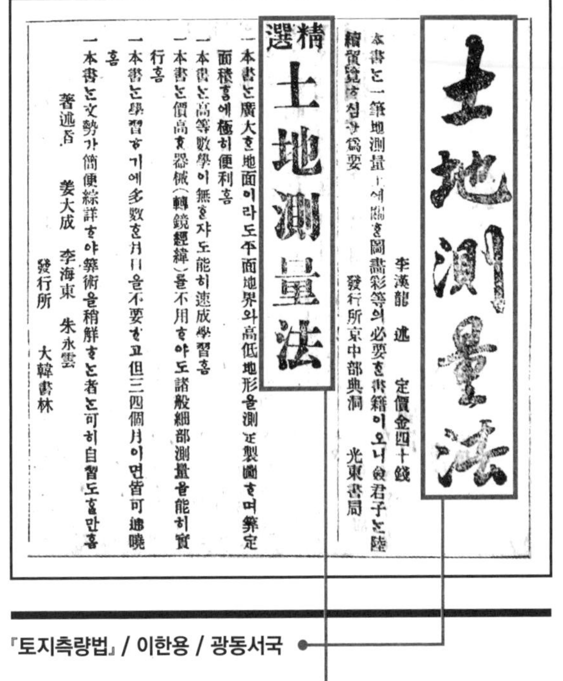

土地測量法

李漢龍 述 定價金四十錢

本書는一筆地測量上에關한圖畵彩等의必要한書籍이오니僉君子는陸續賀覽하심을爲要

發行所京中部典洞 光東書局

精選 土地測量法

一 本書는廣大한地面이라도平面地界와高低地形을測定製圖하며算定面積함에極히便利함
一 本書는高等數學이無한자도能히速成學習함
一 本書는價高한器械(轉鏡經緯)를不用하야도諸般細部測量을能히實行함
一 本書는學習하기에多數한月日을不要하고但三四個月이면皆可通曉함
一 本書는文勢가簡便綜詳하야算術을稍解하는者는可히自習도할만함

著述者 姜大成 李海東 朱永雲

發行所 大韓書林

『토지측량법』 / 이한용 / 광동서국

『정선 토지측량법』 / 강대성 · 이해동 · 주영운 / 대한서림

『황성신문』 1908. 6.

『토지측량법』이라는 제목의 도서가 두 권이나 같은 날 광고된 것을 보면 그 무렵 근대적 방식의 토지 측량이 이루어지기 시작했음을 알 수 있다.

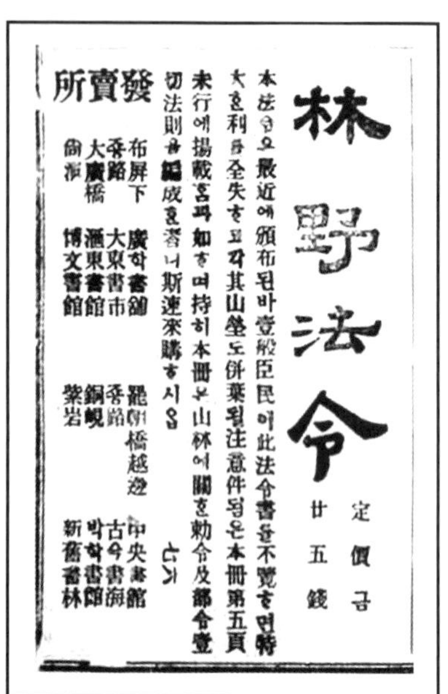

『임야법령』
『대한매일신보』 1908. 6.

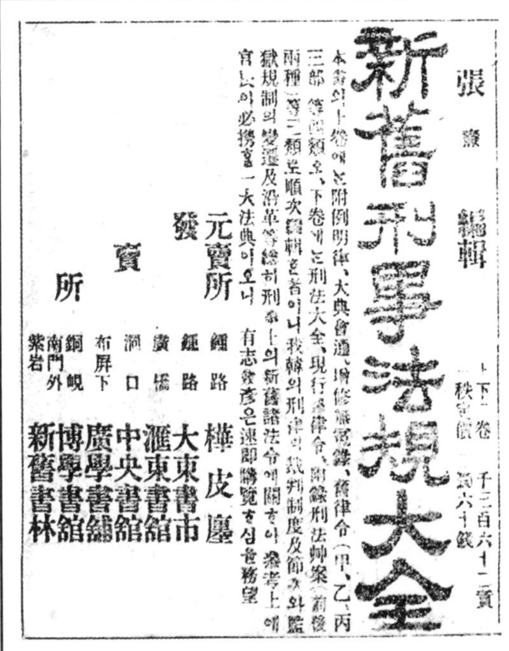

『신구형사법규대전』
장도 편집
『황성신문』 1908. 4.

이 책을 편집한 장도張燾(1876~?)는 『한국민족문화대백과사전』에 따르면 우리나라에서 최초로 실질적인 변호사 활동을 한 인물로 알려져 있다. 1895년에 관비유학생으로 일본에 가 법을 공부하고 돌아와 여러 학교에서 법을 강의했다. 그 후 변호사 시험위원을 거쳐 한성재판소 판사를 지냈고 법관양성소 교관을 지내기도 하였다.

그가 저술한 책으로는 『형법론총칙刑法論總則』과 『신구형사법규대전新舊刑事法規大全』(1907) 상·하권이 있다.★

★ 『한국민족문화대백과사전』

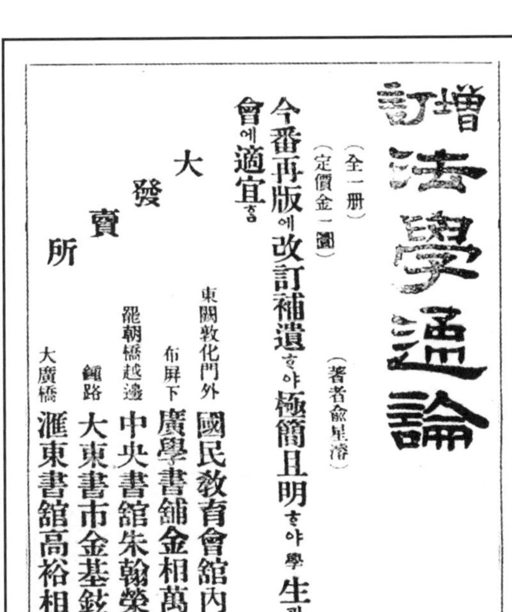

『증정 법학통론』
유성준
『황성신문』 1907. 10.

지은이 유성준兪星濬(1860~1934)은 유길준의 아우로, 일본에서 법을 공부하고 돌아와 갑오개혁에 참여하는 등 활동을 하였다. 그러나 한일강제병합 이후 친일행위를 한 까닭에 민족문제연구소가 발행한 『친일인명사전』에 수록되었고, 친일반민족행위진상규명위원회가 발표한 친일반민족행위 705인 명단에도 포함되었다.

山縣五十雄氏　村上唯吉氏合著

致富要訣

誰이던지貧寒은厭ᄒᆞ고安樂有福ᄒᆞᆫ生活을ᄒᆞ고ᄌᆞ願ᄒᆞ나生活方法이拙劣ᄒᆞᆫ故로貧寒에困苦ᄒᆞᄂᆞᆫ人이多數히잇소此冊은如何히ᄒᆞ면金錢을貯蓄ᄒᆞ다安樂ᄒᆞᆫ人이될가ᄒᆞᄂᆞᆫ事를誰이던지알기쉬웁게平易ᄒᆞ고滋味잇게書ᄒᆞ얏소

例컨되乞人과如히貧寒ᄒᆞᆫ女子가百萬圓의長者된實話도잇고五十歲의農夫가繼續ᄒᆞᆫ不幸으로困ᄒᆞ야食코ᄌᆞᄒᆞ야도食키不能ᄒᆞᆫ境遇를當ᄒᆞ얏ᄉᆞ나後에ᄂᆞᆫ安樂ᄒᆞᆫ人이된實話도잇소

一冊의代價ᄂᆞᆫ僅히十五錢、送料ᄂᆞᆫ二錢。雜誌一冊의値段인즉藥ᄒᆞᆫ심치고、買讀ᄒᆞ여보시오、覺悟ᄒᆞᄂᆞᆫ바이잇서大히有益ᄒᆞ시리다

▲一手販賣　京城日報社代理部

振替三〇〇番

치부요결致富要訣

야마가타 이소 · 무라카미 타다요시 / 경성일보사대리부 / 『경성일보』 1916. 3.

야마가타 이소山縣五十雄 씨, 무라카미 타다요시村上唯吉 씨 합저合著 『치부요결』

누구든지 빈한은 싫어하고 안락과 유복한 생활을 하고자 원하나 생활 방법이 졸렬한 고로 빈한에 곤고한 사람이 다수 있소. 이 책은 여하히 하면 금전을 저축하여 안락한 사람이 될까 하는 일을 누구든지 알기 쉽게 평이하고 재미있게 썼소.
예컨대 걸인과 같이 빈한한 여자가 백만 원의 장자가 된 실화도 있고, 50세의 농부가 계속된 불행으로 인하여 먹고자 하여도 먹기 힘든 경우를 당하였으나 후에는 안락한 사람이 된 실화도 있소.
1권의 대가는 겨우 15전, 우송료는 2전. 잡지 한 권의 가치인즉 버린 셈치고 사서 읽어 보시오. 각오하는 바 있어서 크게 유익하시리다.

일수판매: 경성일보사대리부

『치부요결致富要訣』은 말 그대로 부자 되는 비결을 담은 책이다. 일제강점기 이전에도 부유함을 마다할 사람은 없었을 것이다. 그러나 그 시대에는 부자가 되고 싶다고 해도 되는 길이 거의 없었다. 봉건제 국가에서 부자가 되는 길은 앞이 안 보이는 길을 가는 것과 마찬가지였을 것이다. 그러나 일제강점기가 시작되면서 누구나 부자가 될 수 있는 길을 보여 줌과 동시에 또 전통적인 부자를 순식간에 몰락시키는 사조도 함께 몰아쳤다. 노름, 주식, 사업, 광산투기 등 돈 버는 다양한 수단들과 함께 이러한 내용을 담은 책들이 속속 등장했다.

『최신주식치부비건』
경제개조연구사
『동아일보』 1926. 1.

절대 책임 보증
백만원 치부법
정가 금 3원, 우송료 12전

경제과학이 발달된 이 시대는 백만원 치부는 결코 어려운 일이 아니다.
놀라지 마라! 백 원의 자금이 겨우 14회를 운용해도 백만 원!

『경제응용 과학적 돈 모으는 법』
문화사·동양대학당
『동아일보』 1927. 2.

과학적 돈 모으는 신법 공개
『경제응용 과학적 돈 모으는 법』
본서대로 실행하면 부자는 꼭 된다.

가격 60전, 송료 17전

발행 피로披露★로 본서 주문하시는 분 1천 명에게만 특가 40전에 제공함!!
고기는 물이 없으면 죽는 것이요 사람은 돈이 없으면 살지 못하는 것이다. 문화가 아무리 진보될지라도 돈 없는 자에게는 아무 소용이 없다. 20세기는 황금만능의 시대라 돈 없는 자는 성명姓名도 없다. 목하 우리의 현상을 보면 민족적으로 알거지가 되어 기한飢寒★에 우는 소리가 이막耳膜이 터질 것 같다. 이것이 무슨 까닭이냐 하면 돈 없는 까닭이다. 돈이 아주 없느냐 하면 그렇지 않다. 돈은 우주에 가득하다. 그러나 그것을 잡을 방법을 알지 못하기 때문에 가난뱅이 노릇을 한다. 감나무 밑에 가서 드러누워도 삿갓을 준비하여야 하는 것이요 좁쌀을 움키려 해도 손에 물칠을 하여야 되는 법이다. 아무리 돈을 모으고 싶더라도 그 방법을 모르면 돈이 주머니 속을 뱅뱅 돌아 나아가고 안 잡힌다. 본서는 돈 잡아당기는 자석이다. 누구든지 이대로만 실행할 것 같으면 부자는 꼭 되고 말 것이다.

★ 널리 알린다.
★ 굶주리고 헐벗어 배고프고 추움.

瑞士建國誌

◉定價 金 新貨十五錢

此冊은政治小說이니志士의救國救民ᄒᆞᄂᆞᆫ思想과人民의愛國心을養成하ᄂᆞᆫ대緊要ᄒᆞᆫ冊子오

發賣所

▲大韓每日申報社

▲仁川港大韓每日申報支店

▲中署布屛門下金相萬冊肆

▲平壤城內烈女洞敎育書畵館

▲銅峴下古今書海館

서사건국지 瑞士建國誌

박은식 / 대한매일신보사 / 『대한매일신보』 1907. 9.

『서사건국지』
정가 금 신화新貨 15전

이 책은 정치소설이니 지사의 구국구민하는 사상과 인민의 애국심을 양성하는 데 긴요한 책자요.

발매소: 대한매일신보사

우리나라에서 최초로 간행된 번역물은 1895년에 게일James Scarth Gale(1863~1937)이 번역, 출간한 『천로역정天路歷程』으로 알려져 있다. 이 책이 선교사에 의해 선교 목적으로 출간되었다면, 1907년에 박은식이 번역하여 출간한 『서사건국지瑞士建國誌』는 독일 작가 실러Johann Cristoph Friedrich von Schiller(1759~1805)의 『빌헬름 텔*Wilhelm Tell*』을 원작으로 한 '정치소설'을 표방하고 있다. 박은식이 번역한 것은 실러의 원본은 아니고 원작을 중국인 정철관鄭哲貫이 개작한 것을 대본으로 삼은 것으로 알려져 있다. 박은식은 이 작품을 1907년 『대한매일신보』에 10회에 걸쳐 연재한 후 같은 신문사에서 그해 7월에 출간하였다고 전한다. 광고는 그해 9월 4일 자 신문에 게재한 것이 처음으로 보인다.

作文 國漢文

三年

聖經 新舊約 筭學 代數幾何
漢文 中庸大學 歷史 泰西新史
化學 化學無機 語學 英日語隨意
簿記學 國家學 作文 純漢文

入學試驗

預備科

筭術 四則以內 漢文 讀書
作文 國漢文

中學科

筭術 分數以內 漢文 讀書
作文 國漢文 歷史 本國
地誌 本國

試驗日字는今十四日브터十六日ᄭᆞ지니時間 上午九時로下午四時오入學請願狀과保證狀은本學校에來ᄒᆞ야請求ᄒᆞᆷ

擔任敎師는如左ᄒᆞᆷ 漢文은論孟庸學 李商在、聖經日語筭術 崔光玉、聖經地誌歷史筭術 吳天卿、英語理化學音樂 密義斗

隆熙元年十月十日

蓮洞私立儆新學校 廣告

自十一日至十六日(五日동안)

學員募集廣告

預備科一年
聖經 耶蘇行蹟 筭術 四則雜題
漢文 天路歷程 國語 文典
作文 國漢文共用 歷史 本國
地誌 本國

中學科一年
聖經 新舊約 筭術 分数始作 漢文
論語講義 歷史新訂東國歷史 地誌
士民必知 語學 英語日語隨意 作文
國漢文共用 理學 生理衛生學 音樂
曲調

二年
聖經 新舊約 筭學 百分代数
漢文 孟子 歷史 萬國史

「학원모집광고」
『황성신문』 1907. 10.

경신학교 학생모집 광고이다.
이 광고를 보면 예비과 1학년
시험과목에 『천로역정』이 포함되어 있는
것을 알 수 있다.

萬國史記一帙 玄采氏譯
十四冊三千六百五十頁
定價新貨七圜

◯引用書目
萬國史記全文
泰西新史
中東戰記
日本維新史全文
萬國通史前編
埃及新史
萬國公法
普法戰記
路得改教紀畧
波蘭末年戰史全文
俄國政俗通考
日露[illegible]國十年史

發售所
布屛下金相萬書舖
大韓每日申報社
平壤鍾路大同書舘

『만국사기』
현채 역
김상만 서포 · 대한매일신보사 · 대동서관
『대한매일신보』 1906. 6.

萬國比較

宏壯燦爛한朝鮮歷史＝破天荒의新著述

朝鮮文明史

(附) 朝鮮陸海軍史

安自山先生著

今日까지我朝鮮歷史의發行치못하얏든것은我精神界의大不幸이든바라本書는先生이八萬卷古書의多大한參考와十七年歲月의長久한硏考로著述한것이니滿天下同胞는大歡迎大同情으로必讀할것이라

發賣所 滙東書館

京城南門通一八一七 (振替京城七一二〇)

定價

特製 二圓 送料十三錢

平製 一圓二十錢 送料十三錢

조선문명사朝鮮文明史

안확 / 회동서관 / 『동아일보』 1923. 1.

안자산 선생 저
만국 비교 『조선문명사』
부록: 조선육해군사朝鮮陸海軍史

굉장찬란한 조선역사
파천황의 신저술

금일까지 우리 조선 역사의 발행치 못하였던 것은 우리 정신계의 대불행이던 바라. 본서는 선생이 8만 권 고서의 다대한 참고와 17년 세월의 장구한 연구로 저술한 것이니 만천하 동포는 대환영, 대동정으로 필독할 것이라.

특제 2원, 우송료 13전
보급판 1원 20전, 우송료 13전
발매소: 회동서관

자산自山 안확安廓(1886~1946)은 우리에게 알려진 것 이상으로 일제강점기 다양한 분야에서 왕성히 활동하여 커다란 성과를 낸 인물이다. 여러 독립운동 단체에 가입·활동했음은 물론, 1921년 창간된 조선청년연합회 기관지 『아성我聲』의 편집을 맡기도 했다. 신천지사新天地社의 편집인으로서 언론을 통한 민족운동에도 앞장섰다. 그뿐 아니라 민족음악 분야와 우리말 연구 및 우리 역사 연구에 큰 족적을 남겼다. 1923년에 발간한 『조선문명사朝鮮文明史』는 국학國學 분야에 대한 그의 관심이 집약된 저술로, 방대한 양으로 계획된 것으로 알려져 있다.
그 계획대로 이루어지지는 못했지만, 그는 죽는 날까지 국학에 대한 다양한 저술을 남겼다. 또한 우리나라 최초로 일종의 출간기념회가 열린 저술인 듯하니 기억할 만할 것이다.
다음은 1923년 1월 11일 자 『동아일보』 기사다.

『文明史』祝賀會

학자장려의미로
안확씨를청하야

「문명사 축하회」 기사
『동아일보』 1923. 1.

「문명사」 축하회
학자 장려 의미로 안확 씨를 청하여.
「조선문학사」를 작년에 발간한 안확 씨는 이번에 또 「조선문명사」를 발간하였는데, 씨의 저작을 축하하는 동시에 장래 조선의 학지를 추장하는 의미로 법학원, 신천지사와 문인유지, 기타 유지의 발기로 재직 구일 하오. 세시에 시내 서대문 대세계에서 「조선문명사」 출간 축하회를 열고 유지 이십여 인이 모여 안확 씨를 청하여 환담을 교환하였는데, 저작품에 대한 축하는 조선에서 이번이 처음이요, 그 전에도 「불교통사」 등 여러 가지 축하할 만한 저작이 있었으나 그 당시에는 여러 가지 사정이 있어 못하였으나 이번에 축하를 하게 된 것은 시대가 그만큼 변천된 것이라 하겠더라.

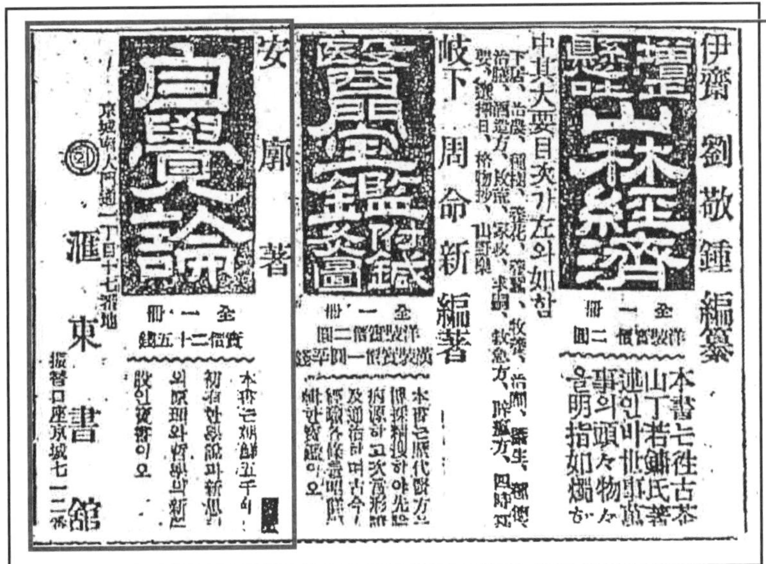

『자각론』
안확
회동서관
『동아일보』 1920. 7.

『개조론』·『자각론』·『조선문학사』
한일서점
『동아일보』 1922. 4.

金城鳳著作 柳一宣校閱

代數學教科書

定價壹圓三十錢 郵稅十錢

發賣元 西部社稷後洞

七十二統六戶鄭象煥

柳一宣 著作

初等筭術教科書

定價九十錢 郵稅八錢

發賣元 西部社稷後洞

七十二統六戶鄭象煥

초등산술교과서初等算術教科書 대수학교과서代數學教科書

『초등산술교과서』 / 유일선 / 정상환 / 『황성신문』 1909. 1.

유일선 저작
『초등산술교과서』
정가 90전
발매원 정상환

『대수학교과서』 / 김준봉 · 유일선 / 정상환 / 『황성신문』 1909. 1.

김준봉 저작
유일선 교열
『대수학교과서』
정가 1원 30전
발매원 정상환

유일선柳一宣(?~?)에 대해 알려진 것은 거의 없다. 다만 광고를 통해 그가 1909년 1월 이전에 『초등산술교과서初等算術敎科書』를 집필하였다는 점을 확인할 수 있다. 또 『한국민족문화대백과사전』에 따르면 그가 우리나라 최초의 수학 잡지인 『수리학잡지數理學雜誌』를 발행했다고 하는데, 『수리학잡지』는 1905년 12월 5일 자로 창간되었다. 개화기에 접어들면서 본격적으로 소개되기 시작한 학문 가운데 수학이 있다. 다음에는 이 무렵을 전후에 소개되기 시작한 여러 권의 수학 책을 소개한다.

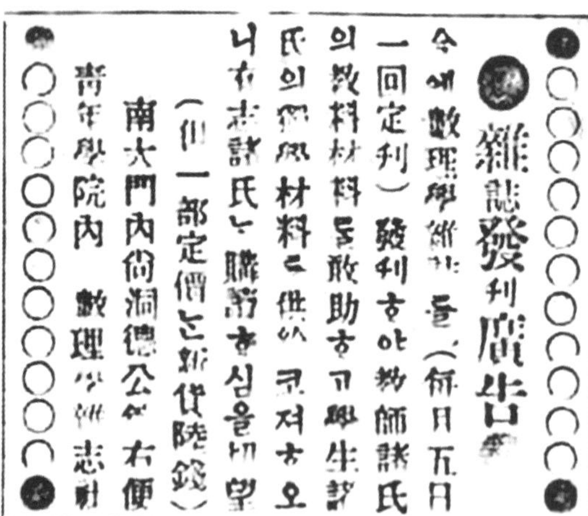
雜誌發刊廣告

今에數理學雜誌를(每月五日一回定刊) 發刊ᄒᆞ야敎師諸氏의敎科材料로敢助ᄒᆞ고學生諸氏의獨學材料를供ᄒᆞ야코져ᄒᆞ오니有志諸氏ᄂᆞᆫ購讀ᄒᆞ심을切望

(但一部定價ᄂᆞᆫ新貨陸錢)

南大門內尙洞德公舘右便

靑年學院內 數理學雜誌社

「잡지발간광고」
『대한매일신보』 1905. 12.

이번에 수리학잡지를 (매월 5일 1회 정기간행) 발간하여 교사 제씨의 교재로 감히 도움이 되고 학생 제씨의 독학 재료로 공급코자 하오니 유지 제씨는 구독하심을 간절히 바람.

(단 1부 정가는 신화 육전陸錢)
남대문 내 상동 덕공관* 우편
청년학원 내 수리학잡지사

唐城洪鍾旭君術撰 二百三十八頁 定價 七拾五錢

新撰 筭術通義 上

此書ᄂᆞᆫ西則으로브터名數ᄭᆞ지編成ᄒᆞ얏ᄂᆞᆫ디其眞理를破綻ᄒᆞ고解式을昭載ᄒᆞ며且我國度量衡及貨幣로各國度量及貨幣를換算ᄒᆞ고基礎를作ᄒᆞᆷ과經度와時差로各國地方時의解得ᄒᆞᄂᆞᆫ方法을揭ᄒᆞᆷ이尤極昭詳ᄒᆞ니一般敎育界上에大光彩를발揮ᄒᆞᆯ不啻라학問家簿記家及硏究者의案頭에可히備置ᄒᆞᆯ惟一ᄒᆞᆫ眞寶ㅣ라

普文社 白

元賣所 博學書舘 錦巖 中央書舘 廣학書舖
大東書市 匯東書舘 古今書海舘 博文書舘
新舊書林 安峴書舘

『신찬 산술통의』
홍종욱
보문사
『대한매일신보』 1908. 2.

★ 독일 공사관
★ 가르치는 일에 종사하는 사람이라는 뜻. 오늘날의 교사에 해당한다고 하겠다.

『신찬 대수학교과서』
이교승
해동서림
『매일신보』 1910. 9.

학부검정 이교승 저
『신찬 대수학교과서』
양장 전 1권

본서는 수학계에 명성이 일찍부터 높은 이교승 씨가 적극적으로 연구 편찬한 바라. 학부에서(각 사립학교 고등교육 수학과 학원學員*용) 교과서로 검정하였으니 각 사립학교 고등과(즉, 중학교) 주무 및 강사 여러분은 불가불 일람에 함께하실 바요, 학원學員 여러분께서는 아침저녁으로 함께 따라 잠깐이라도 떨어지지 못할 바라. 기타(수학을 전수專修하는 학원學員, 수학에 뜻이 있는 신사) 여러분도 논리와 해제 참고에 불가결한 양서라. 본서 목록에는 답안과 어휘가 첨부되어 있음. 본서가 이미 출판되었사오니 속히 주문하심을 바람.

정가 1원 20전
발행소: 원매소 해동서림
분매소: 경향 각 유명서포

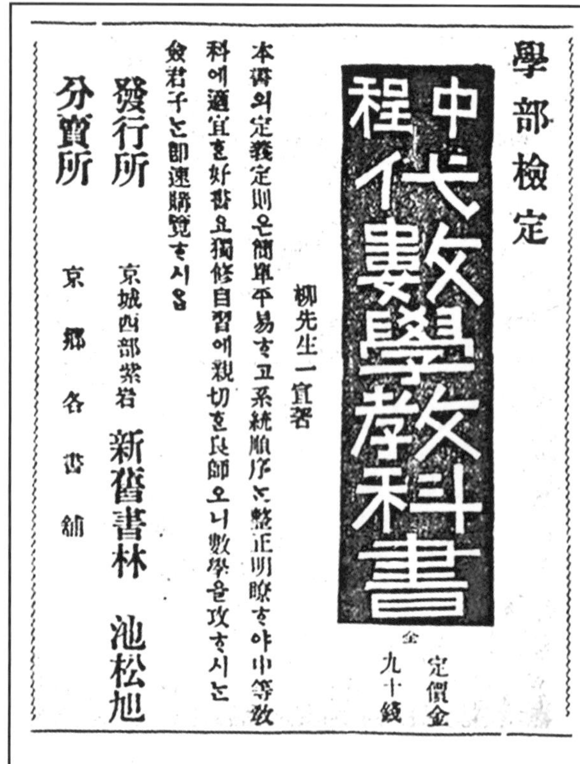

「중정 대수학교과서」
유일선
신구서림
「매일신보」 1910. 11.

「산술신해법」
안일영
보급서관
「매일신보」 1912. 4.

계통적 수험준비 보통학교 제군의『신산술』
수리연구사
삼육사
『동아일보』 1928. 1.

미증유의 대현상 문제 부附
소화 3년(1928)판 미터법 본위本位

조선에서 처음
1. 미터법 본위의 산술로도 처음
2. 신시험제도에 적합하게 된 산술로도 처음
3. 내용이 풍부 명확하고 가격이 저렴한 산술로도 처음

정가 1원, 우송료 12전
발매소: 교육도서출판 삼육사

045

노령근해露領近海

이효석 / 동지사 / 『조선일보』 1931. 5.

이효석 저
「노령근해」

읽어라!! 사랑하라!!
현실의 파악! 초뇌焦惱의 예술!
작자가 다년간 고뇌와 초려焦慮 가운데서 자아낸 심혈을 경주한 창작집.
「도시와 유령」, 「기우奇遇」, 「행진곡」, 「북국점경北國點景」, 「노령근해」를 비롯해 근 10편의 회심의 작품을 모아 놓은 것이니 조선 초유의 참신한 장정과 아울러 제군의 가슴을 울리기에 충분하리라.

정가 50전, 우송료 4전
발행소: 동지사

이효석李孝石(1907~1942)은 작품 활동 초기에 유진오 등과 함께 카프 진영으로부터 동반자 작가로 불릴 정도로 프롤레타리아 문학에 가까운 작품을 발표했던 작가다. 그러다 후반에는 향토색과 성적 모티프가 강한 작품들을 발표하여 독자적인 문학세계를 구축했다. 그의 대표작으로는 「메밀꽃 필 무렵」, 「감자」, 「수탉」 등을 들 수 있는데, 작품성과 대중성, 양 측면에서 활발한 성과를 거둔 작가라 할 수 있다. 그러나 1940년 아내를 잃고 아이마저 잃은 뒤 만주에서 귀국한 후, 얼마 가지 않아 요절하고 만다.
광고는 그가 발표한 첫 작품집 『노령근해露領近海』로, 같은 이름의 작품을 비롯하여 10여 편의 작품을 수록한 단편집이다. 그의 초기작이기도 한 이 작품은 「상륙」, 「북국사신」 등과 함께 경향문학의 성격이 짙은 것으로 평가받는다.

『화분』
이효석
『동아일보』 1939. 9.

『해바라기』
이효석
학예사
『동아일보』 1939. 4.

『메밀꽃 필 무렵』이 처음 발표된 잡지 『조광朝光』 광고.
『조선일보』 1936. 10.

"단편소설 「모밀꽃」"이라고 적혀 있는 것이 눈에 띈다.

四大奇書之最大奇書全部完成

수호지 水滸志

全四冊一千頁 定價 第一二參冊各四拾五錢 第四冊五拾五錢 郵稅各六錢

水滸志가天下의奇書됨은萬口一致ᄒᆞᄂᆞᆫ바라 弊舘이그完全ᄒᆞᆫ譯本이업슴을慨ᄒᆞ야數年間苦心從事ᄒᆞᆫ으로今에全部千頁를完成ᄒᆞ야敢히江湖에自薦ᄒᆞ오니長夜爐邊에반다시此快人快事奇文大文을一讀ᄒᆞ시오 注文時에ᄂᆞᆫ반다시事實이精詳ᄒᆞ고文脈이流暢ᄒᆞᆫ新文舘發行을注意ᄒᆞ시오

最詳密ᄒᆞᆫ春香傳의唯一正本

고본 춘향전 古本 春香傳

全一冊 貳百四拾頁 價五拾錢 郵稅六錢

此書의內容을約記ᄒᆞᆫ건ᄃᆡ開卷ᄒᆞ매靑春에白頭山下八歲名妓를ᄒᆞ야周遊吟賞ᄒᆞᄂᆞᆫ歌ᄂᆞᆫ趣味津々ᄒᆞ야中에風流의助가될것이오「思郞歌」「執杖歌」「長夫歌」「春香名妓」「千字解」「發生點考」等은精詳奇妙가獨特自別ᄒᆞ며「房子問答」「衙客官辭」「宮庭景况」「御史出道」等은描寫入神에筆々活躍ᄒᆞ며其他山川景概舖陳設備와器物樂卜筮巫說風水의辭說々지無事不備ᄒᆞ고無物不存ᄒᆞ야系統的으로一讀ᄒᆞ면趣味가異常ᄒᆞᆫ一編情史오部分的으로各讀ᄒᆞᆫ즉實益이無窮ᄒᆞᆫ百科事彙ᄅᆞ다曾讀與否를勿論ᄒᆞ고此正本을반다시一讀ᄒᆞ야春香傳의眞意眞味를知ᄒᆞ시오

(六錢小說 既刊目次) 洪吉童傳 沈淸傳 興夫傳

定價每冊六錢郵稅二冊々지貳錢 (以外各種次第續刊ᄒᆞᆯ것슴)

總發行所 京城南部上犂洞 振替京城六六四番 **新文舘** 京城中部布屛下 **廣學書舖**

춘향전 春香傳

작자미상 / 광학서포 · 신문관 / 『매일신보』 1914. 1.

가장 상세하고 자세한 춘향전의 유일 정본
고본古本 「춘향전」
전 1책 240쪽

이 책의 내용을 줄여 적는다면, 첫 권을 열면 백두산 아래 8도 명승을 두루 돌아다니며 감상하는 노래가 흥미진진한 가운데 누워 유람하는 데 도움이 될 것이요. 「사랑가」·「집장가執杖歌」·「농부가」·「춘향명의春香名義」·「천자풀이千字解」·「기생점고妓生點考」 등은 정밀하고 상세하며 기묘함이 독특하고 자별하며 「방자문답」·「어객언사衙客言辭」·「관정경황官庭景況」·「어사출도」 등은 묘사가 입신의 경지에 붓마다 활약하며, 기타 산천경개山川景槪, 포진설비舖陳設備로 의약, 복서卜筮, 무축巫祝, 풍수의 사설辭說까지 빠진 내용이 없으며, 존재치 않는 사물이 없으니 계통적으로 한 번 읽으면 취미가 이상異常한 한 편의 사랑이야기요, 부분적으로 나누어 읽으면 실익이 한없는 백과사전이라. 거듭 읽느냐를 막론하고 이 정본을 반드시 일독하여 춘향전의 참된 뜻과 맛을 아십시오.

정가 50전, 우편세 6전
총 발행소: 광학서포 · 신문관

우리 겨레의 대표적인 문학 작품을 들라고 하면 대부분의 독자들이 『춘향전春香傳』을 꼽는다. 그만큼 많은 사랑을 받아왔고, 덕분에 우리 출판 역사상 처음으로 중복출판이 이루어진 작품이 아닌가 여겨진다. 책 광고 역시 1914년 무렵부터 다양하게 등장했다.

『일설 춘향전』
이광수
한성도서주식회사
『조선일보』 1929. 2.

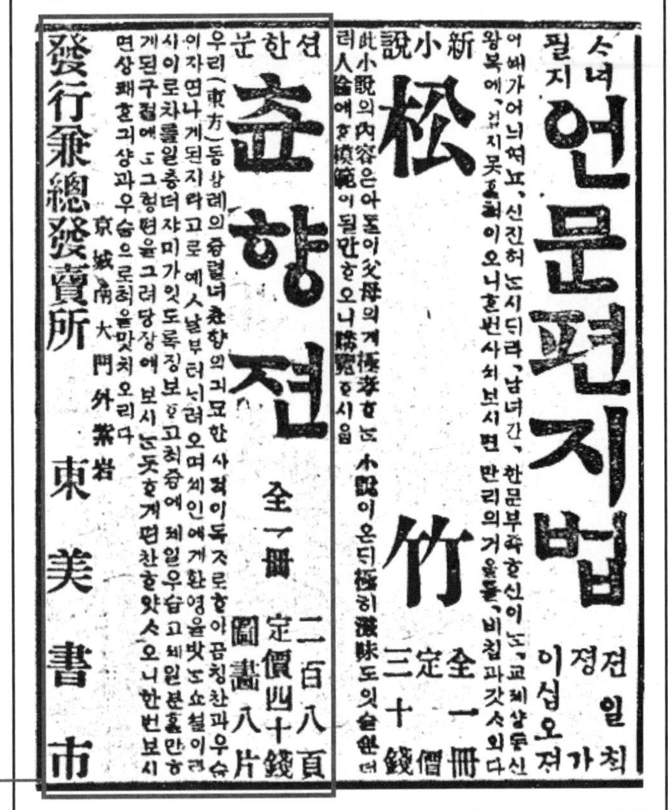

스녀 필지 언문편지법

전일 최 정가 이십오젼

어ᄲᅡ가어ᄂᆡ떠ᄂᆞᆫ、신진허ᄂᆞᆫ시ᄃᆡ라、남녀간、한문부죡ᄒᆞᆫ신이ᄂᆞᆫ、교제상ᄋᆡᆼ신왕복에、걱지못ᄒᆞᆯ쳐이오니ᄒᆞᆫ번사셔보시면 만리의거울ᄯᅩᆯ、비쳡과갓ᄉᆞ외다

新小說 松竹 全一冊 定價三十錢

此小說의內容은아동이父母의게極孝ᄒᆞᄂᆞᆫ小說이온ᄃᆡ極히滋味도잇슬ᄲᅮᆫ더러人倫에ᄒᆞᆫ模範이될만ᄒᆞ오니購覽ᄒᆞ시옵

션한문 츈향젼 全一冊 二百八頁 定價四十錢 圖畵八片

우리(東方)동상례의즁렬녀츈향의긔묘한사젹이독즈로ᄒᆞ야곰칭찬과우숨이자연나게된지라고로예人날부터니려오며세인에게환영을밧ᄂᆞᆫ쇼셜이라시이로차를일층더쟈미가잇도록징보ᄒᆞ고쳐즁에제일우습고제일분ᄒᆞᆫ만ᄒᆞ게된구절에ᄂᆞᆫ그형편을그려당장에보시ᄂᆞᆫ듯ᄒᆞ게편찬ᄒᆞ얏ᄉᆞ오니한번보시면상쾌ᄒᆞᆫ긔상과우숨으로취을맛치오리다

發行兼總發賣所 京城南大門外紫岩 東美書市

『춘향전』
동미서시
『매일신보』 1914. 1.

앞의 『춘향전』이 240쪽인 데 비해 이 책은 208쪽으로 조금 얇은 대신 삽화가 8쪽 포함되어 있다.

◎女子의操行이秋月色과如히淸潔無瑕홈은本小說의內容
◎筆法의波瀾이秋月色과如히玲瓏生輝홈은本小說의文彩

新刊
小說

秋月色

全一冊一百十二頁
定價金 二十九錢

◎朝鮮報讀者가秋月色과如히欣然玩賞홈은本小說의光榮
◎京鄕貴婦人이秋月色과如히必也歡迎홈은本小說의將來

總發行所 京城南部大廣橋三七、四
振替口座 京城七一二番
滙東書館

分賣所 京城中部承洞禮拜堂前 東洋書院

047

★ 권영민, 『한국현대문학대사전』, 서울대학교출판문화원, 2004.

추월색 秋月色

최찬식 / 회동서관 · 동양서원 / 『매일신보』 1912. 4.

신간소설
『추월색』
전 1권 112쪽

여자의 품행이 추월색과 같이 청렴하고 티 하나 없음은 본 소설의 내용
필법의 변화가 추월색과 같이 영롱하고 숨 쉬는 옥 같음은 본 소설의 문체
조선의 신문 독자가 추월색과 같이 흔쾌히 즐겨함은 본 소설의 광영
경향 귀부인이 추월색과 같이 반드시 환영은 본 소설의 장래

정가 25전
총 발행소: 회동서관
분매소: 동양서원

우리나라 최초의 신소설은 이인직李人稙(1862~1916)이 1906년에 발표한 「혈의 누」이다. 1906년에 『만세보』에 연재되었던 「혈의 누」는 1907년에 광학서포에서 단행본으로 출간된 것으로 알려져 있는데★ 광고는 1908년 6월 2일에 『대한매일신보』에 실린 광학서포의 신간 소개에서 『혈의 누』를 찾을 수 있었다.

문학사적으로는 『혈의 누』가 우리나라 최초의 신소설로 의미가 높지만 신문 광고를 보면 오히려 다른 책들이 더 인기를 누린 것이 아닐까 하는 추측을 하게 된다. 그 가운데서도 1912년에 간행된 『추월색秋月色』은 단연 인기가 높았던 작품인 듯하다. 『한국민족문화대백과사전』에서도 이 작품이 신소설 작품 중에서 가장 많이 판을 거듭한 작품으로 꼽고 있는데, 광고를 보아도 이 책의 비중이 가장 높다.

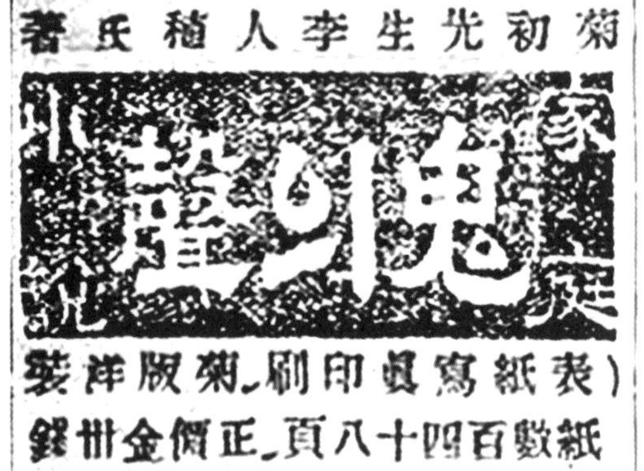

菊初先生李人稙氏著

鬼의聲

(表紙寫眞印刷、菊版洋裝

紙數百四十八頁、正價金卅錢

『귀의성』
이인직
광학서포 · 중앙서관
『대한매일신보』 1907. 7.

이인직의 또 다른 신소설로, 1906년 10월부터 1907년 5월에 걸쳐 『만세보』에 연재되었고, 1907년 10월에 광학서포에서 상편 초판이, 1908년 7월에 중앙서관에서 하편 초판이 간행되었다.

新刊書籍發售廣告

女子讀本 張志淵氏著
全貳冊 定價금六拾錢
初等衛生學 全壹冊拾五錢
初等倫理학 全壹冊貳拾전
國家학綱領 全壹冊拾五전
國民須知 全壹冊八錢
初等小학 全四冊壹圓三拾錢
中等萬國新地誌 全貳冊壹圓
增修無寃錄大全
國漢文壹冊七拾五錢
伊太利建國三傑傳 全壹冊卅전
新撰理化학 朴晶東시著
全壹冊 定價金三拾전
獨習日語獨학 鄭雲復시著
洋裝壹冊 壹圜貳拾五전
愛國夫人傳 張志淵시著
全壹冊 定價금拾五전
新小說血淚 리人稙시著
全壹冊 定價금貳拾錢
萬國全書養鷄新論 鮮于叡시著
全壹冊 定價금三拾五전
世界三怪物 져壹冊拾貳전
家庭雜誌 每號拾전
新訂算術 져三冊六拾전
普魯士國厚禮斗 전壹冊定價
益大王七年戰史 全三拾전
發賣所 皇城中署布屛ㅏ
廣학書舖 金相萬
京鄕各有名書舖

「신간서적 발수광고」
『혈의 누』
이인직
광학서포
『대한매일신보』 1908. 6.

치악산

(菊初先生李人稙著)

(定價金四十錢)

此小說은李先生이我國家庭의惟異ᄒᆞᆫ風氣를改良코져ᄒᆞ야十數年의精力을費ᄒᆞ야著述ᄒᆞᆫ것이온ᄃᆡ但히德義心민皷發培養ᄒᆞᆯᄲᅮᆫ아니라間間히無限ᄒᆞᆫ滋味가有ᄒᆞ오니速速購覽ᄒᆞ시오

元賣所 京城大寺洞 惟一書館

分賣所 京鄕各書舖

『치악산』
이인직
유일서관
『황성신문』 1908. 11.

弄球室主人 著述　表紙石版寫眞畵印刷

滑稽小說 禽獸會議錄　全一冊　定價金拾五錢

▲本小說은新体文壇의演劇的小說로空前絶後의一大禽獸會議를開催하고海陸動物이演壇에集合ᄒᆞ야人類와禽獸의優劣과造化主宰의眞理를討論批評ᄒᆞᄂᆞᆫ光景並傍聽實寫ᄒᆞ야讀者諸君에게紹介로今日吾人類社會의公德頹敗ᄒᆞᆷ을警醒코자ᄒᆞᆷ이니其滑稽的文体가光彩陸離ᄒᆞ며諷刺的批評이奇拔欵曲하야實로隔文小說界에一大異彩를放ᄒᆞᆯ만ᄒᆞ며一讀解頤의好讀物이오

▲발行元 皇城書籍業組合

▲中署罷朝橋越邊 中央書館　中署香路 大東書市

分 南署大廣橋東邊 匯東書館　仝 古今書海

售 西署남門外紫岩 新舊書林　남署尙洞 博文書館

處 남署銅峴 博학書館　中署布屛 廣學書舖

『금수회의록』
안국선
황성서적업조합
『대한매일신보』 1908. 4.

안국선安國善(1878~1926)은 신소설 작가이자 관리, 교사, 사업가 등으로도 활동하였다.

李忠武公全書

崔南善 校讀

傳家之寶典

◆龜船、四爪鉤、都督印等遺物의圖說과碑銘、年表를附錄◆
◆美裝全貳冊並布帙入、定價金貳圓貳拾錢（千部限特價貳圓）郵稅貳拾錢

智勇이兩備하고名節이雙全한忠武李公은진실로朝鮮男兒의最大典刑이라一代의風雲이그의眉端에翻覆되고天下의安危가그의指頭에判定되니嗚呼偉哉로다더욱槿域의山河民物은總히그의再造바요槿人의生榮蕃滋는實로그의雨露를입어生을此方에寓한者로엇지可히公의精靈을家尸戶祝하고公의德業을崇拜景仰치아니하리오今에弊館이創業十周年紀念出板으로特히忠武全書를擇홈은實로公의精忠大節과巍勳鴻業이다시彰明昭顯하야今天下萬人으로公의恩을感戴하며公의名을慕誦하는餘地가有케하려는一片衷情에서出홈이라上下兩冊十五編中에遺文遺澤과關係史料를一切網羅하야公의神機妙算이紙上에躍如케하얏스니噫라此書를奉藏홈은吾人의絶對義務가아니라全書의重刊을敢히江湖에布告하노라

林忠愍公實記

丙亂의林公은곳壬亂의李公이라一山東宰相山西將、彼丈夫我丈夫라하는俠男子의面目을看하라（定價四拾錢、郵稅四錢）

發行所 新文館

★ 날이 넷인 창
★ 푸른 천으로 장정을 함.

048

이충무공전서 李忠武公全書

최남선 교독 / 신문관 / 『매일신보』 1919. 1.

최남선 교독校讀
『이충무공전서』
전가지보전傳家之寶典

●거북선, 사과구四瓜鉤★, 도독都督 인印 등 유물의 도설圖說과 비명碑銘, 연표 등 부록.
●미장美裝 전 2책, 남포藍布★ 질입帙入, 정가 2원 20전(천 부 한 특가 2원)

지략과 용기를 두루 갖추고 이름과 절개가 완전한 충무공은 진실로 조선 남아의 최대 전형이라. 일대의 풍운이 그의 눈썹 끝에서 결정되고 천하의 안위가 그의 손끝에서 판정되니 오호 위대하도다. 더욱 이 땅의 산하와 물자는 모두 그가 다시 만든 바요, 한겨레의 영광과 번영은 실로 그의 한없는 우러름이니 무릇 삶을 이곳에 바친 자로 어찌 가히 공의 정령을 집집마다 축하하고 공의 덕업을 아침에 밝히고 저녁에 숭앙치 아니하랴. 오늘에 폐관이 창업 10주년 기념 출판으로 특히 『충무전서』를 택함은 실로 공의 깊은 충성과 큰 절개, 높은 공훈과 드넓은 위업이 다시 뚜렷이 빛나고 밝게 나타나 천하 만인에게 공의 은덕을 느끼고 공의 명성을 흠모하여 읊도록 하려는 작은 충정에서 비롯되었음이라. 상·하 두 권 15편 중에 전해 오는 글과 은덕, 관계 사료를 일체 망라하여 공의 헤아릴 수 없는 기략과 묘책이 종이 위에 뛰어오르게 하였으니 아! 이 책을 받들어 소장함은 우리의 절대 의무가 아니랴. 전서를 다시 간행함을 감히 강호에 포고하노라.

발행소: 신문관

충무공 이순신李舜臣(1545~1598)은 오늘날에도 불멸不滅이라는 사실을 모르는 독자는 안 계실 것이다. 잊을 만하면 드라마로, 책으로, 영화로 등장해 온 나라를 감동시키는 인물로 우리 역사상 이순신만 한 분이 있을지 의문이다. 그런 인물이 어찌 한겨레가 절망과 위기에 빠진 시대에 등장하지 않았겠는가. 1918년 간행된 『이충무공전서李忠武公全書』는 본래는 1795년에 교서관敎書館에서 간행된 것이다. 『발해고』를 지어 이름이 높은 실학자 유득공이 편집·간행을 감독했다.
책에는 임진왜란 때 임금이 내린 교유문敎諭文과 영조·정조가 내린 사제문賜祭文, 영패도令牌圖·독전기도督戰旗圖·영기도令旗圖·구선도龜船圖·전라좌수영구선도全羅左水營龜船圖 등이 실렸다.

★ 앞서 살펴본 바 있는 아오야마 난메이의 『이순신전집』이 이 책인지도 불분명하다.

「한산도야음閑山島夜吟」 등 5편의 시도 수록되어 있다. 이 책의 백미는 독립적으로도 유명한 「난중일기亂中日記」로, 1592년 1월 1일부터 1598년 11월 17일까지의 기록이다. 그 외에 부록으로 종자從子 분芬이 쓴 「행록行錄」, 최유해가 지은 「행장行狀」, 이항복의 「전라좌수영대첩비全羅左水營大捷碑」 등과 「기실紀實」이 실려 있다. 「기실」은 『명사明史』, 『진린전陳璘傳』, 『징비록懲毖錄』, 『지봉유설芝峯類說』, 『난중잡록亂中雜錄』 등에서 이순신에 관한 기록을 자세히 뽑아 엮은 글이다. 1918년 최남선은 한문으로 된 이 책에 구두점을 찍어 신문관新文館에서 두 권의 책으로 출간했다. 그러니까 이 책의 번역본은 출간되지 않은 셈이다. 한편 이보다 앞선 1917년 9월에는 『이순신전집』★이라는 책이 신구서림에서 출간됐는데, 같은 원본에 다른 사람이 토를 달아 출간한 것이 아닌가 추측할 따름이다. 최남선의 앞책이 2권으로 구성된 반면, 이 책은 1권으로 이루어져 있으므로 분명 다른 판본일 것이다.

『이순신전집』
신구서림
『매일신보』 1917. 9.

양장, 전 1책
정가 2원 50전, 특가 2원

본서는 선조조 임진(지금부터 326년 전) 전쟁에 3도수군통제사 이충무공 순신의 위대한 사적이라. 세상 사람이 일람키를 갈망하던 차에 내각판 원본에 언토諺吐를 가하여 오류 없이 기재한바 공이 평생 출입에 노력과 정성을 다하여 나랏일에 힘써 충의는 일월과 같고 의기는 산악이라. 슬기가 거북선을 창조하고 용기는 노량해전에서 적을 무찔렀으니 한나라 제갈량과 영국의 넬슨이 무엇을 더할 것인가. 8년 전사를 이 책 한 권에 밝혔으니 역사를 읽는 여러분께서는 시기를 놓치지 마시고 속히 구입 열람하시오.

총 발행소: 신구서림

定價一部金二圓五十錢 豫約定價一部金二圓 豫約申請部一金五十錢

豫約 朝鮮倂合十年史 出版

附 獨立問題의 眞相

本書의 價値

本書는 裸體의 朝鮮을 理解키 爲ᄒᆞ야 著作ᄒᆞᆫ 것인ᄃᆡ 實際의 事實을 基礎로 ᄒᆞᆫ 歷史的 記錄이오 朝鮮倂合의 眞相及事實을 中心으로 ᄒᆞ야 起ᄒᆞᆫ 波瀾曲折의 顚末을 細大無漏히 本書에 載在ᄒᆞᆫ지라 本書는 事實의 記錄이오 史書이라 一次購讀ᄒᆞ심을 敬要

本書의 一班

本書의 目次

第一章 李朝五百年의 大勢及[illegible]系統及年表 第二章 朝鮮民族의 起原及發展 [illegible] 第三章 朝鮮의 內政及對外關係 第四章 日淸戰役當時의 外交關係와 其經過와 結果 [illegible] 當面의 人物과 時勢에 [illegible] 第五章 [illegible] 朝鮮과 滿洲及西比利亞의 關係 [illegible] 第六章 日本의 極東政策 一 侵略인가 自衛인가 二 [illegible] 三 日露戰役을 中心으로 ᄒᆞᆫ 日本의 對韓政策 第七章 日韓倂合의 裏面史 一 海牙密使事件과 新協約 二 [illegible] 三 伊藤公이 安重根에게 遭難ᄒᆞᆫ 事件의 顚末 四 [illegible] 六 日韓倂合과 列國의 視聽 七 倂合과 漢城의 風說 八 日韓倂合의 [illegible] 九 反倂合派의 煽動 十 倂合當時의 政界 十一 寺內前總督 第八章 歐洲戰後와 民族自決問題 第九章 朝鮮總督政治의 變遷 第十章 朝鮮統治의 歸結 第十一章 外國人의 觀ᄒᆞᆫ 朝鮮問題 第十二章 朝鮮에 在ᄒᆞᆫ 各宗敎의 活動史

附錄

第一章 世界의 [illegible] 朝鮮獨立問題 第二章 法廷에 現出ᄒᆞᆫ 獨立事件의 經過 一 獨立宣言[illegible] 二 [illegible]事件의 顚末 三 水原事件의 經過 [illegible] 四 [illegible]安事件의 經過 五 大同團事件 六 朝鮮各道에 現出ᄒᆞᆫ 獨立事件 第三章 上海假政府의 解剖 第四章 獨立일가 自治일가 第五章 結論

募集 全鮮各道에 支部長募集?

◇詳細ᄒᆞᆫ 事項은 往復葉書로 通寄ᄒᆞ면 卽時回答ᄒᆞᆷ

京城 黃金町一丁目四九 朝鮮出版協會 豫約募集事務所

電話長二七九七番 振替口座京城六四一七

049

조선병합10년사 朝鮮併合十年史

이와세 겐자부로 / 조선출판협회 / 『조선일보』 1920. 12.

예약 출판
『조선병합10년사』
부附 독립문제의 진상

본서의 가치
본서는 나체의 조선을 이해키 위하여 저작한 것인데 실제의 사실을 기초로 한 역사의 기록이요, 조선병합의 진상 및 사실을 중심으로 하여 일어난 파란곡절의 전말은 상세하고도 넓게 오류 없이 본서에 실려 있는지라. 본서는 사실의 기록이요 사서史書라, 1차 구독하심을 정중히 요망함.

정가 1부 3원 50전, 예약 정가 1부 3원, 예약 신청 1부 50전
예약모집사무소: 조선출판협회

한일강제병합이 일어나고 10년이 지난 1920년에 발행된 이 책의 광고에는 저자가 나타나 있지 않다. 국립중앙도서관에서 검색해 보니 이와세 겐자부로岩瀨健三郎(?~?)라는 일본인이라고 나와 있는데, 본문에는 그의 이름이 전혀 등장하지 않는다. 그 대신 '조선출판협회 편찬'이라는 표현이 글 첫머리에 등장한다. 반면에 판권 부분에는 저작 겸 발행자로 이와세 겐자부로, 편찬자로 조선출판협회라고 기록되어 있다. 자세한 확인이 필요한 대목이라 하겠다.

국립중앙도서관 등에서 이 책에 관한 여러 자료를 찾아보면, 책의 출간일이 1922년 7월경으로 알려져 있다. 그런데 광고 게재일은 1920년 12월 29일이다. 광고가 '예약 출판'이라는 제목 아래 실렸다 해도, 그 간격이 무척 길다. 이듬해인 1921년 12월 6일에 광고가 다시 실렸는데, 이 광고를 보면 서간의 사정을 알 만하다. 그런데 뒤의 광고를 보면 1922년 7월경에 책이 출간되었는지 의문이 드는 것이 사실이다. 이에 대해서는 다시 확인할 필요가 있겠다.

그렇다면 이 책은 참으로 조선병합 10년을 기리는 책일까? 이 책에는 부록으로 강우규 의사와 친일파 민원식을 처단한 양근환 사건 등에 대한 내용을 비롯해 다양한 독립운동 기록이 실려 있다. 또한 마지막 결론 부분인 「독립이냐 자치냐」 부분은 글자를 의도적으로 지워 읽을 수 없다. 그 외에도 본문 가운데 일부가 삭제됐으며, 1937년에는 조선총독부에 의해 치안법 위반으로 금서 처분을 받았다.

박물관 포털 사이트 'emuseum.go.kr'에서는 "(『조선병합10년사』는) 1922년 일본이 조선병합을 한 과정을 되짚어 봄으로써, 일본의 조선 지배를 정당화하기 위한 의도로 편찬된 책이다. 조선이 멸망할 수밖에 없었던 이유와 구한말의 각종 대내외 문제를 살펴보고, 관련된 해외 사조를 첨가하여, 일본의 조선 통치를 정당화하려는 뜻으로 제작됐다. 이 외에 관련된 임시정부, 조선인의 각종 의거 사건들을 소개하여, 일본의 조선 지배에 대한 문제를 새로운 시각에서 접근하고자 하는 노력도 있었다. 결론 부분은 있으나, 의도적으로 글자들이 모두 지워져 있다."라고 적시하고 있다.

朝鮮出版協會

近來의快文字 朝鮮倂合十年史 裸體의朝鮮

附朝鮮獨立問題의眞相

第一回發行

左記

一 本月四日印刷終了
一 同 六日當局에納本
一 同 十日發行
一 同 十五日以內地方發送
一 金字로스洋裝六百四十二頁 日韓倂合前後의重要人物寫眞 朝鮮獨立問題의重要人物寫眞 幷八十一枚挿入

京城西大門町一丁目二九番地
朝鮮出版協會
振替口座京城六四一七番

『조선병합10년사』
조선출판협회
『조선일보』 1921. 12.

근래의 기쁜 문자
『조선병합10년사』
나체의 조선

제1회 발행
본년 9월에 발행하기로 예고를 신문지상에 게재한 본협회의 『조선병합10년사, 부 조선독립문제의 진상』은 역사적 서적이므로 그 원고의 내용 검열과 발행절차가 보통 출판물보다 더욱 복잡함으로 인하여 예정보다 2개월의 장시일이 지연되어 예약한 여러분에게 불쾌함과 실망을 드림에 대하여 본회에서도 실로 두려움과 속죄의 마음을 감당치 못하나이다. 그러나 앞서 설명한 바와 같이 부득이한 사정으로 인한 것이니 다행히 바라건대 양찰하여 주시오면 이번에는 조금도 틀림없이 다음과 같이 발행되어 예약하신 여러분에게 배달하여 드릴 터이니 본서적 발행됨을 널리 선전하여 주시고 예약금액을 준비하셨다가 서적이 도착 즉시 교환하시기 바라나이다.

아래
1. 본월 4일 인쇄 종료
1. 6일 당국에 납본
1. 10일 발행
1. 15일 이내 지방 발송
1. 금 구로스 양장 642쪽, 일한병합 전후의 중요 인물 사진, 조선독립문제의 중요 인물 사진 합해 81매 삽입.

조선출판협회

嗚呼! 沈熏!!

지난九月十六日午前八時! 三十六歲를 一期로 小說家沈熏이 長逝하엿다。

彗星가티 왓다 彗星가티 사라진 沈熏의 最後作品! 이 畢生의 血作「常綠樹」가 世上에 나오는날 그는 世上을 떠낫다。文壇의 至寶임은 勿論 朝鮮出版界 空前의 事實로 이 한卷을 世上에보내는 것이다。

長篇小說 常綠樹

定価一·八〇 送料拾錢

四六判·高級布裝·紙質極上·五〇〇頁·金字函入

보라!

朝鮮文學의 金字塔 朝鮮農村의 指南盤! 沈熏는이미 갓다—이때에 永遠히 푸르를것을 어저서는 안된다!

初版賣盡切迫! 急注文하라

發行所
京城府堅志町三二
漢城圖書株式會社
振替京城七六六〇番
電話光化門二四七九番

注文하실때는 本廣告揭載의 新聞名을 必히써보내주시오。

故沈熏作 永遠의 微笑

故沈熏의 處女出版! 必讀의 巨篇!

四六版 定価一·三〇 送料一〇

★ '영원히 가서 오지 아니하다'란 뜻으로 죽음을 이른다.

상록수 常綠樹

심훈 / 한성도서주식회사 / 『조선일보』 1936. 10.

장편소설 『상록수』
46판, 고급포장, 지질극상紙質極上, 500쪽, 금자함입金字函入

오호! 심훈!!
지난 9월 16일 오전 8시! 36세를 일기로 소설가 심훈이 장서長逝★하였다. 문단으로의 실망보다도 독자로서의 실망이 더 클 것이다. 생명이란 이렇게 허무한 것인가? 그러나 그의 뒤는 너무도 찬란하다! 그의 작품은 영원히 남을 것이다. 독자여! 그의 유작遺作을 속히 구하여 보지 않으려는가?
혜성같이 왔다 혜성같이 사라진 심훈의 최후 작품! 이 필생의 혈작 『상록수』가 세상에 나오는 날 그는 세상을 떠났다. 문단의 지보至寶임은 물론 조선 출판계 공전의 사실로 이 한 권을 세상에 보내는 것이다.
보라!
조선문학의 금자탑, 조선농촌의 나침반! 심훈은 이미 갔다. 이 땅에 영원히 푸르를 것을 잊어서는 안 된다!

고故 심훈 씨는 조선문단이 가진, 천생의 귀재와 태양과 같은 정열을 가진 작가로서 일찍이 영화소설 「탈춤」을 발표하여 그의 문학적 천재를 만천하에 알린 바 있거니와 장편 「동방의 애인」, 「불사조」, 「영원의 미소」, 「직녀성」 등이 신문에 연재되자 씨의 신문소설가로서의 존재는 바야흐로 획기적 지반을 점령하여 내려왔으며 작년에 『동아일보』가 명작을 천하에 호소하여 공모하였을 때 씨는 편협한 기성작가적 자존심을 용감히 초월하고 다만 정열과 양심을 경주한 이 「상록수」로써 공모에 응한 것이었으니 그 구상의 치밀, 그 문장의 우아화려함은 말할 것도 없거니와 오늘날 조선 농촌 현실을 낭만과 '리얼'한 수법을 곁들여서 감격찬 묘사로써 독자를 육박한 역작이다.

발행소: 한성도서주식회사

장편소설 「상록수」는 1935년, 『동아일보』 창간 15주년 기념 장편소설 특별공모에 당선된 작품이다. 젊은이들의 농촌계몽운동을 통해 휴머니즘과 일제에 대한 저항의식을 표현한 우리 문단에 길이 남을 명작이다.
심훈沈熏(1901~1936)은 우리에게 농촌계몽소설 「상록수」의 작가로 잘 알려져 있지만, 사실 그는 독립운동가이자 영화배우이고 영화감독이기도 했고, 기자였으며 소설가였다. 고작 서른다섯 해를 살다 간 젊은이로서는 참으로 파란만장한 삶을 산 셈이다. 특히 『한국민족문화대백과사전』에 따르면 그는 1926년,

★ 1927년 『조선일보』에 연재

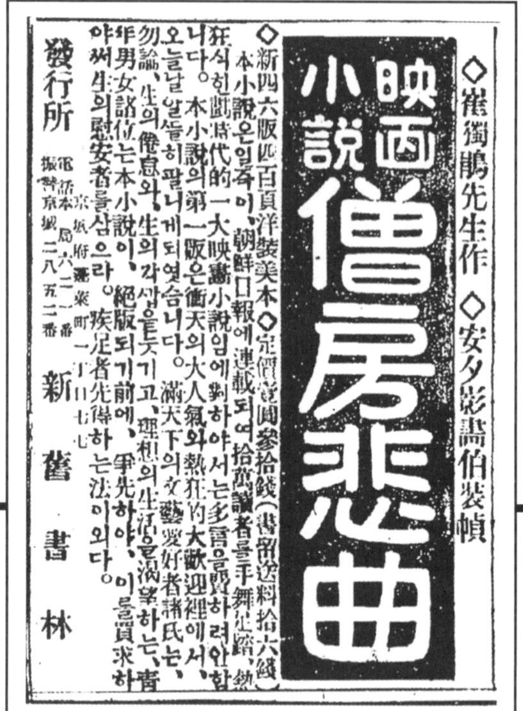

◇崔獨鵑先生作 ◇安夕影畵伯裝幀

映画小說 僧房悲曲

◇新四六版四百頁洋裝美本◇定價壹圓參拾錢(書留送料拾六錢)

本小說은일즉이朝鮮日報에連載되여拾萬讀者를手舞足蹈,熱狂식힌劃時代的一大映畵小說임에對하야서는多言을要하려안합니다。本小說의第一版은衝天의大人氣와熱狂的大歡迎裡에서、오늘날알뜰히팔니게되엿슴니다。滿天下의文藝愛好者諸氏는、勿論、生의倦怠와、生의각갑을늣기고、理想의生活을渴望하는、青年男女諸位는本小說이、絕版되기前에、爭先하야、이를買求하야써生의慰安者를삼으라。疾足者先得하는法이외다。

發行所 電話本局六二一番 振替京城二八五二番 京城府蓬萊町一丁目七七 新舊書林

우리나라 최초의 영화소설 「탈춤」을 『동아일보』에 연재했다고 한다. 그런데 같은 책에서 최독견의 「승방비곡」★ 또한 우리나라 최초의 영화소설이라고 언급하고 있으니, 어느 내용이 옳은지 판단해 봐야겠다.

영화소설 『승방비곡』
최독견
신구서림
『동아일보』 1929. 10.

최독견 선생 작, 안석영 화백 장정
영화소설 『승방비곡』
신46판, 400쪽, 양장 미본

본 소설은 일찍이 『조선일보』에 연재되어 십만 독자를 열광시킨 시대에 큰 획을 그은 일대 영화소설임에 대하여는 많은 말을 하지 않겠습니다. 본 소설의 제1판은 하늘을 뚫을 큰 인기와 열광적 대환영리에 오늘날 알뜰히 팔리게 되었습니다. 만천하의 문예 애호가 여러분은 물론 삶의 권태와 갑갑함을 느끼고 이상적인 생활을 갈망하는 청년 남녀 여러분은 본 소설이 절판되기 전에 우선하여 구매하여 생의 위안자를 삼으라. 달리는 분이 먼저 얻는 법이외다.

정가 1원 30전
발행소: 신구서림

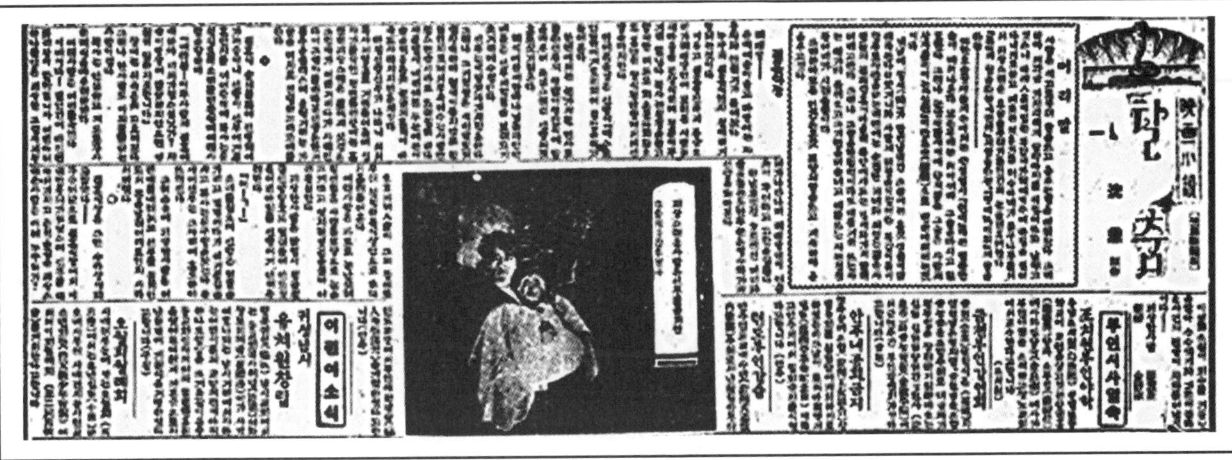
映畵小說
탈춤
一
沈熏

연재를 시작한 심훈의 영화소설 「탈춤」
『동아일보』 1926. 11.

영화소설이라는 독특한 장르는 소설의 삽화 대신 영화처럼 등장인물 역을 맡은 배우들이 연기하는 사진을 싣는 것이 특징이다. 위 기사에 등장하는 사진 속 남자 인물은 유명한 배우 나운규이다.

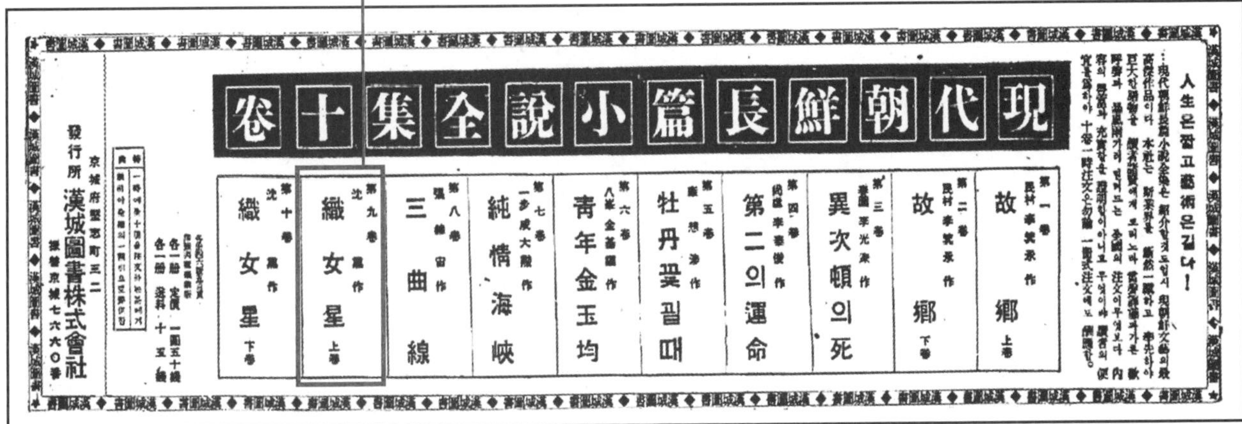

「현대조선장편소설전집 10권」 광고 가운데 포함된 심훈의 「직녀성(상·하)」
『동아일보』 1938. 9.

新民六月因山奉悼號

光武隆熙年代의總記錄

奉悼文
哀册文
廟號와諡號玉册文
誌文
歷代王譜圖
純宗統紀事
緣起甲子登極과大院君
閔妃册封과政權爭奪戰
御誕生과御幼時
壬午軍亂
甲申政變
東學亂과日清戰爭
甲午更張과大韓獨立

明成皇后의大變
御俄館播遷
金鴻陸의陰謀事件
韓日議定과顧問政治
日露戰爭의開端
保護條約의顚末
保護條約調印光景
光武外交의實際와其終幕
韓米舊交와海牙事件
禪位의顚末
禪位와七條約
嘉禮와立嗣
軍隊解散

定價七十錢
送料二錢 要先金

半島最後帝王의紀念塔

西南巡幸
日韓併合
併合條約의顚末
德壽宮御昇遐
三一運動
御盛德의一班
侍湯四朔
御病牀拜診記
御臨終
奉悼光景
因山儀軌
光武隆熙年間의啓蒙運動

儒學과國朝
四色偏黨의源流
黨爭의終幕
歷代王家와佛敎
西北人의宿怨新慟
光武隆熙兩朝와外國人
王家와西敎
母后와西醫
多罪先王之舊臣
草葬之悲
輓章

注文殺到賣盡하기前至急先金注文

京城府茶屋町九八 新民社 振替京一二三五七

★ 광무光武는 대한제국 시기에 고종이 사용하던 연호이고 융희隆熙는 순종의 연호
★ 순종의 인산을 애도하는 호라는 뜻

순종실기 純宗實記

신민사 / 『조선일보』 1926. 6.

신민 6월 인산 봉도호 新民 六月 因山 奉悼號
『순종실기』

●광무융희★ 연대의 총기록
●반도 최후 제왕의 기념탑

주문쇄도 매진하기 전 지급 선금 주문

발행소: 신민사

조선의 마지막 왕인 순종(1874~1926)이 비운의 주인공임을 모르는 독자는 안 계실 것이다. 1907년 7월에 강제 폐위된 부친 고종(1852~1919)의 뒤를 이어 대한제국 황제로 즉위했으나 명목상의 황제에 불과했다. 그리고 1910년 한일강제병합이 일어난 뒤 그 자리에서도 쫓겨나 창덕궁에 머물다가 1926년 4월 25일에 승하했다. 그해 일어난 6·10 만세사건이 순종의 인산례因山禮, 즉 장례를 계기로 발생한 것은 잘 알려진 사실이다.

『순종실기純宗實記』는 순종의 인산례를 기리기 위해 잡지사 '신민사新民社'에서 발행한 것으로, '신민新民 6월 인산因山 봉도호奉悼號★'라는 표제가 붙어 있다. 한편 이 책의 발행처 신민사는 잡지 『신민新民』을 유도진흥회儒道振興會 기관지 『유도』의 후신으로 발간했으며, 잡지 발행의 주목적은 사회 교화였다.

豫約募集

株式會社日本電報通信社 京城支局編纂

朝鮮紳士名鑑

定價金五圓 豫約金參圓

◎寫眞版 紙品美麗 印刷鮮明 三百餘頁

◎粧황 精巧堅緻 金字題簽

豫約方法

◎豫約은申請ᄒᆞᄂᆞᆫ同時에金貳圓을先送ᄒᆞ시고殘額은本書와交換ᄒᆞᆷ事◎申請期限은十一月十五일로定ᄒᆞᆷ◎期限後ᄂᆞᆫ定價로復ᄒᆞᆷ◎十二月브터申請의順序를從ᄒᆞ야本書를發送ᄒᆞᆷ◎豫約申請後住所의變改가有ᄒᆞ시거든卽通知ᄒᆞ실事

時運이一新ᄒᆞᆷ을際ᄒᆞ야朝鮮에要求ᄒᆞᄂᆞᆫ바ㅣ多ᄒᆞ나就中朝鮮現代의人物志라稱ᄒᆞᆯ만ᄒᆞᆫ紳士淑女의名鑑이居先ᄒᆞᆯ지라本書ᄂᆞᆫ紳士淑女의芳名만記載ᄒᆞᆯ뿐아니라小傳과寫眞을兼揭ᄒᆞᆷ더인즉今後兩班人士의交際場裡와各종事業經營上에最要ᄒᆞᆫ바이로다然이나朝鮮에ᄂᆞᆫ此등의編纂이曾無ᄒᆞ니엇지久事ㅣ아니리오於是乎本社가大方諸君子를世界에紹介ᄒᆞ며且時代의要求를應ᄒᆞ고저ᄒᆞ야總督府의認可를經ᄒᆞ고名士諸氏의協贊을乞ᄒᆞ야朝鮮紳士名鑑을發行ᄒᆞ노니 部의小冊子가三百餘頁에不過ᄒᆞ나正確ᄒᆞᆫ方法과愼重ᄒᆞᆫ態度로人物을選擇ᄒᆞ고文意를簡明히ᄒᆞ기로自期ᄒᆞ엿ᄉᆞ온즉朝鮮의紳士淑女ᄂᆞᆫ速히申請ᄒᆞ시와遺漏ᄒᆞᆷ이無케ᄒᆞ시되請求ᄒᆞᄂᆞᆫ대便利키爲ᄒᆞ야募集員을出張ᄒᆞ오니該出張所로도從便申請ᄒᆞ심을望ᄒᆞᆷ

明治四十二年十月 日本電報通信社支局長

朝鮮紳士名鑑著作權發行人 牧山耕藏

豫約申請所 京城旭町二丁目（電話一〇七〇番）

株式會社日本電報通信京城支局

贊成員（順序不同）

正一品 輔國
正一品 輔國
正一品 輔國
朝鮮總督府中樞院 副議長
朝鮮總督府中樞院 顧問
前農商工部大臣 從一品
東洋拓殖株式會社 副總裁
前度支部大臣 從一品
前內部大臣署理 正二品
平安南道參與官
前漢城府尹 從二品
前學務局長 從二品
朝鮮總督府中樞院 副贊議
前山林局長 正三品
每日申報社長 正三品
民報社長
漢城新聞社長
前帝國新聞社長
正三品 實業家
前中樞院副贊議
每일申報主筆
國民新報社長
前大韓新聞社長

子爵 閔泳徽 子爵 閔泳韶 子爵 金允植 子爵 趙重應 男爵 閔泳綺 李鳳來 張憲植 尹致旿 崔相敦 李承鎔 吳世昌 柳瑾 鄭雲復 張斗헌 鄭丙朝 李章薰 崔永年 李人稙

漢城手形組合長 趙鎭泰
漢湖農工銀行長 白完爀
韓一銀行取締役 趙秉澤
漢城銀行取締役 韓相龍
韓一銀行取締役 白寅基
天一銀行取締役 尹晶錫
漢城銀行監査役 鄭永斗
天一銀行監査役 洪忠鉉
從 品 高羲駿
三品 鄭應卨
從二品實業家 芮宗錫
正三品 劉秉珌
正三品辯護士 宋振玉
從二品實業家 李容台
從二品實業家 劉智赫
六品實業家 吳龜泳
正三品實業家 康鳳翼
六品實業家 金麗鉉

052

- ★ 아름다운 종이
- ★ 포장
- ★ 단단하게 꿰맴
- ★ 제목을 금색 글자로 새김
- ★ 1910년
- ★ 어떤 일에 찬성한 사람

조선신사명감 朝鮮紳士名鑑

주식회사 일본전보통신사 경성지국 / 『매일신보』 1910. 10.

예약 모집
주식회사 일본전보통신사 경성지국 편찬
『조선신사명감』

●사진판: 지품미려紙品美麗★, 인쇄 선명, 300여 쪽
●장황★ 정교精巧 견치堅緻★, 금자제첨金字題簽★
시운時運이 일신한 때를 맞아 조선에 요구하는 바 많으나 그 가운데서도 특히 조선 현대의 인물지라 부를 만한 신사숙녀의 명감이 우선한지라. 본서는 신사숙녀의 방명芳名을 기재할 뿐 아니라 간략한 전기와 사진을 함께 실을 것이다. 그러나 조선에는 이와 같은 편찬이 일찍이 없었으니 어찌 오래 걸릴 일이 아니리오. 이에 본사가 전국 여러 군자를 세계에 소개하며 또한 시대의 요구에 따르고자 하여 총독부의 인가를 거치고 명사 여러분의 협찬을 얻어 『조선신사명감』을 발행하니 한 부의 소책자가 300여 쪽에 불과하나 정확한 방법과 신중한 태도로 인물을 선택하고 문장의 뜻을 간단히 하기로 스스로 기약한즉 조선의 신사숙녀는 속히 신청하시어 빠뜨리지 않게 하시되 청구하는 데 편리를 위하여 모집원을 출장 보내니 해당 출장소로도 신청하심을 바람.
메이지 43년★ 10월
일본전보통신사지국장
『조선신사명감』 저작권 발행인: 목산경장牧山耕藏

예약신청소: 주식회사 일본전보통신 경성지국

찬성원贊成員★(순서는 같지 않음)

정1품 보국 자작 민영휘
정1품 보국 자작 민영소
정1품 보국 조선총독부 중추원 부의장 자작 김윤식
조선총독부 중추원 고문 전 농상공부대신 종1품 자작 조중응
동양척식주식회사 부총재 전 탁지부대신 종1품 남작 민영기
전 내부대신 서리 정2품 이봉래
평안남도 참여관 전 한성부판윤 종2품 장헌식
전 학무국장 종2품 조선총독부 중추원 부찬의 윤치오
전 산림국장 정3품 최상돈
매일신보 사장 정3품 이승용
(대한)민보 사장 오세창
한성신문 사장 유근
전 제국신문 사장 정운복
정3품 실업가 장0현
전 중추원 부찬의 정병조
매일신보 주필 이장훈
국민신보 사장 최영년
전 대한신문 사장 이인직
외

정가 5원, 예약금 3원
발행소: 주식회사 일본전보통신 경성지국

1910년 10월 8일이면 한일강제병합이 일어난 지 한 달여가 지난 시점이다. 이 시점에 간행을 예고한 책이 바로 『조선신사명감朝鮮紳士名鑑』이다.
품행과 예의가 바르며 점잖고 교양 있는 남자, 또는 그냥 남자, 또는 옷을 잘 차려입은 남자를 가리키는 신사紳士라는 단어가 일본에서 들어왔다는 사실은 분명하다.
그 전에 조선에서는 품행이 바르건 그르건 남자를 가리켜 신사라고 부르지는 않았으니 말이다.
그렇다고 이 책이 품행과 예의가 바른 사람을 모아 놓았다고 생각한다면 큰 오산이다. 이 책은 한마디로 새로이 출범한 식민지 조선 땅에서 위세를 부릴 인물들, 즉 친일파 가운데서도 거물들의 명단을 모아 놓은 것이다. 책 광고 문안을 보면 남자뿐 아니라 여자도 실려 있는 듯한데, 그 명단을 알 수 없는 게 안타깝다.
한편 그해 11월 26일 자 신문에는 이 책의 발행을 1911년 2월 20일로 연기한다는 광고가 게재되었다.
그러나 이듬해에도 이 책의 출간광고는 보이지 않는다.
책의 운명을 알 수 없게 된 것이다.

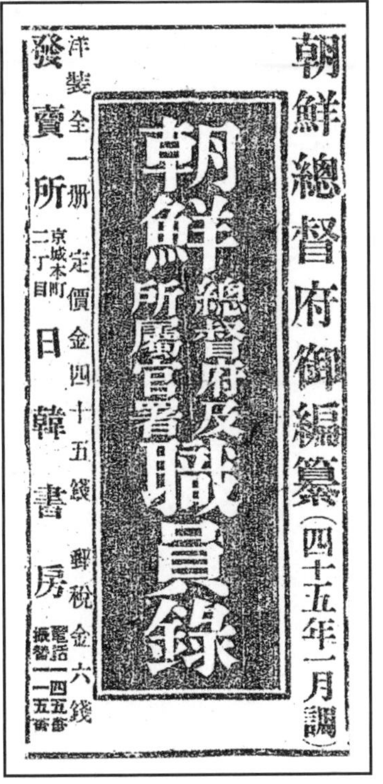

『조선총독부 및 소속관서 직원록』
조선총독부 편찬
일한서방
『매일신보』 1912. 2.

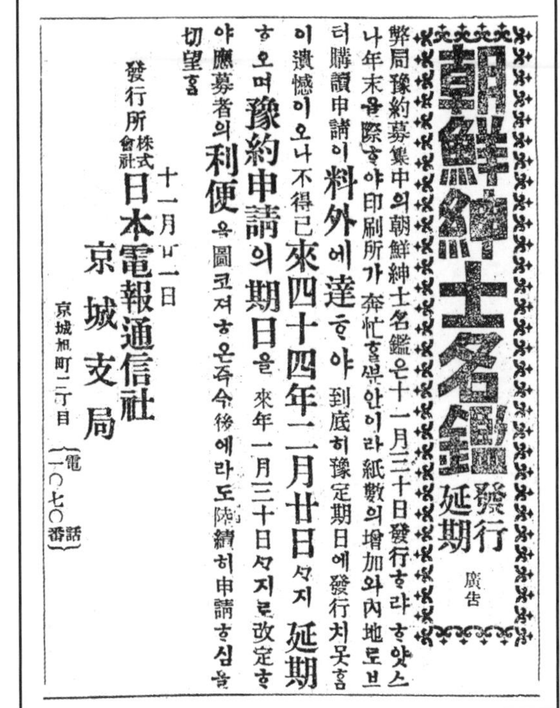

『조선신사명감』 발행 연기 광고
주식회사 일본전보통신사 경성지국
『매일신보』 1910. 11.

【最新刊】

京城延禧專門學校教授 白南雲著

朝鮮社會經濟史

（原始氏族共產體及び奴隷經濟史）

好評嘖々

檀君神話の國朝鮮！誰人もこの民族の正體を鮮明し得た者はなかつた。世界史の動向は將に東洋に於て決定されんとする機運に際會しつゝある今日、東洋文化圏の一大領域であつたわが『朝鮮』こそは正に於此より批判再檢討されねばならぬ。白教授は心血を濺ぐこと九年、學的良心と民族的情熱をもつて竟に前人未踏の境地を拓き、歷史の軌道を鮮明せしめた東洋民族の歷史的役割が一層の重要さを加へんとしつゝある秋、我々は絶大の確信をもつて本書を貽る。

四六判上製三百二十頁 定價壹圓 送料十四錢

（內容目次）

東京市芝區新橋七丁目 改造社 振替東京八四〇二

조선사회경제사 朝鮮社會經濟史

백남운 / 개조사 / 『동아일보』 1933. 9.

경성연희전문학교 교수 백남운 저(최신간)
「조선사회경제사(원시씨족공산체 및 노예경제사)」

호평 자자
단군신화의 나라 조선! 누구도 이 민족의 정체를 선명히 한 자가 없었다. 세계사의 동향이 바야흐로 동양에서 결정되려 하는 기운에 맞닥뜨리고 있는 오늘날, 동양문화권의 일대영역—大領域이었던 우리 '조선'이야말로 반드시 ○○보다 비판, 재검토되지 않으면 안 된다. 백 교수가 심혈을 쏟은 것이 9년, 학문적 양심과 민족적 정열을 가지고 마침내 전인미답의 경지를 개척하고 역사의 궤도를 선명히 손에 넣었다. 동양 민족의 역사적 역할이 일층 중요성을 더하려 하고 있는 가을, 우리는 절대적인 확신을 가지고 본서를 선사한다.

저자 백남운白南雲(1895~1974)은 역사학자이자 경제학자로 역사에 이름을 새겨 놓았다. 물론 그가 광복 후 월북하여 대한민국에서는 금기시된 인물이기에 아는 이는 적지만 말이다.
이 책은 그가 연희전문학교 교수로 재직 중이던 1933년에 출간됐다. 『한국민족문화대백과사전』에서는 백남운을 "일제강점 하에서 한국의 원시·고대·중세의 사회경제에 관한 경제사적 연구에 몰두하여 큰 업적을 남김으로써 한국의 경제사학 발전에 선구자적 구실을 했다."라고 평가한다.
또 이 책에 대해 "그의 저서는 한국사를 과학적으로 서술하려는 최초의 노력으로서 역사가 단순한 사실史實의 나열이 아니라는 생각에서 이론적·실증적 양면에서 최초로 시대 구분을 시도했다. 또한, 일제하의 한국사 연구에 있어서 한국사의 정체성을 강조하는 주장과, 심지어는 일선동조론日鮮同祖論과 같이 한국사의 존립 자체를 위협하는 사상에 대한 정면

도전이었다는 점에서 커다란 의미를 지닌다. 그리고 당시까지의 역사 서술이 왕조 중심이거나 정치사 중심의 관념사관인 데 반하여, 피지배계급에 역사의 초점을 맞춤으로써 한국사회경제사 연구의 효시가 되었다."라고 기술하고 있다. 우리 사회에 금기시된 백남운이라는 인물과 그의 책을 기억해야 할 까닭이다. 하나 더 주목할 점은 이 책이 일본 동경에 위치한 '개조사'에서 출간되었다는 점이다. '개조사'는 앞서 『마르크스 엥겔스 전집』을 출간한 바 있는, 그 무렵 일본 유수의 출판사였는데, 어떤 연유로 이 책이 한반도가 아니라 일본 출판사에서 출간되었는지 알 수가 없다.

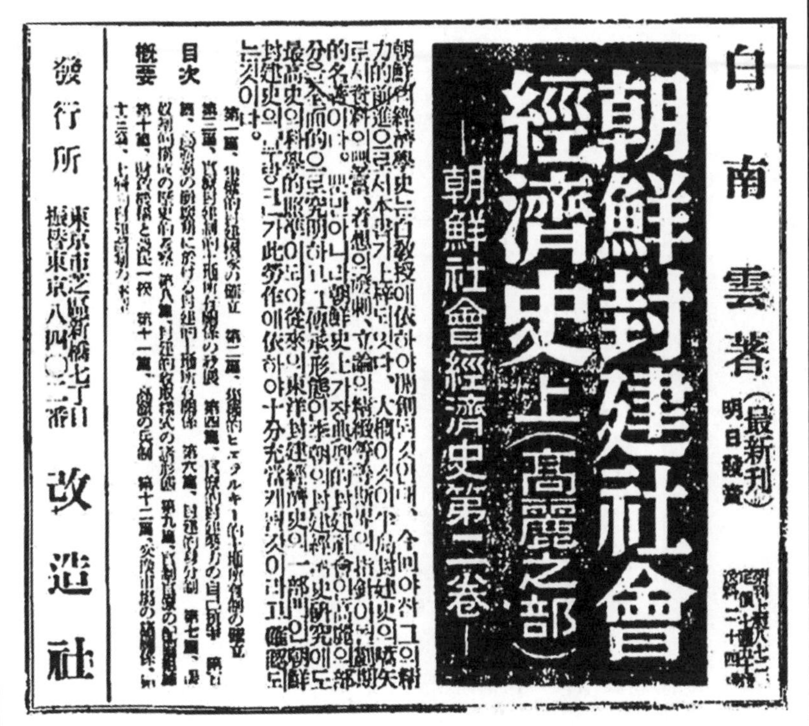

白南雲著 (最新刊) 明日發賣

朝鮮封建社會經濟史 上 (高麗之部)

—朝鮮社會經濟史第二卷—

目次

概要

發行所 東京市芝區新橋七丁目 振替東京八四〇三一番 改造社

『조선봉건사회경제사(고려의 부)』(『조선사회경제사』 제2권)
백남운
개조사
『동아일보』 1937. 11.

광고를 보면 『조선봉건사회경제사』는 『조선사회경제사』의 두 번째 권인 셈이다. 또한 광고에 따르면 출간된 책은 『조선봉건사회경제사』의 상권으로 고려 편이다. 그렇다면 다음 책도 출간 예정이었던 것으로 보이는데, 찾을 수는 없다.

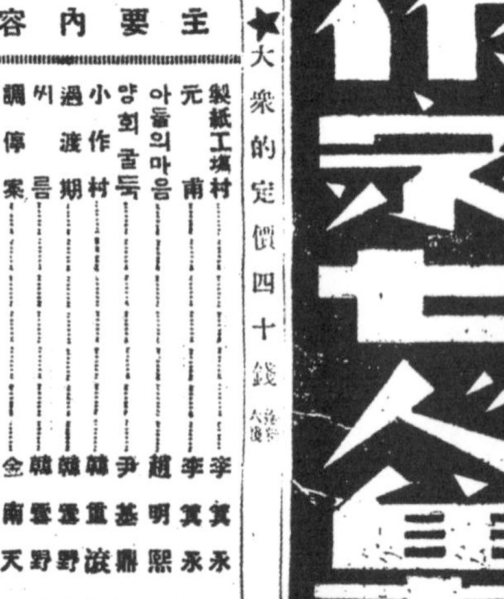

『集團』의階級的出版을支持하라!!

카프作家七人集

★朝鮮프로레타리아藝術同盟文學部編

（第二百二十頁）

★大衆的定價四十錢 送料六錢

主要內容

製紙工場村	李箕永
元甫	李箕永
아들의마음	趙明熙
양회굴둑	尹基鼎
小作村	韓重渶
過渡期	韓雪野
씨름	韓雪野
調停案	金南天
一切面會謝絶	宋影

朝鮮의프로레타리아文學運動은벌서十年에각가운歷史를가지고왓고, 그동안은實로形容할수업는苦難의길이엇다. 只今우리는새로운XX的昂揚과大衆X爭의한가운데서, 캅프의偉大한轉向의前夜에잇서, 이조그만한冊은캅프文學戰線의過去에對한批判의決算이고, 同時에캅프의수, 後의創造的方面을理解할려는모—든사람이읽어야할, 朝鮮프로레타리아文學運動의里程標일것이다. 우리들, 또朝鮮에잇서서XX的文學運動에關心하는모—든사람은, 다갓치이貴重한過去에서배우고또한漸漸甚해가는文化反動, 民族主義의文學戰線에對한雨雷와갓흔鬪爭을展開하여야한다. 直接注文으로이階級的出版을支持하라!

카프詩人集

프로레타리아詩의大衆化를爲하야 再版은十錢으로내리엇다! 送料二錢

京城府樂園洞一三十二番地 集團社 振替京城二〇一七〇番

캅프 작가 7인집KAPF作家七人集 캅프 시인집KAPF詩人集

카프KAPF / 집단사 / 『조선일보』 1932. 3.

조선푸로레타리아예술동맹 문학부 편
「캅프 작가 7인집」
220쪽, 미장美裝

주요 내용
-「제지공장촌」: 이기영
-「원보」: 이기영
-「아들의 마음」: 조명희
-「양회굴뚝」: 윤기정
-「소작촌」: 한중연
-「과도기」: 한설야
-「씨름」: 한설야
-「조정안」: 김남천
-「일절면회사절」: 송영

집단의 계급적 출판을 지지하라!
조선의 푸로레타리아 문학운동은 벌써 10년에 가까운 역사를 가지고 왔고, 그동안 실로 형언할 수 없는 고난의 길이었다. 지금 우리는 새로운 ××적 앙양과 대중×쟁의 한가운데서, 캅프의 위대한 전향의 전야에 있어, 이 조그마한 책은 캅프 문학전선의 과거에 대한 최량最良의 결산이고, 동시에 캅프의 금수, 후後의 창조적 방면을 이해하려는 모든 사람이 읽어야 할, 조선 푸로레타리아 문학운동의 이정표일 것이다. 우리들, 또 조선에 있어서 ××적 문학운동에 관심하는 모든 사람은, 다 같이 귀중한 과거에서 배우고 또한 점점 심해 가는 문화반동, 민족주의의 문학전선에 대한 우레와 같은 투쟁을 전개하여야 한다. 직접 주문으로 이 계급적 출판을 지지하라!

「캅프 시인집」
푸로레타리아 시의 대중화를 위하여
재판再版은 10전으로 내렸다! 송료 2전.

대중적 정가 40전, 송료 6전
발행소: 집단사

약칭 카프KAPF(Korea Artista Proleta Federatio)는 '조선 푸로레타리아 예술가동맹'을 뜻한다. 카프는 1925년부터 1935년 연간에 활동한 진보적 문학예술운동단체로, 명칭은 에스페란토어에서 따온 것이다.
그 전에 우리나라에서 출간된 작품집은 대부분 동인지 성격의 잡지였다. 반면 이 작품집은 한 집단에 소속된 필진이 공통적으로 지향하는 작품성을 내세우며 출간한 최초의 단행본 출판물이라 할 수 있다.

普成中學校長朴重華著

中等動物學

全一冊定價金一圓

挿圖一百八十餘本

本書ᄂᆞᆫ右氏가斯學에就ᄒᆞ야研究積功ᄒᆞᆯᄲᅮᆫ不啻라各學校에셔敎授多驗ᄒᆞᆫ故로動物學上의一般眞理를明確히覺得ᄒᆞᆫ結果學界의要求에應ᄒᆞ야多年修得ᄒᆞᆫ好材料를一層精纂ᄒᆞ야今古難見ᄒᆞ든奇獸珍禽의形態活圖와肉眼으로셔辨識치못ᄒᆞᆯ微生物의發育形態ᄭᅡ지鮮明描圖ᄒᆞ야動物의歷史變遷과身體搆造와發育生長과生理進化等의一般眞理를詳細記載ᄒᆞ야自然界의利用ᄒᆞᆯ바를明示ᄒᆞ야世人의博物學眼界에一大光明을放照ᄒᆞ얏ᄉᆞ오니科學에有意ᄒᆞᆫ學界僉彦은從速購覽ᄒᆞᆷ

但以外新舊書籍도具備ᄒᆞ오니地方僉彦中에셔ᄂᆞᆫ郵便으로通知ᄒᆞ시면特別割引ᄒᆞ야迅速酬應ᄒᆞ겟ᄉᆞᆸ

大發賣所

京北部典洞 光東書局李鍾楨

京西部紫岩洞 新舊書林池松旭

중등동물학 中等動物學

박중화 / 광동서국·신구서림 / 『매일신보』 1910. 10.

보성중학교장 박중화 저
『중등동물학』
전 1권, 삽도插圖 180여 장

본서는 저자가 관련 학문 분야에 대하여 연구하고 노력한 결과일 뿐 아니라 각 학교에서 오랫동안 가르친 까닭에 동물학 분야의 일반적 진리를 명확히 깨닫고 얻은 결과 학계의 요구에 응하여 다년간 배워 얻은 좋은 내용을 일층 정교히 편찬하여 고금에 보기 어려운 기이하고 귀한 금수의 형태에 대한 산 그림과 육안으로는 분별할 수 없는 미생물의 발육 형태까지 선명한 그림으로 묘사하여 동물의 역사 변천과 신체 구조, 발육 생장 그리고 생리 진화 등의 일반적 진리를 상세히 기재하여 자연계의 이용할 바를 명시하여 세상 사람의 박물학적 세계에 일대 광명을 비추었으니 과학에 뜻이 있는 학계 여러분은 속히 구입하여 읽으십시오.

정가 1원
대발매소: 광동서국 이종정·신구서림 지송욱

동물학은 분명 서양식 학문 분과이니, 서구식 교육이 본격적으로 시작되기 전에는 교과서 또한 없었을 것이다. 『중등동물학中等動物學』이 광고된 1910년이면 서구식 교육이 발아할 무렵인데, 그때 우리나라 사람이 집필한 동물학 교과서의 출간은 대단한 일이었을 것이다.

그런데 서구식 동물학 교과서 저자인 박중화朴重華(?~?)에 대한 자료가 거의 없어 다시 한 번 놀라게 된다. 게다가 남아 있는 자료 또한 동물학자라는 직업과는 전혀 거리가 먼 내용이다. 그는 1907년 안창호가 주도한 비밀결사인 신민회에 가입해 활동하며 지속적으로 지하 항일운동을 벌였으며, 1919년 12월에는 50여 명의 동료와 함께 공산주의 이념을 띤 조선노동연구회를 조직하기도 했다.

그리하여 1963년에는 그 공을 인정받아 대통령 표창을 받았다고 한다.

옥호서림 광고
「대한매일신보」 1909. 2.

광고 문안을 보면 『초등식물학』과 『초등 동물학』 교과서를 옥호서림이 발행했다는 내용이 실려 있다. 아쉬운 것은 저자가 누구인지, 번역서인지 아닌지 상세한 내용이 없다는 점이다.

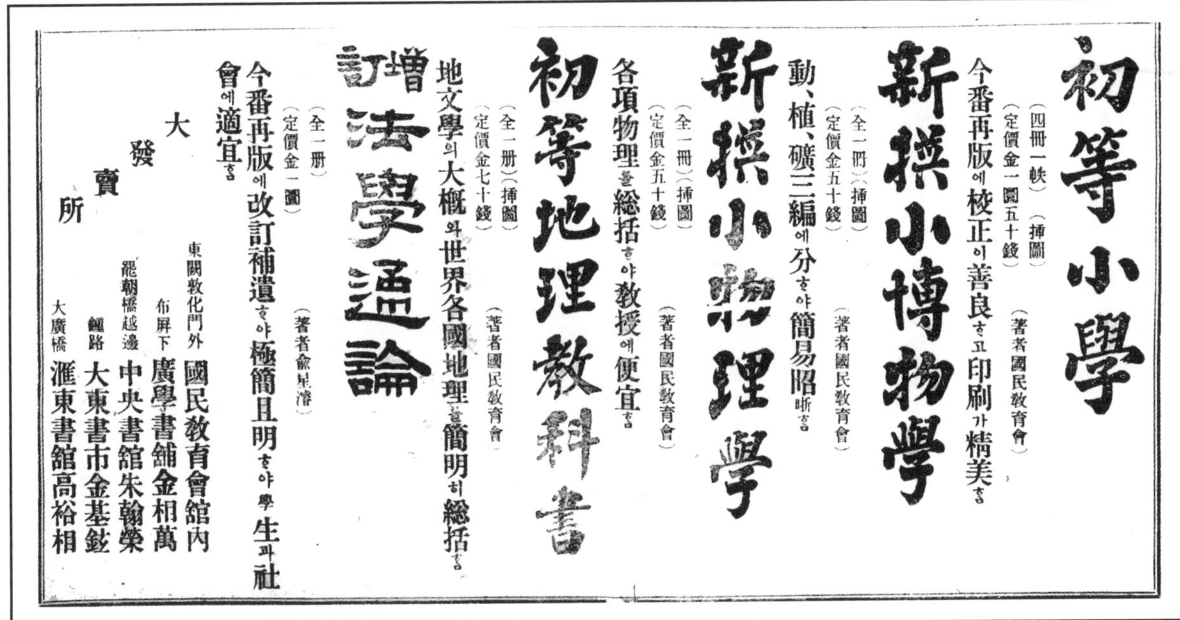

『초등수학』·『신찬 소박물학』·『신찬 소물리학』·『초등지리교과서』·『증정 법학통론』
국민교육회
『황성신문』 1907. 10.

『초등소학』과 더불어 『신찬 소박물학』, 『신찬 소물리학』, 『초등지리교과서』, 『증정 법학통론』 광고가 실려 있다. 저자는 모두 '국민교육회'라고 써 있는데, 국민교육회國民教育會는 1904년 9월에 설립되어 1907년 11월 해체된 애국계몽단체로, 이원긍李源兢 · 이준李儁 · 전덕기全德基 · 최병헌崔炳憲 · 유성준兪星濬 등이 주요간부로서 활동하였다.

회의 목적은 ① 학교를 널리 설립하고, ② 문명적 학문에 응용할 서적을 편찬 혹은 번역하여 간포刊佈하며, ③ 본국사기本國史記와 지지地誌, 고금古今의 명인 전적을 모집, 광포廣佈하여 국민의 애국심을 고동鼓動하고 원기를 배양하는 것이었다.

이러한 목적을 달성하기 위해 교사 양성을 위한 사범학교 속성과를 설립하기도 했고, 위 광고에 나오는 책들을 편찬하기도 하였다.★

★ 『한국민족문화대백과사전』

(新版)菊池謙讓著(發賣)

全洋裝金字入 頁數四百餘頁　定價壹圓五十錢　郵稅金十錢

本書는大院君傳이라題ᄒᆞ얏스나其實은朝鮮近世의外交라謂ᄒᆞᆯ지로다筆을江華戰役에서起ᄒᆞ야日露戰役에止ᄒᆞ얏는ᄃᆡ前後四十餘年間의事變과人物은其史論의骨子ㅣ라著者는其後半期二十年間에親히大院君에게納交ᄒᆞᆫᄉᆡ안이라

大院君肖像
筆蹟其他寫眞版十數葉

重要ᄒᆞᆫ外交政局에關與ᄒᆞ얏스ᄆᆡ人物評判과外交史論은皆公平ᄒᆞᆫ觀察이오眞的ᄒᆞᆫ事實이라著者가此史傳을刊行ᄒᆞ기ᄭᆞ지八年의星霜을費ᄒᆞ고資料의蒐集과研究에苦心努力ᄒᆞᆫ바이니近來에稀有ᄒᆞᆫ好著述이라ᄒᆞ노라

發行所　京城本町二丁目　日韓書房　電話一四五 振替一一五

★ 러일전쟁

★ 을미사변에 대한 각국의 비난이 일자 형식적으로 사건 당사자들을 형무소에 수감했다가 모두 증거불충분으로 석방하였다.

대원군전 大院君傳

기쿠치 겐조 / 일한서방 / 『매일신보』 1910. 11.

(신판) 기쿠치 겐조菊池謙讓 저(발매)
「한국최근외교사 대원군전」
부: 왕비의 일생
전양장 금자입
쪽수 400여 쪽
정가 1원 50전, 우송료 10전

본서는 대원군전이라 제하였으나 기실은 조선 근세의 외교라 이를지로다. 붓을 강화도 전투에서 시작해 일로전쟁★에서 마쳤는데, 전후 40여 년간의 사변과 인물은 그 사론史論의 골자라. 저자는 그 후반기 20년간에 친히 대원군에게 납교納交할 뿐 아니라 중요한 외교 정국에 관여하였은즉, 인물 평판과 외교사론은 모두 공평한 관찰이요, 진실한 사실이라. 저자가 이 사전史傳을 간행하기까지 8년의 성상을 보내고 자료의 수집과 연구에 고심 노력한 바이니 근래에 귀한 좋은 저술이라 하노라.

대원군 초상 필적, 기타 사진판 십수 장
발행소: 일한서방

이 책의 저자인 기쿠치 겐조菊池謙讓는 1895년 10월 8일 새벽에 경복궁에 난입해 명성황후를 시해한 살인자 가운데 한 명이었다. 그런데 그가 단순한 깡패에 불과했다면 오히려 다행이었을 것이다. 1893년, 스물셋의 나이에 한국 땅에 첫발을 디딘 그는 을미사변뿐 아니라 청일전쟁 등 주요 사건에 개입했다. 그는 청일전쟁에서 종군기자로 활동한 이후 1945년, 일본의 패전으로 자국으로 돌아갈 때까지 52년간 언론인이자 재야사학자로 활동하면서 우리 역사에 씻을 수 없는 왜곡을 남겼다.

그가 출간한 첫 책은 을미사변을 합리화하고 책임을 흥선대원군에게 돌리기 위해 히로시마 형무소에 수감 중★ 쓴 『조선왕국』(1896)이다.

『한국최근외교사 대원군전韓國冣近外交史 大院君傳』(부: 왕비의 일생)은 이토 히로부미의 명을 받아 출간한 책으로 1910년에 출간되었다. 이 책은 한일강제병합을 앞두고 조선망국론 입장에서 대원군과 고종,

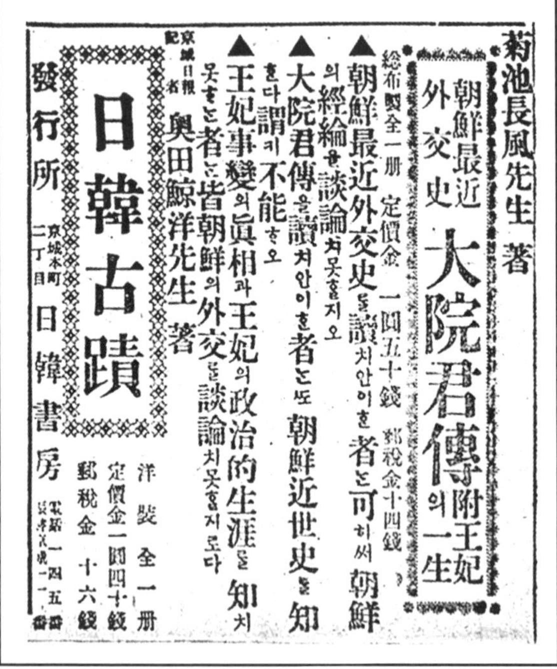

『한국최근외교사 대원군전』 부: 왕비의 일생
기쿠치 쵸후
일한서방
『매일신보』 1912. 1.

명성황후의 정치적 무능력과 부패상에 초점을 맞춘 책이다.
기쿠치 겐조의 글은 쉽고 선정적인 까닭에 대중들에게 빠르게 전파되었다. 특히 그는 을미사변 현장에 있었고, 대원군과 지속적으로 친분 관계를 갖고 접촉하였다. 그 결과 그의 진술은 현장성으로 인해 의심 없이 역사적 사실로 수용되었고, 이는 한국 근대사에 심각한 왜곡과 굴절의 굴레를 씌웠다. 그 결과 식민 통치 내내 자리하게 될 일본 식민사학의 출발점이 되었다.
기쿠치 겐조를 반드시 기억해야 할 까닭이 여기에 있다.

그런데 위 광고를 보면 기쿠치 겐조라는 이름 대신 기쿠치 쵸후菊池長風가 등장한다. 분명히 같은 책인데.

菊池謙讓校閱 細井吼崖著

現代漢城の風雲と名士

洋裝全一册 定價金八十錢 郵稅金八錢

鮮明혼諸名士의寫眞版을挿入홈

本書는觀察이特異혼細井吼崖氏의筆法으로漢城政海의人物을評論홈이오菊池謙讓先生의校閱을經혼것인뒤元老大臣以下一般政治家凡五十人의性行, 陰謀, 功過를昭釋注錄호야黑童童혼韓政海의裏面에忌憚이無케縱橫說去호야解得키至易케호야特히附錄호논뒤東西班諸家의衰頹와漢城政海의現況과京城의沿革等의目今緊要혼文字오且近來時局에對혼合邦問題를起호야對韓政策의一大解決을佇見홀際에實로朝鮮問題를議論호얏슨즉此는必코座右에一覽을供홀만혼最新혼好書이오니다

京城本町二丁目 電話百四十五番 韓振替口座百十五番

發行所 日韓書房

『현대 한성의 풍운과 명사』
기쿠치 겐조
일한서방
『황성신문』 1910. 5.

기쿠치 겐조 교열校閱
세정후애細井吼崖 저
『현대 한성의 풍운과 명사』
양장 전 1책, 정가 금 80전
선명한 제 명사의 사진판을 삽입함.

본서는 관찰이 특이한 세정후애細井吼崖★ 씨의 필법으로 한성 정계의 인물을 평론함이오. 기쿠치 겐조 선생의 교열을 거친 것인데, 원로대신 이하 일반 정치가 50인의 성행, 음모, 공과를 소석昭釋 주록注錄하여 캄캄한 정계의 이면에 기탄이 없게 종횡으로 설거說去하여 해독하기 매우 쉽게 하였으며, 특히 부록하였는데, 동서 양반 여러 가문의 쇠퇴와 한성 정계의 현황과 경성의 연혁 등의 눈앞에 긴요한 문자요, 최근 시국에 대한 합방 문제를 제기하여 대한對韓정책의 일대 해결을 그저 바라볼 수밖에 없는 이때 실로 조선문제를 의론하였은즉, 이는 기필코 좌우座右에 일람을 공供할 만한 최신의 좋은 책입니다.

발행소: 일한서방

기쿠치 겐조가 한일강제병합이 이루어지기 전에 출간된 세정후애細井吼崖 저 『현대 한성의 풍운과 명사』라는 책에 교열校閱을 담당했다고 나온다. 교열이란 '원고의 잘못을 바로잡고 보완한다'는 것이다.
책의 내용이 어떠한지는 광고 문안을 보면 알 수 있는데 독자들로서는 꽤나 흥미를 느꼈을 듯싶다.

★ 세정후애細井吼崖는 일본의 혐한론자이자 극우파인 호소이 하지메細井肇인데, 왜 이름이 다르게 되어 있는지는 알 수 없다. 호소이 하지메는 조선연구회라는 단체를 조직, 일본이 조선을 강제병합한 후 지배를 위해 필요한 조선 관련 고서 및 도서를 간행하였다.

길분밤은왓슴니다!!만은

당신의性愛의準備는?

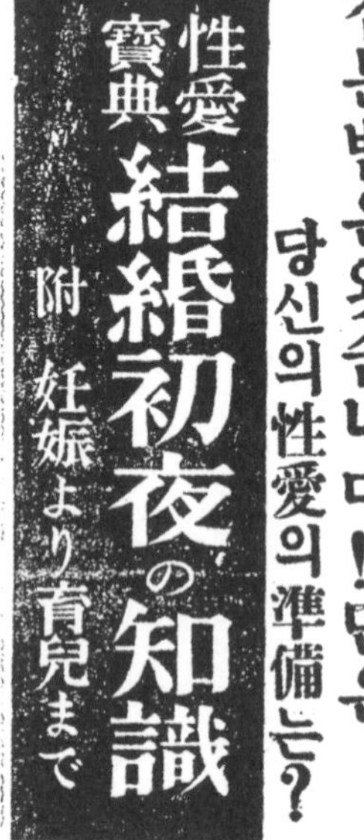

結婚初夜의知識이업시이神秘의世界를발브면憧憬던꿈도곳깨어지고、깁붐의밤은一生의享樂의最後로變합니다。

此一册을世上에젊은사람의게드림

本書는新郞新婦를爲하야初夜必須의知識數百項을쓴一。

妊娠부터育兒까지는全日本五百萬組의젊은夫婦의게性愛의眞價를깨달케

大膽하게公開한性愛書인故로新聞紙의品位를尊重히녀여內容의詳細는써립니다。

다음의內容目次의一斑과本文의一節을보시요

‖(一讀歡喜의目次의一斑)‖

本書內容의一節

結婚當夜男女의心得

相當히나히드른既婚婦人同志사이에는퍽猥雜한말을平氣로하지만은……(中略)엇더케이편살을假令母親의게도감히여러말하겟슴니까……(中略)結婚의當夜……(中略)新郞과新婦를가르티하는데對하야……略

血痕의有無에依하야處女非處女의

其筋이注意에依하야여기에內容의一斑을揭하기를써립니다。

體裁 四六判三百七十頁의大冊 美本函入總謬文附

定價 一圓八十錢

及 五萬冊限 特價 一圓卅錢 送料十錢

葉書로申込하면은代金引換送料實費共 金一圓五十錢 으로急送함이다

○特價分錢本僅少大至急注文하시요代金引換注文歡迎

發兌元 東京瀧野川町田端八〇番地 平和堂書院 振替東京 十三四八七番

성애보전 결혼초야의 지식

性愛寶典 結婚初夜の知識

평화당서원(동경) / 『조선일보』 1928. 5.

기쁜 밤은 왔습니다만 당신의 성애性愛의 준비는?
『성애보전 결혼초야의 지식』
부록: 임신에서 육아까지

이 책을 세상의 젊은 사람에게 드림
결혼초야의 지식이 없이 이 신비의 세계를 밟으면 동경하던 꿈도 곧 깨어지고 기쁨의 밤은 슬프게도 또 생의 향락의 최후로 변합니다.
본서는 신랑신부를 위하여 초야 필독의 지식 수백항을 쓴.
임신부터 육아까지는 전 일본 5백만 쌍의 젊은 부부에게 성애의 진가를 깨달게 함.
대담하게 공개한 성애서인 고로 신문지의 품위를 존중히 여겨 내용의 상세는 꺼립니다.
다음의 내용 목차의 일부와 본문의 일절을 보시오.

= 일독 환희의 목차의 일부 =
- 결혼의 예식 및 시기
- 결혼 남녀의 각오
- 결혼 당일 밤 남녀의 심리
- 연애에는 성욕이 동반함
- 결혼준비로서의 성 지식 백과
- 혼례식
- 맞선의 심리
- 약혼의 물건

체제 및 정가: 46판 370쪽의 큰 책
무척 아름다운 책, 상자 포장, 총 언문 부附
정가 1원 80전(5만 부 한정 특가 1원 30전, 송료 10전)
발매원: 동경 평화당서원

성에 대한 관심은 동서고금을 막론한 인간의 본능이다. 그러나 과거에는 오늘날과 같이 다양한 방식으로 성에 대한 지식을 구하거나 성적 욕구를 분출할 수 없었다. 그러한 상황에서 거의 유일한 대중매체였던 책이 성적 욕구를 해소하는 역할을 담당했을 것은 불문가지다.
이 책은 결혼과 성에 대한 지식을 전달하는 듯 보이지만, 실제로는 성에 관한 호기심을 담은 책인 듯하다. 왜냐하면 광고 내용이 매우 선정적이어서 단순히 결혼과 성적 지식에 관한 내용인지 의구심을 갖기에 충분하기 때문이다.
책 광고는 한글로 적혀 있지만 책 제목도 일본어요, 책을 출간한 곳도 일본 동경이며, '5만 부 한정 특가'라는 광고 문안을 보면 책 내용 또한 일본어로

쓰여 있었을 듯하다. 한글로 번역된 책이 5만 부나 팔릴 까닭은 없을 테니까.

그 무렵에는 그 외에도 노골적으로 성적 호기심을 유발하는 선정적인 책을 소개하는 광고도 많았다. 이 가운데는 단순한 책뿐만 아니라 야릇한 춘화도도 포함되어 있는 듯하다.

『결혼독본』
성문사서점
『경성일보』 1941. 9.

『성욕지상독본』
『매일신보』 1926. 5.

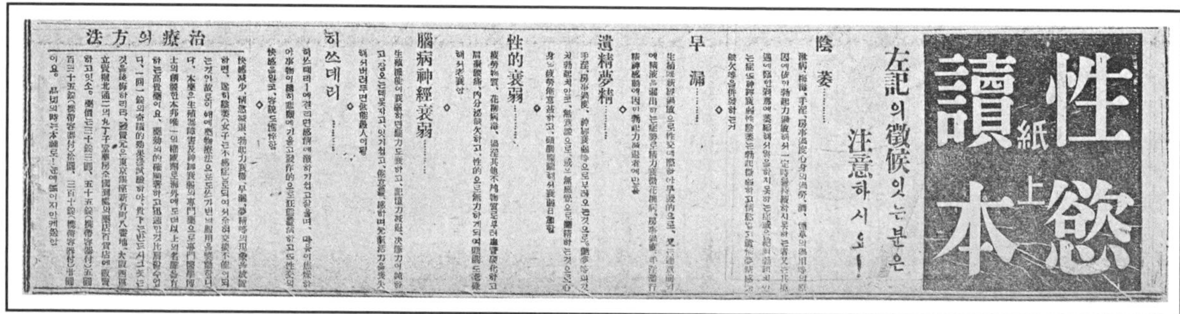

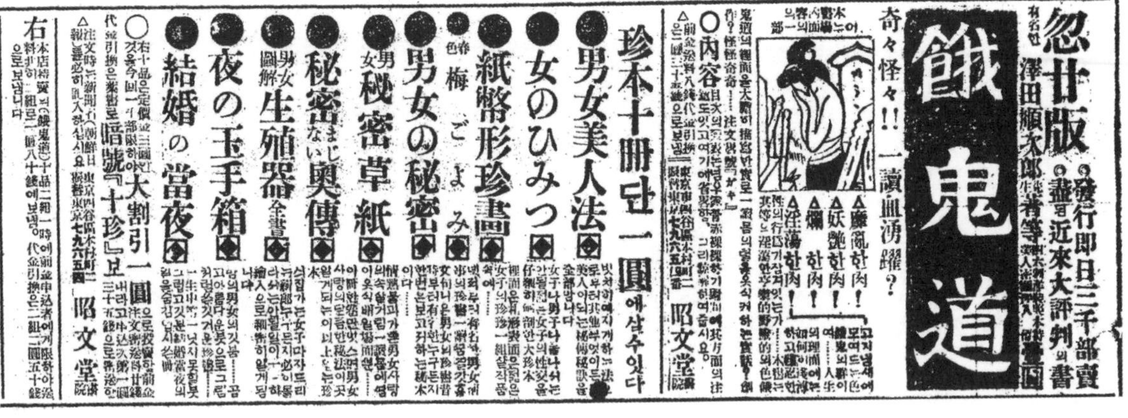

怨廿版 ◎發行即日三千部賣

有名한 澤田順次郞先生著 ◎書로近來大評判의書

餓鬼道

奇々怪々!! 一讀血湧躍?

△靡亂한肉! △妖艶한肉! △爛한肉! △淫蕩한肉!

○內容

昭文堂

珍本十冊단一圓에살수있다

●男女美人法

●女のひみつ

●紙幣形珍書

●男女の秘密

●春色梅ごよみ

●男女秘密草紙

●秘密まじない奧傳

●男女圖解生殖器全書

●夜の玉手箱

●結婚の當夜

○右十品은定價金三圓인것을今回一千部限하야大割引一圓으로投賣함

暗號『十珍』

右本店特賣의(餓鬼道)十品二組一時에前金申込者에게限하야送料共二組二圓八十錢에보냄

昭文堂

『아귀도』
사와다 준지로澤田順次郞
소문당
『조선일보』 1929. 3.

『처녀 및 처의 성적 생활』
사와다 준지로
정문사
『매일신보』 1923. 9.

性學 ◎ 大家澤田順次郞先生新著◎

圖解

處女及妻の性生活

◆代金引換送料 廿二錢
◆前金注文送料 八錢
◆四六判◆特價金壹圓七十錢
◆箱入

▲女子의肉體의構造、性的作用、性慾發作等을露骨로說明한最新判!

人生의花로誇할處女、또는老櫻殘한色香尙히失치안은妻가內面的으로起하는性慾의衝動、本能的發作等、總히女子의構造作用性的關係를處女、妻、母、로別하야生殖器로부터性交에至한肉體的變化、局部브터諸器管의本能働其他普通人에게닷지못하는內部의動作을密圖入으로詳細히解音說明한、最新의快著

他人에게뭇지못할일이本書에依하야一切明瞭케됩니다、怪異한猥褻書와同一視말으시기를

▲女子生殖器圖解 ▲處女의乳房과○部 ▲處女의心地 ▲處女와非處女를簡易하게아는法 ▲處女의戀 ▲處女의性○과男子性○의差異 ▲處女의手淫과性感 ▲處女의艶書研究 ▲結婚當○는如何히할가 ▲處女膜의破裂 ▲白蓮女史의性的解剖 ▲夫婦의性○及性의注意 ▲姙娠하는時期와안하는時期 ▲外數章 ▲希望者는新聞名을記入하야葉書로(圖解)送附하라고請求하면代金引換小包로送呈합니다。

◎東京麻布富士見町六番地
振替東京四九四八四番 電話芝五○八○番 正文社

大衆에게 實費로 提供하는 最良書

朝鮮農民社版大衆文庫

朝鮮最近史 十三講
波瀾과 曲折이 重疊한 李朝末葉은 吾人의 歷史
定價 三十錢
十部以上二割引要先金

大衆讀本 第一卷
한글綴字法에 依하야 編纂한 文盲退治用 教科書
定價 十五錢
十部以上二割引要先金

大衆算術
日常生活에 必要한 計算을 잘하게 하는 教科書
定價 十五錢
十部以上二割引要先金

大衆簡牘
人間生活에 업지 못할 純우리글로 만든 片紙法
定價 十五錢
十部以上二割引要先金

肥料製造及施用法
天下之大本인 農業技術을 向上식히는 必要資料
定價 十錢
十部以上二割引要先金

農民 十一月號
農民大衆의 時代的 知識과 訓練을 주는 月刊雜誌
定價 十錢
一年 十二冊 一圓
十部以上二割引要先金

京城府慶雲洞八八番地
朝鮮農民社
振替京城一四八二九
電話光化門五一八番

★ 간독簡牘은 편지를 가리킨다.

대중문고大衆文庫

『대중문고』 / 조선농민사 / 『동아일보』 1930. 11.

대중에게 실비로 제공하는 최양서最良書
『조선농민사판 대중문고』

『조선최근사 13강』
파란과 곡절이 중첩한 이조 말엽 눈물의 역사, 정가 30전
『대중독본 제1권』
한글철자법에 의하여 편찬한 문맹퇴치용 교과서, 정가 15전
『대중산술』
일상생활에 필요한 계산을 잘하게 하는 교과서, 정가 15전
『대중간독大衆簡牘』★
인간생활에 없지 못할 순우리글로 만든 편지법, 정가 15전
『비료 제조 및 시용법』
천하지대본인 농업기술을 향상시키는 필요보감, 정가 10전
『농민』
농민대중의 시대적 지식과 훈련을 주는 월간잡지, 정가 10전

조선농민사

일본은 세계적인 문고본 천국이다. 그런 까닭인지 일제강점기에 우리나라 또한 다양한 문고본이 출간됐다. 그러나 문고라는 것이 무조건적으로 출간될 수 없는 형태의 책이다. 또한 문고본이 활성화되기 위해서는 기본 조건 역시 충족돼야 한다.
우선 독자의 수가 일정 수준 이상을 유지해야 한다. 문고본의 본질은 많은 내용을, 적은 형태의 책에 넣어 값싸게 공급하는 것이다. 그저 책의 크기만 작거나 값만 싼 것이 아니라는 말이다. 그렇기 때문에 좋은 내용의 문고본이 지속적으로 출간되기 위해서는 문고본을 지속적으로 수용할 독자 수가 일정 수준 이상이어야 한다. 또한 문고본은 값이 저렴하기 때문에 당연히 유통하는 서점의 이윤도 적기 마련이다. 그래서 수요가 일정 수준 이상 오르지 못한다면 서점에서 문고의 진열을 꺼릴 것은 당연하다. 마지막으로 독자의 요구를 충족시킬 만한 내용의 도서가 지속적으로 공급될 수 있어야 한다. 아무리 문고본을 출간하고자 해도 문고본에 걸맞은 도서가 지속적으로 공급되지 못하면 결국 그 문고본은 생명력을 잃기 마련이다. 그런 점에서 문고본 천국 일본의 독서력은 부럽다. 물론 독자 가운데는 우리나라 또한 문고본의 활성화가 독서력의 증가를 가져올 수 있다고 여기는 분도 있을 것이다. 그러나 현실적으로 인문학 서적의 태반이 1,000부 팔기도 힘든 상황에서 문고본을 출간하기는 쉽지 않다. 몇 권의 베스트셀러가 수십만 부, 수만 부씩 판매되는 독서 생태계가 아니라 수천, 수만 권의 책이 수천 부 팔리는 독서 생태계가 조성될 때, 우리나라에서도 문고본의 꽃이 활짝 필 것이다.

우리나라 문고본의 효시는 최남선이 간행한 『육전소설』문고라는 사실을 살펴본 바 있다. 그러나 명실상부한 문고본이라고 하기에는 부족한 면이 있다. 『육전소설』문고에는 그 전까지 우리나라에 전해 오던 소설들을 모아 출간한 것 이상의 작품이 안 보이기 때문이다.

반면에 조선농민사가 간행한 『대중문고大衆文庫』는 명실상부한 문고본의 효시라고 할 만하다. 문고의 구성이 일관되며, 모든 책이 신간이라는 사실 또한 앞선 문고본과는 다르다. 그러나 오래 지속되지 못했고 출간된 종수 또한 그리 많아 보이지 않아 안타깝다. 다만 발행순서 면에서 우리나라를 대표하는 문고인 『박문문고』, 『조선문고』가 1939년 무렵에 시작된 데 비해 『대중문고』는 10년 가까이 앞선 1930년에 발행됐으니, 상당한 의의가 있다고 하겠다.

『농민독본』
이성환
삼광당서적부
『동아일보』 1930. 11.

이 책의 저자 이성환은 교토고등잠업학교를 졸업한 뒤 조선농민사 이사, 주간, 전조선농민조합 집행위원장을 지낸 농업운동가로 이름을 떨쳤다. 그러나 일제 말에는 징병제 요망운동 발기인, 국민정신총동원조선연맹 부속기구인 비상시국민생활개선위원회 위원, 국민동원총진회 이사장을 지내며 징병을 독려하는 등 친일의 길을 걸었다. 그 결과 친일반민족행위진상규명위원회가 발표한 친일반민족행위 705인 명단에 포함되었다.

春城 盧子泳 作

小說及感想集 靑春의 曙光

괴만흔 靑春의 苦悶과 哀訴！

永遠한 憧憬과 讚美！

出版幾日에 初版一千部將盡

朝鮮의 처음인 出版界大記錄

目次及內容紹介

不滅의 眞理（小說）

自殺者의 手記（小說）

꼿지는 南國에（紀行）

靑春의 曠野（想華）

여 름 밤（詩劇）

三防川의 月夜（感想）

黃金의 宮殿（童話）

새로운 동산에（對話）

永遠의 悲哀（感想）

金鷄山의 半月淵（紀行）

憧憬時代（日記）

靑春은 때갈（詩五編）

急告

靑鳥社

059

청춘靑春의 광야曠野

노자영 / 청조사 / 『동아일보』 1925. 1.

춘성 노자영 작
『청춘의 광야』
소설 및 감상집, 310쪽, 하이카라, 양장극상본洋裝極上本, 녹색
반포半布

피 많은 청춘의 고민苦悶과 애소哀訴!
영원한 동경과 찬미!
출판 수일에 초판 1천 부 곧 매진
조선에 처음인 출판계 대기록
이렇게 열광적 성원을 받음은 무슨 까닭인가? 그것은 기자생활을 떠난 작자가 침묵 1개년에 전 정열과 정성을 다하여 창작한 금문자金文字로써, 침통과 화려, 웅혼雄渾을 다한, 진실한 내용이 기어이 젊은이들의 눈물을 받고야 마는 까닭!

●목차 및 내용 소개
「불멸의 진리」(소설)
「자살자의 수기」(소설)
「꽃 지는 남국에」(기행)
「청춘의 광야」(상화想華=수필)
「여름밤」(시극詩劇)
「삼방천三防川의 월야月夜」(감상)
「황금의 궁전」(동화)
「새로운 동산에」(대화)
「영원의 비애」(감상)
「금계산金鷄山의 반월연半月淵」(기행)
「동경시대憧憬時代」(일기)
「청춘은 가는데」(시 5편)

1부 정가 1원 20전
발행소: 청조사

춘성春城 노자영盧子泳(1898~1940)은 우리에게는 잘 알려져 있지 않지만 1920년대에 가장 대중적인 인기를 끈 시인이자 수필가, 소설가였던 듯하다. 그의 경력은 참으로 다양하다. 『한국민족문화대백과사전』에 따르면, 노자영은 교사 생활을 거쳐 한성도서주식회사에 입사하여 『서울』, 『학생』 등의 잡지사 기자로 활동을 시작했다. 1935년에는 조선일보사출판부 잡지 『조광』의 편집을 담당하기도 했으며, 그 후 청조사라는 출판사를 직접 경영하기도 했다고 한다.

작품 활동을 시작한 것은 그의 나이 21세 무렵으로

알려져 있다. 그때부터 시는 물론 기행문, 산문, 시극詩劇, 동화에 이르기까지 거의 모든 장르의 작품을 발표한 것으로 보인다. 낭만적 감상주의의 시, 소녀 취향의 산문 등 대중적 인기를 끌 만한 까닭이 있기에 그 시대에 이렇게 왕성한 활동을 할 수 있지 않았을까. 다만 일세를 풍미한 그의 이름이 오늘날에는 거의 잊힌 듯해서 안타깝기도 하다.

기행감상수필시극『황야에 우는 소조』
노자영
청조사
『조선일보』 1927. 5.

春城 盧子泳 作

創作集 永遠의夢想

出刊數月에 忽然五版出來

덧업는靑春의피와눈물!

그것을呼訴하는魂의우름!

內容一般

無限愛

永遠의咀呪

鐵瓮城

白華江의月夜

放浪의夏路

漂泊의兄에게

半月城

愛人에게

總發賣所 博文書館

春城 盧子泳 作

叙情詩集 내魂이불탈때

紅血에넘치는靑春魂!!

○○을위하는至誠의불꼿!!

出版當日에 五千部賣出

金星玉笛갓티고흔젊은이의詩

죽엄보다압흔苦悶의詩!

창작집 『영원의 몽상』
노자영
박문서관
『조선일보』 1924. 9.

『이리앳드 이야기』
춘성 노자영 · 고월 이장희 공편
신생활사판매부
『조선일보』 1923. 8.

『내 혼이 불탈 때』
노자영
청조사
『조선일보』 1928. 3.

全一冊 洋製美本
總クロス金文字入
實價 金六圓也

朝鮮美人寶鑑

右ᄂᆞᆫ 朝鮮研究會에서 預約으로만 頒賣ᄒᆞᄃᆞᆫ바 地方讀者의 便宜를 爲ᄒᆞ야 本館이 右書에 版權을 引受ᄒᆞ야 請求ᄒᆞᄂᆞᆫ되로 即時 酬應코자 ᄒᆞ오니 至急 請求ᄒᆞ시오 殘存部數가 甚히 不足ᄒᆞ외다

◀內容▶

京城에 漢城、大正、漢南、京和 四妓生組合과 平壤、大邱、水原、光州、仁川、東萊 其外 各地에 妓生組合藝妓 約七百名에 寫眞을 揭載ᄒᆞ야 各其 居住 姓名 年齡 容貌 技能을 記載ᄒᆞ고 文學大家에 漢文及諺文 贊詞를 加ᄒᆞ야 無限ᄒᆞᆫ 趣味ᄂᆞᆫ 一口難言이오 千枝萬葉에 尖다운 최ᄂᆞᆫ 此書中에 網羅ᄒᆞ얏스니 事務餘閑과 愛愁恨歎에 好友ᄂᆞᆫ 此書에 過ᄒᆞᆯ 者 無ᄒᆞᆯ진뎌

地方에서 請求ᄒᆞ실 時ᄂᆞᆫ 代金 六圓 十八錢을 반ᄃᆞ시 添付ᄒᆞ시오 部數 不足에 依ᄒᆞ야 先金 次第로 發送ᄒᆞ고 先金이 안인 것은 決코 酬應치 아니ᄒᆞᆷ니다

發行所 京城府 鍾路 三丁目 七六 漢城書館

發行所 京城 蓬萊町 一丁目 七七 新舊書林

조선미인보감 朝鮮美人寶鑑

조선연구회 / 한성서관 · 신구서림 / 『매일신보』 1918. 11.

『조선미인보감』
전 1권, 양장 미본, 총 구로스 금문자입

이 책은 조선연구회에서 예약으로만 판매하는 바 여러분의 구입 관람에 편의를 도모하여 본 서관이 책의 판매권을 인수하여 청구하는 대로 즉시 수응酬應코자 하오니 지금 청구하시오. 남은 부수가 극히 부족하외다.
● 내용 ●
경성에서 한성, 대정大正, 한○, 경화, 4기생조합과 평양, 대구, 수원, 광주, 인천, 동래, 그 외 각처의 기생조합 예기藝妓 약 7백 명에 사진을 게재하여 각기 거주, 성명, 연령, 용태容態, 기능을 기재하고 문학 대가의 한문과 언문 찬사讚詞를 가하여 무진장의 취미는 한 입으로 말하기 어려울 것이요, 천 가지 만 잎에 꽃다운 자취는 책 안에 만재하였으니 일 가운데 여가와 우수, 한탄에 좋은 벗으로 이 책을 넘을 자 없을진저.
지방에서 청구하실 때는 선금 6원 18전을 반드시 첨부하시오. 부수 부족에 의하여 선금 차제次第로 발송하고 선금이 아닌 것은 결코 수응酬應치 아니합니다.

실가 6원
발행소: 한성서관 · 신구서림

앞서 살펴본 조선연구회는 참 다양한 책을 출간했음을 이 책을 통해서도 알 수 있다.
근대 조선의 기생은 오늘날 우리가 상상하는 유흥업소 종업원과 사뭇 달랐다는 점을 모르는 분은 안 계실 것이다. 그렇다고 해서 전혀 다른 직업이라고 하면 사실과는 어긋날 것이니, 다른 점과 흡사한 점을 동시에 가지고 있다고 보는 편이 옳지 않을까.
이 책에는 전국에 산재한 기생조합 소속 기생 700여 명에 대한 사진과 간단한 이력이 기재되어 있다.
오늘날 유흥업소 종사원과 다른 점을 웅변하는 책이라 하겠다.
한편 이 책의 정가는 그 무렵 간행된 책 가운데 가장 비싼 수준인 6원이다. 앞서 살펴본 『조선신사명감』이 5원이었으니, 친일고관대작을 다룬 책보다 기생을 다룬 책이 더 비쌌던 셈이다. 물론 앞의 책은 출간 시기가 더 앞섰으니 그동안 인플레이션을 감안하면 비슷할지도 모르겠지만.

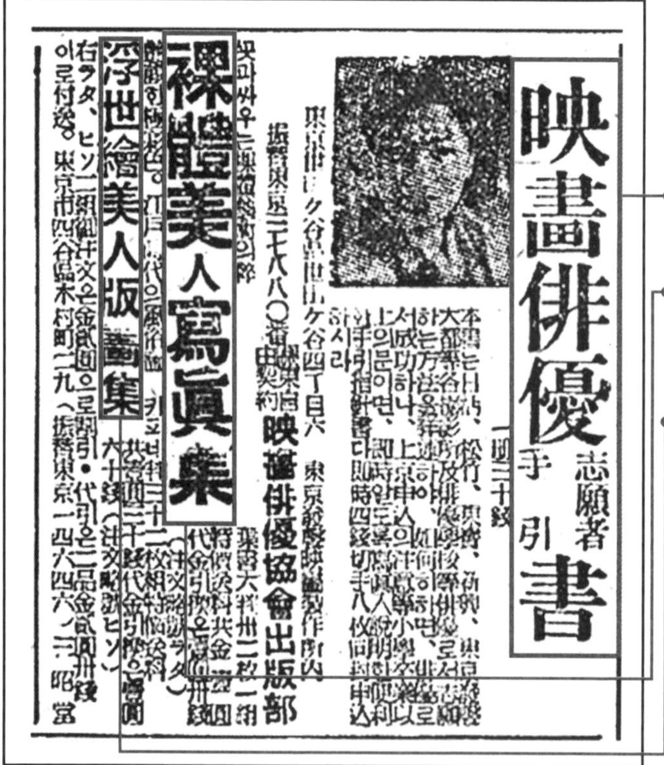

映畫俳優志願者手引書

一冊三十錢

映畫俳優協會出版部

裸體美人寫眞集

浮世繪美人版畫集

『영화배우 지원자 문서』·『나체미인사진집』·『부세회미인판화집』
영화배우협회출판부
『매일신보』 1940. 8.

『영화배우 지원자 문서』
1책 30전

『나체미인사진집』
엽서 6판 32매 1조
특가(송료 포함) 1원

『부세회미인판화집』
캬피네판 32매 1조
특가(송료 포함) 1원 30전

시대가 변하면서 인기를 끌기 시작한 직업이 영화배우일 것이다. 『영화배우 지원자 문서』는 일본의 영화 제작사들이 운영하는 배우학교에 지원하는 방법을 상세히 설명한 책이다. 『나체미인사진집』은 제목이 노골적인 만큼 내용도 그럴 것으로 판단되는데, 이런 책을 영화배우협회출판부에서 출간한 것이 이채롭다. 『부세회미인판화집浮世繪美人版畫集』은 일본을 대표하는 예술의 한 형태인 우키요에(부세회浮世繪) 가운데 여성을 그린 작품 모음집인 듯하다. 우키요에는 세계적인 화가 빈센트 반 고흐에게 큰 영향을 미친 예술로, 중세에서 근대에 이르는 일본의 서민생활을 소재로 한 목판화가 주류를 이룬다. 그림은 대부분 풍속화인데, 춘화, 즉 에로틱한 그림도 매우 많다.

『조선화보』
조선문화사
『매일신보』 1940. 8.

『조선화보』는 배우를 다룬 책과는 다른 책인 듯하다. 동경에서 발행되는데, 발행소는 조선문화사라는 것이 이채롭다.

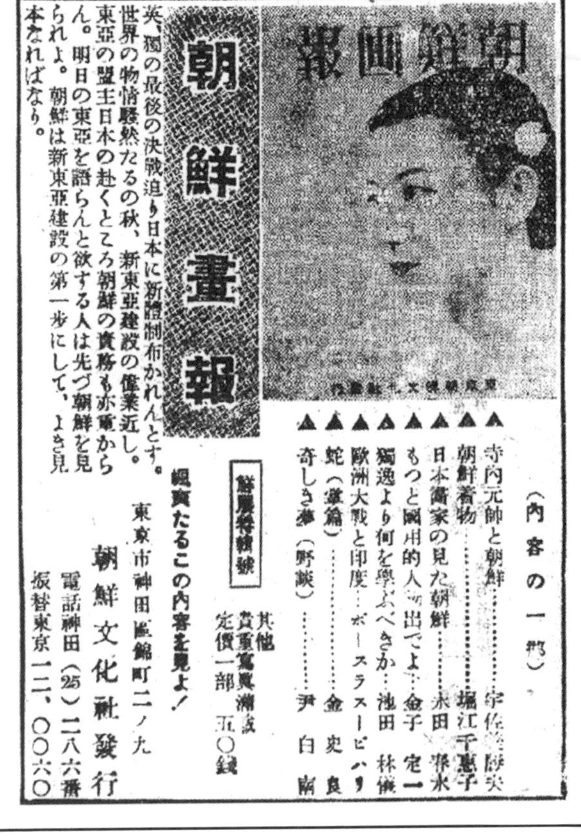

青嵐 文世榮 著
朝鮮語辭典
再版出刊
定價 七圓
博文書館版

조선어사전 朝鮮語辭典

문세영 / 박문서관 / 『동아일보』 1938. 12.

청람靑嵐 문세영文世榮 저
『조선어사전』
국대판, 1,690쪽, 모조가죽 양장본서 함입函入

재판 출간
환영! 대환영을 받으며 각 학교 각 신문사 각 지식인의 손으로 퍼져 나가던 문세영 씨의 각고 10년의 결정인 어휘 10만의 대 『조선어사전』은 끊이지 않는 호평리에 재판이 출간되었습니다. 재판은 초판에서 발견된 오자, 낙자落字를 전부 수정하여 사전으로의 완벽을 가일층 더하게 되었습니다.

정가 7원, 우송료 47전
발행소: 박문서관

문세영文世榮(1888~?)은 배재고등보통학교 교사와 조선어학회 표준말 사정위원 등을 거치며 우리나라 최초의 본격적 국어사전인 『조선어사전朝鮮語辭典』을 출간했는데, 이 책에 실린 어휘 수는 약 10만 개였다. 1938년은 중일전쟁을 일으킨 일본이 마지막 발악을 할 무렵이다. 이 와중에 우리말사전을 출간하는 것이 얼마나 어렵고 위험한 일인지 쉽게 추정할 수 있다. 그러나 그의 사전 출간 과정에 의구심이 드는 게 사실이라, 이 작업에 무한한 신뢰만을 보내기는 쉽지 않다. 이 사전을 문세영 혼자 힘이 아니라 이윤재李允宰와 한징韓澄, 두 사람의 지도와 도움을 받으며 편찬했다는 배경은 그래도 수긍할 수 있다. 그러나 당시 조선어학회 표준말 사정위원이던 문세영이, 조선어학회에서 10여 년간에 걸쳐 진행해 오던 『조선어사전』을 내기 전에 개인적으로 먼저 사전을 출간한 까닭이 무엇인지 의문이다. 게다가 1942년 조선어학회 사건으로 이윤재와 한징 모두 옥사하는 바람에, 이에 대한 구체적인 설명도 들을 수 없게 됐다.
그렇다고 하더라도 우리나라 최초의 우리말사전이 일제의 우리말 말살 정책이 극에 달하던 시기에 출간됐다는 점은 큰 의의를 갖는 것이 분명하다.
알려진 바로는 사전 출간에 소요된 비용은 박문서관 주인 노익형이 부담했으며, 출간 시점은 1938년 7월이다. 그해 12월 30일 자 광고에 '재판 출간'이라는 문구가 있으니 비용을 부담한 박문서관은 손해는 보지 않았을 듯싶다.

『관화 중국어자통』
문세영
한성도서주식회사
『동아일보』 1938. 7.

문세영이 1938년 7월에 간행한 중국어 학습서 광고. 총 400여 쪽에 달하는 방대한 학습서였다.

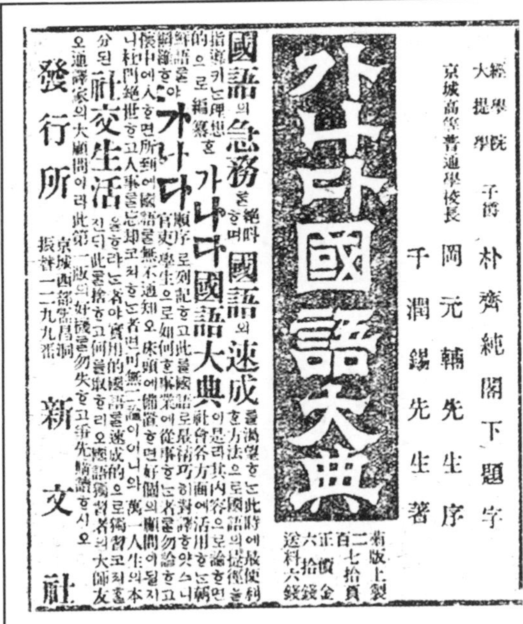

『가나다 국어대전』
천윤석
신문사
『매일신보』 1914. 7.

경학원 대제학 자작 박제순 각하 제자題字
경성고등보통학교장 강원보岡元輔 선생 서序
천윤석千潤錫 선생 저
『가나다 국어대전國語大典』
국판, 상제上製
270쪽
정가 금 60전, 우송료 6전

국어의 급무急務를 절규하며 국어의 속성을 갈망하는 이때에 가장 편리한 방법으로 국어의 첩경을 지도하는 이상적으로 편찬한 『가나다 국어대전』이 이것이라. 그 내용을 논하면 사회 각 방면에 활용하는 조선어를 망라하여 가나다 제목 순서로 열거하고 이를 국어로 가장 정교히 대역하였으니 관리, 학생으로 여하한 사업에 종사하는 자를 물론하고 마음속에 넣으면 소도所到에 국어를 무불통지요, 책상 머리에 비치하면 호개好個의 고문이 될지니 두문절세杜門絶世하고 인사人事를 망각코저 하는 자면 가무이론可無二論이거니와 만일 인생의 본분된 사교생활을 하려는 자야 실용적 국어를 속성으로 독습코자 할진대 이를 버리고 무엇을 취하리오. 국어 독습자의 큰 스승이요 통역가의 대 고문이라. 이 제1판의 좋은 기회를 잃지 말고 앞다투어 구독하시오.

발행소: 신문사

이 책은 참으로 독특하게도 우리말 표제어를 가나다순으로 배열한 다음, 표제어에 대한 설명은 일본어★로 붙였다. 그런데 광고 문안 가운데 '대역對譯'하였다는 표현으로 보아 상세한 설명을 붙였다기보다는 간단하게 일본어로 뜻을 붙인 듯싶다. 그러니 최초의 『한일사전』이라고 할 수 있지 않을까 싶다. 물론 내용을 보지 못해서 확정적으로 말할 수는 없지만.

★ 광고에서는 '국어國語'라고 표현하였다. 이때는 이미 한일강제병합이 이루어진 후니까 국어는 당연히 일본어였다.

突然半島天地를 震撼하는 劃期的

純粹小說叢書

太陽社版 • 全十二卷

悠久五十年 廢墟가튼 新文學史上에 新文學의 燦然한 炬火가 휘날린지 이미 二十有餘年 그동안 許多한 天才的作家가 接踵輩出하야 曠野가튼 우리의 文壇은 一時에 百花燎亂한 豪華舞臺로 化하엿다 이제 우리는 그數만흔 名篇佳作中에서도 가장 藝術的香氣노픈 精髓的作品十二卷을 玆에 選擇하야 써 二千萬兄弟아페 어바지하노니 兄弟들이여 兄弟들은 어叢書를 兄弟들의 案頭에 備置함으로써 文化民族으로서의 羞恥됨이 업게하라

凜凜한 이 偉容
文學朝鮮의 黃金塔은
正히 이것이다

三代	廉想涉
赤道	玄鎭健
海潮音	金基鎭
人間修業	李箕永
不滅의 喊聲	李泰俊
먼동이 틀때	李無影
人間問題	姜敬愛
人形의 집을 나와서	蔡萬植
구름을 잡으려고	朱耀燮
咸大勳(交涉中)	嚴興燮(交涉中)

第一回發行은 李箕永氏의 力作!

人間修業

朝鮮初有 新四六版 高級佛蘭西式金色裝幀 堂堂五〇〇頁 定價一圓六十錢 送料十錢

×××××× 熱狂的喝采裡에 紹續의 書今 日續發賣 ××××××

世界古典文學의 大雄篇『동키호ー테』를 凌駕할 我新文學以來의 最高傑作……!

이作品은 不世出의 天才作家 民村 李箕永氏가 그在獄二年間의 기픈 思索가운데서 비저내인 文字그대로의 心血을 傾注한 그의 畢生의 大作이니 그雄大한 構成 美細心的인 形式的加工 멋 紙背에 번득이는 作者의 熱烈한 正義感等을 通하야 나타난 主人公『현호』의 一擧一動은 津津不熄하는 事件展開의 興味性 神經을 찔으는듯한 痛快한 諷刺 스스로 破顔一笑치안코는 못배길 豐富한 유모어와 아울러 반듯이 讀者의 旋風的感激을 자아내고야 말것이다

久遠의 女像

아아 青春이여 꺼워라 紅淚 潛々히 滂沱하는 青春哀話 그대 懊惱만흔이 感傷의 時節을 清純多恨한 이 悲戀哀歌를 읍조려는것으로 보내저안으려는가 愛人에게 보내는 初夏선물로 一千萬青春男女아페 우리는 이 한冊을 삼가 提供한다 (五月下旬發賣)

內容
久遠의女像 愛慾의禁獵區 코스모스피는庭園 金言勝利者外一篇
新四六判 五〇〇頁 定價 一五〇錢 送料 一〇錢

新進傑作選集

新綠무르녹으려 初夏讀書界를 斷然席捲하는 世紀의 寵兒 新文學建設의 意慾에 불라는 新銳作家 十氏의 代表的名作展 各篇에 漲溢한 그 清新한 感覺과 各樣各色의 眩亂한 作風은 반드시 滿天下의 讀書子를 魅了하고야 말것이다(五月中旬發賣)

內容
濁流(許俊) 激浪(安懷俊) 蒼(李某棧) 村先生(李光來) 鄕(鄭人澤) 비오는길(崔明翊) 巫女圖(金東里) 황소(崔仁俊) 模範耕作生(朴榮濬) 轉落(車自鳴)
四六判 三〇〇頁 定價 一三〇 送料 一〇

月刊 文化타임스(一號)

重要目次
創刊辭…… 出版界現狀…… 現代와 教養…… [illegible]이 준 文學 世界文化動向 世界出版動向 叢書刊行…… 人間修業…… 作家의 一家言 春愁(小說)其他 隱遠消息寸 評等滿載

三代

廉想涉作 第二回發行 (六月初旬發賣)

發行所 太陽社
京城府堅志町一一〇
振替京城二七二二一番

★ 이 작품은 『현대걸작장편소설전집』에도 포함되어 있는데, 국립중앙도서관에 소장된 것은 『현대걸작장편소설전집』을 출간한 박문서관 본이다. 따라서 이 총서에는 포함되지 않은 듯하다.

★ 이 작품은 영창서관의 『조선작가명작전집』에 포함되어 있으며, 이곳에서 간행되었다고 광고에 적혀 있다. 따라서 이 책 또한 이 총서에는 포함되지 않은 것으로 보인다.

순수소설총서 純粹小說叢書

태양사 / 『조선일보』 1937. 5.

돌연 반도천지를 울려 흔드는 획기적 대출판!!
『순수소설총서』
유구 오천 년 폐허 같은 우리 반도 문화사상에 신문학의 찬연한 횃불이 휘날린 지 이미 20여 년. 그동안 허다한 천재적 작가가 잇달아 배출되어 광야 같은 우리 문단은 일시에 백화난만한 호화무대로 변하였다. 이제 우리는 그 수많은 명편 가작 중에도 가장 예술적 향기 높은 정수의 작품 12권을 이에 선택하여 이천만 형제 앞에 이바지하노니. 형제들이여! 형제들은 이 총서를 형제들의 책상 앞에 비치함으로써 문화민족으로서의 수치됨이 없게 하라.

태양사판 전 12권
늠름한 이 위용!! 문학조선의 황금탑은 정히 이것이다.

「삼대」 – 염상섭
「적도」 – 현진건
「해조음」★ – 김기진
「인간수업」 – 이기영
「불멸의 함성」 – 이태준
「먼동이 틀 때」★ – 이무영
「인간문제」 – 강경애
「인형의 집을 나와서」 – 채만식
「구름을 잡으려고」 – 주요섭
함대훈(교섭 중), 엄흥섭(교섭 중)

정가 1원 60전, 우송료 10전
발행소: 태양사

조선 초유 신46판 고급 불란서식 금색 장정, 500쪽

우리나라 작가들의 작품으로 구성된 문학 전집이 출간되기 시작한 것은 1937년 무렵이다. 처음 출간된 전집이 어느 출판사의 어떤 전집인지는 분명치 않다. 하지만 오늘날 시점에서 문제작을 가장 많이 보유한 전집은 그 무렵 썩 유명하지 않은 출판사인 '태양사'라는 곳에서 출간한 『순수소설총서純粹小說叢書』(전 12권)로 보인다. 그 외에 한성도서주식회사의 『현대조선장편소설전집』(전 10권)과 박문서관의 『현대걸작장편소설전집』(제1기 전 10권), 영창서관의 『조선작가명작전집』(제1기 전 10권), 삼문사 서점의 『현대조선문인전집』 등이 비슷한 시기에 출간됐다. 광고에 소개된 각 출판사의 작품 구성을 보고, 독자 여러분께서 직접 판단하시기 바란다. 한편 '교섭 중'이라는 작품도 있으니 그 무렵 출간 계획이 확정되지 않은 상태에서 전집에 포함시킨 경우도 더러 있었던 듯싶다.

「현대걸작장편소설전집」
박문서관
「동아일보」 1938. 10.

「사랑(전편)」 – 이광수
「사랑(후편)」 – 이광수
집필중 – 김동인
「이심」 – 염상섭
「적도」 – 현진건
「금삼의 피(상)」 – 박종화
「금삼의 피(하)」 – 박종화
「해조음」 – 김기진
「어머니」 – 나빈
「박명」 – 한용운

1938년 10월 20일 제1회 배책配冊
1938년 11월로부터 1939년 8월까지 완결 예정, 매월 1권 간행
각권 46판 450쪽, 신주조 9포인트 활자 조판
라프 65그램 종이 사용
각권별 호화양장
색쇄色刷 특제지 함입
고급 정밀 인쇄
각권 1원 50전, 우송료 22전
발행소: 박문서관

「현대조선장편소설전집」
한성도서주식회사
「동아일보」 1937. 8.

「고향(상)」 – 이기영
「고향(하)」 – 이기영
「이차돈의 사」 – 이광수
「청년 김옥균」 – 김기진
「제2의 운명」 – 이태준
「모란꽃 필 때」 – 염상섭
「순정해협」 – 함대훈
「직녀성(상)」 – 심훈
「직녀성(하)」 – 심훈

전기全期 완료, 구독회원 모집
1책 정가 1원 50전, 송료 15전
한성도서주식회사

聖畵

學의 最大豪華陣

本全集의 大氣焰

벌이다。 그 洗鍊되고 淸新한 筆致는 새로익은 葡萄가터서純粹文學의最高峯이 아닐수 업다。

이冊에 收錄된 中篇二篇 短篇八篇·隨筆五篇은 그의生涯를 通하여 가장自信잇는 傑作들로서 篇마다 한個의 珏치오 한個의 眞珠임을 말하여두다。

그리고 이一冊에서 巨星 李孝石氏의 全貌와 文學的 全業蹟을 볼수 가잇다。

本書의 讚辭

聖畵新刊評 民村生

獨朝鮮文壇에서 李孝石氏의 名聲은 임의 떨친지 오래다。 그의作風은 항상 淸新하야 特異한 藝術的芳香을 …

本篇의 內容目次

中篇	聖畵
同	거리의 牧歌
短篇	산
同	들
同	고사리
同	粉女
同	人間散文
同	聖餐
同	개살구
隨筆	四溫隨想
同	채롱
同	地峽(外三篇)

第一回配本	花冠	李泰俊篇	發賣中
第二回配本	明日의鋪道	李無影篇	〃
第三回配本	新開地	李箕永篇	〃
第四回配本	동백꽃	金裕貞篇	

本社最新刊

長篇小說	人生特急	(前後篇大完成)	近日發賣
長篇小說	李舜臣	(李光洙作)	(定價一、五〇 〒二五) 發賣
長篇小說	雙虹舞	(方仁根作)	(定價一、五〇 〒二五) 〃
文藝書簡	紅薔薇필때		(定價一、〇〇 〒〇六) 〃

發賣所 京城寬勳町一二一 三文社書店 【振替京城九七五五六番】

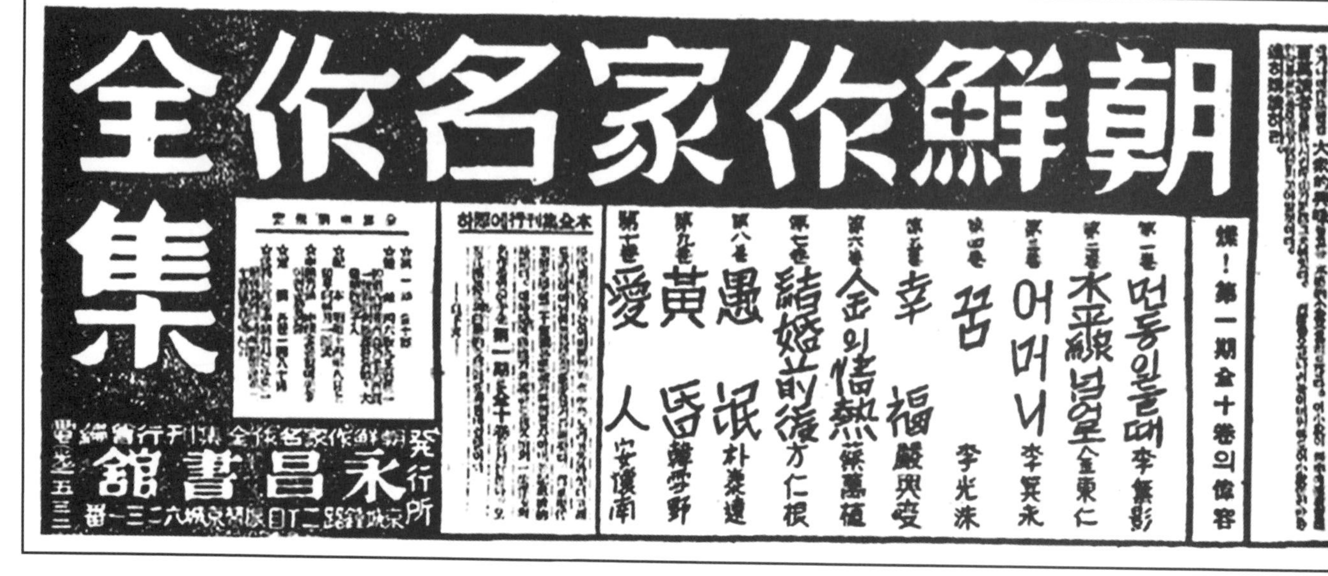

朝鮮作家名作全集

第一期全十卷의 偉容

- 第一卷 먼동이틀때 李無影
- 第二卷 水平線너머로 金東仁
- 第三卷 어머니 李箕永
- 第四卷 꿈 李光洙
- 第五卷 幸福 嚴興燮
- 第六卷 金의情熱 蔡萬植
- 第七卷 結婚前後 方仁根
- 第八卷 愚氓 朴泰遠
- 第九卷 黃昏 韓雪野
- 第十卷 愛人 安懷南

朝鮮作家名作全集刊行會 發行所 永昌書館

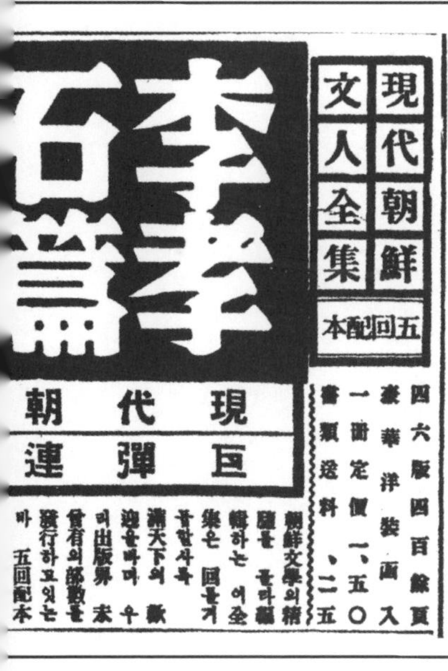

『현대조선문인전집』★
삼문사서점
『조선일보』 1939. 5.

『성화』 – 이효석 편
『화관』 – 이태준 편
『명일의 포도』 – 이무영 편
『신개지』 – 이기영 편
『동백꽃』 – 김유정 편

46판, 400여 쪽
호화 양장 함입
1권 정가 1원 50전, 우송료 25전
발매소: 삼문사서점

★ 이 전집에는 장편뿐만 아니라 중·단편 모음집도 포함되어 있다.

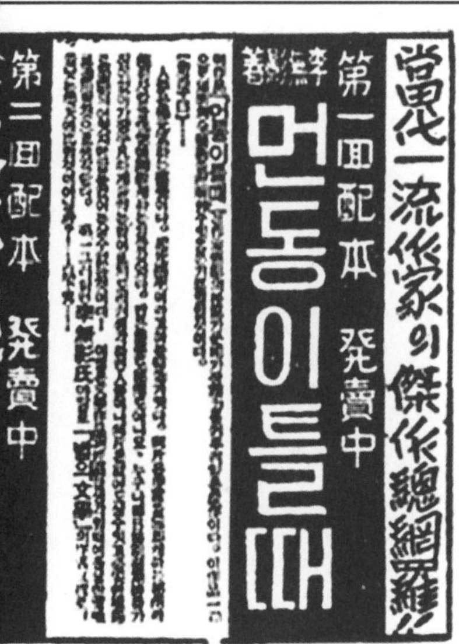

『조선작가명작전집』
영창서관
『동아일보』 1939. 8.

『먼동이 틀 때』 – 이무영
『수평선 너머로』 – 김동인
『어머니』 – 이기영
『꿈』 – 이광수
『행복』 – 엄흥섭
『김의 정열』 – 채만식
『결혼전야』 – 방인근
『우맹』 – 박태원
『황혼』 – 한설야
『애인』 – 안회남

미장 상자 입
46판, 고급지, 500여 쪽
정가 1원 80전, 송료 25전
발행소: 영창서관

보아라! 問題의 滿洲, 特히 百萬名 우리 同胞가 사는 滿洲를 手術臺上에 올리여 놓코, 科學的 메스를 내여 둘너 剖히여 놓은 것이 本書일다。 滿洲에서 사는, 滿洲에 가고저 하는, 新天地를 開拓코저 하는, 滿洲를 참으로 알고저 하는 사람들에게 唯一의 名著요 다시 업는 寶典인
平壤崇實專門學校敎授 農學士, 哲學博士 李勳求先生의 最新著
滿洲와 朝鮮人
을 보아라! 그 內容이 어떠한가를!
內容梗槪
總販賣所 文信堂書店
京城總販賣所 漢城圖書株式會社

만주滿洲와 조선인朝鮮人

이훈구 / 문신당서점(평양)·한성도서주식회사(경성) /
『동아일보』 1932. 10.

평양숭실전문학교 교수, 농학사, 철학박사 이훈구 선생의 최신 저
『만주와 조선인』
국판, 280쪽, 사진 20장, 도해 18장, 통계표 133

보아라! 문제의 만주, 특히 백만 명 우리 동포가 사는 만주를 수술대 위에 올려놓고 과학적 메스를 내둘러 해부하여 놓은 것이 본서이다. 만주에서 사는, 만주에 가고자 하는, 신천지를 개척코자 하는, 만주를 참으로 알고자 하는 사람들에게 유일의 명서요, 다시없는 보전인 『만주와 조선인』을 보아라! 그 내용이 어떠한가를!

내용경개
- **만주의 기후, 토질, 농업, 임업, 광업, 어업 등 산업 상태.**
- **만주의 중국인, 러시아인, 일본인, 조선인 및 기타인으로 된 인구 구성.**
- **만주 내 조선인 이주의 동기, 역사, 분포, 토지개척, 농업경제.**
- **만주 내 조선 동포의 사회생활, 단체, 생활정도, 교회문제, 교육문제 등.**
- **만주 이주 동포의 장래, 환영? 압박? 축출?**
- **조선인에 대한 중국의 태도, 정책, 사례.**

양장포의 1원 20전, 보통제 90전, 우송료 20전
총 판매소: 문신당서점(평양)·한성도서주식회사(경성)

1931년 9월 만주사변을 일으킨 일제는 1932년 3월 괴뢰 만주국을 수립한 뒤 이곳을 자신의 식민지로 만드는 데 혈안이 됐다. 1930년대 이후 다양한 방식으로 일본인과 조선인을 만주에 대량으로 이주시킨 것도 이 때문이다. 이러한 상황을 반영하여 1930년대 초반, 이주 정책의 효과적인 수립을 목표로 만주 관련 책자와 잡지 등이 본격적으로 발간되기 시작했다.

『만주滿洲와 조선인朝鮮人』을 지은 이훈구李勳求(1896~1961)는 수원농림학교를 거쳐 동경대학 농학과 3년을 마쳤다. 그 후 미국으로 건너가 1927년 캔자스주립농과대학 대학원을 수료하고, 위스콘신대학에서 철학박사학위를 받았다. 1930년에는 중국 난징의 금릉대학金陵大學 교수였고, 귀국 후에는 숭실전문학교 교수를 지내기도 했다. 이런 이력으로 볼 때, 『만주와 조선인』에서 저자는 만주를 농업적 생산지 측면에서 해석했을 것으로 판단된다.

다른 한 권은 그 무렵 일본의 대표적 출판사 가운데 하나인 개조사 사장인 야마모토 사네히코山本實彦(?~?)가 지은『만선滿鮮』이다. '만선'은 만주와 조선이 하나라는 일본 시각의 역사관을 나타내는 용어다.

『만선』
야마모토 사네히코山本實彦
개조사
『동아일보』1932. 11.

『만몽일보』 창간예고
『동아일보』 1933. 6.

만주 진출을 본격화한 이후 만주에서는 『만몽일보』라는 신문이 창간되기도 하였다.

滿蒙日報創刊豫告

昭和八年六月二十一日

滿洲國新京北大街五十五號

滿蒙日報社創立委員

李庚在

李性在

金東昊

金東晩

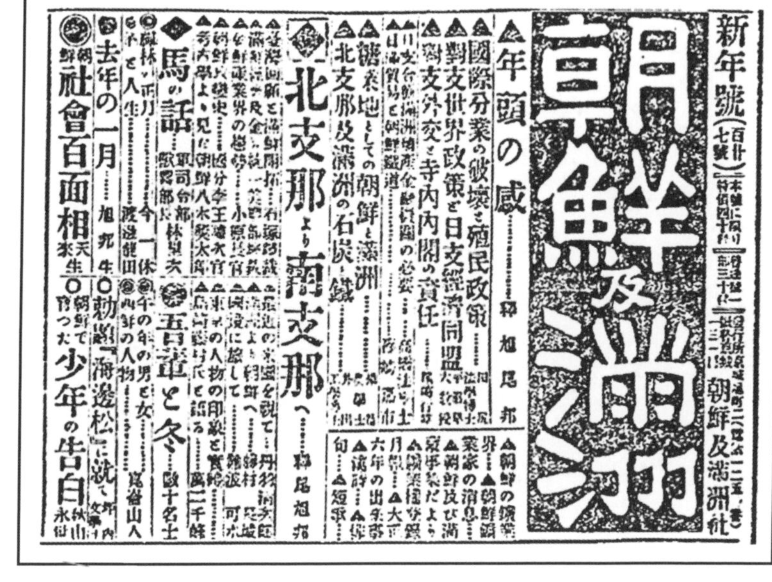

新年號

朝鮮及滿洲

年頭の感……釋尾旭邦

國際分業の破壊と殖民政策

對支世界政策と日支經濟同盟

對支外交と寺内内閣の責任

鑛業地としての朝鮮と滿洲

北支那及滿洲の石炭と鐵

北支那より南支那へ……釋尾旭邦

馬の話

吾輩と冬

去年の一月

社會百面相

少年の告白

朝鮮及滿洲社

『조선과 만주』
조선과만주사
『경성일보』 1918. 1.

1918년에 이미 일본에서는 『조선과 만주』라는 제목의 잡지가 발행되고 있었으니 대륙을 향한 일제의 야욕이 언제부터 움트고 있었는지 알 수가 없다.

朝鮮貨幣考

柳子厚著

★斯學界의 總舉推奬書!!

★好評嘖嘖!!

良書奉仕記念出版!!

序文

全國書店大發賣中!!

四六判九百頁
上製布衣洋裝
價三·五〇
送一八錢

064

조선화폐고 朝鮮貨幣考

유자후 / 학예사 / 『동아일보』 1940. 8.

유자후柳子厚 저
『조선화폐고朝鮮貨幣考』
46판, 900쪽, 고급 포의 양장

●사학계斯學界의 총거추장서總擧推奬書
●호평에 호평!!
"십년이 하룻밤과 같다."라는 말이 있다. 저자가 20여 년간이나 모든 정력을 오로지 이 『조선화폐고』 논구論究에 바쳤다면 누구나 놀랄 것이다.
상대조선上代朝鮮의 화폐제도부터 근대 순종시대에 이르기까지 조선화폐제도의 변천과 그 경제학적 발달과정을 이론적으로 논공論攻, 전개하여 삭막한 조선경제발달사의 한 분야를 타개한 기본적 문헌의 효시이다. 더욱이 저자는 서재의 학구로만 만족하지 않고 실지로 별전別錢, 고화폐문물의 고전 물증을 수집하여 어디까지나 객관적 인식 방법을 취함으로 주관적 논단을 피하며 각 시대당 사회제도를 종횡으로 분석·검토하는 날카로운 메스는 훌륭히 이 책으로 하여금 조선사회사의 일면을 아울러 갖는 가치를 나타내고 있다.
이 책은 희귀한 사학계斯學界에 일대 경종이며 문헌의 연원이며 금자탑의 노작이다.
누구나 이 책을 서가에 갖추지 못하고는 조선경제사를 논의치 못할 것이다. 진지한 학구가 이 책을 읽는다면 그렇게 찾던 조선 역사, 사회사, 경제사가 한꺼번에 활연豁然히 이해될 것을 장담하여 둔다.

서문: 윤치호 선생, 전 중앙일보 사장 여운형 선생, 동아일보 사장 백관수 선생, 연전교수 이원철 선생, 보전교수 장덕수 선생

정가 3원 50전, 우송료 18전
발행소: 주식회사 학예사

『조선화폐고朝鮮貨幣考』의 저자 유자후柳子厚 (1895~?)는 헤이그 밀사 사건의 주역으로 유명한 이준 열사의 사위다. 한학뿐 아니라 신학문에도 능통했던 그는 10여 년에 걸친 연구 끝에 책을 간행할 수 있었다. 이 책의 가치는 그 시대를 대표하는 윤치호·여운형·백관수·장덕수·이원철 등이 서문에 이름을 올렸다는 사실만으로도 충분히 확인된다. 이 책은 화폐의 역사·제도·기능·정책 등을 총 900여 쪽에 이르는 방대한 양으로 서술했다. 특히 우리 역사와는 거리가 멀게 느껴지는 화폐경제로 조선경제사를 관통했다는 점에서 이 책이 갖는 의미는 매우 크다. 책의 목차를 잠깐 살펴보기만 해도 위에서 언급한 내용이 결코 과장이 아님을 알 수 있다.

제1장 상대조선의 폐제上代朝鮮의幣制

(건국부터 단군시대까지의 화폐제도)

제2장 후조선태조문성왕기자시대곡폐 後朝鮮太祖文聖王箕子時代穀幣

(기자조선 시대의 화폐제도)

제3장 삼한시대의 폐제三韓時代幣制

(마한, 진한, 옥저시대의 화폐제도)

제4장 삼국시대의 폐제三國時代幣制

제5장 고려시대의 폐제高麗時代幣制

제6장 이조초엽시대의 폐제李朝初葉時代幣制

제7장 이조중엽시대폐제李朝中葉時代幣制

(가) 선조대왕시대화폐宣祖大王時代貨幣

(나) 인조대왕시대仁祖大王時代

(다) 효종대왕시대의 전폐孝宗大王時代錢幣

(라) 현종대왕시대顯宗大王時代

(마) 숙종대왕시대肅宗大王時代

(바) 영조대왕시대英祖大王時代

제8장 이조말엽시대폐제 李朝末葉時代幣制

(가) 정조대왕시대正祖大王時代

(나) 순조대왕시대純祖大王時代

(다) 철종대왕시대哲宗大王時代

(라) 대원왕집정시대의 폐제大院王執政時代幣制

(마) 고종황제시대의 폐제高宗皇帝時代幣制

(바) 순종시대의 폐제純宗時代幣制

본래 이 글은『동아일보』에 연재한 것인데, 후에 이를 수정·보완하여 단행본으로 출간한 것이다.

民衆의大學·朝鮮文庫 新重刊書
訂正再版
金笠詩集
李應洙編註 定價六十錢
最新刊
朝鮮民謠選
林和編 李在郁解題 定價五十錢
最新刊
青丘永言
金台俊校閱 定價四十錢
最新刊
短篇集
少年行
金南天著
再版發賣中
原本
春香傳
金台俊校閱
再版發賣中
現代朝鮮
詩人選集
林和編
再版發賣中
高麗歌詞
金台俊編註
再版發賣中
短篇集
해바라기
李孝石著
最新刊
現代英詩選
林學洙譯編
發行所
京城·慶雲町一〇一·三好ビル
學藝社
振替京城一六一六四

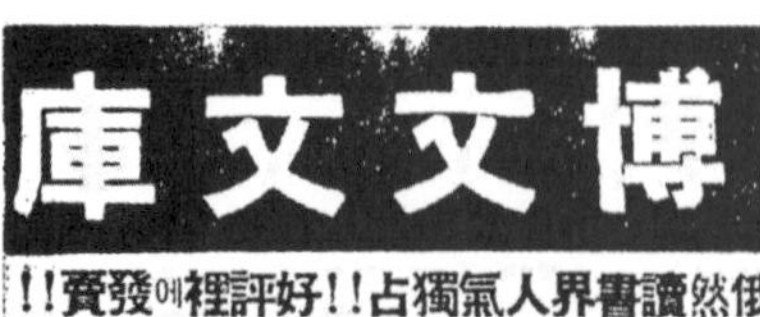

回回마다 더욱더 大好評!! 大歡迎!!!
博文書舘 現代傑作長篇小說 全集·第四回配冊發賣!!!
暴君燕山主의血史
萬古에빛나는傑作
錦衫의피 下卷
朴鍾和著
長篇海洋小說
海潮音
金基鎭著
全作長篇小說
사랑 前編
李光洙著
長篇小說
川邊風景
朴泰遠著
博文文庫
俄然讀書界人氣獨占!! 好評裡에發賣!!
春香傳
金東仁短篇選
尹石重童謠選
하멜漂流記
現代抒情詩選

조선문고 vs 박문문고

朝鮮文庫 vs 博文文庫

학예사 · 박문서관 / 『동아일보』 · 『조선일보』 1939.

민중의 대학 『조선문고』
『동아일보』 1939. 4. 22.

『김욱(김삿갓) 시집』: 이응수 편주 60전
『조선민요선』: 임화 편, 이재욱 해제 50전
『청구영언』: 김태준 교열 40전
단편집 『소년행』: 김남천 저 60전
『원본 춘향전』: 김태준 검열 30전
『현대 조선 시인선집』: 임화 편 30전
『고려가사』: 김태준 편주 30전
단편집 『해바라기』: 이효석 30전
『현대 영시선』: 임학수 역편 30전

학예사

『박문문고』 시리즈 광고 / 『동아일보』 1939. 2.

『춘향전』: 조윤제 교주 30전
『김동인 단편선』: 김동인 자찬自撰 30전
『윤석중 동요집』: 윤석중 자찬自撰 20전
『하멜 표류기』: 이병도 역주 20전
『현대서정시선』: 이하윤 선편選編 30전

이번에 살펴볼 것은 1939년을 전후해 우리나라 출판 역사에 큰 획을 그은 문고본인 『박문문고』와 『조선문고』인데, 특히 두 문고본의 경쟁적 관계에 초점을 둔다. 두 문고본은 이전의 문고본보다 훨씬 다양하고 의미 있는 작품들을 포함함으로써 우리나라 문고본 역사에 제대로 자취를 남겼다. 물론 일제 말기라서 지속적인 사업 추진이 어려웠기에 그들이 꿈꾼 수준까지 도달하지는 못했지만.

『조선문고』는 학예사라는, 그 시대에는 썩 크지 않은 출판사에서 기획한 시리즈라는 점에서 우리를 놀라게 하는데, 『조선화폐고』를 출간한 곳이 바로 학예사였다. 그렇다면 학예사라는 출판사는 도대체 어떤 곳이기에 갑자기 나타나 놀라운 책들을 출간하게 되었을까? 학예사는 우리 현대문학사에서 결코 무시할 수 없는 평론가이자 시인으로 활동했고, 일제강점기에는 카프의 대표적 작가로 활동한 임화가 설립한 출판사이다. 1939년, 임화의 나이 고작 31살이었으나 그는 나이를 넘어선 인물이었고, 나이를 넘은 의지의 소유자였던 것이다.

『조선문고』 시리즈 목록만 보아도 『조선문고』가 다른 문고들과는 사뭇 다른 기획력을 갖추고 있음을 알 수 있다. 이를 임화가 다방면에 걸쳐 보여 주던 관심과 의지가 반영된 결과라고 여기는 것이 무리일까?

한편 일제강점기를 통틀어 대표적인 출판사로 활동한 박문서관에서도 그 무렵 『박문문고』를 출간했다. 두 문고는 경쟁적으로 다양한 신서를 간행함으로써 암울했던 1940년대 조선 지성계에 큰 획을 그을 수 있었던 것이다.

결과적으로 『박문문고』는 『조선문고』에 비해 활성화되지 못했다. 박문서관이 학예사와는 달리 국내 굴지의 출판사로서 다양한 시리즈와 단행본을 출간하고 있었기 때문에 문고본에 전념할 수 없었던 것 아닌가 추측해 본다. 출판사의 역량만을 비교한다면 박문서관과 학예사 사이에는 커다란 간격이 있었으니 말이다.

趙重容氏編

空中勇士 安昌男君飛行記

定價 貳拾錢 書留送料九錢

066

안창남군 비행기 安昌男君 飛行記

조중용 / 이문당 / 『조선일보』 1923. 2.

조중용 씨 편
「공중용사空中勇士 안창남군 비행기安昌男君飛行記」

정가 20전, 송료 9전
발행소: 이문당

비행기가 일종의 교통수단에 불과한 현대에도 여전히 비행기는 많은 사람에게 호기심과 가슴 벅찬 경험을 안겨 준다. 하물며 자동차도 귀한 시절에 비행기라니! 이 책은 안창남의 '비행기飛行機'가 아니라 '비행 기록'이다. 초판은 1923년 2월 조중용의 편찬으로 이문당에서 발행됐으며, 그가 사망한 후인 1930년 완전 개정판이 출간됐다. 안창남安昌男(1901~1930)은 우리나라 최초의 비행사다. 그는 1919년 일본에 건너가 동경 오쿠리비행학교小栗飛行學校에 입학한 지 3개월 만에 3등비행사 면허를 따 우리나라 최초의 비행사가 됐다.

그러나 그가 참으로 조선 민족의 자랑거리가 된 날은 따로 있다. 1922년 12월 10일, 동아일보사의 초청으로 비행기 금강호를 타고 전국에서 모인 5만여 명의 인파가 바라보는 가운데 여의도 상공에서 비행 묘기를 선보인 때다. 그와 함께 자전거★ 선수 엄복동★이 1922년 5월 31일부터 이틀간 열린 전조선자전차경기대회에서 일본인을 물리치고 우승하자, "하늘에는 안창남, 땅에는 엄복동"이라는 유행어까지 생겨났다. 이렇듯 남녀노소를 불문하고 인구에 회자될 정도였으니, 그의 인기가 어느 정도였는지 알 수 있다.

그러나 안창남은 이후 독립운동에 헌신할 결심을 하고 중국에 건너가 비행학교 건립과 비행사 양성을 위해 진력하다가, 1930년 4월경 중국에서 비행 중 사망한 것으로 알려졌다. 엄복동 또한 한국전쟁의 와중에 사망한 것으로 알려졌으니, 두 사람 모두 비운의 주인공이 된 셈이다.

★ 요즘의 사이클
★ 1913년 무렵 일본인을 물리치고 여러 대회에서 우승해 우리 겨레의 자랑이 된 바 있다.

洪命憙先生著

林巨正

第一卷 義兄弟篇 (一)

朝鮮人과 生命을가치할 永久不滅의 大創作集!!

林巨正은、朝鮮史上이처음되는大傑作集이다。量으로나、質로나、世界에서、거이그類를、볼수업는、長篇으로서、朝鮮語의가장큰、寶庫이다。文學的價値는勿論이오、한時代生活을、상큰規模속에담아논、細密한記錄이오民俗材料의、大集成이다。그語彙의豐富한것은朝鮮語의、大言海로써智識人으론、누구나、아니볼수업는大創作集이다

全文壇全社會의우뢰가튼讚辭山積!!

朝鮮語와生命을가치할 天下의大奇書

春園 李光洙

碧初의林巨正傳은 天下의奇書입니다 朝鮮語와生命을 가티하여 永久히傳할 文字인가 합니다、누구의거나 재미잇는이야기인同時에 朝鮮의寫生이오 지나간 朝鮮의레코드라고 믿습니다

千卷의語學書를凌駕

小說家 韓雪野

碧初先生의『林巨正』은 우리歷史小說의白眉요 또 우리文壇의最大의收穫이다 나는 作家의한사람으로서 또는忠實한 讀者의한사람으로서 先生께 여러번그出版을 懇願한일이잇스나 先生은늘그때에 언즘을감추 하섯는데 이제出版되게되엿다하니 그기쁨은 남달리 더기쁘다 單純히朝鮮말이라는見地로보더라도 이 巨篇『林巨正』은 千卷의語學書를凌駕한다는것보다 오히려 나흘것이니 그러므로 文學을業하는사람이고 아니하는 사람이나 必讀하고 이것을읽어야하리라고 나는생각한다

朝鮮文學의大遺產

小說家 李箕永

『林巨正』傳이 上梓된다는말을듣고、나도기다리든사람中의 하나올시다 이제八卷의 豫行으로 于先第一卷이 發行된다하야는바로 朝鮮文壇의 劃時的大收穫이라할것입니다

이『林巨正』은 雄大한構想과아울너 寫實的으로도가장優秀한歷史小說로 推擧하기에 누구나躊躇치안을것입니다 뿐만아니라이冊의內容은 敎訓的意味에잇서서도 그어느派에 볼수업는時代良心의번득이여 讀者의心胸을찌릅니다、더욱그의豐富한 語彙와地理의明詳함은 文學的價値이업는이땅의 新文學作品이만흔 現在에 게필요합니다 그밧게누구이나 朝鮮사람으로서는 다 읽어야할것이라는點에서 나는人物에서지안코、江湖諸位에게 推薦하겟습니다

朝鮮語彙의大言海

大同工專 李孝石

『林巨正』을읽으면 朝鮮語의寶庫에놀라고합니다 이제 외람히그文學的價値를云謂할수는업스나큰詩篇속에담은 한時代의 生活의細密한記錄이요 民俗的材料의 集大成이요 朝鮮語彙의 一大語海를이룬點에서도 그러히朝鮮文學의한 큰꽃이되리라고밋습니다。文學以外의 人이모다 이一點에서어들이만흘것입니다

未曾有의大傑作

評論家 朴英熙

洪碧初先生의大作『林巨正』傳이 出版됨은 참으로慶賀할일이다。林巨正傳은 朝鮮文壇初有의 大作이며 力作이다。오히려 世界文壇에 자랑할만하다。그構想의雄大함과 描寫의精緻함과 文章의流麗함이 前無한 大作이니朝鮮文學의 寶庫라고할수잇다。따러서 그出版이 아울러 朝鮮文壇의자랑이다。

朝鮮語의豐富한寶庫

梨專 金尙鎔

林巨正은 朝鮮文學뿐이아니라 거의世界에서 類例를못볼長篇 朝鮮語의 가장豐富한寶庫로 저는이大作이 널리 떠지기를祝합니다

興味와實益의歷史小說

語學者 金允經

近者에歷史的事實을 骨子로삼은 小說이만히出現됨은기쁘게여기는바외다 林巨正는 明宗때楊州白丁으로서 當時朝官의貪官의貪欲과誅求로 良民이塗炭에沈淪됨에 刺戟되어일어나 賊黨의魁首가되어 京畿黃海로 橫行하면서民衆을救濟하고 官軍을擊破하야 가음 亂行으로 五、六年間나라를어지럽게하다가 마침내明宗十七年正月三日에 黃海道討捕使南致勤에게捕殺되엿다 [illegible] 洪命憙先生의 붓끗으로 小說化되어出版되게되엿습니다。여러가지點에서讀者에게興味와實益이클것을믿어疑心하지안는바외다。

이時代의大傑作

三千里 金東煥

五十平生을 或은新聞社長으로中學校長으로 또어떠때는 뜻을같은 一放浪客으로서 [illegible] 외롭게거닐든 碧初先生이 이제史上意中의人인 [illegible]男兒『林巨正』에托하여 그心中에갑어오른 萬斛의情熱과經綸을퍼부어지은 이名作이 이제나옴을바라볼때 우리는다시한번 옷깃을바로잡고『이時代의傑作』을讚歎하여마지할바인가하노라

朝鮮文學의大樹海

評論家 金南天

[illegible] 大家의처럼 坊間에들어나지 안코 숨어서 三十年文學史의 첫페이지에 貢獻한분은 碧初洪命憙氏다。그것을아는이는 적다。그리고 그것을 記錄에 올린 文學史家도 드물른지 알수업다。그러나그의 雄篇은 氏의 五十年을 一貫하는 孤高한 節介와함께 우리文學史上의 一萬二千頁이다 寫實主義의 가지는 精密한細部描寫의 手法은 氏에잇서처음이고 그리고 마즈막이、되어도 無妨할것이다。적은 논두렁길을 걷든 朝鮮文學은 비로서 大樹海를經驗하엿다。一方『林巨正』은 歷史文學의 作品이어떠한 것인지를 우리 歷史小說家를 아페 提示하엿다。『林巨正』의 出版은 巨大한 遺産의 整理인同時에 今後의 文學의 굿건한 土臺이오 路標이다

四六版 布製金字入 洋裝美本
一冊六百八十餘頁의大冊子(送料三〇)
八卷一帙十月二十三日一卷發賣
每月二十日 一回一卷式 刊行

定價一冊 二圓(送料三〇)
八卷一時拂 十五圓(送料[illegible])

朝鮮日[illegible]部發行

임꺽정 林巨正

홍명희 / 조선일보사 / 『조선일보』 1939. 10.

홍명희 선생 저
『임꺽정林巨正』
제1권 「의형제편(1)」

●전 문단 전 사회의 우레 같은 찬사 산적!!
●조선인과 생명을 같이할 영구불멸의 대大창작집!!
『임꺽정』은 조선 역사상 처음 되는 대걸작집이다. 양으로나 질로나 세계에서 거의 그 유를 볼 수 없는 장편으로서 조선어의 가장 큰 보고이다. 문학적 가치는 물론이요 한 시대생활을 가장 큰 규모 속에 담아 놓은 세밀한 기록이요 민속재로의 대집성이다. 그 어휘의 풍부한 것은 조선어의 대언해言海로서 지식인으로 누구나 아니 볼 수 없는 대창작집이다.

우리나라 최초의 대하 역사소설인 벽초 홍명희洪命熹(1888~1968)의 『임꺽정林巨正』이 우리 문단에 남긴 의의를 모르는 분은 안 계실 것이다.
『임꺽정』은 1928년 11월 21일, 『조선일보』에 연재를 시작하여 1939년 3월경 중단됐다.
후에 『조광』에서 다시 연재를 시작했으나, 결국에는 미완성으로 끝났다.
처음 연재를 시작할 때 『임꺽정전林巨正傳』이었던 제목은 1937년 연재가 잠시 중단되었다가 재개되면서 『임꺽정』으로 바뀌었다.
소설은 「봉단편鳳丹篇」·「피장편皮匠篇」·「양반편兩班篇」·「의형제편義兄弟篇」·「화적편火賊篇」 등 모두 다섯 편으로 되어 있다. 1939년 10월에 출간된 것은 제1권 「의형제편(1)」이다.
『임꺽정』이 발표된 지 90년이 다 돼 가는 오늘날에도 우리나라를 대표하는 대하 역사소설로 자리매김할 수 있었던 까닭은 무엇일까?

그 전에 발표된 역사소설들은 대부분 왕조사 중심이거나 야사 중심으로, 흥미에 주안점을 두거나 맹목적인 애국심에 호소하곤 했다. 반면 이 소설은 민중의 관점으로 역사를 해석하고, 아울러 그 시대의 생활상과 언어 등을 새로이 살리는 데 탁월한 능력을 드러냈다는 점이 특별하다.

이 소설이 발표되자 대표적인 역사소설 작가로 이름이 높던 이광수, 김동인, 박종화 등의 작품이 갖는 문학적 의미는 크게 약화되었다.

이 작품이 후대 소설가에게 끼쳤던 영향력은 오늘날에도 지속될 만큼 지대하다.

「신찬역사소설전집」
박문서관
『동아일보』 1939. 10.

일제 말기에 박문서관에서 간행된 『신찬역사소설전집』 광고. 박종화의 『대춘부待春賦』(전·후 2권), 이무영의 『무영탑無影塔』, 김동인의 『견훤甄萱』, 이광수의 『세조대왕世祖大王』(전 5권)으로 구성되어 있다.

社會思想全集 全四十卷

新興文學全集 全廿四卷

一冊一円

萬人の久渴始めて癒さる！

本全集 は世界のあらゆる大思想家の社會改造に關する代表的名著を悉く網羅し、一流大家によつて譯出せられたる社會思想の一大淵叢である。勞働者、勤人、政治家、實業家、學生、軍人あらゆる階級を通じて苟も現代に生息し、現代社會を語らんとする程の人は何人も日常坐右に携ふべき萬人渴望の大全集である。

空想派及びマルクフ前派

マルクス主義 共產主義

無政府主義及び組合主義

二大全集を提げて平凡社愈出陣！

本全集 は全世界に亘る藝術革命の先驅者達が雄々しくも掲げきたるブルジョア文壇に肉薄し血を以て戰ひとつたる無產派文學陣營の總動員！百大十七人の代表的傑作三百三十餘篇、悉くこれ潑溂たる社會精神の反映であつて、舊文學の殘骸腐屍は一篇だも含んではゐない。これこそ眞に現代の生きた文學の全集である。

日本 十卷

英米 四卷

獨佛 六卷

露西 四卷

先驅藝術の世界的金字塔！

東京麹町區下六番町
平凡社
振替東京二九六三九番

京橋區銀座一丁目三十番地
岩松堂京城店
振替京城二四五四番

사회사상전집 社會思想全集 신흥문학전집 新興文學全集

헤이본샤平凡社 / 『동아일보』 1928. 3.

『사회사상전집』 전 40권 / 『신흥문학전집』 전 24권 (1책 1엔)

**만인의 오랜 갈증, 비로소 풀어지다!
본 전집은 세계의 온갖 대사상가의 사회개조에 관한 대표적 명저를 모두 망라하여 일류 대가에 의한 번역을 거친 사회사상의 일대 연총淵叢이다. 노동자, 근로자, 정치가, 실업가, 학생, 군인 등 모든 계급을 통해, 적어도 현대에 살며 현대사회를 이야기하려는 사람이라면 누구라도 일상에서 곁에 지녀야 할 만인이 갈망하던 대전집이다.**

**2대 전집을 들고 헤이본샤 드디어 출진!
본 전집은 전 세계에 걸친 예술혁명의 선구자들이 낡은 부르주아 문단에 용감하게 날을 세워 피로써 싸워 얻은 무산파 문학 진영의 총동원! 167명의 대표적 걸작 330여 편 모두가 이 발칙한 사회정신의 반영이며, 구문학의 잔해부시殘骸腐屍는 한 편도 포함되어 있지 않다. 이것이야말로 진실로 현대의 살아 있는 문학 전집이다.**

선구예술의 세계적 금자탑!

근대기에 전반적인 서양 문화가 일본을 통해 우리나라에 유입된 사실은 설명이 필요 없을 것이다. 특히 문학 분야의 경우, 일본의 문학전집이 고스란히 우리나라의 문학전집으로 자리한 것은 모두가 아는 사실이다. 그런데 『사회사상전집社會思想全集』과 『신흥문학전집新興文學全集』을 보면, 그 무렵 일본 출판계는 문학전집을 넘어 상당한 수준까지 서양 문화를 수용하고 있음을 알 수 있다.

『사회사상전집』은 그 무렵 서양을 휩쓸던 진보적 사상을 망라해서 소개하고 있는데, 전체가 40권으로 구성되어 있다. 21세기 대한민국에서도 특정 분야의 사상서를 망라해서 40권 규모의 전집으로 출간하기는 쉽지 않을 텐데 말이다.

『신흥문학전집』은 익히 아는 서양 고전문학이 아니라 그 무렵 막 발아하던 다양한 세계의 문학을 24권으로 기획·소개한다. 일제강점기 새로운 삶과 세상에 굶주리던 조선 문학도에게도 큰 힘이 되었을 것이다.

世界大衆文學全集

世界中で一ばん多く讀まれ世界中で一ばん面白い怪奇、戀愛、家庭、滑稽、傳奇、探偵、科學、軍事小說を集めたものです。然し乍ら只低級な通俗讀物ではない。何れも堂々たる思想をもち世界歷史に不朽の名作として殘つたものばかりだ。だから讀者を樂ませるばかりでなく世界的に智識づけ理想を教へ日本人の未來を明るくするものです。殊に飜譯者は大衆人氣の焦點にある日本一流の文學者のみを嚴選したからちつとも外國臭くなく知らず知らずのうちに我々の讀書力が國境を突破するであらう。最早大衆文學は幕末劍戟ではない。世界を見、人類の理想を知らなければならん。躊躇せず直ちに讀んで下さい。而も空前の廉價に拘らず世界中で最も評判のよいコリンス叢書その特製本である。

一册 僅かに 五十錢

何んの面倒もいりません。今直ぐ近くの書店に行つて五十錢を投じて下さい。

第一回配本開始

『家なき兒』 マロー原作 菊池幽芳譯

堂々六百八十六頁

論より證據、一册買つて見て下さい

1 鐵假面 (ボアゴベ) 大佛次郎
2 家なき兒 (マロオ) 菊池幽芳
3 前線十萬 (ヤンヘイ) 櫻井忠溫
4 アルセーヌ・ルパン (ルブラン) 保篠龍緒
5 椿姫・マノン・レスコオ (小デューマ・プレヴォー) 久米正雄
6 三銃士 (大デューマ) 三上於菟吉
7 放蕩息子 (ケイン) 菊池寬
8 金剛石 カートライト事件 (フレッチャー) 森下雨村
9 オリバー・ツイスト (ディケンス) 馬場孤蝶
10 トウェーン名作集 (トウェーン) 佐々木邦
11 婚約 (マンゾーニ) 木村毅
12 巴里の秘密 (シュー) 武林無想庵
13 アンクル・トムス・ケビン (ストー) 牧逸馬
14 黑星 (マッカレー) 和氣律次郎
15 トンネル (ケランマン) 秦豐吉
16 カチューシャ (トルストイ) 近松秋江
17 九十三年 (ユーゴー) 早坂二郎
18 寶島・ジェキル博士とハイド氏 (スチブンソン) 野尻清彥
19 スペードのキング・ラコブラの秘密・四枚のクラブ (ヴーゼ) 小酒井不木
20 ステラダラス・ラ・ボヘム (プローティ・ムルジェ) 森岩雄
21 シャーロック・ホームズ (ドイル) 延原謙
22 ゼンダ城の虜 (ホープ) 寺田鼎
23 紅蘩蔞 (オルツイ) 松本泰
24 平妖傳 (支那) 佐藤春夫
25 空中戰爭・海底旅行 (ウエルズ・ジュル・ベルヌ) 木村信兒
26 ルコック探偵・河畔の悲劇 (ガボリオ) 田中早苗
27 スカラムッシユ (サバチニ) 小田律
28 ソロモン王の金山・彼女 (ハガアド) 平林初之輔
29 海の義賊・ロビン・フード (ヌルホーナ・イートマン) 高橋邦太郎
30 ポオ・ホフマン (ポオ・ホフマン) 江戶川亂步
31 三等水兵マルチン (ファレイル) 福永恭助
32 幻島ロマンス (ダイル) 野口米次郎
33 ロモラ (エリオット) 賀川豐彥
34 世界滑稽名作集 (歐米諸家) 東健而
35 世界怪談名作集 (歐米諸家) 岡本綺堂
36 世界怪奇探偵實話物語 (歐米諸家)

豫約規定

豫約〆切 三月十日限

內容見本進呈

改造社

東京市芝區愛宕下町四ノ六 振替東京八四〇二

『세계대중문학전집』
개조사
『동아일보』 1928. 3.

『국제 프롤레타리아 문학선집』
사육서원
『동아일보』 1931. 10.

그 무렵 일본에서는 다양한 방식의 문학전집이 출간되었는데, 이 선집은 프롤레타리아 문학을 표방했다는 점이 특징으로, 루쉰의 『아Q정전』을 포함하고 있다.

偉大한世界文學의精華

우리가튼歡呼의寶玉篇

金色의太陽 팔벅큐리篇

全世界讀書層을風靡한名作中名作!

팔벅女史의「大地」와 큐리의「큐리夫人」

朝鮮에 文化運動이 일어난後 三十餘年에 世界名作을 朝鮮말로 紹介한것은 한卷도 업다。이제 本社에서 비록 抄譯이나마 全十二卷의「世界文學全集」을 發行하는것은 그 意義가 적지안타 하겟다。더구나 이번 第一回配本은 全世界人類의 最大의 賞讚을 밧고 數百萬部 賣盡한 名作中名作인 팔벅女史의「大地」와「어머니」와 또는 에바큐리의「큐리夫人傳」을 盧春城氏의 流麗한 筆致로 번역한것은 實로 크나큰 자랑이 아닐수업다。大地는 支那大衆을 題材로한 世紀的大作으로 全世界에 文字를 아는 사람은 모다 歡呼와 賞讚을 보내엿고 더구나 映畵까지 되여 世界坊坊谷谷을 휘돌게 되엿다。그리고「큐리夫人」은 日本서도 文部省推薦名書로 數十萬部가 팔리고 映畵까지 되여 只今東京에서 上映中인 超名作이다

盧春城編

世界文學全集 一卷

偉大한世界文學의 一大金字塔

小說家 方仁根

[illegible] 世界文學全集이 [illegible] 더구나 全世界 [illegible] 女史의「大地」와 에바큐리의 큐리夫人傳이 [illegible] 實로 우리出版界에 一大 [illegible] 이아니오 [illegible] 그原文이 [illegible]「大地」는 日本서도 五六十 [illegible] 큐리夫人은 文部省推 [illegible] 當然 [illegible] 아 [illegible] 당。云云

(全十二卷의 世界文學全集內容)

- 第一卷 팔벅큐리夫人篇 盧子泳
- 第二卷 支那現代小說集 丁來東
- 第三卷 톨스토이篇 (復活 / 안나카레니나) 咸大勳
- 第四卷 트르게네프篇 ([illegible]) 李石薰
- 第五卷 꼬리키篇 (어머니 / 三十年 / 밋바닥) 未定
- 第六卷 떠스터에프스키篇 (罪와罰 / 白痴 / 카라마조프兄弟) 金煥泰
- 第七卷 椿姬 사낭 林學洙
- 第八卷 쉑스피어篇 (하믈렛 / 로미오와쥴리엣 / 베니스商人) 金尙鎔
- 第九卷 딴눈초 지드篇 金晉燮
- 第十卷 입센의人形의家 鄭人澤 (모파상의 女子의一生 [illegible])
- 第十一卷 괴테篇 (젊은베르테르의슬픔) 鄭寅燮
- 第十二卷 最近世界詩人集 異河潤

四六版 三百頁 上製 [illegible] 每冊 定價 一圓四〇 (送料 [illegible])

京城府明治町二丁目 [illegible]

明星出版社發行

세계문학전집 世界文學全集

명성출판사 / 『동아일보』 1940. 4.

『세계문학전집』 1권

『금색의 태양』
펄벅, 큐리 편

위대한 세계문학의 정화精華,
우레 같은 환호의 보옥寶玉 편
펄벅 여사의 『대지』와 큐리의 『큐리부인』
조선에 문화운동이 일어난 후 30여 년에 세계명작을 조선말로 소개한 것은 한 권도 없다. 이제 본사에서 비록 초역抄譯이나마 전 12권의 『세계문학전집』을 발행하는 것은 그 의의가 적지 않다 하겠다. 더구나 이번 제1회 배본은 전 세계 인류의 최대의 상찬賞讚을 받고 수백만 부수를 매진한 명작 중 명작인 펄벅 여사의 『대지』와 『어머니』와 에바 큐리의 『큐리부인전』을 노춘성 씨의 유려한 필치로 번역한 것은 실로 크나큰 자랑이 아닐 수 없다. 『대지』는 지나支那(중국) 대중을 제재로 한 세기적 대작으로 전 세계에 문자를 아는 사람은 모두 환호와 상찬을 보냈고 더구나 영화까지 되어 세계 방방곡곡을 휘돌게 되었다. 그리고 『큐리부인』은 일본에서도 문부성 추천 명서로 수십만 부가 팔리고 영화까지 되어 지금 동경에서 상영 중인 초명작이다.
노춘성 편

〈전 12권의 세계문학전집 내용〉
제1권 펄벅 편, 큐리부인 편 / 노자영
제2권 『지나현대소설집』 / 정래동
제3권 톨스토이 편(「부활」, 「인생론」, 「안나 카레니나」) / 함대훈
제4권 트루게네프 편(「향파」, 「연기」, 「처녀지」) / 이석훈
제5권 고리키 편 (「어머니」, 「30년」, 「밑바닥」) / 미정
제6권 도스토예프스키 편 (「죄와 벌」, 「백치」, 「카라마조프의 형제들」) / 김환태
제7권 「춘희」, 「사닝」 / 임학수
제8권 세익스피어 편 (「햄릿」, 「로미오와 줄리엣」, 「베니스의 상인」) / 김상용
제9권 단눈치오 편, 지드 편 / 김진섭
제10권 입센의 「인형의 집」, 모파상의 「여자의 일생」, 루소의 「참회록」 / 정인택
제11권 괴테 편(「젊은 베르테르의 슬픔」, 「파우스트」) / 정인섭
제12권 『최근세계시인집』 / 이하윤

46판, 3색도, 양장, 최근배 화백 장정
1책 정가 1원 40전
우송료 23전
발행소: 명성출판사

1930년대 말이 되면 우리나라에서도 문학전집이 활성화되어 다양한 전집이 간행된다. 그런데 대부분이 우리나라 작가들의 작품으로 구성된 전집일 뿐, 세계문학전집은 이 보잘것없는 시리즈 외에는 찾아보기 힘들다. 그 까닭을 알 수 없으나, 추정컨대 이미 일본 출판사의 세계문학전집이 출간되어 있기 때문이 아닐까 하는 생각이다. 일제강점기에 우리나라에서 세계문학전집을 읽을 정도의 독자라면 일본어 구사에 어려움을 겪지 않았을 가능성이 높으니까 말이다.

또 다른 이유로는 세계문학전집을 번역할 만한 이를 구하기 어려웠을 가능성이다. 오늘날에도 좋은 번역자 구하기가 힘든 판에, 그 시대에 세계문학전집을 번역하는 작업은 참으로 어렵고 돈 안 되는 힘든 일이었을 것이다. 그러니 팔릴 만한 몇 권의 외서가 아니라 세계문학전집을 번역하는 일은 감히 엄두가 나지 않았을 것이다.

그런 상황에서 눈에 띈 것이 명성출판사라는 이름도 낯선 출판사의 『세계문학전집世界文學全集』 시리즈다. 그런데 광고 문안을 유심히 보니 이 시리즈를 우리나라 최초의 『세계문학전집』이라고 부를 수 있을까 하는 의구심이 들기도 한다. 톨스토이의 『부활』, 『인생론』, 『안나 카레니나』를 한 권으로 출간하다니 이는 축약본이라고 하기에도 계면쩍을 정도다. 그러나 『세계문학전집』이라는 명칭 아래 12권을 기획·광고까지 했으므로 그 의의를 무시할 수 없는 게 사실이다. 무슨 일이든 시작은 미약한 법 아닌가?

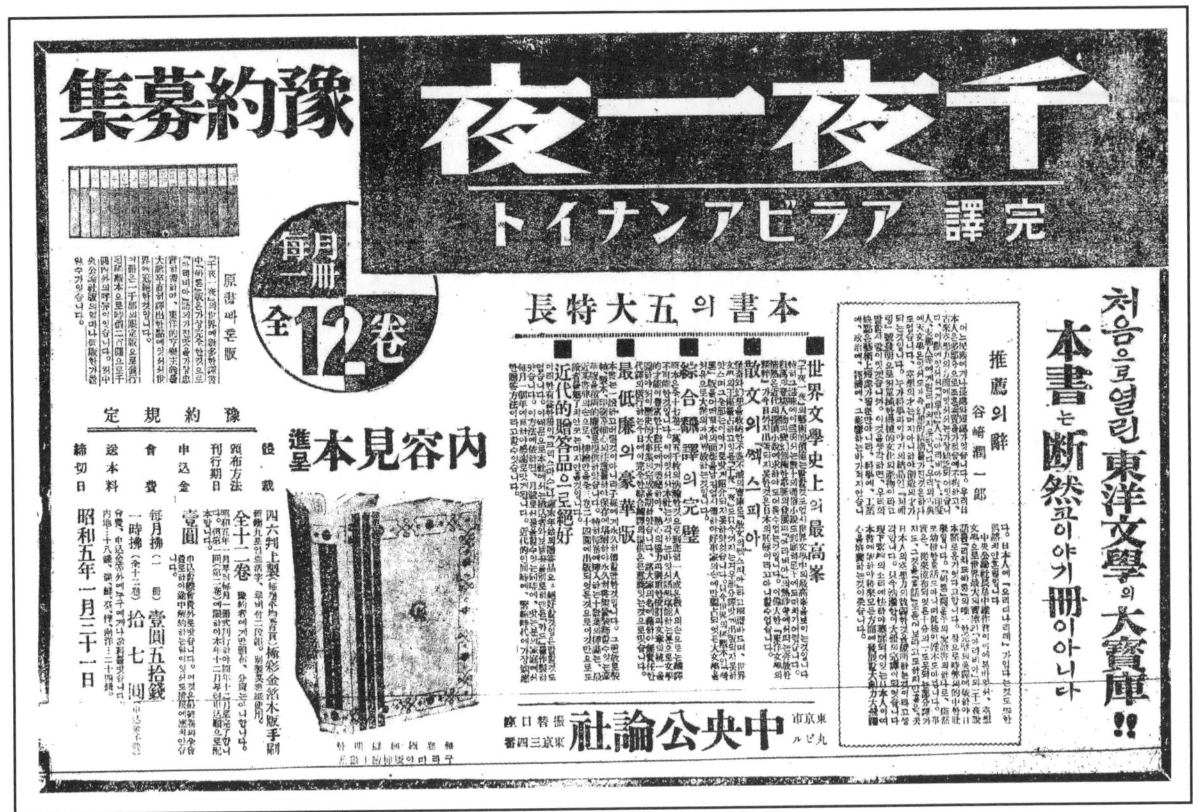

『천야일야』 완역 『아라비안 나이트』
중앙공론사
『동아일보』 1929. 12.

그 무렵 일본에서 출간되던 세계문학 작품 광고들이다. 오늘날 우리 출판계와도 비견될 만큼 넓고 깊은 책들이 소개되고 있음을 알 수 있다.

신수 『셰익스피어 전집』
중앙공론사
『동아일보』

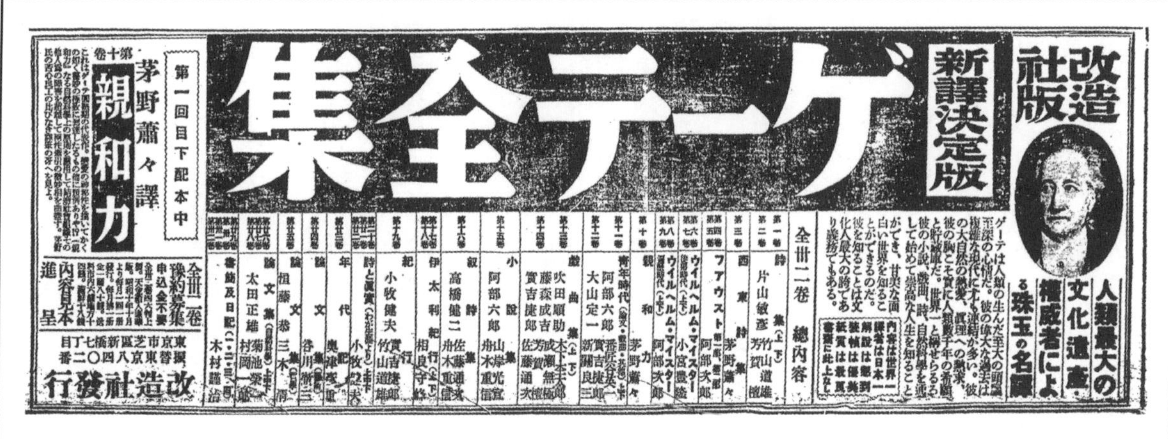

『고리끼 전집』
개조사
『동아일보』 1929. 9.

개조사판 신역결정판『괴테 전집』
개조사
『동아일보』1935. 11.

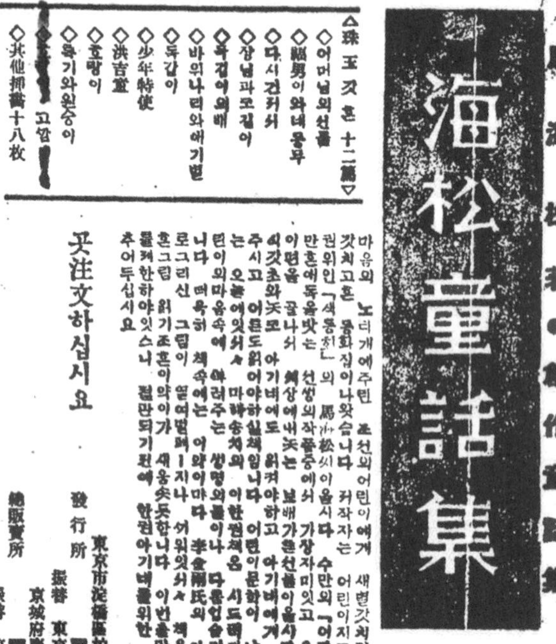

馬海松著●創作童話集

海松童話集

定價壹圓 送料十六錢

四六版 二百十頁
表紙三色刷洋裝本
本文 四號鉛
揷畵 十八枚
揷畵李金剛 全頁[illegible]

마음의 노리개에주린 조선의어린이에게 새별갓치귀엽고 꼿지게 갓치고흔 동화집이나왓습니다 저작자는 어린이지도리론의 최고권위인「새동무」의 馬海松씨이올시다 수만의「어린이」독자에게 만흔애독을밧는 선생의작품중에서 가장자미잇고 유익한동화 십이편을 골나서 세상에내놋는 보배가튼선물이올시다 질々이한권씩갓초와놋코 아기네에도 읽켜야하고 아기네에게 이약이들녀주시고 어른도읽어야하실책임니다 어떤이문학이 날노쇠퇴하야가는 오늘에잇서々 마해송씨의 이한권책은 시드러가는 조선의어린이의마음속에 빠려주는 생명의물이나 다름업슬것이라고 밋습니다 떠욱히 책속에는 어약이마다 李金剛氏의 아름다운 필체로그리신 그림이 열여덜페ㅣ지나 쉬워잇서々 책을열면 보기조흔그림 읽기조흔이약이가 새옹솟듯합니다 이번출판은 특히부수를제한하야잇스니 절판되기젼에 한권아기네를위한 책상머리에갓추어두십시요

△珠玉갓흔十二篇▽
◇어머님의선물
◇福男이와네동무
◇다시건저서
◇장님과코길이
◇둑겁이의배
◇바위나리와애기별
◇독갑이
◇少年特使
◇洪吉童
◇호랑이
◇톡기와원숭이
◇[illegible] 고암[illegible]
◇其他揷畵十八枚

꼿注文하십시요

發行所 東京市淀橋區柏木一ノ一一九 同聲社 振替 東京五四五七六番

總販賣所 京城府慶雲洞八八番地 開闢社 振替 京城八一〇六番

해송동화집 海松童話集

마해송 / 동성사 / 『조선일보』 1934. 5.

마해송 저 · 창작동화집
『해송동화집』
46판, 210쪽, 표지 3색 인쇄, 미장본美裝本, 본문 라후지, 삽화 18장

주옥같은 12편
「어머님의 선물」, 「복남이와 네 동무」, 「다시 건져서」, 「장님과 코끼리」, 「두꺼비의 배」, 「바위나리와 애기별」, 「도깨비」, 「소년 특사特使」, 「홍길동」, 「호랑이」, 「토끼와 원숭이」, 「호랑이와 곶감」

마음의 노리개에 주린 조선의 어린이에게 샛별같이 귀엽고 무지개같이 고운 동화집이 나왔습니다. 저작자는 어린이 지도기관의 최고 권위인 '색동회'의 마해송 씨이올시다. 수만의 『어린이』 독자에게 많은 애독을 받는 선생의 작품 중에서 가장 재미있고 유익한 동화 12편을 골라서 세상에 내놓는 보배 같은 선물이올시다. 집집마다 한 권씩 갖추어놓고 아기네에게도 읽혀야 하고 아기네에게 이야기를 들려주시고 어른도 읽어야 하실 책입니다. 어린이 문학이 날로 쇠퇴해 가는 조선의 어린이 마음속에 뿌려 주는 생명의 물이나 다름없을 것이라고 믿습니다. 더욱이 책 속에는 이야기마다 이, 김 양씨의 아름다운 필체로 그리신 그림이 열여덟 페이지나 끼워 있어서 책을 열면 보기 좋은 그림, 읽기 좋은 이야기가 샘솟듯 합니다. 이번 출판은 특히 부수를 제한하였으니 절판되기 전에 한 권 아기네를 위한 책상머리에 갖추어 두십시오.

삽화: 이병현, 김정환
발행소: 동성사(동경)
총 판매소: 개벽사

마해송馬海松(1905~1966)은 1924년부터 '색동회'에 가입하여 어린이를 위해 다양한 활동을 벌이는 한편 많은 동화도 발표했다. 그가 쓴 창작동화집이자 아동극집인 『해송동화집海松童話集』에는 「바위나리와 애기별」이 수록되어 그 뜻이 크다. 우리나라 최초의 창작동화 「바위나리와 애기별」은 마해송이 18세 되던 1923년 어린이 잡지 『샛별』에 발표한 작품이다.

1934년, 일본 소재 동성사에서 발행하고 개벽사에서 총 판매를 담당한 이 동화집에는 그 외에도 여러 편의 작품이 실려 있어 가치를 더한다.

ペスタロツチ原著・野田豐實譯

原名リエンハルト・ウント・ゲルトルード

教育の眞諦は秩序方法の形式に非ずして愛なり、敢て本誌を愛ある教育家と家庭とに薦む

▲上下總裝 二冊
▲各冊實價八拾錢
▲特價各冊一圓五十錢
送料
東京市內金四錢
地方拾貳錢
支那、臺灣、各
樺太、朝鮮 四錢

□歐洲十八世紀の形式と消極と迷信との間に、眞生命を殺し自然を沒却した精神思想の世界に、「自然に返れ」の標語を揭げて一代の文明を革正したルツソーの後を承けて、之と同一の精神、及び更に一歩を之に進めたるの意味に於いて、教育の方面に一新旗幟を樹立した者が即ち我がペスタロツチである。

□本書は彼れが教育的半面の反映として、十分に彼れの教育主義を睹り遺憾なく彼れの全人格を示せるもの。篇中に展開せる外面の事實は一寒村に於ける農民の生活に過ぎないが、其內容は決して淺薄なる道話教訓の類ではな、、一家一村の墮落し改新する所以は即ち一國一社會の滅亡し興隆する所以なるを示し、小說の形式を借りて彼れが特有なる人生觀、國家觀、社會觀を發表し、更に之が根救助長の基本たる人心根底の眞教育觀を發表したるものである。

□今の日本は總ての方面に於て第二の維新を要求しつゝある。教育界に於ても、吾等は之に一味清新の元氣を注加して、此の生れて僅かに五十年にして早くも既に老いなんとする我が教育の生命を導いて、之に復活を與へねばならぬ時機に迫つてゐる。此時に於て此書の出づる、眞に偉大の意義があると思ふ。

□制服と制帽とのない教師と生徒とが、野天の下に融合して、心より心の上に施される教育の力が、必ずしも教室の中の教育の力に劣らぬのみか、却つてそれが純にして自然なる美と眞とを保ちつゝ、人の生涯の生きた力となつて働く事を此書に依て感得する者は、即ち今の日本が要求する眞の教育家である。

□要するに此書は、時代と人種と邦域との差異に關せず、且つ一切の形式方法を除却して、而も總人生を一貫して變らざる教育の眞精神を發揮した者である。

東京京橋南傳馬町
博愛館

071

취인醉人의 처妻

페스탈로치 저 · 노다 토요미野田豊實 역 / 박애관 / 『경성일보』 1916. 11.

페스탈로치 원저 · 노다 토요미 번역
전역全譯 『취인의 처』
원제: 린하르트 운트 게르트루트
교육의 진체眞諦는 질서 · 방법의 형식이 아닌 사랑이니, 감히 본서를 사랑이 있는 교육가와 가정에 추천한다.

형식과 와 ○○와 미신의 사이에서 진생명眞生命을 죽이고 자연을 몰각한 구주 18세기 정신사상의 세계에 "자연으로 돌아가라"는 표어를 내걸고 일대一代의 문명을 혁정革正한 루소, 그의 뒤를 이어 그와 같은 정신을 가지고 더욱 한 발을 내디뎠다는 의미로 교육 방면에 일신기치一新旗幟를 수립한 사람이 곧 우리의 페스탈로치이다. (…)
발행소: 박애관

우리나라에 처음 소개된 서양 도서가 무엇인지에 대해서는 여러 가지 의견이 있을 수 있다. 번안한 책을 포함시킬 것인가, 학술서나 기술서를 포함시킬 것인가, 저자가 분명하지 않은 책도 포함시킬 것인가 등등의 이유로 어떤 책이 처음 소개된 서양 도서인지를 확인하는 일은 불가능에 가깝다.

그런데 만일 광고를 한 단행본, 그것도 번안서가 아닌 원본의 번역본으로 평가 범위를 압축해 본다면 『취인의 처』가 처음이 아닐까 싶다.

물론 이 또한 일본어 번역본이기 때문에 우리 입장에서는 첫 번역본으로 볼 수 없다는 주장이 오히려 설득적일 것이지만.

『취인의 처』, 즉 '술 취한 사람의 아내'라는 이 제목은 놀랍게도 페스탈로치의 『린하르트와 게르트루트*Lienhard und Gertrud*』(1781~1787)라는 책의 번역본에 붙인 것이다. 책의 주인공이 여성이고, 그녀가 바른 가정생활을 통해 학교와 사회에 모범을 보이는 내용인 점을 감안하더라도 제목은 참 특이하다.

佛文豪 졸라 原作

難波 洪永厚 譯述

나나

四六版美裝三百頁

定價一冊金壹圓(要先金)

發賣所 京城蓬萊町一丁目 振替口座二〇二三番 博文書館

京城堅志洞六十番地 朝鮮圖書會社

『나나』
불란서 문호 졸라 원작·난파 홍영후 역술
박문서관
『동아일보』 1924. 8.

베니스商人

一名「人肉裁判」

定價六十錢 送料十一錢 (要先金)

『베니스의 상인』 일명 '인육재판'
셰익스피어 작·이상수 역
조선도서주식회사
『동아일보』 1924. 9.

우리에게는 홍난파로 잘 알려진 음악가 홍영후가 번역·소개한 것이 이채롭다.

『첫사랑』
투르게네프 작 · 난파 홍영후 씨 역
광익서관
『동아일보』 1921. 5.

『하믈레트』
셰익스피어 원작 · 현철玄哲 역술
박문서관
『동아일보』 1923. 6.

우리에게는 음악가로 잘 알려져 있는 홍난파가 번역해 소개한 러시아 소설가 투르게네프의 『첫사랑』. 광고대로 전역全譯이라면 그 시대로서는 드문 경우라 하겠다.

英國文豪베콘先生 原著
金世徽氏 譯述

處世明鑑

▲靈妙한精神的修養의活泉!!
▲偉大한成功의妙法的活話!!

千古活訓。萬古不滅의眞理。字字句句가피와살이되는一字千金의大文字。읽으라幾氣男兒여! 熱血靑年이여!

"One of tHe WoRld's epockmaking book,"

心機大轉의人生的眞理를엇지하면把握할가
가장偉大햇든精神的英雄은그것을指示한다

젊은靑春! 산智識에목마르고偉大한精神的慰安에배곱흔朝鮮靑春은暗黑의地獄에서一大明星을發見하리라奧妙한眞理와偉大한智識은이赫赫한一大哲人의豊富한나야기를빼여노코어듸가서들으려고하느냐! 베콘! 베콘! 베콘! 베콘을모르는것은現代靑年의一大恥辱이다。人生社會의百般現象에對하야明快透徹한이論理! 한번册장을펼침에胸中에光明은燦然히빗천다。읽으라배호라人生의光明을차즈라生命의活泉을마시라

▲本書內容一般

最新刊

◇上等紙質
◇鞏堅布衣
◇全文字入
◇洋裝美册

定價一圓五十錢
▲書留送料十六錢

發行所 京城府禮智洞壹百壹番地
振替口座京城八七三四番
太華書舘

『허세명감』
베이컨 작 · 김세휘 역술
태화서관
『동아일보』 1930. 6.

영국문호 베콘 선생 원저 김세휘 역술
영묘한 정신적 수양의 활천活泉!
위대한 성공의 묘법적 활화活話!

영국 철학자 프란시스 베이컨Francis Bacon(1561~1626)의 『수상록』을 번역 · 출간한 것인데, 제목이 『처세명감』으로 탈바꿈하여 우리를 놀라게 한다. 특히 광고 문안 가운데, "One of the world's epochmaking books"★라는 문장이 눈에 띈다.

★ 세계에서 가장 획기적인 도서 가운데 한 권

東京文科大學教授文學博士 萩野由之先生序
官立漢城高等學校學監文學士 高橋亨先生著

新刊發賣

朝鮮の物語集

附俚諺

紗洋裝全一冊 定價金一圓 郵稅金十錢

俚諺은社會的常識의結晶이오、物語(古談)는社會의風俗習慣及心理의寫眞이라能히俚諺을玩味ᄒᆞ며物語를敷演ᄒᆞ면其社會의眞相이瞭然ᄒᆞ야活動ᄒᆞᄂᆞᆫ眞狀이恰히眼前에現ᄒᆞᆫ지라文學士高橋先生이熟鍊ᄒᆞᆫ朝鮮語의知識으로써朝鮮의社會를硏究ᄒᆞᆫ지多年에物語와俚諺을隨聞隨集ᄒᆞ고更히趣味가津々ᄒᆞᆫ註釋을加ᄒᆞ야本書를完成ᄒᆞ얏ᄂᆞᆫᄃᆡ物語廿有七、俚諺五百餘의濃淡과硬軟을相交ᄒᆞᆫ지라其筆法이輕妙ᄒᆞ고文意가曲暢ᄒᆞ야宛然히順風에高帆을掛ᄒᆞ고長江을下ᄒᆞ며兩岸의光景을觀覽ᄒᆞᆷ과如ᄒᆞ도다願컨ᄃᆡ朝鮮人士ᄂᆞᆫ本書를求ᄒᆞ야人情의波瀾과趣味를他人이如何히觀察ᄒᆞ얏ᄂᆞᆫ지試讀ᄒᆞ시오

本書의內容

(一)瘤取翁。[illegible]陰室、貧郡守得錢、術較、風水先生、巳時下棺午時發福、將對句牟死、解語鳥、假名人、見失金銀棒、興夫傳、破戒僧食生豆四升、片身奴、無法者、妓生烈女、將術病當知府、雙童十度、明者欺盲者、盲者逐妖邪、仙女之羽衣、神虎、富貴有命、榮達有運、韓樣於山賊、長花紅蓮傳、再生緣、沈香傳、蕩婦、外에俚諺五百四十餘

發行所 京城本町二丁目 日韓書房 電話百四拾五番 振替口座一一五番

★ 조선의 이야기 모음집
★ 사紗는 비단을 가리킨다. 따라서 책의 표지를 비단으로 만들었다는 뜻
★ 속담이나 격언
★ 애정 따위가 깊이 얽혀 떨어지지 않음.

조선물어집 朝鮮の物語集

다카하시 토오루 / 일한서방 / 『매일신보』 1910. 11.

신간발매
『조선의 이야기집朝鮮の物語集』★
부록附: 속담俚諺
사紗★ 양장 전 1권

이언俚諺★은 사회적 상식의 결정이요, 옛이야기는 사회의 풍속습관 및 심리의 사진이라. 능히 이언을 감상하며 이야기를 부연하면 그 사회의 진상이 분명히 드러나 활동사진과 같이 눈앞에 나타날지라. 문학사 다카하시 토오루高橋亨 선생이 숙련한 조선어의 지식으로써 조선의 사회를 연구한 지 수년에 옛이야기와 이언을 듣고 수집하고 다시 흥미가 진진한 주석을 더하여 본서를 완성하였는데, 이야기 27, 이언 5백여의 농담濃淡과 경연硬軟을 서로 교류한지라. 그 필법이 경쾌하고 아름다우며 문장의 뜻이 휘고 뻗어 완연히 순풍에 높은 돛을 걸고 장강을 내려가며 양 기슭의 광경을 관람함과 같도다. 원컨대 조선 인사는 본서를 구하여 인정人情의 파란波瀾과 전면纏綿★을 타인이 여하히 관찰하였는지 한번 읽어 보시압.

동경문과대학교수 문학박사 추야유지萩夜由之 선생 서序
관립한성고등학교 학감 문학사 다카하시 토오루高橋亨 선생 저著

정가 1원, 우송료 10전
발행소: 일한서방

일제가 한일강제병합 이전부터 철저히 침략 준비를 해 왔다는 사실을 모르는 사람은 없을 것이다. 반면에 그들이 무력 침략 이전부터 조선의 문화를 우리 이상으로 철저히 연구하고 수집하며 성과물을 내놓았다는 사실을 아는 사람은 생각보다 많지 않다. 그러나 조금만 들여다보면 그들이 다른 나라를 침략하기 위해 기울인 노력이 얼마나 철저한 것인지 쉽게 알 수 있다. 뿐만 아니라 침략을 당한 우리 입장에서도 결코 잊어서는 안 될 사실이 너무 많다. 무력 침략보다 더 무서운 것이 문화 침략이라는 사실을 아직도 모른다면, 우리 겨레가 또다시 다른 나라에게 침략 당해도 변명할 여지가 없다. 덧붙여 우리 삶, 정책, 정치의 가장 위에 문화적 정체성과 전통을 놓지 않는다면, 후손으로부터 형편없는 조상이라는 손가락질을 받아도 무참한 날이 언제 올지 모른다.

책의 저자 다카하시 토오루高橋亨(1878~1967)는 일본강점기에 활동한 관변학자로, 식민사관에

★ 『한국민족문화대백과사전』

근거하여 한국의 전통사상에 대한 이론화를 시도하였고, 조선총독부의 정책에도 큰 영향력을 행사하였다. 광복 후 귀국해서도 '조선학회朝鮮學會'를 창립하는 등 죽을 때까지 우리나라에 대한 영향력을 행사하고자 하였다.★

그러나 일제강점기에 우리 문화에 대해 관심을 가지고 연구한 대표적 인물을 꼽으라면 무라야마 지준村山智順(1891~1968)을 들어야 할 것이다. 일본의 민속 연구자인 무라야마 지준은 일제강점기에 조선총독부의 촉탁으로 근무하면서 무수히 많은 저서를 남겼는데, 이 책들은 오늘날까지 우리 서점에서 판매되고 있다. 다음은 그의 주요 저서들이다.

『조선인의 사상과 성격朝鮮人の思想と性格』, 조선총독부, 1927.
『조선의 귀신朝鮮の鬼神: 민간신앙제일부民間信仰第一部』, 조선총독부, 1929.
『조선의 민간신앙朝鮮の民間信仰』, 무성회無聲會, 1931.
『조선의 풍수朝鮮の風水』, 조선총독부, 1931.
『조선의 무격朝鮮の巫覡: 民間信仰 第3部』, 조선총독부, 1932.
『조선의 점복과 예언朝鮮の占卜と預言』, 조선총독부, 1933.
『조선의 유사종교 朝鮮の類似宗教』, 조선총독부, 1935.
『부락제』, 조선총독부, 1937.
『석전釈奠 · 기우祈雨 · 안택安宅』, 조선총독부, 1938.
『조선의 향토오락朝鮮の郷土娯楽』, 조선총독부, 1941.

그러나 그의 저서들에 관한 광고는 찾기 힘든데, 아마도 조선총독부에서 발행되었기 때문이 아닐까 싶다.

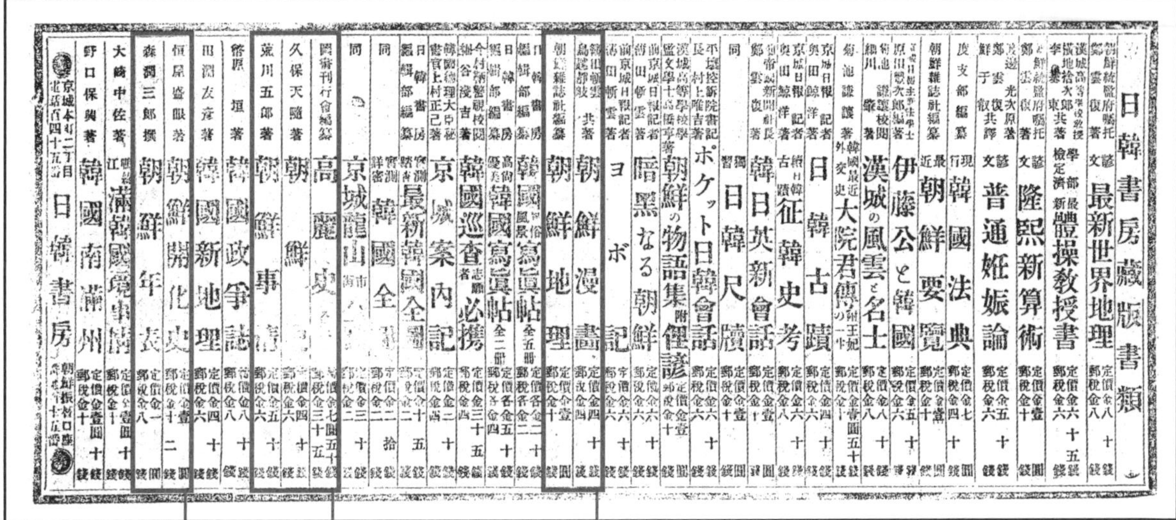

日韓書房藏版書類

鄭雲復著 譯文 最新世界地理 定價金八十錢 郵稅金八錢

學部檢定濟 最新體操教授書 共著 定價金六十五錢 郵稅金六錢

鄭雲復著 譯文 隆熙新算術 定價金壹圓 郵稅金十錢

譯文 普通姙娠論 共譯 定價金五十錢 郵稅金六錢

度支部編纂 現行 韓國法典 定價金七圓 郵稅金四十錢

朝鮮雜誌社編纂 最近 朝鮮要覽 定價金壹圓 郵稅金十錢

原田豐次郎編著 伊藤公と韓國 定價金五十錢 郵稅金六錢

漢城の風雲と名士 定價金八十錢 郵稅金八錢

菊池謙讓著 韓國最近外交史 大院君傳 附王妃の一生 定價金壹圓五十錢 郵稅金十錢

京城日報記者 奥田鯨洋著 日韓古蹟 定價金四十錢 郵稅金六錢

京城日報記者 奥田鯨洋著 續日韓古蹟 征韓史考 定價金六十錢 郵稅金八錢

鄭雲復著 韓日英新會話 定價金壹圓 郵稅金十錢

同 獨習 日韓尺牘 定價金壹圓 郵稅金十錢

村上唯吉著 ポケット日韓會話 定價金六十錢 郵稅金六錢

朝鮮の物語集附俚諺 定價金壹圓 郵稅金十錢

前京城日報記者 薄田斬雲著 暗黑なる朝鮮 定價金六十錢 郵稅金六錢

前京城日報記者 薄田斬雲著 ヨボ記 定價金六十錢 郵稅金六錢

鳥越静岐 薄田斬雲 共著 朝鮮漫畫 定價金四十錢 郵稅金四錢

朝鮮雜誌社編纂 朝鮮地理 定價金壹圓 郵稅金十錢

日韓書房編纂 韓國風俗寫眞帖 全五冊 定價各金二十錢 郵稅各金二錢

日韓書房編纂 高尙優美 韓國寫眞帖 全二冊 定價各金五十錢 郵稅各金四錢

韓國巡査志願者必携 定價金三十五錢 郵稅金四錢

上村正己著 京城案內記 定價金二十錢 郵稅金四錢

日韓書房編纂 實測 最新韓國全圖 定價金十五錢 郵稅金二錢

同 實測詳密 韓國全圖 定價金二拾錢 郵稅金二錢

同 京城龍山市街 定價金三十錢 郵稅金二錢

刊行會編纂 高麗史 定價金七圓五十錢 郵稅金三十五錢

久保天隨著 朝鮮史 定價金四十錢 郵稅金六錢

荒川五郎著 朝鮮事情 定價金五十錢 郵稅金六錢

楢原垣著 韓國政爭誌 定價金八十錢 郵稅金八錢

田淵友彦著 韓國新地理 定價金四十錢 郵稅金六錢

恒屋盛服著 朝鮮開化史 定價金壹圓二十錢 郵稅金十錢

森潤三郎撰 朝鮮年表 定價金一圓 郵稅金八錢

大崎中佐著 滿韓國境事情 定價金壹圓十錢 郵稅金十錢

野口保興著 韓國南滿州 定價金壹圓十錢 郵稅金十錢

京城本町二丁目 電話百四十五番 日韓書房

「일한서방 장판서류」
일한서방
『매일신보』 1910. 9.

광고를 보면 '일한서방 소장 판서류'라는 제목 아래 다양한 책의 목록이 수록되어 있는데, 그 가운데 『조선만화』, 『조선지리』, 『고려사(전 3책)』, 『조선사』, 『조선사정』, 『조선개화사』, 『조선연표』와 같은 우리 역사와 현실에 대한 책들이 한일강제병합 이전부터 출간되었음을 알 수 있다.

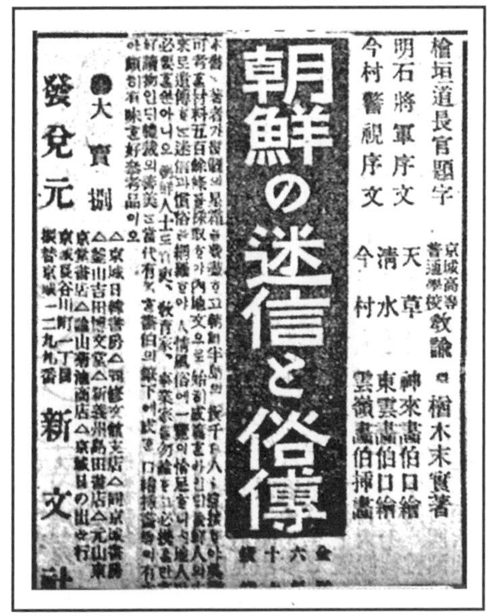

檜垣道長官題字
明石將軍序文
今村警視序文

朝鮮の迷信と俗傳

京城高等普通學校教諭 楢木末實著
天草神來畫伯口繪
清水東雲畫伯口繪
今村雲嶺畫伯插畫

金六十錢

大賣捌
發兌元 新文社

「조선의 미신과 속전」
나라키 스에자네楢木末實
신문사
『매일신보』 1913. 11.

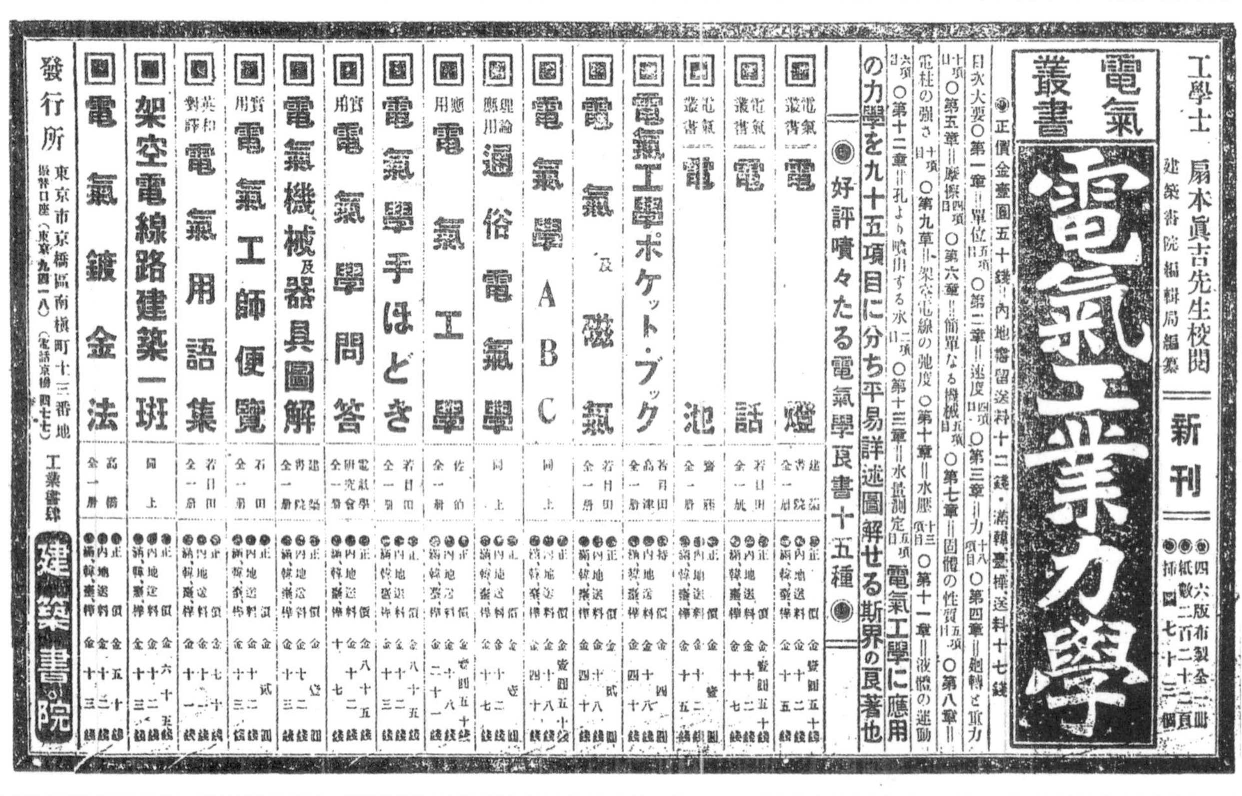
工學士 扇本眞吉先生校閲
建築書院編輯局編纂
新刊
電氣叢書
電氣工業力學
◉四六版布製全一冊
◉紙數二百二十二頁
◉挿圖七十三個
◉正價金壹圓五十錢=內地書留送料十二錢・滿韓臺樺送料十七錢
目次大要○第一章=單位五項目○第二章=速度四項目○第三章=力十八項目○第四章=廻轉と重力十項目○第五章=摩擦四項目○第六章=簡單なる機械五項目○第七章=固體の性質五項目○第八章=電柱の強さ十項目○第九章=架空電線の弛度○第十章=水壓十三項目○第十一章=液體の運動六項目○第十二章=孔より噴出する水二項目○第十三章=水量測定五項目
電氣工學に應用の力學を九十五項目に分ち平易詳述圖解せる斯界の良著也
◉好評嘖々たる電氣學良書十五種◉
電氣叢書 電燈
電氣叢書 電話
電氣叢書 電池
電氣及磁氣
電氣工學ポケット・ブック
電氣學ABC
理論應用 通俗電氣學
應用 電氣工學
電氣學手ほどき
實用 電氣學問答
電氣機械及器具圖解
實用 電氣工師便覽
英和對譯 電氣用語集
架空電線路建築一斑
電氣鍍金法
發行所 東京市京橋區南槇町十三番地 振替口座(東京九四一八)(電話京橋四七七)
工業書肆 建築書院

073

전기공업역학電氣工業力學

오기모토 신키치 교열 / 건축서원 / 『경성일보』 1916.

공학사 오기모토 신키치扇本眞吉 선생 교열
건축서원 편집국 편찬
『전기총서: 전기공업역학』

목차 대요
제1장: 단위 5항목 / 제2장: 속도 4항목
제3장: 힘 18항목 / 제4장: 회전 중력 10항목
제5장: 마찰 4항목 / 제6장: 간단히 기계 만들기 5항목
제7장: 고체의 성질 5항목 / 제8장: 전신주의 강도 10항목
제9장: 공중 전선의 강도 / 제10장: 수압 13항목
제11장: 액체의 운동 6항목 / 제12장: 구멍에서 솟는 물 2항목
제13장: 수량 측정 5항목

1898년 1월 26일 자로 한성전기회사가 설립되었다. 고종이 실질적인 소유주였던 이 회사는 이듬해인 1899년, 서울 흥화문에서 동대문 사이를 오가는 전차를 운행했고, 다시 이듬해에는 종로에서 우리나라 최초로 전등을 점화했다. 그 무렵 전기회사는 국가사업이 아니라 민간사업이었다. 그래서 1914년 무렵에는 조선에서 운영되던 전기회사가 20여 개가 넘었다고 하는데, 대부분 일본인의 자본 침략이었을 것이 분명하다. 이 책이 나온 1916년이면 전기가 본격적으로 민간에 공급될 시기일 텐데, 그렇다고 해도 조선인 전기 전문가는 흔치 않았을 것이다.

이 『전기총서電氣叢書』는 동경에서 발행된 일본어 책이지만, 조선인들에게 전기에 대한 인식과 정보, 기술을 전달하는 데 큰 도움이 되었을 것이다. 저자인 오기모토 신키치扇本眞吉는 동경제국대학 공대를 졸업한 후 독일 지멘스 사를 거쳐 1907년에 오늘날의 동경전기대학을 세운 전기 전문가이다.

今日出來

初出한時調의軌範•時調道復興의光塔

六堂 崔南善 時調集

百八煩惱

◇菊半裁百五十頁
◇紙質精選白羊八十斤
◇絹衣美裝出版界空前
◇定價八十錢(奉仕的實價)
◇登記送料十四錢
◇新年선물로 最適合

◇請求時는先金으로登記送料를加算하시오(代金引換에는送料先金을要함)

發行所 京城府南洞二九 東光社
振替口座京城四番 電話光化門一九七七番

總販賣所 京城堅志洞三二 漢城圖書株式會社
振替京城七六六〇番 電話光化門一四七九番

時調道는오래沈廢하여왓다。그러나、朝鮮精神의藝術的表現으로가장自然스럽게發生된時調는 [illegible]

朝鮮生命의詩的躍動

[illegible]

詩調에二十年功을싸흔

[illegible]

大朝鮮을愛人으로하야

[illegible]

無料進呈

本誌內容見本及月刊雜誌『東光』一冊을送料二錢同封하야東光社로請求하면無料進呈!

백팔번뇌 百八煩惱

최남선 / 동광사 / 『동아일보』 1926. 12.

육당 최남선 시조집
『백팔번뇌』
국반재菊半裁 150쪽, 지질 정선 백양白羊 80근, 견의絹衣 미장 출판계 공전空前

금일출래今日出來
처음 나온 시조의 궤범 · 시조도時調道 부흥의 빛나는 탑

시조도는 오래 침폐하였었다. 그러나 조선정신의 음률적 표현으로 가장 자연스럽게 발생된 시조는, 조선생명의 시적 약동과 한 가지. 조만간 크게 발흥되지 아니하면 아니 될 것이었다. 여명의 조선문단에서 누구보다 먼저 이 중요한 부면部面을 발견하고 또 개척하여 그 부흥과 보급의 위업을 성취한 자가 육당임은 이제 거듭 말할 것까지 없는 일이다. 과연 시조는 육당을 말미암아서 죽음으로부터 소생하였으며, 유희적 학대로부터 예술의 전당의 여왕으로 인상되었으며, 또 조선 유일의 완성된 국민문학으로부터 세계의 예원藝苑에 자랑할 만한 가치를 차차 발휘하게 되었다. 『백팔번뇌』는 실로, 시조에 20년 공을 쌓은 육당의 무섭게 심광深廣한 시경詩境과 기위奇偉한 표현법을 가장 단적으로 표시한 근작 100여 편을 편차編次한 것이어니와 이것을 의지하여 치열한 조선아朝鮮我의 뜨거운 불길은 다만 사상으로도 의외의 '힘'과 감격을 오그라든 시대 인심에 주지 아니하면 말지 아니할 것이다. 내용은, 대조선을 애인으로 하여 적성赤誠을 피력한 상사가相思歌, 조선국상朝鮮國上을 신앙의 대상으로 하여 예찬의 지의至意를 붙인 송가, 일개 자유인으로 한정閑情을 자견自遣한 만음漫吟 등 3부에 나누고 고사와 시적 벽어僻語에는 일일이 주해를 붙이고 인쇄와 장정에다 가능한 극極가의加意를 더하여 내용과 외관이 다 시조집의 백화두白花頭임에 상응하게 하였다.

정가 80전(봉사적 실가), 우송료 14전
발행소: 동광사, 총 판매소: 한성도서주식회사

시조는 인류가 보편적으로 율조를 갖춘 시를 추구한 것처럼, 우리 겨레가 오래 전부터 독창적으로 형성해 온 율조를 갖춘 시의 형식이다. 그래서 전통적인 동시에 독창적이다. 그러나 근대에 들어 서구 시가 도입되는 과정에서 오히려 소외되는 처지에 놓이게 됐다. 훗날 대표적인 시조시인으로 우뚝 서는 노산 이은상李殷相(1903~1982)과 가람 이병기 등이 모두 서양식 근대 시작詩作 활동으로 문인 생활을 시작했다는 사실이 이러한 상황을 말해 주는 것이리라. 그렇게 소외되던 시조가 다시 우리 문단의 주목을

받게 된 것은 1920년대에 들어서며 국민문학운동이 전개되면서부터다. 이 과정에서 많은 문인들이 우리 전통 시조에 대한 관심을 갖게 됐고, 시조의 현대화에 매진하기 시작했다. 그리고 그 무렵 발간된 우리나라 최초의 개인 시조집이 최남선의 『백팔번뇌百八煩惱』다.

최남선에 대해서는 더 이상 말이 필요 없을 것이다. 그가 친일이라는 부정적 행동을 하지 않았다면, 우리나라 근대기 문화는 그 누구도 아닌 최남선에 의해 이루어졌다 해도 무엇이 지나치랴!

시, 시조, 잡지, 어린이 문화, 출판문화, 고전, 산문, 기행문, 신화에 이르기까지, 도대체 그의 펜을 거치지 않은 것이 무엇이 있는가! 안타깝다.

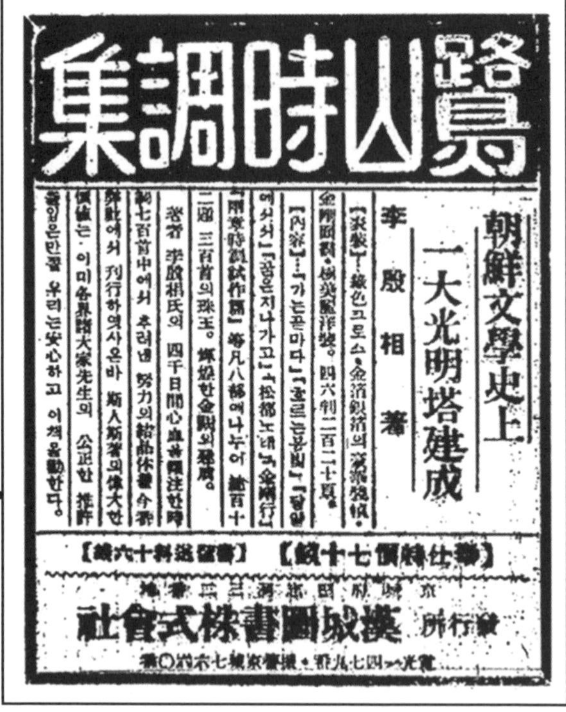

『노산시조집』
이은상
한성도서주식회사
『동아일보』 1932. 5.

이은상은 우리에게 가곡 「고향생각」·「가고파」·「성불사의 밤」 등으로 유명한데, 『노산시조집』은 그의 첫 번째 시조집이다.

이은상은 처음에는 자유시를 발표하며 작품 활동을 시작했는데 후에 시조에 관심을 보이면서 대표적인 시조시인으로 활동했다. 그 외에도 사학자이자 수필가로도 활동하였다.

『시조노리』
이은상 편찬 · 최영수 삽화
한성도서주식회사
『동아일보』 1934. 2.

『시조노리』 광고에는 일명 '가투歌鬪'라고 적혀 있다. 가투는 '노래 싸움'이라는 뜻인데, 시조를 적은 종이 딱지를 가지고 하는 놀이다.
광고를 보면 100편의 시조 가사와 작자를 노산 이은상이 편찬하고 최영수가 삽화를 그려 만들었다고 한다. 광고에는 세종 때 6진을 개척한 것으로 유명한 김종서의 시조 카드가 등장한다.

『주요한 소곡집 봉사꽃』
주요한
세계서원
『동아일보』 1930. 10.

책 제목에 '소곡집小曲集'이라 붙은 까닭은 이 책에 수록된 작품 모두가 시조가 아니기 때문일 것이다. 전체 66편 가운데 아일랜드 출신 시인인 무어Thomas Moore(1779~1852)의 번역 작품과 두보의 번역시가 수록되어 있다.

新選文學全集

第一回配本 朝鮮文學讀本

千秋萬代에傳할 待望의書!!

新版「古文眞寶」의大名文集!!

「朝鮮文學讀本」은 現文壇의 一流文人이 總執筆한것으로 그들의 絕對自信잇는 名文을 蒐集하니만치 實로 우리出版界에 永遠히 꺼지지안는 한個의 金字塔을 세운셈이다。 이冊의 內容은 隨筆、紀行、詩、時調等 百五十餘篇의 名文을 收錄하니만치 文學讀本으로 人生讀本으로 또는 藝術讀本으로 作文讀本으로 家家戶戶에秘藏할 名著이오 또는 貴여운 子弟에게安心하고 읽혀도 조흘古文眞寶」에 지지안는 大名文集이다。 滿天下讀書家는 絕版되기前에 速히 이冊을 購入하라。

豪華燦爛한內容目次一般

文學讀本에對한各方面讚辭

第二回配本은 新人短篇傑作集 十一月一日發賣

四六版크로쓰 豪華美本三百五十餘頁의 大冊
一冊定價 一圓二十錢 書留 送料二十二錢
一時拂 四冊 四圓五十錢 (送料本社負擔)

京城太平通一丁目六一番地
朝鮮日報社出版部發行
(振替京城五八七八番)

新選文學全集

第二回配本 新人短篇傑作集

天才朝鮮의偉大한發現!!

朝鮮文壇의世界的水準

이「新人短篇集」은 朝鮮文壇을世界文壇에 宣揚시킬 偉大한 責務를 가지고 孜孜努力하는 新人들의 絕對自信잇는 傑作을 收錄하니만치 天才朝鮮의 文學的發露로써 우리文壇의 자랑이아닐수업다 우리는 이一篇에서 旣成作家에서 보지못하든 新銳의氣分과 純粹의芳香을 滿喫할수잇는것이니 曉天의 한個 별이랄까 黃昏의 할줄 무지개랄까 그빗나는 內容은 우리文壇의豪華版이아닐수업다 文藝愛好家는 勿論이오 一般文化人도 누구나 一讀할 良書임을 말하여둔다 滿天下讀者는 絕版前 速히 注文하여두라

第一回配本 朝鮮文學讀本 大發賣中

文壇諸家의新人들作品

目次

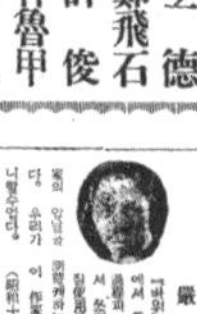

第三回配本은 朝鮮兒童文學集 十二月一日發賣

四六版크로쓰豪華美本三百五十餘頁의大冊
一冊 定價一圓二十錢 書留送料二十二錢
一時拂 四冊 四圓五十錢 (送料本社負擔)

京城太平通一丁目六一番地
朝鮮日報社出版部發行
(振替京城五八七八番)

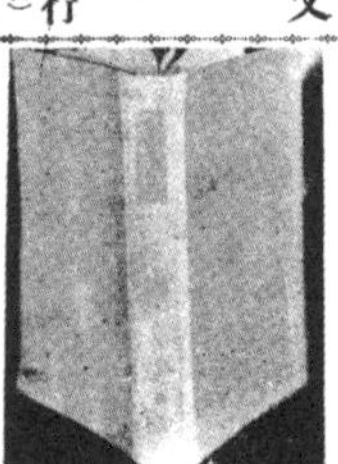

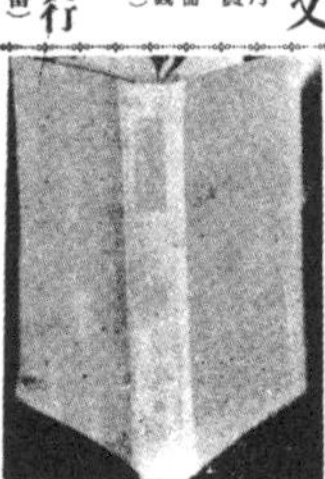

★ 중국 주나라 때부터 송나라 때까지의 옛 시와 문장을 모아 엮은 책으로, 편자는 미상

신선문학전집 新選文學全集

조선일보사출판부 / 『조선일보』 1938~1939

제1회 배본 / 『조선문학독본』 / 『조선일보』 1938. 10.

『조선문학독본』은 현 문단의 일류 문인이 총 집필한 것으로 그들의 절대 자신 있는 명문을 수집한 만큼 실로 우리 출판계에 영원히 꺼지지 않는 한 개의 금자탑을 세운 셈이다.
이 책의 내용은 수필, 기행, 시, 시조 등 150여 편의 명문을 수록한 만큼 문학독본으로, 인생독본으로 또는 예술독본으로, 작문독본으로 가가호호에 비장할 명저요 또는 귀여운 자제에게 안심하고 읽혀도 좋은 『고문진보古文眞寶』★에 지지 않는 대명문집이다. 만천하 독서가는 절판되기 전에 속히 이 책을 구입하라.

제2회 배본 / 『신인단편걸작집』 / 『조선일보』 1938. 11.

이 『신인단편집』은 조선문단을 세계문단에 선양시킬 위대한 실무를 가지고 부지런히 노력하는 신인들의 절대 자신 있는 걸작을 수록하니만큼 천재 조선의 문학적 발로로써 우리 문단의 자랑이 아닐 수 없다. 우리는 이 한 편에서 기성작가에서 보지 못하던 신예의 기분과 순수의 방향芳香을 만끽할 수 있는 것이니 새벽의 커다란 하나의 별이랄까 황혼의 한 줄기 무지개랄까 그 빛나는 내용은 우리 문단의 호화판이 아닐 수 없다. 문예 애호가는 물론이요 일반 문화인도 누구나 일독할 양서임을 말하여 둔다. 만천하 독자는 절판 전 속히 주문하여 두라.

목차

「남생이」 – 현덕
「성황당」 – 정비석
「탁류」 – 허준
「공상기」 – 박노갑
「옥심이」 – 김정한
「청운」 – 차자명
「그늘 밑에서」 – 김소엽
「바위」 – 김동리
「백치 아다다」 – 계용묵
「사진첩」 – 현경준
「중독자」 – 박영준

328

朝鮮兒童文學集

三回配本

新選文學全集

全讀書界를震撼하는 旋風歡呼의大人氣!!

이兒童文學集은 二十年間 朝鮮兒童文學의 精髓를 總蒐集한것으로써 兒童文學界의 最高權威 五十八名先生이 그들의 絶對自信잇는 珠玉가튼 童謠, 童話, 少年小說, 兒童劇等 九十餘篇을 收錄한것이니 實로 우리 兒童文學界에처음이오 마지막인 一大金字塔이다. 七百萬朝鮮家庭에 戶戶마다 秘藏할 永遠의 寶庫이니 學校, 家庭, 圖書館 어느곳에나 반드시 一册을 備置치 안을수업다. 그리고 子弟를 가진분은 千兩의 黃金보다 이한册을 그들에게주라. 조흔아이 훌륭한敎訓은 이册에서 비로소 어들수잇다. 只今注文殺到中

半萬年間朝鮮童心의發露
朝鮮兒童文學의最高殿堂

第一回配本	朝鮮文學讀本	發賣
第二回配本	新人短篇集	發賣
第三回配本	兒童文學集	發賣
第四回配本	女流短篇集	(十一月下旬發賣)

內容目次一般

童謠

꽃밧 …… 朱耀翰
까막잡기 …… 朴八陽
고드름 …… 柳志水
외나무다리 …… 尹石重
참새 …… 鄭寅燮
옛날예적한영감 …… 李軒求
엄마야누나야 …… 金素月
말 …… 鄭芝溶
날대가리무첨지 …… 鄭烈模
귀뚜라미 …… 方定煥
반달 …… 尹克榮
헌모자 …… 黃世冠
빨래 …… 韓晶東
가을 …… 崔順愛
시골밤 …… 李貞求
시골길 …… 千正鐵
진달래 …… 申鼓頌
동리의원 …… 尹福鎭
봄편지 …… 徐德出
아침노래 …… 李元壽
비야비야오너라 …… 金泰午
꼬부랑할머니 …… 崔永愛
물살 …… 朴泳鍾
닭 …… 姜小泉
햇빗은쨍쨍 …… 崔玉蘭
누가누가잠자나 …… 睦一信
장명등 …… 林春吉
물새 …… 許三峰
눈물 …… 康承翰
댕댕이 …… 康根守
나팔꽃 …… 郭蘆葉

童話

엄마마중 …… 李泰俊
자전거 …… 皮千得
물떡총 …… 玄德
쌍둥밤 …… 李永哲
소꿉질 …… 朴泰遠
고무공하나로 …… 金東吉
몽당연필 …… 任元鎬
추위 …… 丁友海
거짓말 …… 宋昌一
샤록크와업순이 …… 洪九
땅벙어리 …… 金福鎭
다람쥐 …… 李光洙
진달래와옥순이 …… 朱耀燮
가자마라엄마야 …… 金永壽
어머님의선물 …… 馬海松
이상한연적 …… 李定鎬
쥐와고양이 …… 田榮澤
生命水 …… 秦長燮
百日紅이야기 …… 高漢承
난파선 …… 方定煥

童劇

장님과코끼리 …… 馬海松
요술모자 …… 申鼓頌
맹꽁이 …… 鄭寅燮

少年小說

까까머리生徒 …… 姜霖
멀리간동무 …… 白信愛
팔뚝時計 …… 李東珪
慶姬의빈벤또 …… 崔秉和
새로온夜學生 …… 宋影
고구마 …… 玄德

京城太平通一丁目六一番地
朝鮮日報社出版部發行
振替京城五八七八番

四六版 銀字入 豪華洋裝美本
用紙 最高級純白洋紙使用
一册定價 一圓二十錢(送料二十二錢)
一時拂 四册 四圓五十錢(送料本社負擔)

훌륭한裝幀과 아름다운그림!

이兒童文學集은 朝鮮에처음보는훌륭한裝幀으로써 鄭玄雄畫伯의苦心裝幀이다 그리고册첫머리에여서 鄭畫伯의아름다운四色原畫가잇고 이外에童謠童話兒童劇 少年小說마다아름다운그림이 또가잇스며한글校正은이方面權威인金炳濟氏가責任校正하여 훌륭한이冊에다 錦上添花의格을 일우엇다

新選文學全集

四回配本

女流短篇傑作集

四千年間女性才華의發露!!
今年劈頭의最大巨彈!!

이女流短篇傑作集은 우리女流文壇의 最高峰으로 實로 四千年間 朝鮮女性才華의 發露이다 現文壇에活躍하는 女流文人七氏가 그의 文壇生活中 唯一의 最高傑作이라고 自信하는 短篇을 自選하야 이册을 編成한것이니 冷徹한理智와 世紀的情熱에 타는 이册의內容은 八面玲瓏의 珠玉과가터서 우리女流文壇의 劃時期的 壯擧라고아니할수업다 文藝愛好家는 勿論이오 一般文化人도 반드시아니볼수업는好著이다 蘭雪軒 黃眞伊들이어 우리女性文化의 才華는 이册속에숨어잇다 一般讀書人은 速히 이册을購入하라.

第一回配本 朝鮮文學讀本 發賣中
第二回配本 新人短篇傑作集 發賣中
第三回配本 朝鮮兒童文學集 發賣中
第四回配本 女流短篇傑作集 發賣中

各方面의讚辭

우리出版界의 大盤事 — 中樞院參議 崔奎東

朝鮮文化의供獻 — 詩人 朴八陽

훌륭한書籍 — 梨專敎授 吳競善

萬人心讀의全集 — 小說家 高羲東

新選文學全集에 對하야 — 李孝石

本書의內容

地下村 …… 姜敬愛
開夜月 …… 張德祚
春寶 …… 朴花城
醫師 …… 李善熙
穀象 …… 崔貞熙
사월이 …… 盧天命
彩色橋 …… 白信愛
糊途 …… 白信愛

今月로全四卷遂完成
純粹芳香의最高全集

四六版 銀字入豪華洋裝의美本
用紙最高級純白楊紙使用!
一册定價 一圓二十錢(一書留送料二十二錢也)
一時拂 全四册四圓五十錢(送料는全部本社에서부담)

京城府太平通一丁目六一番地
朝鮮日報社出版部發行
(振替京城五八七八番)

제3회 배본 / 『조선아동문학집』 / 『조선일보』 1938. 12.

이 『아동문학집』은 20년간 조선아동문학의 정수를 총 수집한 것으로서 아동문학계의 최고 권위 58명 선생이 그들의 절대 자신 있는 주옥같은 동요, 동화, 소년소설, 아동극 등 90여 편을 수록한 것이니 실로 우리 아동문학계에서 처음이요 마지막인 일대 금자탑이다. 7백만 조선 가정에 집집마다 비장할 영원의 보고이니 학교, 가정, 도서관 어느 곳에나 반드시 한 권을 비치치 않을 수 없다. 그리고 자제를 가진 분은 천 냥의 황금보다 이 한 권을 그들에게 주라. 좋은 아이, 훌륭한 교훈은 이 책에서 비로소 얻을 수 있다.
지금 주문 쇄도 중.

제4회 배본 / 『여류단편걸작집』 / 『조선일보』 1939. 1.

이 『여류단편걸작집』은 우리 여류문단의 최고봉으로 실로 4천 년간 조선 여성 재능의 발로이다. 현 문단에서 활약하는 여류문인 7인 씨가 그의 문단생활 중 유일의 최고걸작이라고 자신하는 단편을 스스로 선정하여 이 책을 편성한 것이니 냉철한 이지와 세기적 정열에 타는 이 책의 내용은 팔면 영롱한 주옥과 같아서 우리 여류문단의 획기적 장거라고 아니할 수 없다. 문예 애호가는 물론이요, 일반 문화인도 반드시 아니 볼 수 없는 뛰어난 저서이다. 난설헌, 황진이 등의 뒤를 이어 우리 여성 문화의 재능은 이 책 속에 숨어 있다. 일반 독서인은 속히 이 책을 구입하라.

본서의 내용
「지하촌」 – 강경애
「한야월」 – 장덕조
「춘소」 – 박화성
「연지」 – 이선희
「곡상」 – 최정희
「사월이」 – 노천명
「채색교」 – 백신애
「호도」 – 백신애

1930년대 후반에 들어서면서 우리나라에서도 다양한 문학전집이 발간됐다는 사실은 앞서 살펴본 바 있다. 문학전집 발간에서 백미는 역시 소설, 그 가운데서도 장편소설일 것이다. 오늘날에도 장편소설 세계문학전집은 우후죽순처럼 간행되고 있다. 그런데도 출판사들은 중복출판을 감수하면서 전집 간행에 심혈을 기울인다. 그 까닭은 아마 독자들도 문학전집 하면 장편소설을 떠올릴 것이요, 따라서 그 시장이 가장 크기 때문일 것이다.
그런데 장편소설 중심의 전집은 앞서 살펴본 것처럼 여러 출판사에서 출간 중이었다. 그러다 보니 뒤늦게 전집을 간행하게 된 조선일보사는 문학전집을 장편소설 중심으로 낼 수 없었을 것이다. 그 시절 우리나라에서 대중성이나 대표성을 띤 작가가 출판사의 수요를 충족할 만큼 충분하지 않았을 테니까. 결국 조선일보사는 기존에 있던 출판사와는 다른 기획을 해야 했을 테고, 그 결과 『신선문학전집新選文學全集』이라는 성과물이 탄생했다.
그보다 앞서 같은 신문사에서 출간한 『현대조선문학전집』 구성은 단편집 3권, 시가집詩歌集, 수필기행집, 평론집, 희곡집의 전 7권이었다. 물론 이 전집도 다른 전집과는 다르게 구성된 점에서 의미가 있다. 그러나 이는 특별한 기획이라는 생각이 들기보다는 장편소설전집을 대신할 만한 전집을 구성하다 보니 여타 분야를 모아 놓은 것 아닌가 하는 느낌이 든다. 그러나 그 후에 출간된 『신선문학전집』은 말 그대로 신선하다. 권수가 고작 4권에 불과한데도 말이다.

『현대조선문학전집』
조선일보사출판부
『조선일보』 1938. 3.

『현대조선문학전집』
조선일보사출판부
『조선일보』 1938. 4.

『현대조선문학전집』
조선일보사출판부
『조선일보』 1938. 8.

我게에 大百科잇다

萬事萬象即時解決

◆東西古今五千年의 人類知의 總和를모되여 恒常座右에備할수잇다。
◆現代文明의 事象百般의 解說自在이며 機에應하야、때에應하야 쓰게된다。
◆政治經濟、法律外交、産業交通、科學軍事、文學美術、趣味家庭、宗教道德、教育心理、歷史地理、天文曆數、醫學衛生、社會問題의 最高顧問이다。
◆挿圖三萬寫眞圖版三千은 넉넉히 이만으로 現代最高의 寫眞圖說의 大卷을 成함。
◆別刷七色刷地圖數百圖、이것뿐으로 實로 現代最高의 大圖錄의 偉觀을 呈함。
◆顧問執筆者二千名은 어는거나 現代日本의 學界專門諸大家의 責任執筆로 되다!
◆內容은 文字와 如히 質實量並히 世界最大의 大百科事典으로 全日本의 자랑이다。
◆歐米의 百科事典라가치 西洋에 偏치안코 東洋에 暗치안코 世界全文化를 모되여 完璧。
◆知識은 最近最新의 全知를 蒐集直接今日의 問題에 對하야 明解한 解答을 與함。

全卷具備配本의 準備가되엿습니다

完成記念特價大提供

出版界空前의 이 大業을! 平凡社가 할수잇슬까? 此等의 疑問은 榮譽잇는 今日의 完成에 依하야、굉장한 感激으로 變하야、平凡社로의 信賴와 大百科事典에로 賞讚은 全日本의 聲이 되다、此時特價再募의 國民的要求에 應하야 小社는 全卷一時配本分割내치는 大英斷으로써 全日本의 讀書人에게 報코저한다。躊躇업시 此의 世界的大著를 確保하시라!

平凡社長 下中彌三郎

滿腔의 感謝

보라! 魅力百파ー센트의 이 斷念的인 大膽한 發賣方法!

四六倍判每卷八百頁 寫眞版等百五十頁 堅牢豪華美本
定價 A 五圓五十錢
定價 B 七圓

特價規定

甲 全卷一時拂ー全廿六卷即時配本(申込順)
A 一冊四圓
B 一冊五圓
乙 十三回分拂ー月二冊配本 四個月
丙 二十六回分拂ー月一冊配本 七個

實物全國書店에잇슴 書店으로申込하시오!

締切二月廿八日

平凡社

質·實·量 斷然世界第一!

最新의、最高의、第一의 百科事典이다

規模

計畫後廿餘年
固定費七十萬
項目數十八萬
內容語五十萬
總頁數二萬餘
總字數六千萬
執筆者千二百
本文挿圖三萬
別刷圖錄三千
編輯延人員十八萬人
工務延人員三十八萬人
完結前豫約者三萬餘人

076

대백과사전 大百科事典

헤이본샤 / 『조선일보』 1934. 2.

전 26권 완결
『대백과사전』
46배판, 매권 800쪽, 사진판 등 150쪽, 견고한 상자, 호화 미본

나에게 대백과 있다
만사만상萬事萬象 즉시해결

●동서고금 5천 년의 인류 지식의 총화를 모아 항상 좌우座右에 비치할 수 있다.
●현대문명의 사상事象 백반百般의 해설 자재自在이며 때에 응하여 쓰게 된다.
●정치경제, 법률외교, 산업교통, 과학군사, 문학미술, 취미가정, 종교도덕, 교육심리
●역사지리, 천문역수, 의학위생, 사회문제의 최고 고문이다.
●삽도插圖 3만 사진도판 3천은 넉넉히 이만으로 현대 최고의 사진도설寫眞圖說의 대권大卷을 이룸.
●별색 7색 인쇄, 지도 수백 도, 이것뿐으로 실로 현대 최고의 대도록圖錄의 위관偉觀을 드러냄.
●고문집필자 2천 명은 어느 거나 현대 일본의 학계, 전문 여러 대가의 책임집필로 되다.
●내용은 문자와 같이 질과 양 모두 세계 최대의 대백과사전으로 전 일본의 자랑이다.
●구미의 백과사전같이 서양에 편중치 않고 동양에 어둡지 않고 세계 전 문화를 모아 완벽.
●지식은 최근 최신의 전지全知를 수집, 직접 금일의 문제에 대하여 명해한 해답을 줌.

규모
계획 후 20여 년
개안改案 5차
고정자본 70만
항목 수 18만
내용어 50만
총 쪽수 2만 여
집필자 1,200
본문 삽도 3만
인쇄도록 3천
공무工務 연인원 38만 명
완결 전 예약자 3만여 명

고급판 정가 5원 50전, 가죽판 정가 7원
특가규정(전권 일시불): 고급판 4원(전액 104원), 가죽판 5원(전액 130원)
발행소: 헤이본샤

21세기에 들어서면서 대한민국에서는 종이로 된 백과사전이 출간되지 않는다. 그 자리를 인터넷 상의 백과사전이 대신한다. 종이 백과사전에 비해 인터넷 백과사전이 부족하다고 느끼는 독자는 몇 안 되실 것이다. 오히려 종이 백과사전이야말로 자리만 차지하고 찾기 불편하며, 실시간으로 내용이 수정·보완되지 못하는 시대에 뒤떨어진 매체라고 여기는 분이 대다수일 것이다. 그러나 오늘날에도 종이 백과사전을 간행하는 나라는 있다. 그리고 그 나라들은 절대 우리나라보다 뒤떨어진 나라들이 아니라는 사실도 분명하다.

이유는 여럿 있지만 하나만 지적하고자 한다. 우리는 인터넷 백과사전에서 '모르는 항목'을 찾는 게 아니다. '아는 항목'—그게 비록 이름에 불과할지라도—을 더 잘 알기 위해 검색하는 것이다. 자신이 '모르는 항목'—이름도 사건명도 사물의 명칭도 모르는 것—은 결코 검색할 수 없다. 그래서 종이 백과사전을 읽는 사람은 인류 문명의 발자취를 두루 섭렵할 수 있다. 반면에 인터넷 백과사전을 이용하는 사람은 누군가 제시해 준 항목의 숙제를 하거나 궁금증을 풀 수 있을 뿐이다.

1934년에 간행된 헤이본샤平凡社의 『대백과사전大百科事典』은 전 26권으로 구성되어 있는데, 21세기에도 수정·보완되어 간행되고 있다. 전 34권이 종이로. 일본이 인터넷이 발달되지 못해서는 아닐 것이다.

『대일본국어사전』
『경성일보』 1916. 11.

일본의 사전 문화가 얼마나 발전했는지 보여 주는 사례인 『대일본국어사전』 1916년 판. 46배판에 권당 1,230쪽, 전 4권으로 총 5천여 쪽에 이르는 방대한 국어사전은 오늘날 우리나라에서도 드문 규모다.

『조선연구총서』
자유토구사
『경성일보』 1925. 12.

『성서사전』
취방각
『경성일보』 1926. 3.

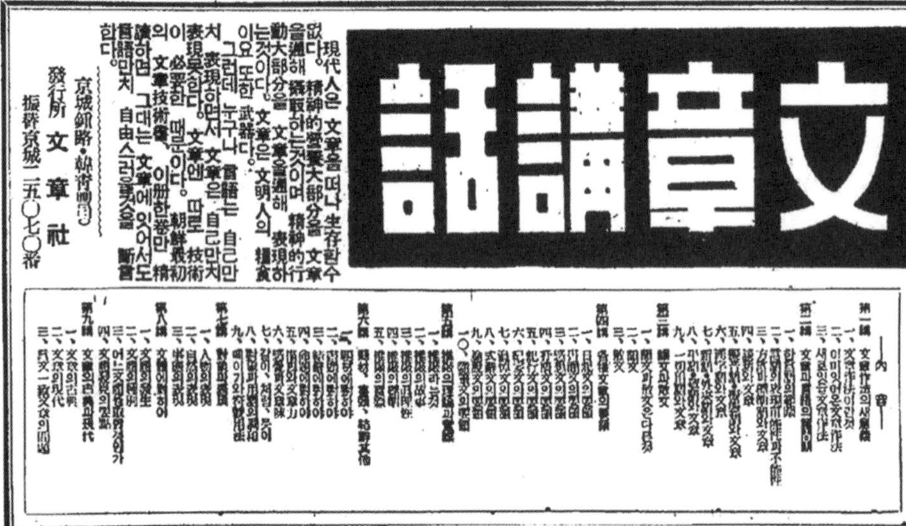
李泰俊著
文章講話
四六版・三三〇頁・布裝
定價 一圓六十錢 送料十二錢
博文書館
一內容一
現代人은 文章을 떠나 生存할수 없다。精神的營養大部分을 文章을通해 攝取하는것이며 精神的行動大部分을 文章을通해 表現하는것이다。文章은 文明人의 糧食이요 또한 武器다。
그런데 누구나 言語는 自己만치 表現하면서 文章은 自己만치 表現못한다。文章엔 따로 技術이 必要한 때문이다。朝鮮 最初의 文章技術書、이冊한卷만 精讀하면 그대는 文章에 있어서도 言語만치 自由스러운것을 斷言한다。
京城鍾路・韓靑館(三)
發行所 文章社
振替京城二五〇七〇番

077

문장강화文章講話

이태준 / 문장사 / 『동아일보』 1940. 6.

이태준 저
『문장강화』
46판, 330쪽, 포장布裝

현대인은 문장을 떠나 생존할 수 없다. 정신적 영양 대부분을 문장을 통해 섭취하는 것이며 정신적 행동 대부분을 문장을 통해 표현하는 것이다. 문장은 문명인의 양식이요 또한 무기다.
그런데 누구나 언어는 자기만치 표현하면서 문장은 자기만치 표현 못 한다. 문장엔 따로 기술이 필요한 때문이다. 조선 최초의 문장 기술서, 이 책 한 권만 정독하면 그대는 문장에 있어서도 언어만치 자유스러울 것을 단언한다.

- 내용 -
제1강 문장작법의 새 의의
제2강 문장과 언어의 제 문제
제3강 운문과 산문
제4강 각종 문장의 요령
제5강 퇴고의 이론과 실제
제6강 제재題材, 서두書頭, 결사結辭 기타
제7강 대상과 표현
제8강 문체에 대하여
제9강 문장의 고전과 현대

정가 1원 60전, 우송료 12전
발행소: 문장사, 총 판매소: 박문서관

이태준李泰俊(1904~?)은 소설가이자 기자, 편집인으로 활동했다. 오늘날 이태준! 하면 떠오르는 책이 『문장강화文章講話』일 만큼 글쓰기 교본인 이 책은 그의 명성을 높여 주었다.
"현대인은 문장을 떠나 생존할 수 없다. 정신적 영양 대부분을 문장을 통해 섭취하는 것이며 정신적 행동 대부분을 문장을 통해 표현하는 것이다. 문장은 문명인의 양식이요 또한 무기다.
그런데 누구나 언어는 자기만치 표현하면서 문장은 자기만치 표현 못한다."
광고에 나오는 이 문장은 오늘날 우리말은 등한시하면서 영어에 몰두하는 한국인 모두에게 해당한다. 오늘날 우리말—그것이 말이건 글이건—사용 능력이 부족하다고 느끼는 한국인이

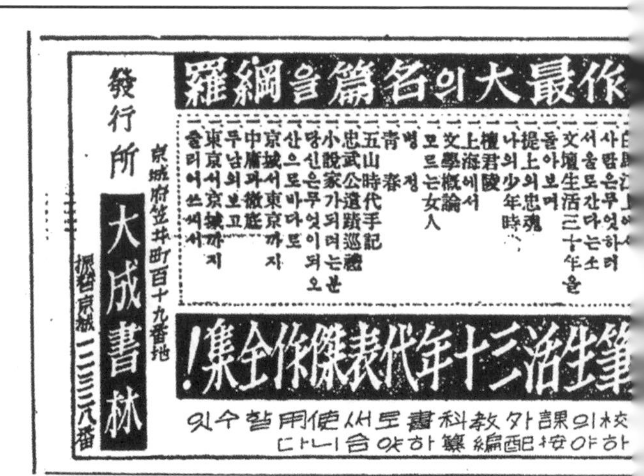

과연 얼마나 될까? 그러하기에 앞뒤가 맞지 않는 말을 끊임없이 늘어놓고 비문非文, 즉 문법에 맞지 않는 글을 쓰면서도 아무런 부끄러움을 느끼지 않는다. 그런 사람일수록 영어 철자 하나 틀리는 것도 부끄럽게 여긴다. 다행인 것은 이태준의 책이 오늘날에도 당당히 자신의 존재를 드러내고 있다는 사실이다. 대다수가 우리말을 등한시한다 해도 어느 곳에선가는 우리말, 우리 문화를 지키기 위해 애쓰는 이가 있다는 것, 희망의 증거다.

이태준의 명성을 높인 또 한 권은 수필집 『무서록無序錄』이다. 소설가인 그의 입장에서는 소설 외에 다른 책들이 그의 이름을 전하고 있으니 안타까울 수도 있겠다. 그러나 광복 후인 1946년 월북한 후 소식이 끊겼으니, 그의 입장을 들어 볼 수는 없는 노릇이다.

『문장독본』
이광수
대성서림
『동아일보』 1937. 4.

『문예독본』
이윤재
한성도서주식회사
『조선일보』 1933. 4.

독립운동가이자 국어학자인 이윤재李允宰(1888~1943)는 3·1운동이 일어나자 이와 관련해 3년간 옥고를 치렀다.
그 후 계몽구락부★의 『조선어사전』 편찬위원으로 활동하기도 했고, 조선어학회의 기관지 『한글』의 편집 및 발행 책임을 맡기도 했으며, 진단학회震檀學會 창립에 참여하는 등 우리말과 우리 역사의 연구를 위해 활발히 활동했다.
그러나 1937년 수양동우회 사건★으로 약 1년 반 옥고를 치렀으며, 1942년에는 조선어학회 사건으로 체포되어 함흥형무소에서 복역 중 옥사하였다.

★ 1918년 민족계몽과 학술연구를 목적으로 최남선·박승빈·오세창·이능화 등 당시 지식인 33인이 발기하여 설립한 단체

★ 1937년 6월부터 이듬해 3월에 걸쳐 일제가 수양동우회에 관련된 181명의 지식인들을 검거한 사건

金東仁創作集第一輯
목숨
復活한創造社의第一事業
定價金壹圓
送料十五錢
發行所 創造社
(振替口座京城八七〇九番)

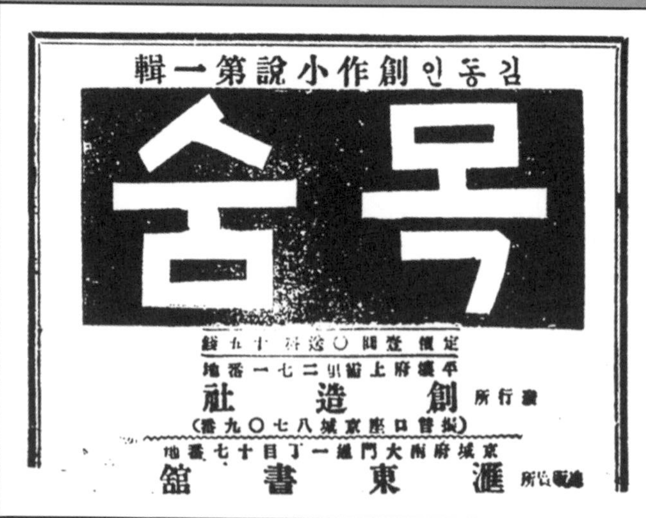
김동인創作小說第一輯
목숨
發行所 創造社
(振替口座京城八七〇九番)
京城府南大門通一丁目十七番地
滙東書館

목숨

김동인 / 창조사 / 『조선일보』 1923. 10.

김동인 창작소설 제1집
『목숨』

부활한 창조사의 제1사업
1.「목숨」
2.「배따라기」
3.「태형笞刑」
4.「유성기」
5.「이 잔을」

나는 나의 가장 순진한 기름지를 세상에 들쳐 내는 것이 한편 기쁘기도 하고 부끄럽기도 합니다. - 작자.

정가 1원, 송료 15전
발행소: 창조사(평양부)

김동인金東仁(1900~1951)은 『창조』 동인으로 작품 활동을 시작하면서 우리나라 근대 문학계를 연 인물 가운데 하나인데, 「감자」, 「배따라기」, 「발가락이 닮았다」 등 무수히 많은 작품을 남겼다. 그와 함께 근대 우리 문단을 대표하던 이광수와는 달리, 문학의 사회적 기능보다 순수문학을 추구하며 자신의 돈으로 발행한 『창조』 창간호에 「약한 자의 슬픔」이라는 작품을 발표하기도 했다.

그러던 중 경영난으로 『창조』를 폐간시키면서 자포자기의 삶을 살다가, 새로운 삶을 추구하는 과정에서 출간한 창작집이 바로 『목숨』이다. 그 이듬해 『창조』의 후신으로 인정받는 잡지 『영대靈臺』를 창간하기도 했으나, 역시 5호로 폐간했다.

그 후 김동인은 기자로 지내기도 했고, 역사소설을 쓰기도 했다. 일제강점기 말에는 친일소설을 발표하고 친일 행각을 벌이기도 했으나, 1942년에는 일본 천황에 대한 불경죄로 복역하기도 하는 등 우여곡절이 많은 삶을 살았다. 그리고 1951년, 한국전쟁 와중에 숨을 거두고 만다.

王府의落照+배따라기+女人
(全十三編)

四六判 洋裝美本 四百餘頁
定價 壹圓八拾錢
書留送料十九錢

金東仁氏만큼 小說의本質을 잘理解하고 그機能을 익히아는 作家는 드물다。 金東仁氏의高邁한 精神과藝術的良心을 通하야 表現된 모든 作品이 人性을놉히고 救할수잇다하야 萬人의 喝采를사는 秘密이 어속에 숨어잇는것이다。

歷史의水火를 벗어 나와 成熟된 人間愛와 批評精神이 文學이란탈을쓰고 나타나서 或은우숩게 或은 슬프게 萬人의마음을 사로잡는『王府의落照』 精彩눈부신 天衣無縫의絕品『배따라기』 作者의獨壇場인 노픈氣品과 妖艶한情趣가 交錯하는 自傳『女人』外十篇……。

오랫동안 絕版中이던 名篇들이 이에盛裝을 갖추고 다시世上에 나오게되엇다。 諸賢의 愛讀을 기다릴뿐이다。

京城府太平通一ノ三一
發行所 每日新報社
振替京城六三六番

『왕부의 낙조+배따라기+여인』
김동인
매일신보사
『매일신보』 1941. 9.

『아기네』
김동인

『길』
엄흥섭

한성도서주식회사
『동아일보』 1938. 2.

『역사소설 견훤』
김동인
박문문고
『동아일보』 1940. 2.

露國革命史와 레닌

(金明植 編)

露國革命史를讀하라吾人의血을沸케하며레닌의爲人과그半生의慘憺한生活을知하라敬慕의念을起하리라聞보다見이十倍하리라自由露國에서專制露國의記錄、專制露國에서現露國의實狀、果然人類社會의興替를昭히形容하얏스며正義의勝利를詳히說明하얏도다그리하야新時代가出現하얏도다이에歷史는內容을人物은標準을變하얏도다그런즉新社會의新建設과新舞臺의新技手는如何한가이것은現代人으로서可히知치아니치못할事實이로다

此書를讀하라自由露國、專制露國、現露國이總히鮮剖되얏스며레닌은엇더한사람新時代는如何、新時代를作하는人物의努力은如何、이것이瞭然하리로다

再檢閱、印刷其他의事情으로去八月에發行할것을이제야發行함은特히先金預約하신여러분에게對하야甚히未安합니다

定價金 壹圓貳拾錢
郵稅 六錢

十一月壹日發行

京城堅志洞

新生活社出版部

電話長本局一六三三番
振替口座京城七〇〇五番

노국혁명사露國革命史와 레닌

김명식 / 신생활사출판부 / 『동아일보』 1922. 11.

김명식金明植 편編
『노국혁명사와 레닌』
11월 1일 발행

노국혁명사를 읽어라. 의인의 피를 끓게 하며 레닌의 사람 됨됨이와 그 평생의 참담한 생활을 알라. 경모敬慕의 마음을 일으키리라. 듣는 것보다 보는 것이 열 배 강하리라. 자유 러시아에서 전제專制 러시아의 기록, 전제 러시아에서 현재 러시아의 실상, 과연 인류사회의 강해지고 약해짐을 올바로 드러냈으며 정의의 승리를 올바로 설명하였도다. 그리하여 신시대가 출현하였도다. 이에 역사는 내용을, 인물은 표준을 변하였도다. 그런즉 신사회의 신건설과 신무대의 신기수技手는 여하한가? 이것은 현대인으로서 가히 알지 아니치 못할 사실이로다.
이 책을 읽어라. 자유 러시아, 전제 러시아, 현 러시아가 모두 해부되었으며, 레닌은 어떠한 사람이며, 신시대는 어떠한가, 신시대를 만드는 인물의 노력은 어떠한가, 이것이 분명하리로다.
재검열再檢閱, 인쇄, 기타 사정으로 지난 8월에 발행할 것을 이제야 발행함은 특히 선금 예약하신 여러분께 대하여 심히 미안합니다.

정가 1원 20전, 우송료 6전
발행소: 신생활사출판부

신생활사에서 간행한 김명식의 편저로, 우리나라 사람이 집필한 최초의 사회주의 사상 소개 책자라고 할 수 있다. 김명식金明植(1890~1943)은 사회주의 계열 잡지 『신사회』의 창간부터 관여하여 주필을 지내다가 필화사건으로 징역형을 선고받았다. 그 과정에서 건강을 크게 다친 그는 평생을 장애인으로 살아야 했다. 일본 유학 시절부터 강한 배일사상을 가지고 있던 그는 유학생 사회에서도 민족의식 고취에 앞장섰다. 귀국한 후에는 『동아일보』 창간에 참여하여 우리나라 최초로 사회주의 사상을 소개하기도 했다. 1922년 3월 『신생활』 창간과 함께 이사 겸 주필로 활동하던 그는 1922년 11월에 발행된 11호 기사가 문제가 되어 사장 박희도, 기자 신일용, 유진희 등과 함께 징역형을 선고받았다. 이때 김명식을 비롯한 『신사회』 관련자들의 재판은 우리나라 최초의 사회주의 관련 재판이었다. 재판이 열릴 때마다 수백 명의 인파가 몰려들 만큼 지대한 관심을 끌었다고 전해진다.

文學士 金允經 先生著
世界的 大著作
朝鮮文字及語學史 絕版再版出來
菊版九포인트 八百五十餘頁 定價七圓 郵料三十四錢
朝鮮文字及語學史
本書의 內容
本書의 內容梗槪
京城府寬勳町一二三
總發賣所 三文社書店
振替京城九七五六番

080

조선문자朝鮮文字 및 어학사語學史

김윤경 / 삼문사서점 / 『동아일보』 1938. 4.

문학사 김윤경 선생 저
세계적 대저작 홀연 재판再版 출래出來
『조선문자 및 어학사』
국판 9포인트 850여 쪽

본서의 내용 경개梗槪
본서는 유사 이전부터 유사 이후 금일까지의 조선어와 조선문자에 관한 유래·변천 발달 등의 전모를 여실히 기록·해설·천명한 총 조감도요, 총 대장인 동시에 조선어문의 백과전서이다.
제1편은 총론으로 조선어의 본령을 밝히기 위하여 세계 고금 수백 종족의 언어를 계통적으로 분류·열거하여 조선어의 어족적語族的 영분領分을 논증하고 다시 전 세계의 각양 구조로 된 모든 언어를 형태적으로 분류·비교하여 조선어의 어형語形상 영분을 논증하고 그 다음에 조선어의 범위를 밝히기 위하여 고금의 모든 문헌과 고증을 들어 조선어의 지리적 영역과 역사적 실적을 기술하고 끝으로 세계 문자의 발생과 종류를 고구考究하여 조선 문자의 본질을 밝혔다.
제2편은 본론으로 상고시대로부터 훈민정음 이전 시대까지의 조선 고유의 제 문자를 시대순으로 일일이 설명한 다음에 훈민정음의 제작된 유래, 기원, 고안 등에 대한 고금동서 여러 학자들의 연구 학설을 유취類聚·비교하여 훈민정음의 본질과 진가를 명증明證하고 훈민정음 이후 금일까지의 조선어 및 조선문자의 각양 변천과 각종 경로를 상세 명확하게 기술한 동시에 고금 국내 국외의 수다數多한 학자들의 학설과 문헌들을 혹은 전문全文 혹은 요지要旨 혹은 서명書名 혹은 잡지·신문 등에 공표된 논문의 제호까지라도 조선어문 연구에 관한 것이면 일일이 수집·기재하여 조선어문에는 어떠한 문제에든지 직접 혹은 간접으로 해결의 열쇠를 줄 수 있게 편찬된 보전寶典이다.
본서는 초판 발행과 동시에 『동아일보』, 『조선일보』, 『매일신보』 각 신문의 기사에 의하여 이미 만천하에 널리 소개되었을 뿐 아니라 초판본 전부가 이미 국내·국외의 세계적 각 문화기관에 절대의 환영으로 반행頒行되어 본서의 진가는 홀연 국제적으로 높이 알려졌다.
이에 초판부수의 부족을 크게 느껴 급거 재판을 발행하게 되었다. 그러나 본서는 사정상 무한한 부수로 발행하기 어려운 관계상 금번 재판도 부수가 많지 못하오니 매진되기 전에 이 기회를 잃지 말고 솔선 주문하시기를 바라는 바이다.

본서의 내용

8. 상형기원설
9. 낙리기원설
10. 28수 기원설
11. 고대문자에 기원됨
제7절 발포發布 이래의 변천의 개요
(이하 생략)

정가 7원, 우송료 34전
총 발매소: 삼문사서점

이 책을 지은 김윤경金允經(1894~1969)은 주시경에게서 한글에 대해 배운 후 국어학과 국사 등에 관심을 갖는 한편 항일운동에도 앞장섰다. 수양동우회 사건으로 1937년, 그리고 조선어학회 사건으로 1942년, 두 차례에 걸쳐 옥고를 치르기도 했다.
책이 처음 출간된 것은 1938년 1월이니, 그가 수양동우회 사건으로 옥중에 있을 때다. 그렇다고 책의 저술에 소홀하지 않았다. 850쪽에 달하는 방대한 연구 성과를 담고 있는 이 책은 국어학 연구 역사에서 역작으로 인정받는다. 광고 문안에 이 책의 내용이 상세히 기록되어 있으니, 말 그대로 '백문이 불여일견'이기 때문일 것이다.

읽으라! 讀書난 힘이다!

朝鮮問題

戰旗社版 (이런[illegible]) ……

七月上旬發賣 定價 五〇錢 一五〇頁 送料四錢

朝鮮民族××運動은急速한××的發展을하고잇다

日鮮勞働者의××的提携는具體的鬪爭問題이다 本書는理論的으로나實踐的으로나朝鮮問題에關한最高의指導가되리라밋는다

一、朝鮮에잇서서의反帝國主義協同戰線에對한諸問題

二、朝鮮에잇서서의農民問題 …… 金民友

三、ボルシェビーキ黨의結成過程과社會投機主義의撲滅 …… 李鐵岳

絶對로直接購讀하라!!

前金에限함 切手又는振替

東京麴町內幸町一ノ六商興ビル 振替口座東京一〇三二六番 電話一二五•三二五

戰旗社

081

조선문제 朝鮮問題

전기사 / 『조선일보』 1930. 7.

전기사戰旗社 판(인터네쉰알) 편집부 편집
『조선문제』
7월 상순 발매

조선민족××운동은 급속한 ×적 발전을 하고 있다.
일선日鮮 노동자의 ××적 제휴는 구체적 투쟁문제이다.
본서는 이론적으로나 실천적으로나 조선문제에 관한 최고의 지도가 되리라 믿는다.

1. 조선에 있어서의 반제국주의 협동전선에 대한 제 문제
2. 조선에 있어서의 농민문제 – 김민우
3. 볼셰비키당의 결성 과정과 사회투기주의의 박멸 – 이철악

절대로 직접 구독하라!!

정가 50전, 150쪽, 송료 4전
발행소: 전기사

이 책을 출간한 전기사戰旗社는 일본 프롤레타리아 문학의 대표 잡지인 『전기戰旗』를 출간한 나프NAPF★가 운영하던 곳이었다. 당연히 이곳에서는 『전기』 외에도 공산주의 또는 사회주의, 아나키즘 등과 관련된 책을 냈다.
그런 까닭에 일본 출판사 가운데 식민지 조선의 시각에서 간행된 책을 선보인 드문 출판사라고 할 수 있을 것이다.
이 책 『조선문제朝鮮問題』 또한 식민지 조선의 문제를 조선의 시각에서 바라본 책이다. 광고는 우리말로 표기되어 있으나 본문 또한 그러한지는 확인할 수 없다.

★ 전 일본무산자예술동맹

賜天覽台覽
福田眉仙畫伯著
久保天隨先生解說
支那大觀
十二大家序文
伊東忠太先生　市村瓚次郎先生　鳥居龍藏先生　德富蘇峰先生
塚本靖先生　內藤湖南先生　矢野龍溪先生　山路愛山先生
松本亦太郎先生　幸田露伴先生　笹川臨風先生　志賀重昂先生
秦漢三國の英雄が龍驤虎嘯したる長江巴蜀は灘瀬峯巒を連續して造化の奇工を極盡し、形勝と史蹟と傳說とを併有して雄大奇峭世界に冠絕す。我が眉仙先生畫筆を載せて此の險山危水を北轅南舵する三年一萬五千華里の遠きに達し、其到る處に隨觀隨描したるスケッチは南畫の精髓にして古今を曠ふするの一大山水畫卷、之を展舒する時は身親から雲山縹緲たる萬里の旅を行くが如く、又恰も無聲の英雄長詩を讀むが如く、將又東亞の歷史、地理、文化史上の實物指敎に接するの感あり。若し夫れ裝潢の絢爛、摺刷の精美に到つては現代技術の最極を盡くしたるもの、之を架上に置く時は滿室詩趣畫趣に充ちて轉た塵寰を脫するの思あるべき也
正價金拾五圓
第一版一千部限
特價金十二圓
送料市內無料　地方金五拾四錢　滿鮮臺灣及支那金七拾錢
內容見本　要郵劵十錢
東京市內は御一報次第現品早速御覽に供すべく候
橫卷　揚子江の奢黃河の奢全二卷帙入
裝潢　キャラバン腳乾隊旅行模樣繡帙
表紙　木版四十遍摺蜀棧道圖二卷通繡
見返し　三色摺黃河揚子江流域分圖繪圖
木版極彩色　畫四十二葉　珂羅版色摺百六十葉
著者紀行　凸版色摺一百圖入八十頁
東京市麹町區平河町五丁目五番地
發行元（電話番町三〇六二　振替東京三八一七）金尾文淵堂
東京市京橋區南傳馬町一丁目一番地
發賣元（電話京橋二七四九　振替東京二三五七）目黑分店

082

지나대관 支那大觀

후쿠다 비센·쿠보 텐즈이 / 금미문연당 / 『경성일보』 1916. 11.

후쿠다 비센福田眉仙 화백 저
쿠보 텐즈이久保天隨 선생 해설
『지나대관』

진한삼국의 영웅이 용양호시竜驤虎視한 장강파촉長江巴蜀은 여울과 봉우리가 이어져 조화의 기묘함이 극진極盡하고, 형승形勝과 사적과 전설을 모두 갖추어 웅대기초雄大奇峭가 세계에 관절冠絶하였다. 우리의 비센眉仙 선생이 화필을 잡고 이 험산위수險山危水를 북원남타北轅南舵한 것이 3년 동안 2만 5천 리의 거리에 달하며, 그 발길 닿는 곳마다 수관수묘隨觀隨描한 스케치는 남화南畫의 정수로서, 고금을 빛낼 듯한 일대 산수화집이다. 이를 펼칠 때면 스스로 운산雲山○○한 만 리 길 여행을 떠나는 것과 같고, 흡사 무성無聲의 영웅 장편시를 읽는 것과도 같다. 혹은 동아東亞의 역사, 지리, 문화사文化史 상의 보물지교寶物指敎에 접하는 것과 같은 느낌이 든다. 한편 장황裝潢의 현란함, 접쇄摺刷의 정미精美에 이르러서는 현대 기술의 최극最極을 다한 것이다. 이를 선반에 올려 둘 때면 방 전체가 시취詩趣·화취畫趣로 충만해져 어지러운 티끌세상을 벗어나는 것 같은 기분이 들 법하다. (…)

한자로 '지나支那'가 중국임을 모르는 분은 안 계실 것이다. 일본이 만주사변을 일으킨 것이 1931년, 중일전쟁을 일으킨 것이 1937년이니, 1918년에 출간된 이 책은 일본제국주의의 중국 침략과 아무런 상관관계도 없어 보인다. 그런데 이 무렵 간행된 다양한 중국 관련 서적들을 보면, 중국에 대한 일본의 관심, 다른 말로 하면 침략 야욕의 역사가 이 무렵부터, 아니 그 전부터 시작된 것이 아닌가 하는 의구심을 떨칠 수 없다.
이 책은 그 무렵 책값으로는 상상을 초월하는 수준이다. 정가는 15원, 특가가 12원이라니. 아무리 2권으로 구성되어 있다 해도, 그 무렵 출간된 중국 관련 책들과 비교해 보면 그 수준이 어느 정도일지 알 것이다.

『지나론』(정가 60전, 46판, 전 1책, 330쪽)
『지나의 진상』(정가 1원 70전, 국판, 구로스)

위 책들은 같은 시기에 출간된 중국 관련 서적들이다. 일본이 이미 다양한 분야에 걸쳐 중국에 관심을 갖고 연구·조사했음을 알 수 있다.

그리고 이 책『지나대관支那大觀』은 중국에 대한 일본인들의 동경과 관심이 집대성된 책이라 할 수 있다. 이 책은 일본의 유명화가인 후쿠다 비센福田眉仙(1875~1963)의 작품집이다. 저자가 중국 전역을 유람하며 그린 작품들을『양자강편』과『황하편』 두 권으로 모아 출간했다. 이 책은 어떤 면에서는 위의 책들과는 달리 순수한 미적 시각에서 중국을 바라본 것이라 할 수도 있다. 그러나 모든 시각은 관심의 표명이자 욕망의 표현임을 깨닫는다면, 이 책이 단순히 한 화가의 작품집에 머물지 않음을 알 수 있을 것이다.

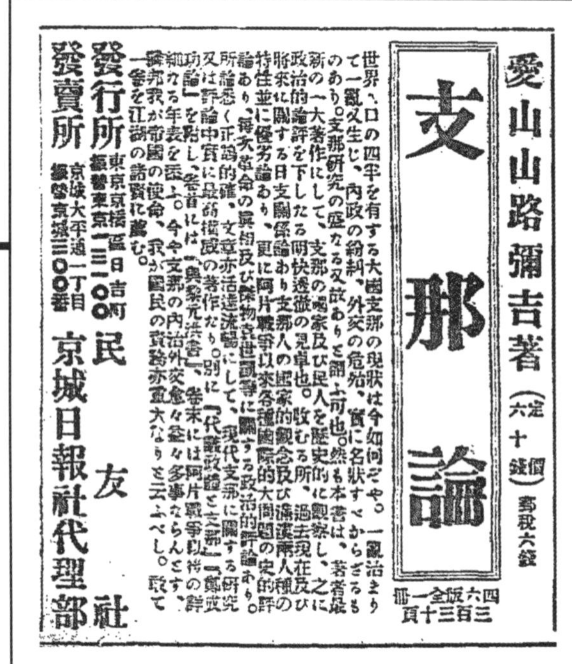
愛山山路彌吉著 （定價六十錢）郵稅六錢

支那論

四六版全一冊 三百三十頁

世界、口の四平を有する大國支那の現狀は今如何ぞや。一亂治まりて一亂又生じ、內政の紛糾、外交の危殆、實に名狀すべからざるものあり。支那研究の盛なる又故ありと謂ふ可也。然も本書は、著者最新の一大著作にして、支那の國家及び民人を歷史的に觀察し、之に政治的論評を下したる明快透徹の見卓也。敘むる所、過去現在及び將來に關する日支關係論あり支那人の國家的觀念及び漢滿兩人種の特性並に優劣論あり、更に阿片戰爭以來各種國際的大問題の史的評論あり、辛亥革命の眞相及び傑物袁世凱等に關する政治的評論あり。所論悉く正鵠的確、文章亦活達流暢にして、現代支那に關する研究又は評論中實に最も權威の著作なり。別に『代議政體と支那』一篇の功論を附し、卷首には『與黎元洪書』、卷末には阿片戰爭以後の詳細なる年表を添ふ。今や支那の內治外交愈々益々多事ならんとす、一躍我が帝國の使命、我が國民の責務亦益大なりと云ふべし。敢て一巻を江湖の諸賢に薦む。

發行所 東京京橋區日吉町 振替東京一三一〇〇番 民友社

發賣所 京城大平通一丁目 振替京城三〇〇番 京城日報社代理部

『지나론』
야마지 아이잔山路愛山
민우사·경성일보대리부
『경성일보』1917. 4.

『지나의 진상』
오코비라 타카미츠大河平隆光
대판옥호서점
『경성일보』 1917. 6.

空前初有의二大偉書가今焉現世홈

嵩陽山人 張志淵先生著

逸士遺事

定價 圓五十錢

讀하시오(逸士遺事)를讀하시오人生的自由와天理的本能을發揮한歷史의第一位에表幟를巍然히立
士遺事를讀하시오閥閱만尊尙하고人權을蹂躪하든苦劇中에眞正磊落한奇行偉蹟을潛消湊京中에自
悲境은千古에照耀케함은即逸士遺事올시다

嵩陽山人 張志淵先生著

儒教淵源

定價 一圓十錢

朝鮮의儒敎가入하야人族의秩序를定케하며 天理의倫綱을闡하야政治經綸의範圍와心性理氣의玄奧
月과如히中天에昭懸케홈이厥初의淵源이(高句麗小獸林王二年)으로始하야(新羅强首氏)에至하며(麗
氏)로鼻하야(高句麗末鄭夢周氏)에趾하며又(鄭夢周氏)로中起하야(李朝五百年)을經한今日에 儒敎에
關한淵源이東西南北의偏黨과貴賤升沉의限域을勿拘하고純然한一大具體的成書한朝鮮儒敎淵源의大
有한大紀述이今焉世上에表現하야쓰나니朝鮮의精神을守코자하시며 朝鮮의色彩를放코자하시는
瑚同胞여此(朝鮮儒敎淵源逸士遺事)를讀하시오 右二大偉書는(故嵩陽山人張志淵先生)의苦血을灑하
誠을傾하야結晶된無上珍籍이올시다

京城南大門通一丁目一七番地
發行所 滙東書館 (振替口座京城七一二番)

馬山石町
發賣元 白一書舖

大邱府京町一丁目
分賣所 每日印刷所 (振替京城五六七〇番)

083

일사유사逸士遺事 유교연원儒教淵源

장지연 / 회동서관 / 『조선일보』 1923. 1.

공전 초유의 2대 위서偉書가 오늘날 여기 세상에 나타남.
숭양산인嵩陽山人 장지연張志淵 선생 저
『일사유사』

읽으시오. 『일사유사』를 읽으시오. 인생의 자유와 천리天理의 본능을 발휘한 역사의 가장 높은 곳에 표지를 높이 세운 『일사유사』를 읽으시오. 벌족 가문만 존숭하고 인권을 유린하던 고통 속에 진정 퇴락한 기행奇行 위적偉蹟을 잠기고 사라진 중에 스스로 묻은 슬픈 모습을 천고에 빛나고 도약케 함은 즉 『일사유사』올시다.

정가: 1원 50전

숭양산인·장지연 선생 저
『유교연원』

조선에 유교가 들어와 민족의 질서를 정하게 하며 하늘의 이치에 따른 윤강倫綱을 천명하여 정치강륜의 범위와 심성 이기의 현오玄奧를 일월과 같이 중천中天에 소현昭懸케 함이 궐초厥初의 연원이 고구려 소수림왕 2년으로 시작하여 신라 강수强首 씨에 닿으며 설총 씨를 비조로 하여 고려 말 정몽주 씨에 지趾하며 또 정몽주 씨로 중기中起하여 이조 5백년을 경經한 금일에 유교의 대천大闡한 연원이 동서남북의 편당과 귀천 승침升沉의 한역限域을 물구勿拘하고 순연純然한 일대 구체적 성서成書한 조선유교연원의 공전 초유한 대기술이 금언今焉 세상에 표현하였습니다. 조선의 정신을 지키고자 하시며 조선의 색채를 널리 알리고자 하시는 만천지 동포여! 이 조선 『유교연원』과 『일사유사』를 읽으시오. 위 두 대단히 위대한 책은 돌아가신 숭양산인嵩陽山人 장지연張志淵 선생의 고혈을 역瀝하며 열성을 기울여 결정된 더 이상 없는 귀한 책이올시다.

발행소: 회동서관
발매원: 백일서포
분매소: 매일인쇄소

위암韋庵 장지연張志淵(1864~1921)은 일제 강점기를 전후해 우리 겨레의 올곧은 혼을 대표하는 인물 가운데 우뚝 솟은 존재인데, 을사늑약 체결 소식을 듣고 자신이 사장으로 있던 『황성신문』에 「시일야방성대곡是日也放聲大哭」이라는 사설을 써서 조선의 현실을 통탄하고 일본의 흉계를 널리 알린 사실 때문이다. '시일야방성대곡', 즉 '오늘, 목을 놓아 통곡하노라!'라는 제목의 글은 우리 겨레가 존재하는 한

★ 평생을 우리 겨레의 자주와 독립을 위해 싸우다 여러 번 옥고도 치르고 결국 울분에 차, 술로 세월을 보내다 숨을 거둔 그가 말년에 조선총독부 기관지 역할을 한 『매일신보』 지면을 통해 친일적 글을 여러 번 발표하고 나아가 총독부에 협조했다는 사실이 밝혀지면서 『친일인명사전』에 언론 부문 해당자로 수록되었다는 사실은 우리 모두를 충격에 빠뜨렸다. 그로 인해 1962년 추서된 대한민국 건국훈장 국민장이 2011년 국무회의에서 취소되었는데, 이듬해인 2012년 법원은 서훈 취소를 다시 무효화하는 결정을 내렸다.

★ 『한국민족문화대백과사전』

잊을 수 없는 글로 역사에 길이 남을 것이다. 그런데 그러한 글을 남긴 인물이 훗날 친일인사親日人士로 선정되어 논란의 중심에 섰다는 사실은 우여곡절을 겪은 우리 겨레의 아픔을 대변하는 사건이라고 할 것이다.★

광고에 등장하는 두 권의 책 『일사유사逸士遺事』와 『유교연원儒敎淵源』은 그의 대표적인 저작인데, 『일사유사』는 그가 사망한 후에 발표된 저작으로 조선시대의 중인과 하층민들에 관해 내려오는 글들을 모아 편찬한 책이다. 그 무렵 인물전 하면 왕과 영웅을 비롯해 지배층을 다룬 책이 대부분인데, 그는 조선시대를 통틀어 기억할 만한 중하층민들의 삶을 기록하여 전하고자 한 것이다. 물론 중하층의 삶을 사실적으로 기록한 과거 자료가 워낙 부족해 이 책에 등장하는 내용 또한 허위와 과장된 내용이 없지 않겠지만 우리가 기억해야 할 것은 바로 그렇게 잊힐 뻔한 인물들의 삶을 모아 전승하고자 했던 그의 역사 정신이라 할 것이다.

『유교연원』 또한 우리 겨레의 삶을 역사의 중심에 놓고자 했던 그의 언론 정신이 표출된 저작물 가운데 대표적인 것으로, 신라 때부터 근대에 이르기까지 유학자들의 문집 및 어록, 그리고 그들의 이론에 관한 내용을 모아 펴낸 책★이다.

萬國事物紀原歷史

嵩陽山人 張志淵君 著

(一冊二百五十頁)

(定價金六十錢)

東西洋萬國에古今事物의剏始ᄒᆞᆫ氏名과年代와沿革의歷史를分類蒐輯하야博學廣知의資料를學界諸公에게供ᄒᆞ노니實로叅考의良品이라千古事物이開卷에瞭然ᄒᆞ니一般紳士와教育家와演說家와新聞記者와各學校生徒諸君은一帙式携帶치아니치못ᄒᆞᆯ冊子오니陸續請購ᄒᆞ심을望ᄒᆞᆷ

『만국사물기원역사』
장지연
『황성신문』 1909. 10.

동서양을 망라한 여러 나라가 낳은 사물의 기원과 역사를 담은 이 책은 장지연이 1909년 8월에 간행하였다. 새로운 문물에 대한 흥미와 관심을 그 무렵 백성들에게 전파하려는 계몽적 입장에서 저술한 것이 분명하다.

嵩陽書樓主人張志淵 編

懷中新鏡

半洋裝壹冊 合四百卄頁

定價金 參拾五錢

右懷中新鏡은社會及各學員의聰明을補ᄒᆞ고智識을廣ᄒᆞ기爲ᄒᆞ야編製ᄒᆞᆫ것이온ᄃᆡ陰陽曆을合ᄒᆞ야每日日用事務를各各摘要ᄒᆞ야日記에便捷케ᄒᆞ고且慶節及大祭享과俗節을添附ᄒᆞ고又我國古今歷史에大關係되ᄂᆞᆫ緊要事項을逐月逐日에昭詳記錄ᄒᆞ야考閱에便易케ᄒᆞ고其外附錄에ᄂᆞᆫ我國古今歷代紀年과國朝世界年代와誕辰國忌와后妃皇族과東西洋比較年表와地理租稅州郡坊里戶口와稅管區域과各鐵路火車의時間賃金과連絡航線과通信에關ᄒᆞᆫ郵替電報等의規則概要와內外國貨幣度量衡比較表等을簡易케添附ᄒᆞ야ᄉᆞ오니實로學界의指針이오懷中의要訣일ᄲᅮᆫ더러一部陰陽曆의干支節候도詳備ᄒᆞ오니新蓂보다極히該博ᄒᆞ고且其製樣이一掌의大에不過ᄒᆞᆫ則懷中과夾囊에藏置ᄒᆞ기甚便ᄒᆞ며價金도原入된印紙費外에ᄂᆞᆫ一分도利剩을不要ᄒᆞᆷ으로甚히低廉ᄒᆞᆫ지라但全國社會諸君에게廣布로爲主ᄒᆞ오니毋論內外國人ᄒᆞ고需用에必要ᄒᆞᆯ子인즉不可不購覽利用ᄒᆞᆯ것이오니陸續愛購ᄒᆞ심을爲要

△地方에付送하ᄂᆞᆫ一卷에對ᄒᆞᆫ郵料ᄂᆞᆫ先金이면十錢이오引換이면貳拾錢이며三卷以上의小包稅ᄂᆞᆫ本書館에셔自擔ᄒᆞᆷ

元賣所 京城寺洞三十八統一戶 唯一書館

分賣所 京鄕各書舖

『회중신경』
장지연 편
유일서관
『황성신문』 1909. 1.

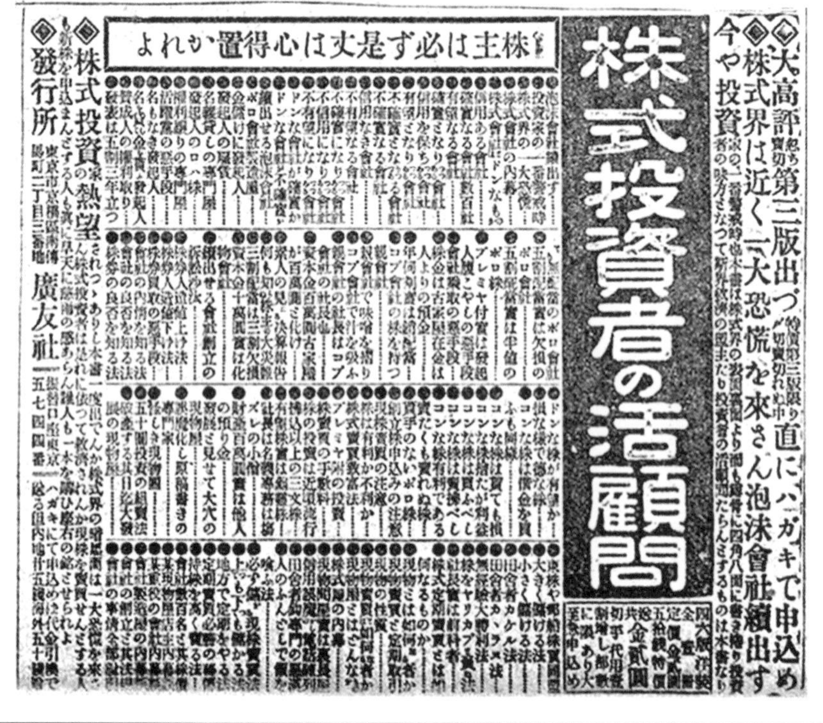

大高評第三版出づ 直にハガキで申込め
株式界は近く一大恐慌を來さん泡沫會社續出す
今や投資
株式投資者の活顧問
株主は必ず是丈は心得置かれよ
株式投資家の熱望
發行所 東京市京橋區南傳馬町二丁目三番地 廣友社

주식투자자의 활고문★

株式投資者の活顧問

광우사 / 『매일신보』 1920. 4.

우리나라에서 주식투자가 본격적으로 이루어진 것은 일제강점기인 1920년대로 알려져 있다. 그 전에도 주식투자와는 약간 다르지만 미곡, 즉 쌀을 매개로 한 거래인 미두취인소米豆取引所가 인천을 비롯해 군산 등지에 개설돼 있었다. 다만 주식을 다룬 곳은 아니었다는 점에서 주식시장과는 달랐다. 물론 선물거래 등을 통한 투기적 성격이 작동했다는 면에서는 주식시장과 흡사하지만.

1920년 들어 본격적으로 공식적인 주식거래 시장이 개장했으니, 경성주식현물취인시장이 그것이다. 이곳에서는 국내 주식보다는 일본 현지의 주식거래가 주종을 이루었으나 우리나라 최초의 주식시장으로 작동한 것은 맞다.

이 책은 그러한 시기에 맞춰 발간됐다. 요즘은 그 정도가 약하지만 주식시장은 기본적으로 투기적 성격을 띠고 있는 바, 1920년대에 주식시장에서 투자의 성격 찾기는 모래사장에서 바늘을 찾는 셈이나 다름없었을 것이다. 그러니 이 책을 보고 주식시장에 뛰어든 무수히 많은 조선인의 삶이 어떻게 변했을지 상상하는 것은 어렵지 않을 듯하다.

참고로 이 책은 우리나라 사람들을 위해 출간된 책이 아니라 일본에서 일본인을 위해 출간된 책이다. 그런 까닭에 출판사도 동경에 위치한 '광우사廣友社'라는 곳이고, 내용 또한 일어로 되어 있다.

★ '활고문'은 '살아 있는 고문'이라는 뜻

새로운말은무엇이나안다

◆新聞雜誌에잇는新語演說과!
會話에使用하는現代語一切를網羅함

大好評忽五萬部

如何히本書가現代에必要한가?
時代에뒤지지안케되리라!!

▶無比의新辭典◀

現代新語辭典

며이것을모르면新聞雜誌를읽어도演說을들어도意味를모르고時代에뒤지는사람이된다。本書는모든方面의新語를網羅하고여기에一一히平易한解釋을施하엿슴으로本書一冊은新時代의百科全書라고도할만한新知識吸收의一大辭典이다。

特價送料共壹圓五拾錢

東興堂書房

★ 배를 타고 들어온 언어. 외국어를 가리킨다.
★ ABC 또는 가나다와 같은 뜻의 일본어
★ 영어-일본어 사전

현대신어사전 現代新語辭典

동흥당서방 / 『동아일보』 1926. 9.

●비교할 수 없는 신사전
『현대 신어사전』

●새로운 말은 무엇이나 안다.
●신문 잡지에 있는 신어新語 연설과 회화에 사용하는 현대어 일체를 망라함!
대호평 돌연 5만 부
여하히 본서가 현대에 필요한가?
시대에 뒤지지 않게 지금 읽으라!!

근래 여러 가지 신숙어新熟語, 외래어, 유행어, 박래어舶來語★ 등이 무수히 사용되며 이것을 모르면 신문 잡지를 읽어도 연설을 들어도 의미를 모르고 시대에 뒤지는 사람이 된다.
본서는 모든 방면의 신어를 망라하고 여기에 일일이 평이한 해석을 시행하였으므로 본서 한 권은 신시대의 백과전서라고도 할 만한 신지식 흡수의 일대 보전寶典이다. 그러므로 꼭 한 권을 좌우座右에 비치하여 문장과 편지를 쓸 때, 신문 잡지를 볼 때, 연설이나 남과 말할 때 응용하면 마음대로 신어를 그 자리에서 알고, 더욱이 영어의 신어만 알려고 해도 유쾌할 것이다. 또 イロハ★ 순으로 분류하여 일일이 영어까지도 부기하였으므로 『영화사전英和辭典★』도 겸한 비상히 편리한 대사전이라. 지금 곧 좌우座右에 비치하라!

송료 포함 1원 50전(특가)

발행소: 동경 적판赤坂 동흥당서방

오늘날처럼 하루가 다르게 새로운 상품, 새로운 개념이 등장하는 시대도 없다. 그러나 실제로 그렇다는 것이지, 심리적으로는 오늘날처럼, 아니 그보다 더 적응하기 어려울 만큼 시대가 변한다고 여겼을 시기가 있었다. 바로 조선 땅에 서구적 근대성, 침략자인 일본의 삶과 사상이 동시에 밀어닥칠 무렵이다. 당시 조선 백성이 느꼈을 사고의 전복성, 시대적 이질감은 오늘날 우리로서는 상상하기 힘들 정도였을 것이다. 그런데 이 책이 일본 한복판인 동경에서 발행된 사실은, 일본인 또한 새로운 근대의 출현에 쉽게 적응하지 못했음을 어렴풋이 느끼게 한다.
광고 문안을 보면 이 책은 요즘 말로 베스트셀러가 된 듯하다. 돌연 5만 부라니! 이 작은 책을 선정한 까닭이다.

新文舘發行書籍

日本語學音語篇
洋裝全一冊定價金一圓七十錢
半洋全一冊定價金一圓四十錢

日本語學文典篇
全一冊 定價金 六十五錢

日文譯法
上卷全一冊 定價金 七十五錢

日本國文法全書
洋裝全一冊特價金一圓五十錢

高等漢文讀本
全一冊 定價金 三十錢

地球之既往及將來
全一冊 定價金 二十錢

刪修擊蒙要訣
全一冊 定價金 十錢

修身要領
全一冊 定價金 三錢

京釜鐵道歌
全一冊 定價金 十錢

漢陽歌
全一冊 定價金 六錢

본상흔동무
全一冊 定價金 二十錢

자랑의단츄
全一冊 定價金 二十五錢

만인계
全一冊 定價金 二十錢

絕倒百話
全一冊 定價金 十錢

開卷嬉々
全一冊 定價金 十錢

셜늬버遊覽記
全一冊 定價金 十錢

日本語學書翰文篇
印刷中

옥루몽
印刷中

朝鮮俚諺
印刷中

朝鮮光文會發行

東國通鑑
全六冊 特價金 三圓五十錢

東國兵鑑
全一冊 定價金 七十五錢

熱河日記
全一冊 定價金 九十錢

海東名將傳
全一冊 定價金 五十錢

東國歲時記
全一冊 定價金 四十五錢

雅言覺非
全一冊 定價金 四十錢

擇里誌
全一冊 定價金 三十錢

碁譜
全一冊 定價金 四十五錢

海東續小學
全一冊 定價金 六十錢

黨議通略
全一冊 定價金 四十錢

陞卿圖
全一幅 定價金 十錢

海東繹史
既刊四冊 定價 每冊八十錢

燃藜室記述
既刊二冊 定價每冊 八十錢

燃藜室記述別集
既刊一冊 定價每冊 六十錢

京城南部上犂洞三十二統四戶

發賣所 新文舘

電話一三九二番 振替口座六六四番

신문관 新文館

신문관 발행서적 / 신문관 / 『매일신보』 1912. 11.

신문관新文館은 1908년 최남선이 설립한 출판사로 알려져 있는데, 1908년 11월 11일 자 『황성신문』 기사를 보면 최남선의 형인 최창선이 설립하였다고 기록되어 있다. 또 그해 9월 27일 자 『대한매일신보』 기사에 따르면, "신문관 주인 최창선이 경시청에 불려갔다."고 한다. 따라서 대부분의 자료가 실질적으로는 최남선이 주도한 것으로 판단하고 있지만 그의 형 최창선의 역할 또한 비중이 적지 않았음을 알 수 있다.

최남선이 근대가 시작될 무렵 우리 문화계에 끼친 영향력이야 두말할 나위가 없는 것인데, 특히 그는 대중의 계몽을 위해서는 출판이 무엇보다 중요하다는 사실을 깨닫고 일본 유학 시절에 활자와 인쇄기를 구입, 귀국하여 세운 것이 신문관이었다.

신문관은 여러 종류의 잡지를 발간하여 그 시대 시민들에게 신문물을 전파하는 데 앞장섰다. 그 가운데는 우리나라 최초의 신체시인 「해에게서 소년에게」가 실려 있는 소년잡지 『소년』을 비롯해 어린이 교육 잡지 『붉은 저고리』, 『아이들 보이』 등이 있다.

또 앞서 살펴본 바가 있는 조선광문회에서 편찬한 우리 겨레의 고전들을 간행한 곳도 신문관이다. 이때부터 우리 고전들이 비로소 제한된 계층의 전유물에서 시민들의 손으로 넘어왔다고 할 수 있다.

그 외에도 근대 문명을 소개하기 위한 다양한 서적들을 간행하였고, 『육전소설』문고를 출간하기도 하는 등 우리 역사에 빛나는 족적을 남겼다.

●신문관쥬인피쵸 남부ᄉ졍동잇ᄂᆞᆫ 신문관쥬인 최창션씨의게 무슴사실홀일이 잇던지 작일오젼구시경에 경시청에셔 최씨를 붇너갓다더라

「신문관 주인 피초被招」
『대한매일신보』 1908. 9.

신문관 주인 피초被招
남부 사정동에 있는 신문관 주인 최창선 씨에게 무슨 사실이 있는지 어제 오전 9시경에 경시청에서 최 씨를 불러 갔다더라.

이 기사만 보아도 신문관 운영에 최남선의 형 최창선이 주요한 역할을 하였음을 짐작할 수 있다.

●少年發行● 東京留學生崔昌善氏는 原來才識이超羣하고思想이高尙하야 學生界에聲譽가素著혼것은吾儕가稔知하는바어니와氏가歸國혼後에一般 國民의知識開發과文明增進을爲하야 新文館을設置하고學校의敎科及各種 書籍을印出하야學界의需用을供給하기로하고爲先少年界의思想을開導홀 主義로少年이란雜誌를發行하는티學說과理想이粲然具備하야學生의指南을資홀만하더라

「소년 발행」
『황성신문』 1908. 11.

雜誌 少年
(每朔一次一日發行(紙數九十頁)) (定價(郵送費並) 十四錢)
本雜誌는 刊의趣旨와講讀홀理由를煩說티아니호리라그러나有心혼父兄은此를座右에常備홀것이오好學하는少年은此를手中에不離홀지니아직我邦에이만혼學校와敎師가업습일시니라。
第一年第一卷에는 平淡혼裏에眞摯혼敎訓을含有혼 少年時言과 奇想과決辭가兩兩入神혼 海詠과 少年의海事思想을鼓發하기爲하야海의美와海의利를說하고아울너우리祖先의海上功績을讚頌하는 海上大韓史와 簡易혼言語와巧妙혼手段으로온갓自然現象을網羅解說하는 甲童乙男의相從과 天文을論혼 星辰談과 地理를說혼 鳳吉伊工夫는다特出혼文字나鳳吉利地理工夫는大韓의外國形體에關혼大發明의論說이오奇奇怪怪혼 巨人國周遊記와 페터 大帝傳과 其他의 決少年世界周遊 時報와 및이솝 寓語 等好文字로써粧飾하야 光華煥發혼本誌는 我少年의 絶好師友가되리니라。
挿入寫眞 皇太子殿下와伊藤太師 나야가라大瀑布의壯觀 페터大帝의遺像等其他
總發行處 漢城南部絲井洞五十九統五戶 新文館

잡지 『소년』
신문관
『황성신문』 1908. 11.

公六作
漢陽歌 美裝一冊 定價六錢
京釜鐵道歌 美裝一冊 定價拾錢
(兩書에다名勝寫眞多數挿入)
前書는漢城府의現勢抱負를新體로歌詠혼것이니鄕土思念을敎授하는데가장善良혼敎科書가될것이오後者는我帝國南半部의地理史蹟名勝을京釜線路를中心으로하야歌詠혼것이니可히뻐臥遊의資를혼것이오可히뻐旅行의侶를삼을지니라
漢城南部絲井洞五十九統五戶
總發行處 新文館
分賣所 京鄕各書店

『한양가』·『경부철도가』
신문관
『황성신문』 1908. 12.

日文譯法
(上卷既刊) 紙數三百四十頁 定價七十五錢 (下卷近刊)
此書는簡要하게日本文法과日文譯法을編述혼것이니實노未曾有의善本이라「文法」「譯法」「譯例」三編에分하야動詞、助動詞、副詞等品詞는姑舍하고熟語成句等難可下筆혼者々지도다正當혼譯法과允合혼譯例를添附하얏슨則此書의貢獻을受用치안는者는翻譯의일을與語치못혼지니라
總發行處 漢城南部絲井洞五十九統五戶 新文館
分售處 京鄕各有名書舖

『일문역법』
신문관
『황성신문』 1909. 2.

學凡 朴勝彬先生 譯
言文一致 日本國六法全書
合冊(洋裝美本)定價二圓二十錢
分冊 憲法三十五錢△民法八十錢△商法六十錢△刑法(舊)二十五錢△民事訴訟法七十錢△刑事訴訟法二十五錢△新刑法과밋그施行法도不遠出售△郵送費不要
(但合冊은今月念間出售)
此書는法學界의泰斗朴勝彬先生이學界의便益을圖하야年餘를研精하야言文一致로譯成혼것이니法學界에는毋論이오日文의譯法과國語의文典을研修코자하는者에게도無等혼好參考라
漢城南部絲井洞五十九統五戶
總發售處 新文館
分售處 京鄕各書舖

언문일치 『일본국 육법전서』
박승빈
신문관
『황성신문』 1909. 1.

朝鮮에처음되는朝鮮사람의손으로지은創作、童話、童劇集이나왓슴니다

그는일즉수만흔作品을發表하야斯界에일홈이놉흔高漢承氏의「무지개」란어여분冊이니朝鮮사람되고서는안읽으면못백일거임니다

처음부터쯧까지朝鮮魂이흐르는珠玉갓흔이冊이야말노朝鮮의어른이몬저읽고다시어린이에게주십서요

全文二百頁
定價四十錢
送料十二錢

（內容）
百日紅이약이
나비와가락지쏫
분쏫이약이
국지소녀
노래부르는쏫
바위의슬품
크리쓰마쓰선물
해와달
집업는나비

더욱이少年會、童話會、學校에서하기쉬운童話劇數篇싸지잇스니다
시엇지못할貴한冊임니다 老人이나婦人싸지안읽으면못백일名篇임이확실함니다

發行所 京城寬勳洞一二〇 振替京城一〇二七五 株式會社 以文堂

창작동화동요創作童話童謠 무지개

고한승 / 이문당 / 『매일신보』 1927. 3.

『창작동화동요創作童話童謠 무지개』
전문 2백 쪽, 정가 40전, 우송료 12전

조선에 처음되는 조선 사람의 손으로 지은 창작, 동화, 동극집童劇集이 나왔습니다.
그는 일찍이 수많은 작품을 발표하여 사계에 이름이 높은 고한승 씨의 『무지개』란 어여쁜 책이니 조선 사람 되고서는 안 읽으면 못 배길 것입니다. 처음부터 끝까지 조선혼이 흐르는 주옥같은 이 책이야말로 조선의 어른이 먼저 읽고 다시 어린이에게 주십시오.

(내용)
「백일홍이야기」
「나비와 가락지꽃」
「분꽃이야기」
「국지소녀」
「노래부르는 꽃」
「바위의 슬픔」
「크리스마스 선물」
「해와 달」
「집 없는 나비」

더욱이 소년회, 동화회, 학교에서 하기 쉬운 동화극童話劇 수편까지 있으니 다시 얻지 못할 귀한 책입니다. 노인이나 부인까지 안 읽으면 못 배길 명편名篇임이 확실합니다.

발행소: 이문당

고한승高漢承(1902~1950)은 동경 유학 중 신극 연구단체인 극예술협회의 창립 회원으로 활약한 연극인으로, 귀국 후에는 고향인 개성에서 여러 편의 연극을 공연하였다. 그 후에도 연극단체를 조직하여 전국 공연에 나서기도 하였는데 1923년에 방정환과 함께 '색동회'를 조직하고 잡지『어린이』에 동화를 발표하면서 동화작가로 변모하였다.
1927년에 그가 펴낸『무지개』는 우리나라 최초의 창작 동화 동극童劇집으로 보아도 무방할 것이다.

九死에 一生을得한遭難者 日刊東京타임스社長水谷巽著

東京大震災遭難記

菊版三百頁精巧寫眞版八十葉挿入布裝函入美本

定價壹圓五拾錢 書留送料十八錢

◇初版三千部即日豫約賣盡目下增刷中◇

製本部數에限이잇스니至急申込하라

再히出치안는東京大地震의實相記

大正十二年九月一日突然帝都를襲한大地震은實로千古未曾有의出來事로彼安政의大震도遠히及치못한다고稱하야連續하야起한猛火로三百年의文化를誇하던大東京의大部分은忽然히茫漠한焦土로化함에至하다本書는著者가身免한實際의記錄으로職責을다하기爲하야疲勞한身神을鞭하야蒐集한大火後의見聞記로써하고尚히記事의不足을補하랴고當局發表의公報及寫眞密版八十葉을挿할터임으로今次의大震災의實況을知함에는이갓치精確하고이갓치詳細한것은업스리라고信한다若그死를覺悟하고上野公園에서날석이기를三晝夜阿鼻叫喚의聲은耳를聾하는街上의群衆死屍累累算을亂하고陸軍被服廠跡이며吉原池의慘憺한光景不平鮮人策動의實相社會主義者의暗中飛躍戒嚴令下의夜의東京等은筆路眞히迫하야不覺中揮淚하고不覺握拳이잇슬것에相違가업다거긔다加하야後世에傳하야遺憾업기를期하기爲하야製本裝幀에도意를다하고且可成的多範圍에頒布하랴고定價도實費供給일터인즉必히一冊을購하야此眞相을明케함을希望한다

死屍累々鬼哭啾々天日暗澹腥風地를覆함

東京大地震の慘狀

寫眞帖

▼精巧코로다이푸刷 一冊壹圓五拾錢 書留送料十八錢

死傷實로六十餘萬昨日々지는東洋文化의中心이고歡樂의巷이던我大東京의面影今에何處에有하뇨一望眼을遮하는것업고高閣後로倒壞하고殘骸間에火를吐하야宛然한焦地獄을現出하고잇는酸鼻의極은筆舌로能히盡치못할바라取集한五十葉繝히死生의間에서得한材料인것은말할것도업다

發行所 東京市外調布町 黎明書房 振替東京五七九五五番

★ 1854~1860년간을 가리키는 일본 막부의 연호
★ 너무나 참혹하여 코가 시큰거림

동경대지진 조난기
東京大地震 遭難記

미즈타니 타즈미 / 여명서방 /『매일신보』1923. 9.

『동경대지진 조난기東京大地震 遭難記』

구사일생을 얻은 조난자 일간『동경타임스』사장 미즈타니
타즈미水谷巽 저
국판 300쪽, 정교 사진 80매 삽입
포장 함函입 미본美本

●초판 3천 부 즉일 예약 매진 목하 인쇄 중
제본부수에 제한이 있으니 지급至急 신청하라. 다시 출판치 않는 동경대지진의 실상기.

다이쇼 12년(1923년) 9월 1일 돌연 제국 수도를 습격한 대지진은 실로 천고의 미증유의 일어난 사건으로 그 안정安政★의 대지진도 멀리 미치지 못한다고 칭하여 연속하여 일어난 맹렬한 불로 3백 년의 문화를 과시하던 대동경의 대부분은 홀연히 망막한 초토로 변함에 이르렀다.
본서는 저자가 몸을 가까스로 구한 실제의 기록으로 직책을 다하기 위하여 피로한 신신身神을 다그쳐가며 수집한 대화재 후의 견문기로써 하고, 더 높이기 위하여 기사의 부족을 보충하고자 당국 발표의 공보 및 사진판 80여 매를 삽입할 터이므로 이번의 대진재의 실황을 앎에는 이같이 정확하고 이같이 상세한 것은 없으리라고 믿는다.
그 죽음을 각오하고 우에노 공원에서 날 새기를 3주간 아비규환의 소리는 귀를 먹게 하는 거리의 군중의 죽은 시신을 세고 또 세기를 어지러웠고 육군 피복창의 흔적이며 길원 연못의 참담한 광경, 불평 조선인 책동의 실상, 사회주의자의 암중 비약, 계엄령 하의 밤의 동경 등은 붓으로 진실로 쫓아 깨닫지 못하는 중에 눈물을 자아내고 주먹을 꽉 쥘 것이 분명하다. 거기 더하여 후세에 전하여 유감없기를 기하기 위하여 제본 장정에도 뜻을 다하고 다양한 곳에 반포하기 위하여 정가도 실비로 공급할 터인즉, 필히 한 권을 구하여 이 진상을 밝힐 것을 희망한다.

『동경대지진의 참상』 사진집

정교한 고로타이프 인쇄
1책 1원 50전 서류書留송료 18전
사상자가 실로 60여만 명. 어제까지는 동양문화의 중심이고 환락의 거리이던 대동경의 면영금面影今은 어디에 있느뇨? 눈에 보이는 것을 막을 길이 없고, 높은 건물은 뒤로 무너지고, 죽은 송장이 늘어져 있는 곳에 불이 일어난, 완연한 초지옥焦地獄을 드러내고 있는 산비酸鼻★의 극은 필설로 능히 다하지 못할 바라. 골라서 묶은 사진 50매 모두 죽음의 문턱에서 얻은 재료인 것은 말할 것도 없다.
발행소: 여명서방

관동대지진關東大地震 또는 동경대지진이라고 불리는 대지진이 일본 본토를 습격한 것은 1923년 9월 1일의

★ 전 조선총독부 정무총감
★ 전 조선총독부 경무국장

일이었다. 이 지진으로 일본 동부가 큰 타격을 입었는데, 12만 가구가 파괴되었고 45만 가구가 불탔으며, 사망자와 행방불명자는 무려 40만 명에 달했다고 한다.
그렇다면 일본에서 발생한 자연재해가 우리나라와는 무슨 관련이 있는 것일까?
그 무렵 세계는 사회주의 운동이 점차 확산되면서 일본도 이러한 움직임에서 자유롭지 못했다. 이와 더불어 조선 땅에서도 민족해방운동이 거세지자 일본 제국주의자들은 관동대지진을 이러한 사회 변혁 세력에 대한 탄압의 기회로 이용하기로 하였다.
그리하여 지진이 일어난 날 오후부터 일본 군국주의자들은 즉시 작전에 돌입하였다. 9월 1일 밤 내무대신 미즈노水野錬太郎★와 경시총감 아카이케赤池濃★가 동경 시내를 순시하고, 이튿날부터 재일조선인들이 폭동을 일으킨다는 소문이 경찰서를 중심으로 퍼져 나갔다.
이러한 전략은 시간이 갈수록 확대되어 2일에는 계엄령이 선포되었고, "동경 부근의 진재震災를 이용해 조선인이 각지에서 방화하는 등 불령不逞한 목적을 이루고자 동경 시내에는 폭탄을 소지하고 방화를 꾀하는 자가 있다. 동경에서는 이미 일부 계엄령을 실시하고 있는바 각지에서도 철저히 시찰하고, 조선인의 행동에 대하여는 강력히 단속하기 바란다."라는 내용의 전문을 전국에 타전하였다.
또한 그 전에 부결된 '과격사회운동취체법안'을 치안유지령으로 바꾸어 긴급 칙령으로 공포하였다.
이러한 계략에 따라 각지에서는 자경단이 조직되어 조선인들과 일본인 사회주의자들에 대한 대대적인 살육이 벌어지기 시작했다. 그리고 이 결과 총 6천 명이 넘는 일본 사회주의자들과 조선인들이 살해된 것으로 전해진다.
이것이 관동대지진이 우리에게는 '관동대학살'이라는 또 다른 명칭으로 전해 오는 까닭이다.

『다이쇼 대진재대화재』
『경성일보』 1923. 11.

이 책은 일본인인 『동경타임스』 사장 미즈타니 타즈미水谷巽가 쓴 것으로 지진이 일어난 지 불과 20여 일 만에 간행되었다. 이는 오늘날 출판 환경을 감안한다 해도 놀라울 만큼 빠르게 작업이 진행된 것인데, 특히 책이 3백 쪽에 80여 장의 사진이 삽입되었고, 책의 포장 또한 상자에 넣었다 하니 그 무렵 일본의 출판 제작 시스템을 상상할 수 있을 것이다.

다른 한 권은 『동경대지진의 참상』이라는 사진첩인데, 동시 출간된 듯하다.

두 책 모두 일본에서 출간되었다는 한계가 있지만 우리 겨레와 떼려야 뗄 수 없는 사건일 뿐 아니라 광고 문안을 보면 너디욱 이 책을 기억해야 할 필요가 있음을 알 수 있다.

内容見本進呈

第二回豫約募集

漱石全集

御注意（御互の手數と時間の浪費を省く爲め）

一、見本の御請求は一切端書又は電話にて願ひたし。
二、見本御請求の場合には内容見本四字を大書し其他の文字は一切省略されたし。
三、住所姓名は端書の裏面に必ず楷書にて御明記下されたし。
四、郵券封入の要なければ封書にて見本請求は見合はせられたし。
五、見本御請求の場合には他の用件は御遠慮下されたし。

申込期限 十月三十一日

體裁
菊版全十三冊各冊平均八百四十七頁總頁數壹萬壹千餘六頁
装幀は故先生の意匠に依る天金總ゼアーン製表紙は木版朱色手摺
用紙 三菱製紙 白菱 印刷 東京築地活版所

略規
非賣品（豫約者のみに頒つものにして豫約外に販賣せず又繼續豫約の求めに應ぜず）
申込金 三圓（此申込金は最終の會費に繰入る）
會費 毎月拂 四圓宛 一時拂 四拾八圓五十錢
刊行 來る十二月より毎月一册宛十三ヶ月

申込所 岩波書店 春陽堂 大倉書店

第一巻 吾輩は猫である
第二巻 短篇小說集
第三巻 虞美人草 坑夫
第四巻 三四郎 それから 門
第五巻 彼岸過迄 行人
第六巻 心 道草
第七巻 明暗
第八巻 文學論 文學評論
第九巻 小品 評論 雜篇
第十巻 初期の文章 詩歌俳句
第十一巻 日記及斷片
第十二巻 書簡集
第十三巻 續書簡集
（全十三巻）

謹告

先に一時拂三十三圓五十錢にて豫約せし漱石全集は古本の時價五六十圓に騰り毎月拂一册三圓にて豫約せしもの古本としてたま〳〵市に分賣せらるゝや實に六圓を突破するものあり。之れ本全集の眞價を語る無言の一大雄辯にして本會が第二回募集の責務を痛感し之を企圖せし所以なり。第二回を發表して未だ幾何ならざるに申込殺到し來る。本會は益責任の重きを感じ紙質印刷裝幀製本等すべて第一回にまさるとも斷じて劣る事なきを期し以て江湖の熱切なる期待に報ゆるに最善の努力を致さんとす大方の諸賢冀くは速に申込あらんことを。

豫約元 東京市神田區南神保町 電話本局一一四〇・三六八八番 振替東京三八一五一番
岩波書店内 漱石全集刊行會

決定版

漱石全集

人生と人心と天意とを教へ萬人の精神的滋養となる永遠不滅の全集

〆切迫る

巨星去って廿年、その藝術は愈々若し。吾等は漱石の作品が時を經るに從って益々萬人の心を打つを見た。彼の藝術は人生の永遠の内容に亙り、生活の種々相を貫くが爲である。その作風たるや、諧謔の底に涙を籠め、運命を叙して道義に怒らしめ、あでやかにして品格を持す。一たび之を繙けば自己の思想感情意志の一切は揺り動かされ、高めらる。そこそ、働く人にも、樂しまんとする人にも、考へる人にも最適の糧である。彼の作品が年を加ふる毎に社會の凡ゆる階級から愈々熾烈なる歡迎を受くるは當然である。宜なるかな、文豪歿後二十年を記念して本決定版の刊行を發表するや、世を擧げて之に和し、怒濤の如き歡迎は翕然として起り、我等の企が全く大衆の要望に合致せるものなる事を實證した。これ即ち彼の藝術の高邁なる人格と不滅なる眞價の然からしむるところ。凡ての日本人よ本全集を備へ、自國の偉大なる此の文豪を共有し得る幸福を想へ。

特色

内容見本進呈

第三回配本 虞美人草・坑夫 第三刷出來

豫約募集
〆切十一月卅日

岩波書店内
漱石全集刊行會

나쓰메 소세키夏目漱石 전집全集

예약모집 『소세키 전집』 광고 / 『경성일보』 1917. 10.

결정판 소세키 전집 / 수석전집간행회 / 『동아일보』, 『조선일보』 1935. 11.

인생과 인심과 천의天意를 가르쳐 만인의 정신적 자양이 되는 영원불멸의 전집
거성 떨어진 지 20년, 그 예술은 더욱 더 젊다. 소세키漱石의 작품이 세월을 경과할수록 더욱 더욱 만인의 마음에 새겨진다. 그 예술은 인생의 영원한 내용에 미치고 생활의 만 가지 모습을 관철한 까닭이다. 그 작품이야말로 해학 속에 눈물을 비장하고 운명을 말하여서 도의에 성내게 하고 우아하여서 품격을 가진다. 한 번 이것을 읽으면 자기의 사상, 감정, 의지의 일체는 동요되고 고양된다. 이것이야말로 활동하는 분에게나 향락에 잠기려 하는 분에게나 사색하는 분에게나 최적한 마음의 양식이다. 그 작품이 세월이 경과할수록 사회의 모든 계급에게 더욱 더 치열한 환영을 받고 있는 것은 당연한 일이며 적절한 일이다. 문호 사망 후 20년을 기념하여 본 결정판의 간행을 발표하자 세상이 다 이에 화응하여 노도와 같은 환희는 크게 일어나서 우리의 기대가 꼭 대중의 요망에 합치된 것을 실증하게 되었다. 이것이 즉 그의 고매한 인격과 불멸의 예술의 진가가 그렇게 만든 것이다. 전 국민들이여, 이 전집을 비치하라. 자국의 위대한 이 문호를 공유할 수 있는 행복을 상기하라.
제1회 배본 『우미인초虞美人草』, 『갱부坑夫』

예약모집 11월 30일 마감

나쓰메 소세키夏目漱石(1867~1916)는 『나는 고양이로소이다』(1905), 『도련님』(1906) 등으로 잘 알려진 일본 소설가다. 우리 출판의 역사와 우리나라 최초의 소설이 소중한 것처럼, 그 무렵 우리나라에 문화적으로 큰 영향을 미친 일본 최초의 근대적 소설가도 중요하다. 그의 작품이 오늘날에도 우리 문화계에 큰 영향을 미치고 있다면 더더욱 그렇다. 첫 광고는 1917년 일본어 신문인 『경성일보』에 실린 것으로 '소세키 전집'의 예약 모집 광고이다. 광고에 기재된 전집은 모두 12권이다. 그런데 두 번째 광고를 보면 첫 번째 예약 모집한 전집이 언제 출간되었는지 궁금해진다. 왜냐하면 기 출간된 전집을 광고하는 두 번째 광고는 1935년도에 등장하니까. 이 광고는 1935년도 『동아일보』와 『조선일보』에 실린 것으로, 『결정판 소세키 전집』이라는 이름 아래 모두 19권★의 전집을 전한다.

「朝鮮文朝鮮」副業品共進會記念號

今般朝鮮副業品共進會의開催를永久히記念하기爲하야此副業品共進會記念號를發行하야副業共進會에關한一切의記事를網羅하야、寫眞과相並하야共進會의狀況을明瞭히하는同時에、朝鮮副業의施設에對한各專門大家의意見을揭載하야써、表裏縱橫으로、副業의必要와其方法을詳

一、表紙繪　共進會「포스타」

二、口繪　三色版、普通版合二十六頁、共進會全景其他各館內部狀況

副業의必要와共進會의開設 (卷頭言)

共進會開設의趣旨에就하야　有吉政務總監

副業의必要와및特質　西村殖產局長

農家의經濟와副業　津田農商務技師

▲朝鮮의副業獎勵에關한各家의論叢

副業으로見한朝鮮의棉作　三原技師

有望한朝鮮의蠶業　宮原技師

副業으로의豚鷄　野口技師

農家의副業畜羊　油井技師

副業에適當한水產業　松野技師

都會의婦人副業과其獎勵　牧山技師

麻布及大麻布의製造　室田技師

繩叺에就하야　石塚技師

朝鮮에在한製炭業　永井技師

朝鮮紙의製造　更田技師

漆樹及漆液에就하야　國原技師

牨業에就하야　猪狩技師

忠南의苧布　黃理事官

全南의竹　岩崎技師

全北의叺　桑原技師

慶北의果樹　山本技師

其他合二十篇의大論文大抱負滿載

大正十二年十月十五日

朝鮮總督府發行

▲副業과各道에在한施設狀況

京畿道로브터咸鏡北道에至하기까지十三道에在한副業獎勵의施設狀況을、各共道에就하야其副業獎勵의方針、施設、現狀、副業의種類、將來의發達程度等을約百八十頁에亘하야詳細히解說한것으로各道의副業狀況이紙上에比較對照되야一目瞭然하게吾人의眼前에展開된다

朝鮮副業品共進會

副業品共進會開催에就하야

朝鮮物產賣買匿名組合에就하야

朝鮮副業品共進會觀覽記

副業에關한各地의傳說

大正十二年十月五日　西村殖產局長

京城協贊會의狀況

編輯餘談其他記事滿載

堂々　三百二十頁　定價一冊金六十五錢

發賣所　朝鮮印刷株式會社　京城西小門町三九

細히紹介한것이라、本記念號의發刊에依하야、副業에對한理解、趣味副業에對한努力의精神이發達促進되면、今回의共進會는、朝鮮產業의振隆에絕對한效果를擧할것이라

謹히江湖諸彥의愛讀을勸하노라

090

조선문 조선 부업품 공진회 기념호

朝鮮文 朝鮮 副業品 共進會 記念號

조선총독부 / 『매일신보』 1923. 10.

『조선문 조선』 부업품 공진회 기념호

금반 조선 부업품 공진회의 개최를 영구히 기념하기 위하여 이 부업품 공진회 기념호를 발행하여 부업 공진회에 관한 일체의 기사를 망라하여, 사진과 함께 공진회의 상황을 명료히 하는 동시에, 조선 부업의 시설에 대한 각 전문대가의 의견을 게재하여 표리종횡으로 부업의 필요와 그 방법을 상세히 소개한 것이라. 본 기념호의 발간에 의하여 부업에 대한 이해, 취미 부업에 대한 노력의 정신이 발달촉진되면, 금회의 공진회는 조선산업의 진융振隆에 절대한 효과를 거둘 것이라. 삼가 강호제언의 애독을 권하노라.

1. 표지 그림: 공진회 포스터
2. 앞 그림: 삼색판, 보통판 합 26쪽, 공진회 전경, 기타 각관 내부상황

「부업의 필요와 공진회의 개설」(권두언)
「공진회 개설의 취지에 취就하여」 – 유길有吉 정무총감
「부업의 필요와 및 특질」 – 서촌西村 식산국장
「농가의 경제와 부업」 – 진전津田 농상무기사

▲조선의 부업 장려에 관한 각가各家의 논총
「부업으로 보는 조선의 면작棉作」 – 삼원三原 기사
「유망한 조선의 잠업」 – 궁원宮原 기사
「부업으로의 돈계」 – 야구野口 기사
「부업에 적당한 수산업」 – 송야松野 기사
「도회의 부인부업과 그 장려」 – 목산牧山 기사
「마포麻布 및 대마포大麻布의 제조」 – 실전室田 기사
「승입繩叺(가마니)에 취하여」 – 석총石塚 기사
「조선에 있는 제탄업製炭業」 – 영정永井 기사
「조선 종이의 제조」 – 경전更田 기사
「칠수漆樹 및 칠액漆液에 취하여」 – 압원鴨原 기사
「첨채甛菜에 취하여」 – 저수猪狩 기사
「충남의 저포苧布」 – 황黃이사관
「전남의 죽竹– 암기岩崎 기사
「전북의 입叺」 – 상원桑原 기사
「경북의 과수果樹」 – 산본山本 기사
「기타 합 20편의 대 논문 대포부大抱負 만재滿載」

당당 320쪽
정가 1책 65전
발매소: 조선인쇄주식회사

일본제국주의는 조선을 강제병합한 후 조선 땅을 물자의 보급기지로 만들기 시작했다. 이러한 시대적 상황에서 부업품 공진회, 즉 부업박람회를 우리 겨레의 경제적 향상을 위해서인지 아니면 조선을 자신들의

다양한 물산에 대한 보급기지로 활성화하기 위해 개최했는지, 그것도 아니라면 내선일체內鮮一體를 실천에 옮기고자 하는 현실적 노력의 일환으로 개최했는지 알 수 없지만 1923년 10월 5일부터 24일까지 경복궁에서 개최하였다.

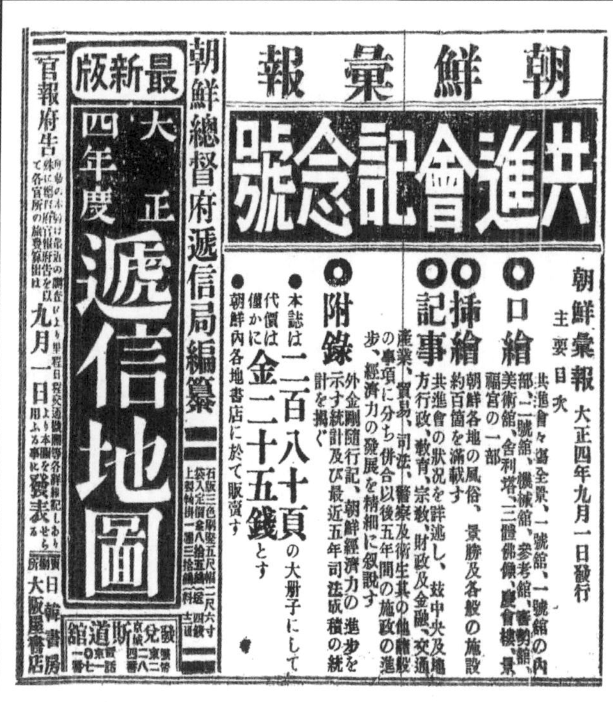

朝鮮彙報

共進會記念號

朝鮮彙報 大正四年九月一日發行

主要目次

◎口繪 共進會々場全景、一號館、二號館の內部、一號館、機械館、參考館、審勢館、美術館、舍利塔、三體佛像、慶會樓、景福宮の一部

◎挿繪 朝鮮各地の風俗、景勝及各般の施設約百箇を滿載す

◎記事 共進會の狀況を詳述し、竝中央及地方行政、敎育、宗敎、財政及金融、交通、産業、貿易、司法、警察及衛生其の他諸般の事項に分ち併合以後五年間の施政の進步、經濟力の發展を精細に叙說す

◎附錄 外金剛隨行記、朝鮮經濟力の進步を示す統計及び最近五年司法成積の統計を揭ぐ

●本誌は二百八十頁の大册子にして代價は僅かに金二十五錢とす

●朝鮮內各地書店に於て販賣す

朝鮮總督府遞信局編纂

最新版 大正四年度 遞信地圖

官報府告 九月一日發表

發兌 京城 斯道館

賣捌所 日韓書房 大阪屋號書店

『공진회기념호』
『경성일보』 1915. 9.

『조선휘보』는 1915년에서 1920년 사이에 조선총독부에서 펴낸 월간 기관지로 조선의 민속과 문화에 관한 내용을 주로 싣고 있다.

事務總長 兒玉政務總監序

朝鮮博覽會便覽

京城協贊會總裁 朴泳孝侯爵題字

訂正再版 今日出來

附 京城遊覽案內

十日以內 十版發行

本書는博覽會案內八講習目敎材를摘要編纂하야博覽會事務局校閱과各道協贊會推奬을受한것이니敘事明確하고行文正確하야博覽會及京城案內에잇서餘地類似著書의追隨를不許하는最完全하고最權威잇는力著이다 觀光者에게는唯一한伴侶이되고觀光치못하는者에게는臥遊의好資가될것은自任하는바이니江湖僉位의一讀을切望하는바이니 好機를逸치말기를!

◎博覽會便覽內容
◇博覽會의使命
◇博覽會觀覽要項
◇博覽會觀覽記
◇各種特設館訪問記
◇十三道特設館及五十餘私設館
◇出品審査及褒賞
◇博覽會期中各種大會
◇京城協贊會事業
(附圖) 博覽會場配置圖 博覽會場順覽圖

◎京城案內內容
◇京城概觀
◇行政◇敎育◇宗敎◇衛生◇交通◇通信◇社會事業◇商工業◇金融◇其他
◇京城名所巡覽記
◇博覽會期中市內交通
◇夜의京城
(附圖) 京城名所巡覽圖 京城市內交通圖

發行所 京城 獅雲洞 一六八 朝鮮評論社 振替京城四〇六一番

『조선박람회편람』
조선평론사
『매일신보』 1929. 9.

『과학수공업』
신영효
조선도서주식회사
『매일신보』 1926. 4.

『양복 재단재봉법』
흥문당
『매일신보』 1926. 4.

『최신 재봉참고서』 / 손정규

『조선재봉전서』 / 이정숙 · 김숙당

활문사서점
『매일신보』 1925. 5.

1920년대에 들어오면서 조선의 수공업 및 근대 농·산업에 관련된 책자가 다양하게 선보이기 시작했다.

時代의進運에伴하야我朝鮮女子敎育界에셔裁縫、刺繡等에關한良參考書의出現을切望하게되지已久하엿읍니다。그러나從來此需要에應할만한著書가出版되엿다함을聞치못하엿읍니다。弊社는깁히遺憾으로생각하야今番에斯界의權威인諸先生의依賴하야本書等을上梓케되엿읍니다。本書等은諸先生이斯界에貢獻코자하시든多年의蘊蓄을傾한者인故로資料의豐富함과內容의充實한點은勿論이어니와弊社는印刷製册等에微力을盡하엿읍니다。一般家庭에備置하실만한良書이올시다。

李王妃殿下御筆下賜

淑明女子高等普通學校校長李貞淑先生序

淑明女子高等普通學校校師金淑室先生著

(定價一圓五十錢送料六錢)

家庭養鷄新編

全一册 (挿圖畵) 定價金五十전

養鷄ᄂᆞᆫ簡要ᄒᆞᆫ産業이오巨大ᄒᆞᆫ利源이라此ᄂᆞᆫ古今文明列邦에셔盛行ᄒᆞᄂᆞᆫ養鷄法인ᄃᆡ人工으로孵化及醫治와小數로千首以上을飼養ᄒᆞᄂᆞᆫ要訣이오니有志君子ᄂᆞᆫ購覽實施ᄒᆞ심을務望

發賣所

大東書市 金基鉉
匯東書館 高裕相
中央書館 朱翰榮
古今書海館 金寅珪
博文書관 盧益亨
廣학書舖 金相萬
新舊書林 池松旭
博學書관 玄 억
漢城서관 趙鍾萬
廣業會社內 申圭植

『가정양계신편』
『대한매일신보』 1908. 3.

『관보』 1923. 8.

조선부업품공진회 개최 사실이 게재된 1923년 8월 조선총독부 관보.

八六六四 第一種 角網漁業 八角網 同大峴面龍岑里 伊藤庄之助 同

○共進會

○朝鮮副業品共進會開催 朝鮮ニ於ケル副業ノ普及發達ヲ奬勵スル爲朝鮮農會主催トナリ本府之ニ參加シ本年秋季京城景福宮ニ於テ朝鮮副業品共進會ヲ開催スルコトトナリタリ其ノ計畫要領左ノ如シ

一 會期 大正十二年十月五日ヨリ同二十四日ニ至ル二十日間トス

二 主催者 朝鮮農會之ヲ主催シ朝鮮總督府之ニ參加ス

三 會場 京城府景福宮內トシ約五萬坪ニ亙ル地域ヲ以テス

四 建物 出品陳列場ハ本館、第一參考館及第二參考館ノ三館トシ本館ニハ普通出品ヲ、第一及第二參考館ニハ參考品ヲ陳列シ其ノ面積合セテ約一千六百坪トス尙此ノ外家畜家禽舍及數十箇所ノ放魚池ヲ新營ス

五 入場料 入場料ハ左ノ通トス

大人一人ニ付 二十錢 小兒一人ニ付 十錢(六歲未滿ハ無料)

二十人以上ノ團體 普通團體 三割引 軍人(下士、兵卒)學生 五割引

六 出品物 出品物ハ朝鮮ニ於テ副業ニ依リ生産又ハ採取シタルモノ及現在副業生産ニ依ラサルモ副業ニ依リ生産又ハ採取シ得ラルト認メラルルモノハ普通出品トシ又內地各府縣、關東州、臺灣及樺太等ヨリ參考品トシテ同一種類副業品ノ出品ヲ求メ尙鮮內ニ於ケル適當ナル生産品ニシテ必要ト認ムルモノハ參考品トシテ其ノ出品ヲ承認ス

出品豫定點數 普通出品 一萬點 參考出品 三千點

普通出品ト爲スヘキモノハ大體別記ノ品種トス

七 普通出品物ハ之ヲ審査シ優賞品ニハ一等ヨリ五等ニ分チテ之ヲ襃賞ス

出品物ノ陳列等ニ付テハ觀覽者ヲ啓發シテ副業ノ必要且ツ有益ナルコトヲ知了セシムルノ方案ヲ講スルト共ニ作業ノ實演其ノ他ノ方法ニ依リ可及的實地ニ對スル知識ヲ與ヘ且ツ其ノ興味ヲ誘起スルニ努ム

自營特設館ノ設置 副業ニ關係アル事業又ハ副業ニ關スル器具機械其ノ他ノ出品ニ付自營特設館ノ設置ヲ奬勵シテ作業ノ實演又ハ特殊ノ意匠陳列ヲ爲サシメ觀覽者ノ注意ヲ深カラシムルノ施設ヲ講ス

八 活動寫眞ニ依ル副業ノ奬勵宣傳 副業開發、事情紹介ニ關スル趣味及實益ニ富ム活動寫眞ノ映寫ヲ行ヒ入場者ノ無料觀覽ニ供シ娛樂ノ裡ニ副業ノ必要有益ナルコトヲ知得セシムルニ努ム

九 印刷物ノ配付 副業奬勵、産業紹介、出品解說其ノ他ノ印刷物ヲ必要ト認ムル方面ニ配付シ副業ノ奬勵進步ニ資ス

十 博物館ノ自由觀覽 共進會入場者ニ對シテハ朝鮮古美術品其ノ他ノ考古品ヲ陳列セル朝鮮總督府博物館ノ開放ヲ求メ無料觀覽ニ供ス

十一 郵便局出張所ノ設備 會場內ニハ郵便局臨時出張所ヲ特設シ一般通信上ノ便益ニ供スルト共ニ記念スタンプノ押捺ニ應スルコトトス

十二 競技會及各種大會等ノ開催 會期中全鮮繩叺競技會其ノ他各種ノ大會ヲ開催シ優勝者ニハ賞品ヲ授與シ以テ産業ノ改善發達ノ促進ニ資ス

十三 夜間開場 臨時夜間開場ヲ行ヒ電飾(イルミネーション)、探照燈(サーチライト)等ヲ點ス

十四 福引デー 會期中臨時福引デーヲ催ス

十五 協贊會ノ組織 京城ニ協贊會ヲ組織シ會場內ニ於ケル各種餘興ノ經營、市中ノ裝飾、綠門及休憩所ノ建設其ノ他ノ施設ヲ爲スノ外尙優待券所持者、出品人等ニ對スル接待、記念印刷物ノ配布

一億國民必讀の書
四六判 二二〇頁
情報局情報官・陸軍中佐
鈴木庫三著
國防は家庭から！ 日本國民としてこれだけは知らぬと危い。しかしこれだけ知れば大丈夫だ！
家庭 國防國家辭典
寫眞と挿畫が豊富で、子供にもお年寄にも解り易く、婦人にも、面白い總力戰の書
新體制早わかり
家庭 國防國家問答
太平洋波高し
日本は 世界はどうなるか・重要問題百二十餘題の明答
覺悟はよいか 準備はよいか
家庭の覺悟は決つたか、男子はどうするか、婦人はどうするか、子供は年寄はどうすればよいか。
世界大動亂はどうなるか
教育はどうなるか
宗教はどうなるか
この外何でも──
この次の大戰爭で日本が勝つために覺悟しなければならぬこと、實行しなければならぬことが熱と力で説いてある。
世界建直しの戰爭は既に進行してゐる。日本が興るか、亡びるかの戰爭はいま始まつてゐる。今こそ、日本民族はいかに戰ふべきか、いかに勝つべきか。これぞ日本民族三千年の血書。
急告
特價 六十五錢
●家庭で大人も子供もみんな
●隣組常會でも回讀しませう
●學校でも工場でも會社でも
●都會農村みんな讀みませう
東京神田 振替 主婦之友社發行

국방국가문답 國防國家問答

스즈키 쿠라조 / 주부지우사 / 『경성일보』 1941. 3.

1940년대에 들어서면서 일본제국주의는 이전부터 시작한 중일전쟁과 더불어 제2차 세계대전에 본격적으로 참전하기 시작한다.
이러한 전쟁 참여는 전 국가를 전시동원 체제로 조성한 후 국민의 적극적인 참여를 바탕으로 해야 마땅할 것이니 그에 관한 홍보성 책자가 홍수처럼 쏟아질 것 또한 당연하다.

일억 국민의 필독서

정보국정보관 육군중좌 스즈키 쿠라조鈴木庫三 저

신체제 해설서 가정 국방국가문답

일본과 세계는 어떻게 될까? 중요 문제 120여 개에 대한 분명한 답

급고急告
· 가정에서 성인, 아이들 모두
· 반상회에서도 돌려 읽읍시다.
· 학교에서도 공장에서도 회사에서도
· 도시농촌 모두 읽읍시다.

46판 220쪽
특가 65전
우송료 9전

교육신체제총서 『국가와 교육체제』
유라 테츠지由良哲次
소학관
『경성일보』 1941. 8.

근간
『어린이교육과 성격교육』
『민족문제개설』
『심리학과 아동교육』
『흥아興亞의 이념과 민족교육』

B6판, 200쪽 이상, 상제본★
정가 각책 1원 20전, 우송료 9전
소학관

★ 실로 꿰맨 뒤, 가장자리를 자르고 다듬은 다음에 표지를 붙이는 제본 양식을 말한다.

大川周明著

日本精神研究

七十二版　定價各一圓

こんないゝ本は滅多にない、普通の人にはとてもこんな本は書けない、博士の人格と博學により始めて出來るのだと敬服され絶讃されてゐる。

對外的にも對內的にも日本人の一人〳〵が政治的にも精神的にももつと眞劍に鍛へ上げられなくてはならぬ時となつた。この時英米獨佛萬卷の書を讀破する東亞の先覺、人格高潔、眞心敬服するに足る博士の名著を心讀することは必らず意義深きものあると信ずる。『復興亞細亞の諸問題』と共に推奨する所以である。

池崎忠孝著

新支那論

文部省推薦書　定價一圓

本書は現代支那を系統的に論述し批判した書である。現代支那の實際生活がどんなもので、あるか又新支那は如何なる方向に進路をとらんとしつゝあるかを知るに最も適切なものである。支那とは切つても切れない關係にある我國は、新しい支那即ち辛亥革命以後に於ける支那をもつと適確に理解しなければ到底何にも出來るものではない。

普及版新發賣

B・タウト著

日本文化私觀

文部省推薦　定價二圓

本書は著者最大最後の日本批判である。特に日本美術批判に到つては今更其の世界的偉大さを知らされるのに驚く。

丸山鶴吉著

中南米の旅

日本圖書館協會推薦　定價二圓

閉された世界の寶庫を訪ねて洋々たる將來を持つ中南米諸國の認識を愈々深めるべき秋。

明治書房

『신지나론』/ 이케자키 타다타카池崎忠孝

『일본정신연구』/ 오카와 슈메이大川周明

메이지서방

『경성일보』 1940. 9.

日鮮語新小說
東閣寒梅
定價金卅錢

新訂代數學 九十錢
精選日語通編半一圓卅錢
改正算學通編半洋圓洋一一圓
改正增補新法律半八十錢
新訂日語自通半習洋四十錢
懸吐本孟子 一圓
最新朝鮮分道地圖 六十錢
新訂附音尺牘 三十錢
新訂英語入門 十四錢

發行所 京桂洞十三、二 玄公廉

栽桑全書
附葡萄栽培及釀酒法
張數一百五十二頁
圖畫一百四葉
定價九十錢 郵稅八錢

本書는玄公廉氏의所譯이니其中桑樹桑椹及葡萄栽培法이며葡萄酒釀造法을昭詳히國漢文으로記載ᄒ고兼히精細ᄒ圖畫一百餘葉이有ᄒ야一見瞭然ᄒ온바種桑時期가在邇ᄒ오니速速購覽ᄒ시옵

發兌所
大廣橋越濟弘冊肆
鍾路大東書市
罷朝橋越便朱翰榮冊肆
美洞三十統四戶博文社

★ 1896년 서울에서 조직된 학생운동단체로, 대중계몽을 목적으로 설립되었다.

현공렴 玄公廉

일선어신소설 『동각한매』 / 현공렴 / 『매일신보』 1911. 8.

『재상전서』 / 현공렴 / 박문사 / 『황성신문』 1905. 3.

『재상전서栽桑全書』
부록: 포도재배 및 양조법
장수 152쪽
도서圖書 104매
정가 90전, 우송료 8전

본서는 현공렴 씨의 소역所譯이니 그중 뽕나무, 상심桑椹 및 포도 재배법이며 포도주 양조법을 소상히 국한문으로 기재하고 겸하여 정세精細한 도서圖書 1백여 매가 있어 일목요연하온바 종상種桑 시기가 가까워졌으니 빨리 구입하여 읽으십시오.

판매소
대광교 고제홍 책사
종로대동서시
미동 30통 4호 박문사

현공렴玄公廉(?~?)이라는 인물이 있었다. 그런데 지금 그는 우리 역사에 존재하지 않는다. 다른 나라들은 하나의 업적을 거둔 인물조차 열을 이룬 자로 둔갑시키는 판인데, 우리는 그의 업적이 얼마큼인지조차 확인하고자 하지 않는다.
현공렴이라는 이름을 개화기와 일제강점기 신문지면에서 확인하는 일은 안타까운 경험이다. 그에 대해 언급하고 있는 사전이 현재까지는 없기 때문이다.
그러나 그의 이름은 분명히 기억할 가치가 있다.
그의 이름은 협성회★, 광무협회, 만민공동회, 국채보상기성회 등의 기록에 남아 있고, 서적업조합 설립 등에 관여하였다. 이것만으로도 그의 이름을 기억해야 할 까닭은 충분한 것 아니겠는가.
특히 그는 출판문화 분야에 커다란 족적을 남겼는데, 저자로 혹은 편집자로 혹은 발행인으로 혹은 서점인으로 다양한 활동을 지속적으로 펼쳤음을 알 수 있다.
지금이라도 그의 이름을 기록하고 기억해야 하지 않을까?

◉書籍業組合 玄公廉朱翰榮高裕相金基鉉鄭喜鎭諸氏가一般書籍業者를聯合ᄒᆞ고圖書出板의奬勵와發售方法의規正ᄒᆞᆷ을務圖키爲ᄒᆞ야一組合을組織ᄒᆞ야皇城書籍業組合이라稱ᄒᆞ고規則과約定을履行케되엿ᄂᆞᆫᄃᆡ將來發展을隨ᄒᆞ야圖書舘과縱覽所를合力設立ᄒᆞ기로計畫ᄒᆞᆫ다더라

「서적업조합」

『황성신문』 1907. 6.

● 서적업조합

현공렴, 주한영, 고유상, 김기현, 정희진 여러분이 일반서적업자를 연합하고 도서출판의 장려와 발매 방법의 규정함을 도모키 위하여 조합을 조직하여 황성서적업조합이라 칭하고 규칙과 약정을 이행케 되었는데 장래 발전을 이루어 도서관과 종람소縱覽所★를 힘을 합쳐 설립하기로 계획한다더라.

★ 신문, 잡지 등을 구비하여 누구든 볼 수 있도록 하는 곳

◉회텬긔담 定價二十錢
◉新訂分道大韓地圖 定價五十錢
◉日本史記 附錄上 新史下 一圜五十錢
◉刑法大全 國漢文六十錢 國文上下一圜
◉越南亡國史 廿五錢
◉國文越南亡國史 二十錢
◉普通教科東國史略 洋製一圜二十錢 半洋製一圜
◉欽欽新書 四冊 一圜八十錢
◉初等教科簡易四則 三十錢
◉美國獨立史 四十錢
◉波蘭末年戰史 四十錢
◉演說法方 二十錢
◉筭術新書 洋製一圜 半洋製八十錢
◉漢文大韓地誌 上下合編 五十錢
◉羅馬史 附意太利史 四十錢
◉新編家政學 國漢文 九十錢
◉漢文家政學 一圜
◉新小說枯木花 고목화 三十錢
◉中等萬國地誌 上中下 一圜
◉高等小學理科教科書 三卷定價四十錢 卷一、二、植物、動物、鑛物、地文科 卷三、四、物理、化學、生理、衛生
中等筭術教科書上下定價八十五錢
◉米國故大統領싸퀴일스傳 二十五錢
◉高等小學大韓地誌 二十五錢
◉漢文飮冰室自由書 四十錢
◉國漢文自由書 五十五錢
◉路得改教紀畧 十五錢
◉毛筆畵帖第一編 定價十錢
東國史略은全部六百頁에檀箕以來로本朝史ᄭᆞ지昭詳揭載ᄒᆞ얏ᄉᆞ니可히中學教科에充ᄒᆞᆯ만ᄒᆞᆫ近來初有新書이오니有志僉君子ᄂᆞᆫ購覽爲要

〔發賣者〕 京桂洞薑谷第十三統二戶 玄公廉 告白

현공렴

『황성신문』 1908. 5.

출판인으로서 현공렴을 확인할 수 있는 광고.

「서적광고」
현공렴
『황성신문』 1908. 6.

書籍廣告
第一第二 植物、動物、地文、鑛物科
高等小學理科敎科書 定價 一、二各廿錢 三、四各廿五錢
(圖書二百餘幅)第三第四物理、化學、 生理、衛生科
新訂敎科 筭學通編 上下合附 并解式 一圓
中等用器畵 七十錢
漢文自由書 一冊四十錢
成親王法帖 一칙十錢
筭術新書洋裝 一칙一圓
欽欽新書 四칙一圖八拾錢
羅馬史 附意太利史 四十錢
國文 枯木花 三十錢
新編家政學 九十錢
美國故大統領 싸퀴일흐젼 國文 二十五錢
中等筭術敎科書 二冊八十五錢
筭術新書 上下半 洋裝 二칙八十錢
簡易四則 三十錢
刑法大全 六十錢
大韓帝國附港灣地圖一幅 四十錢
法蘭西新史 四十錢
演說方法 二十錢
韓日文對照新法律 半洋一칙七十五錢 洋裝一칙九十錢
新訂分道大韓帝國地圖 一칙五十錢
新訂千字文 二十錢
習字新帖 一二各六錢
懸吐具解孟子 上下 一圓
監本孟子 一圓
小學漢文讀本 上下 六十錢
毛筆畵帖 一、二各十錢
高等小學植物學 一칙二十錢
新式記憶法 一칙二十錢
普通東國歷史上下 一秩一圓
大韓志地敎科書 高等小學 一책卄五錢
初等鑛物敎科書 一칙卄錢印刷中
民事訴訟文例 一책十八錢
發行兼發售 京北部桂洞十三統二戶玄公廉
發賣所 京鄕各書舘

日韓文對照新法律(洋裝) 九十錢
同 (半洋) 七十五錢
民權自治制 一冊 三十五錢
刑法草案 四十錢
現行刑法大全 六十錢
普通敎育學 三十錢
古文畧選 五十錢
布哇遊覽記 二十錢
羅馬史(附義太利史) 四十錢
法蘭西新史 四十錢
普法戰記 四十錢
路得改敎記略 十五錢
新式記憶法 二十錢
演說法方 二十錢
唐玉篇 (上下) 三十五錢
新玉篇(洋裝) 壹圓二十錢
國文捷徑 (一、二合附) 二十錢
國文枯木花 三十錢
싸퀴일흐젼(美國故大統領) 卄五錢
산옥신법 二十五錢
國文伊太利三傑傳 二十五錢
地球儀 (最小) 二十六錢
同 (小) 三十五錢
同 (中) 五十五錢
同 (大) 壹圓三十五錢
言文 四十錢
中等用器畵 七十錢
類合 九錢
千字 十四錢
大韓輿地圖(一幅) 十七錢五厘
普通日本語典 全一冊 五十錢
理科師生 全一冊 三十五錢
十錢以上一二圓以下冊子를引換ᄒᆞ라면 二十錢을要ᄒᆞ니假令十錢價値物은冊價幷三十錢이되고二十錢價値冊은四十錢이라然則原價보다引換費가反多ᄒᆞ니此後는少數請求에는即錢을送ᄒᆞ면一圓以下冊은大槪二錢至四五錢에付케되오니購覽諸氏는照亮ᄒᆞ시옵
發行兼發賣者 京北部桂洞十三統二戶玄公廉

『일한문대조신법률』
현공렴
『황성신문』 1909. 6.

再版

新撰小博物學

全一冊 特別減價三十五錢

前國民教育會編纂
學部檢定

大發賣所

壽進洞 興士團事務所
布屏下 廣學書舖金相萬
洞口越邊 中央書館朱翰榮
鍾路 大東書市金基鉉
廣橋 匯東書館高裕相
銅峴 博學書館趙承模

093

★ 유지하다: 어떤 일에 뜻이 있거나 관심이 있다.

흥사단興士團

『신찬 소박물학』 / 전前국민교육회 편찬 / 『황성신문』 1908. 3.

흥사단興士團은 1913년 5월, 안창호가 주도하여 미국에서 설립한 단체로 유명하다. 흥사단의 전신은 1909년 2월, 국내에서 창립된 청년학우회였다. 그리고 1907년 12월에는 언론에 다음과 같은 기사가 실린다.

「흥사단 설립」: 재작 29일에 흥사단 제1회 총회를 개최하고 임원을 선정함은 별지와 같거니와 해당 단체의 목적 주지主旨를 문의한즉
1. 국민보통교과서적을 편찬·간행하는 일이며,
2. 교원에 가비加備할 인원을 양성하는 일이며,
3. 이미 세운 학교에 대하여는 영구 유지의 방법을 강구하며 아직 미설치한 지방에 대하여는 그 설립과 유지의 방침을 연구·성취케 하는 일이며,
4. 각 학교에서 교사의 고빙雇聘 및 교과서의 구매를 요청하는 때에는 힘 닿는 대로 이를 주선하는 일이며,
5. 본 단체의 교육 목적은 일반 국민에게 점차 의무적 교육제도를 실행케 하는 일이요, 일절 정치계에는 불관不關한다더라.(『황성신문』 1907. 12. 1.)

흥사단: 유지한★ 모모 씨들이 흥사단을 설치하는데, 단장은 김윤식 씨요, 부단장은 유길준 씨요, 총무는 김상연 씨로 선정하고 평의원은 이십 인으로 한다더라.(『대한매일신보』 1907. 12. 1.)

「흥사단 총회」: 어제 흥사단에서 임시총회 및 평의원회를 개최하고 제반 단체 사무를 처리·의결한 후 평의원 신우선, 유성준, 유승겸, 조제환, 홍재기 5씨가 청원 체임遞任한 대신 이상재, 오상규, 안종화, 서병길, 장지연 제 씨가 피선되었다더라.(『황성신문』 1907. 12. 17.)

「유 씨 열심」: 흥사단의 설립 취지는 전보에 이미 기재하였거니와 일래日來로 해당 사무를 착수하였는데 부단장 유길준 씨가 해당 사무소에 식일式日 내숙來宿하면서 우선 소학교 교과서로 편집하는데 국어독본과 수신교과서는 유 씨가 자담自擔 편집하고 기타 편집도 지휘협조한다니 우리들은 교육계의 정도를 위하여 해당 사업의 빠른 성공됨을 기망期望함으로 유 씨의 열심을 찬성하노라.(『황성신문』 1907. 12. 28.)

그 외에도 흥사단에서 발행한 서적은 다양하다. 또 광고를 보면 서적 발행뿐 아니라 교육 사업에도 진출한 것으로 보인다.

이에 대해서는 1908년 5월 3일 자 『황성신문』에서 「흥사단의 필요한 사업」이라는 논설을 통해서도 지적하고 있는데, 이 논설에 따르면 첫째 교과서 편찬, 둘째 사범 양성, 셋째 측량 교수이다.

이 흥사단의 주요 인물은 유길준이 분명하니 우리가 익히 알고 있는 도산 안창호가 주도하여 설립한 흥사단과는 다른 것임이 분명해 보인다. 이에 대한 연구는 이 책에서 담당할 일은 아닌바 후에 전문적인 연구가 필요하다 하겠다.

論說

興士團의 必要ᄒᆞᆫ 事業

◎興士團의必要ᄒᆞᆫ事業은一曰教科編纂이오一曰師範養成이오一曰測量教授니右三件의必要를論ᄒᆞ건ᄃᆡ大槪如左ᄒᆞ니

教科書는學者의要素라譬컨ᄃᆡ農夫의田地와工師의器械와如ᄒᆞ야若其精美ᄒᆞᆫ教科書가無ᄒᆞ면엇지精美ᄒᆞᆫ學問이有ᄒᆞ리오是以로世界上文明各國의教育制度를觀ᄒᆞ건ᄃᆡ各種教科書籍이皆其高明ᄒᆞᆫ文學家의苦心專力과博究精研으로分門別類에務極精美ᄒᆞ야尋常中等高等普通專門의需要를供給ᄒᆞᆫ者라我韓은舊來教育이只漢文一課에在ᄒᆞᆷ으로初學教科로言ᄒᆞ면千字文童蒙先習史略通鑑等書而已러니挽近에若個教育家가出ᄒᆞ야各種教科의印行ᄒᆞᆷ이有ᄒᆞ나ᄯᅩᄒᆞᆫ完備타謂치못ᄒᆞᆯ지라然則今日教育機關에對ᄒᆞ야教科編纂이엇지時急必要ᄒᆞᆫ事業이아니리오

師範養成으로言ᄒᆞ면蓋學生은國家의基礎오蒙學은學生의基礎니完全ᄒᆞᆫ蒙學이無ᄒᆞ면完全ᄒᆞᆫ學生이無ᄒᆞᆯ것이오完全ᄒᆞᆫ學生이無ᄒᆞ면完全ᄒᆞᆫ國家가無ᄒᆞᆯ지라今에完全ᄒᆞᆫ蒙學을養코저ᄒᆞᆯ진ᄃᆡ반다시完全ᄒᆞᆫ師範을要ᄒᆞᆯ터인ᄃᆡ現我韓文化가新陳代謝를際ᄒᆞ야今日學界에適當ᄒᆞᆫ師範을素具ᄒᆞᆫ者가未有ᄒᆞᆷ으로地方各校의教師請求가殆無虛日ᄒᆞ나材木의素養이旣乏ᄒᆞ거니엇지宮室의所用을供給ᄒᆞ리오此는師範養成이今日에必要ᄒᆞᆫ事業이오

測量教授로言ᄒᆞ면我韓舊來에國有民有의山林區域을測量法으로規定ᄒᆞᆷ이無ᄒᆞᆷ으로一般人民이山林法의如何를不知ᄒᆞ는지라現自農商工部로山林法을限三個年實施ᄒᆞ기로頒布가有ᄒᆞ미萬若山林區域에就ᄒᆞ야其周圍面積을測量法으로規定ᄒᆞ야農商工部에請願證明ᄒᆞᆫ者가無ᄒᆞ면雖民有라도國有에屬ᄒᆞ야民有라籍稱치못ᄒᆞᆯ지니萬若國有地가되는境遇에는將次他國人에所所占을被ᄒᆞ기도難保必無ᄒᆞᆯ지라幾十代傳守ᄒᆞ던山壟과屢百年培養ᄒᆞ던松楸가一朝에他人所有가된덜何處呼訴며何日還覓가此는測量學이今日에時急必要ᄒᆞᆫ學問이아닌가

然則興士團의必要ᄒᆞᆫ事業이右의所述과如ᄒᆞ니國內人士는其時急必要ᄒᆞᆫ理由를諒悉ᄒᆞ야教育發達과土地保有ᄒᆞ는方針에對ᄒᆞ야一倍儆惕ᄒᆞ고十分懋圖ᄒᆞᆯ지어다

논설 「흥사단의 필요한 사업」
『황성신문』 1908. 5.

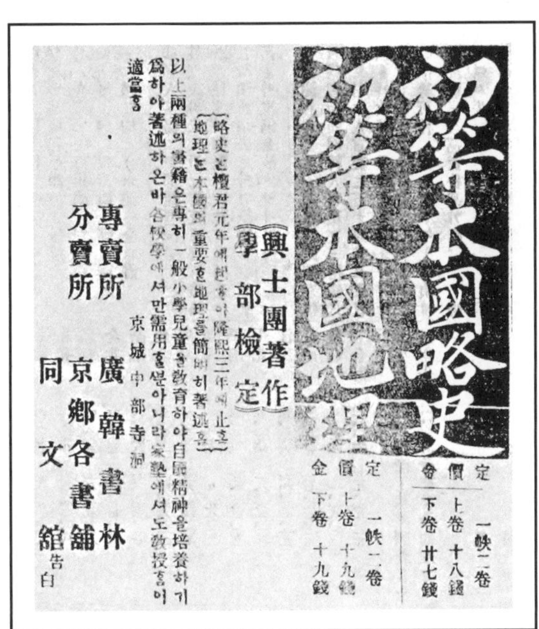

『초등본국약사』·『초등본국지리』
흥사단 저작 학부검정
광한서림
『황성신문』 1909. 11.

麻雀
京城愛雀會特選編「圖解說明」最新刊好評
一無料教授券添呈　京城愛雀會發行」
競技法
定價五十錢　郵料四錢
初版發賣　注文殺到
京城府黃金町二丁目　總販賣　株式會社　以文堂
振京一〇二七五番

日本で初めてコレマデ無かつた競馬の講義
近代的金儲け法
競馬講義　第一号一部
無代進呈
재민잇고
돈이생기고
그우에興味百퍼ー센트의
珍奇한　競馬講義
富之研究社

마작경기법 麻雀競技法

『마작경기법』 경성애작회 특선 편 / 경성애작회 / 『조선일보』 1931. 2.

『마작경기법』

경성애작회 특선 편 「도해설명」 최신간 호평
무료 교수권 첨정添呈

정가 50전, 우송료 4전
발행소: 경성애작회
총 판매소: 주식회사 이문당

『경마강의』 / 부지연구사 / 『동아일보 』 1933. 3.

시대가 절망스러울수록 사람들의 삶은 피폐해진다. 이때 술, 마약, 노름, 그 밖에 말초적 즐거움은 피폐한 삶을 사는 이웃을 유혹한다. 그리고 유혹의 끝에는 절망만이 존재한다.
일제강점기가 중반을 넘어 조선 사람 사이에 당연한 것으로 여겨질 무렵이 1930년대다. 독립은 불가능하고, 영구히 일제가 통치할 것이라고 체념하게 될 시점인 셈이다. 을사늑약부터 기산한다면 1930년대란 한 세대가 지날 무렵이니까, 그런 사고가 팽배하다고 해서 전혀 이상할 것도 없다. 따라서 그 무렵 사회는 극소수의 독립운동가, 상당수의 친일부역자, 대부분의 절망적 조선인으로 구성되어 있었을 것이다.
대부분의 절망적 조선인을 파고든 것은 앞서 말한 말초적 즐거움을 주는 수단이었다. 마작, 경마 관련 도서가 이 무렵 출간되기 시작한다. 즐기라! 독립이니 민족 차별이니 하는 골치 아픈 문제로부터 벗어나라!

秦賢助新著

祖國の旗の下に

—李仁錫上等兵—

四六判三〇〇頁
價一・五〇 〒一〇

全半島十三萬の
軍人志願者は讀め!!

半島に燃え上る祖國愛の熱情は戰時下日本全國民感激の的となつてゐる。今こそ半島全民が舉り起つて東亞の再建に發奮すべき秋だ!! その最先頭に立つた李仁錫!! 半島に志願兵制度の敷かれるや逸早く應募し、無敵皇軍の一兵卒として鬼神も哭かしむる奮戰の果て、夜半の風寒き山西の華と散つた李仁錫の名は不滅であり、朝鮮最初の金鵄勳章の餘榮は燦として輝やいてゐる!! 本書はこの名譽ある皇兵の半生を忠實に興味深く傳へた唯一の書。半島の歷史を飾る永久の紀念碑だ!!

新陸軍讀本

陸軍省推薦!!

[illegible]の使命を荷つて大陸に戰ふ我が陸軍に對する國民の知識の乏しいのには驚ろかされる。本書により現代日本陸軍を知れ!!

[illegible] 武田謙二著

四六判三七〇頁 口繪寫眞八〇枚
價一・五〇 〒一〇

東京市神田區小川町二ノ十
振替東京八三八九三

高山書院

石丸藤太著

大戰と日本の進路

巧妙なる宣傳のため、今次大戰の眞相は謎と霧の中に沒し去らうとしてゐる。本書は歐洲大戰の[illegible]を明瞭にすると共に、今後の世界の動向と我々の[illegible]

四六判五一〇頁
價二・〇〇 〒一四

最新刊

米國の參戰

著者は米國海軍の權威として夙に名あり、[illegible]

米國海軍少將
シムス著
石丸藤太譯

價二・〇〇 〒一四

095

조국의 깃발 아래

祖國の旗の下に

하타 겐스케秦賢助 / 고산서원 / 『경성일보』 1941. 2.

이인석李仁錫(?~1939)은 일본군으로 징집되어
중일전쟁에 참전하였다가 전사한 최초의
조선병이었다.
우리나라에서 지원병 제도가 처음 실시된 것은
1938년이었는데, 전사한 병사는 이인석이 처음이었다.
일본 당국은 그를 '제1호 전사자'로 내세우며
거국적으로 이 땅에서 선전에 동원했다. 그 무렵
신문을 보면 하루도 빠짐없이 그에 대한 기사가 실려
있는데, 그를 소재로 한 영화, 문학작품 등이 발표된
것은 어쩌면 당연한 일일 것이다.

半島人의 榮譽

志願兵最初의 戰死

忠北沃川出身의 李仁錫君

〈군석인리한사진〉

優等賞탄靑年

訓練所海田大佐 談

「반도인의 영예」
『매일신보』 1939. 7.

『매일신보』에 실린 이인석 전사 기사.

朝鮮總督府技師
朝鮮勞務協會主事 宮孝一著
朝鮮勞務協會囑託 上田龍男譯

B6判 一三〇頁
定價金五十錢(稅共)
送料八錢

朝鮮徵用問答

附 國民徵用令關係法令

遂に半島にも待望の國民徵用令は發動せられた。戰局は日に苛烈さを加へ、もはや前線も銃後もない。今日國家の總力を結集し、最大限度に生産力を增强して敵擊砕に邁進すべき秋だ。寸刻を爭ふ戰力增强の重大使命を擔ひ、榮ある應徵士として新らしい職場に挺身するために國民徵用令の趣旨を正しく理解し、應召の兵と變らぬ殉國の心構へを堅めよ。國民徵用令とは何か。如何にしてそれは崇高な義務であり、重責を果すための應徵士の決意は如何にあるべきか。本書はこれ等の諸點につき平易なる解說を試み國民徵用令に對する世間一般の誤解を一掃せんとした。半島二千五百萬民衆必讀の書はこれだ。尚ほ半島の實情に鑑み、諺文の對譯を附して普及と理解に便ならしめた。

內容
一、徵用とは何か
二、誰が徵用されるか
三、徵用はどのやうに行はれるか
四、徵用された者の心得

配給元 日本出版配給株式會社朝鮮支店

發行所 京城府中區太平通一丁目 振替京城六三六番 每日新報社出版部

「조선징용문답」
궁효일
매일신보사출판부
「매일신보」 1944. 2.

1944년이면 일본제국주의의 패망이 다가오면서 우리나라 시민에 대한 다양한 방식의 강제동원이 이루어지던 시기였다.
그런 상황에서 간행된 「조선징용문답」이라는 책은 참으로 많은 점을 시사한다.

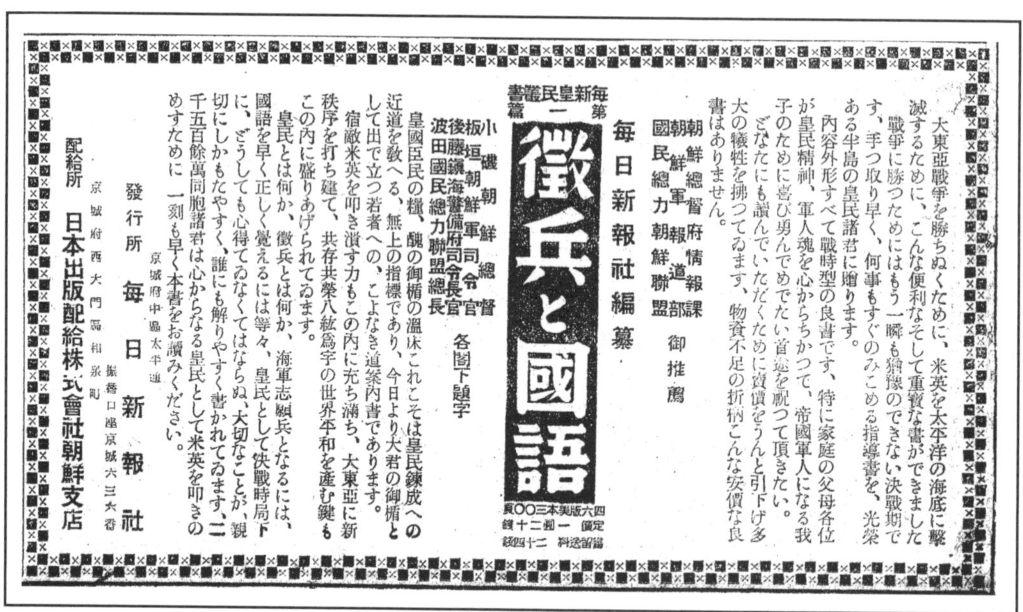

大東亞戰爭を勝ちぬくために、米英を太平洋の海底に擊滅するために、こんな便利なそして重寶な書ができました。戰爭に勝つためにはもう一瞬も猶豫のできない決戰期です、手つ取り早く、何事もすぐのみこめる指導書を、光榮ある半島の皇民諸君に贈ります。

內容外形すべて戰時型の良書です、特に家庭の父母各位が皇民精神、軍人魂を心からちかつて、帝國軍人になる我子のために喜び勇んでめでたい首途を祝つて頂きたい。

どなたにも讀んでいただくために賣價をうんと引下げ多大の犧牲を拂つてゐます、物資不足の折柄こんな安價な良書はありません。

朝鮮總督府情報課
朝鮮軍報道部
國民總力朝鮮聯盟
御推薦

每日新報社編纂

每新皇民叢書 第一篇

徵兵と國語

四六版美本三〇〇頁
定價一圓二十錢
書留送料二十四錢

小磯朝鮮總督
板垣朝鮮軍司令官
後藤鎭海警備府司令長官
波田國民總力聯盟總長
各閣下題字

皇國臣民の糧、醜の御楯の溫床これこそは皇民錬成への近道を敎へる、無上の指標であり、今日より大君の御楯として出で立つ若者への、こよなき道案内書であります。

宿敵米英を叩き潰す力もこの内に充ち滿ち、大東亞に新秩序を打ち建て、共存共榮八紘爲宇の世界平和を産む鍵もこの内に盛りあげられてゐます。

皇民とは何か、徵兵とは何か、海軍志願兵となるには、國語を早く正しく覺えるには等々、皇民として決戰時局下に、どうしても心得てゐなくてはならぬ、大切なことが、親切にしかもたやすく、誰にも解りやすく書かれてゐます、二千五百餘萬同胞諸君は心からなる皇民として米英を叩きのめすために一刻も早く本書をお讀みください。

京城府中區太平通
發行所 每日新報社
振替口座京城六三六番

京城府西大門區和泉町
配給所 日本出版配給株式會社朝鮮支店

「징병과 국어」
매일신보사 편
매일신보사
「매일신보」 1943. 9.

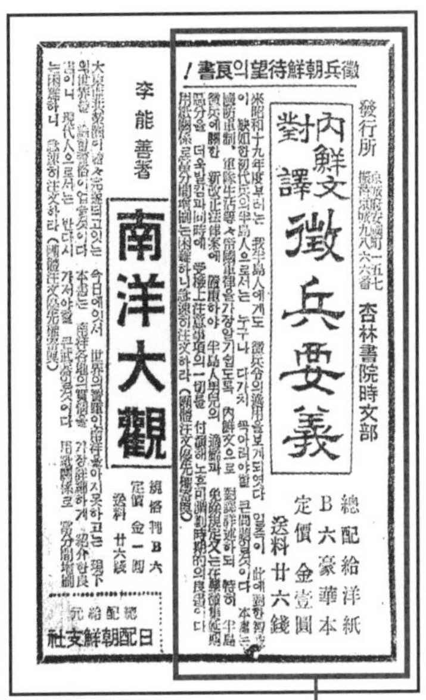

『내선문대역 징병요의』
행림서원 시문부
『경성일보』 1943. 5.

『전장시집 유서』
니시무라 고조西村皎三
양자강사
『경성일보』 1940. 11.

朝鮮初有의千圓懸賞當選小說

感激의 名篇!! 絶讚의 暴風!! 不朽의 傑作!!

朴進이라는 筆名으로 本報에 連載하여 百萬讀者로 하여금 感激과 緊張과 興奮과 눈물을 禁치못하게한 不朽의傑作「殉愛譜」가 滿天下의 熱狂的喝采와 待望裡에 上梓되엿다。連載中에도 讀者로부터 數없는 感謝의 편지가 作者에게 날라들엇거니와 連載가 끝난뒤에는 어서 速히 單行本으로 出版하여달라는 勸告의 殺到에 應하여 이에出版케되엿다。文章流麗, 構想絶妙, 思想高潔, 筆致能熟! 이것이 이小說이 가진特色이오, 따라서 朝鮮文壇의 자랑인 同時에 感激과 激情의 絶頂의 的이엿던것이다。眞實로 우리文壇에 이렇게도 깨끗하고 높고 부드럽고 재미있는 小說이 있었든가? 가장 높고가장깨끗한 사랑에 自己를 提供하여 殉하는 人生群의 가장 아름다운 魂을 描寫한 久遠의 新世界觀! 人生의 眞正한 幸福과 來日의 새로운 理想을 約束하는 小說「殉愛譜」는 實로 人生의 가장 높고 가장 眞實된 生活形態에의 大建築師요 人生必讀의 敎科書인것이다! 우리는 이「殉愛譜」에서 愛의 勝利를 吟味케되며, 倫理的氣魄과 藝術的感動이서로 融和하는 靑春感激의 大「오케스트라」를 듣게된다。한번 읽기始作하면 놓을수없는 悽愴한 舞臺의 轉換! 爛熳한 事件의 展開! 至高至純한 殉愛의 連鎖線! 曙雲이 그려낸 一世의 名作이오 萬古에 빛날 血淚의 人生愛曲을 읽으라! 아버지된者여, 어머니된者여, 아들된者여, 딸된者여, 어서 하루바삐 읽으시라。

人間의 根本問題를 論하는 小說

小說家 春園 李光洙

「殉愛譜」는 懸賞小說이엇스나 懸賞小說로서는 너무도 [illegible] 테마가 컷섯다。가장 높고 가장 깨끗한 사랑에 自己를 殉한다는것이 이小說의 主題이며 사랑은 주는것이오 가지는것이 아니기때문에 [illegible]까지 주고주어 마침내 自己生命까지 주어버리는것으로서 사랑을 이루는것이 이小說의 主題이다。나는 이「殉愛譜」의 [illegible]을 말하려 하지안는다。그것은 讀者스스로 判斷하실것이나 나는 오직 作者가 이小說에서 表現하려고한 主題만을 讀者에게 推奬하고십다。재미잇는小說, 妙한小說, 文章이 [illegible]한小說은 얼마이라도 잇슬것이어니와 人類의根本問題……個人生活의, 家庭生活의, 世界平和의, 根本問題를 描寫하라는小說은 그리흔한것이 아니다。그런데 朴君의「殉愛譜」는 이러한 [illegible]小說의 하나다。

現代小說의 白眉

小說家 月灘 朴鍾和

朴啓周氏의「殉愛譜」는 다시 둘도 없는 現代小說에서 [illegible] 作品이다。[illegible]하면 [illegible]와 사랑을 짓거리는 現代男女는 모름지기 이한篇「殉愛譜」를 읽은뒤에 비로소 당신의 사랑과 [illegible]을 吟味해보라。[illegible] 크나큰 光明을 어들것이오, 모든 不純한 [illegible]을 [illegible]한뒤에 새로운 정말 새로운 이小說이 指示하고있는 高潔한 人生의길을 밟을것이다。文章이 또한 [illegible]하여 그手法의 妙함이 [illegible] 小說의 價가 잇다。널리 天下에 紹介하여 이高潔한 小說을 집집마다 두어 아들과 딸에게 읽히라 勸하고십다。

人生最高의 理想과 幸福

小說家 [illegible] 田榮澤

朴君은 新人으로 文壇에 나타낫스나 그러나 지금으로부터 十年前, 그가 十六歲時에 [illegible]小說을 新聞에 發表하엿고, 繼續하여 [illegible]과 文學生活에 從事하여왓섯다。그러기때문에 小說「殉愛譜」는 新人으로나 文章으로나 조금도 [illegible]이 업는 [illegible] 아니라 人生의 最高理想과 幸福을 이小說은 暗示하고잇다。

놀라는 후ㅣ번가?!

小說家 八峰 金基鎭

나는 [illegible]者의 한사람이엇기때문에「殉愛譜」를 [illegible] 讀破하고, 構想이 絶妙함과, 文章이 [illegible]이 能熟한 點으로 文壇 어느作家가 [illegible] 않앗다。그리고 이小說을 읽어가면서 [illegible] 정성을 들엿다고 [illegible]스며, 文章도 곱고 부드럽고 新聞小說이 必要로하는 多彩한맛, 스토리의 [illegible], 登場人物의 [illegible], 모든것이 다 具備하고, 맨끝까지 一貫하여 [illegible] 내려가는 힘을 사랑하며 [illegible]를 위하여 저를 속인다 [illegible] 그 후ㅣ맨이즐그 [illegible]을 [illegible] 評價하여 [illegible]라고 보앗다。

四六判豪華洋裝美本
本文六百三十頁巨冊
新鑄「九포인트」組版
表紙은세트多色刷版
特製二色刷紙函添附

定價 一圓八十錢
送料 (書留) 二十五錢

京城府太平通一丁目
發行所 每日新報社
振替京城三六番
電話(本)八二一一番

京城府寬勳町一二三
市內販賣所 三文社書店
電話光化門二三五一番
振替京城九七五六番

096

★ 그는 한국전쟁 중에도 납북되다가 탈출해 백마고지 전투 등에 종군할 만큼 사상적으로도 남쪽을 지향했고 작품의 경향 또한 대부분 대중적일 뿐 아니라 기독교적 사랑과 희생을 드러냈으니까 말이다.

순애보 殉愛譜

박계주 / 매일신보사 / 『매일신보』 1940. 1.

재판출래再版出來
아연俄然!
독서계 공전의 대인기를 석권한 소설계의 최고봉
금년도 문단의 일대 경이요 최대 폭탄
서운 박계주 작
장편소설 「순애보」
조선 초유의 천만 현상 당선 소설

46판, 호화 양장 미본
본문 630쪽
정가 1원 80전
발행소: 매일신보사

박계주朴啓周(1913~1966)는 간도 용정에서 태어난 소설가로, 16세 때부터 글을 썼다. 그가 유명해진 것은 1938년 대표작으로 꼽히는 『순애보殉愛譜』가 『매일신보』 장편소설 현상모집에 당선된 때부터다. 그의 소설은 문학사에 길이 남을 명작은 아니더라도 그 시대에 대중의 선풍적인 인기를 끈 대표적인 작가다.

특히 『순애보』는 이후 작품명 '순애보'가 애틋한 사랑을 뜻하는 보통명사로 사용될 만큼 유명하다.

광고 문안을 통해서도 확인할 수 있는데 말 그대로 일제강점기를 대표하는 소설이라고 해도 과언이 아닐 것이다.

광고를 통해서만이 아니라 우리 근대 문학사에 이 작품만큼 인기를 끈 작품이 있을까 싶을 정도로 큰 인기를 끌었으니 목록에 오를 만큼의 의미가 있을 것이다.

그런데 사상이나 참여문학 등과는 정반대의 길을 걸은 소설가★의 마지막은 참으로 아이러니컬하다.

1961년 하반기에 『동아일보』에 연재하던 소설 「여수」가 필화사건에 휘말려 전격 중단되었고, 이와는 연관이 없겠지만 1963년에 연탄가스 중독으로 기억상실증에 걸렸다가 1966년 사망하고 말았던 것이다.

소설 「여수」의 연재 중단을 알리는 사고社告에 따르면 11월 27일 자 게재 내용 때문이라고 하지만 사실

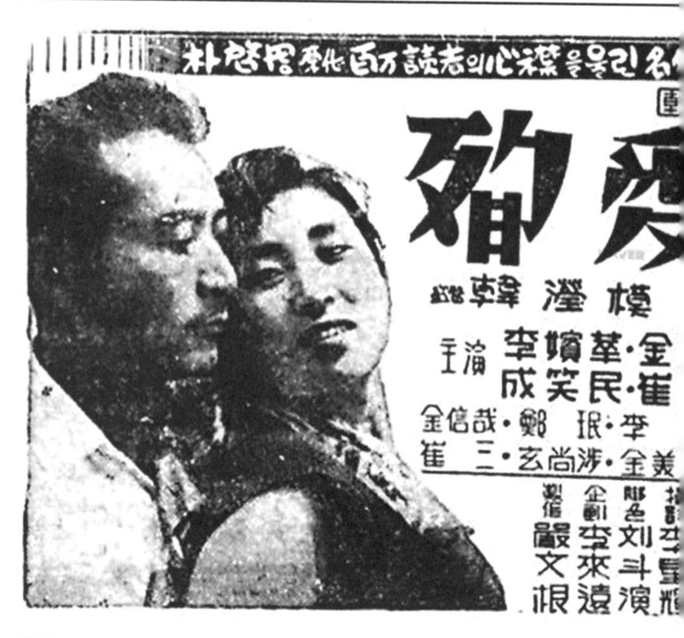

「순애보」 영화 광고
『경향신문』 1957. 11.

박계주 원작 백만 독자의 심금을 울린
명작소설 「순애보」 영화화
한형모 프로덕션 작품
감독 한형모

읽어 보면 그 내용은 너무 사적인 것이라서 아무리 생각해 봐도 필화사건의 대상이 될 것 같지 않다. 『국어국문학자료사전』★에는 이런 내용이 실려 있다. "박계주의 『여수旅愁』(『동아일보』, 1962)는 프랑스 여행을 소재로 한 르포 비슷한 소설인데, 그중 송진우 등이 '우리나라가 신탁통치를 받았더라면 중립국이 되었을 것이다'라는 정치적 발언을 하여 게재가 중지되었다." 그러니까 그 무렵 대한민국을 다스리고 있던 박정희 군사정부의 심기를 불편하게 했기 때문이라고 보는 것이 타당하지 않을까.

이 광고만 보더라도 『순애보』는 발표된 지 근 20년이 지난 1957년에 이르러 영화화될 만큼 오랜 기간 시민들의 사랑을 받은 작품임이 분명하다.

★ 이응백 · 김원경 · 김선풍, 1988, 한국사전연구사

장편소설 『애로역정』
박계주
매일신보사
『매일신보』 1943. 10.

대망의 제2거탄巨彈
명작 『순애보』를 능가하는 대걸편大傑篇!!
우리 문단에 던져진 경이의 대작!
B6판 600쪽 호화 양장 미본
정가 2원 50전, 우송료 28전
매일신보사 간행

七年の嵐

張赫宙著

最新刊

堂々一千枚の書下しの長篇歴史小説

文祿、慶長、七年間に亘る豊太閤の朝鮮役の主戰論者であり、主將に最も忠誠を勵んだ清正を主人公に、當時の陸戰の模樣を主として描き、清正以下將兵の悲壯な氣持を叙述したものである。

▼四六版六三〇頁▲ ▼上製函入▲ 價二・五〇 送二三

田園の雷鳴

好評絶讃の田園小說――素朴な山野と雄偉な溪谷と新鮮な人間の哀歡とを情緒的と解け合せて、この物語りを來下したものである。

[illegible] ▼四六版三五〇頁▼ 價一・五〇 送一〇

鏡泊湖

好評嘖嘖の滿洲小說――北滿の鏡泊湖、鏡泊湖畔に五族協和の理想を高々と樹立して、入植した一八〇名の朝鮮移民團員が、幾多の困難に遭遇し、遂に樂土を建設する開拓の苦鬪の記録、作中の人物は皆、現在の人々である。

鶴田研一著 ▼四六版三四〇頁▲ 價一・五〇 送一〇

本を如何に讀むべきか

モーティマー・J・アドラー博士著 山田[illegible]譯 ▼四六版二八〇頁▲ 價一・三〇 送一〇

現代人は讀書の方法を知らない――本を如何に讀むべきか、何を讀むべきかを――立派に――明解に――批判的に考へる讀書法を本書に依つて習得せられよ。讀書術を習得した曉には、明朗な氣分で讀書が出來る。

▼‥書店にて品切の節は直接本社へ‥▲

洛陽書院 東京 小石川

장혁주張赫宙

『7년의 람嵐』 / 장혁주 저 / 낙양서원 / 『경성일보』 1941. 3.

최신간
당당 1천 매의 장편 역사소설

장혁주張赫宙(1905~1998)는 경북 대구 출신의 작가이지만 필명으로 노구치 카쿠추野口赫宙를 주로 사용했고, 광복 후에는 일본에서 활동하다가 그곳에서 사망했다.
초기에는 사회주의 사상을 품어 대구고등보통학교에서 무기정학을 당하기도 하고 아나키즘 단체에서 활동하기도 했다. 그 후 일본어 소설 『아귀도餓鬼道』가 1932년 4월 일본 잡지 『개조改造』의 현상공모에 2등으로 입선하면서 소설가로 활동을 시작했다.
수년간 한국에서 활동하던 그는 1936년, 도쿄로 이주했고, 그때부터 친일적 활동에 깊숙이 관여한 듯하다.
그는 한국과 만주, 일본을 오가며 '내선일체'와 만주 개척을 주장했고, 1942년 2월에는 황도조선연구회皇道朝鮮研究會 위원이 되었고, 조선총독부의 지원을 받아 만주 개척촌開拓村 시찰에 나서는 등 적극적인 친일활동에 나섰다.
당연히 광복 후에 귀국하지 않은 그는 일본에 귀화하였다.
『7년의 람』은 임진왜란을 배경으로 한 역사소설로, 『한국현대장편소설사전』(고려대학교출판부)에 따르면 본래 제1부는 가등청정加藤清正, 제2부는 소서행장小西行長, 제3부는 이순신李舜臣, 제4부는 심유경沈惟敬을 주인공으로 하여 4부작으로 쓰일 계획이었으나 3부와 4부는 쓰지 못했다고 한다.

小說『加藤淸正』에 感激

그의 十一대 손자가 작자를 방문

半島作家張赫宙氏를激勵

【東京支局電報】최근내지문단에서 평판이놉흔소설가등청정(加藤淸正)을끗내고 이여서 그속편을집필하고잇는 반도작가 장혁주(張赫宙)씨와주인공되는 가등청정씨의제十一대손이된다는 동경마포구(東京麻布區) 예비해군주게대좌인 편강표태랑(片岡表太郞)([illegible])씨와는 一일밤에감격의대면을 하엿다

장씨의령필로그려진 『청정』을 읽고 감격한편강씨는 청정씨의 전모(全貌)를가장잘묘사한 장혁주씨란어쩌한인물인가하고 조상되는 청정씨를만나는것파가티 가슴을조리면서 장씨를차저온것인데 서로무릅을맛대고안저서 편강씨로부터

청정씨는나의조상인동시에 나의가장숭배하는인물인데 당신의 소설파가티 청정의참된모양을그대로그린문장은본일이업다고거듭하야 언사를하고 림해군(臨海君)이 청정에게준물건등 수十점의참고물까지주고 더욱격려를 한후도라갓다

장혁주의 소설「가등청정」에 관한 기사
『매일신보』 1939. 5.

이 기사에는 놀라운 내용이 담겨 있다. 내용은 다음과 같다.

소설「가등청정」에 감격
그의 11대 손자가 작자를 방문
반도작가 장혁주 씨를 격려

최근 내지 문단에서 평판이 높은 소설『가등청정』을 끝내고 이어서 그 속편을 집필하고 있는 반도 작가 장혁주 씨와 주인공되는 가등청정 씨의 제11대손이 된다는 동경 마포구東京 麻布區 예비해군주게 대좌인 편강 표태랑片岡表太郞 씨와는 1일 밤에 감격의 대면을 하였다. 장 씨의 영필靈筆로 그려진『청정』을 읽고 감격한 편강 씨는 청정 씨의 전모를 가장 잘 묘사한 장혁주 씨란 어떠한 인물인가 하고 조상되는 청정 씨를 만나는 것과 같이 가슴을 졸이면서 장 씨를 찾아온 것인데 서로 무릎을 맞대고 앉아서 편강 씨로부터 "청정 씨는 나의 조상인 동시에 나의 가장 숭배하는 인물인데 당신의 소설과 같이 청정의 참된 모양을 그대로 그린 문장은 본 일이 없다."고 거듭하여 언사를 하고 임해군臨海君이 청정에게 준 물건 등 수십 점의 참고물까지 주고 더욱 격려를 한 후 돌아갔다.

가등청정加藤淸正, 즉 가토 기요마사가 누구인가! 임진왜란 때 일본군을 이끌고 조선 침략에 나선 인물 가운데서도 가장 잔학한 자로 이름이 높은 왜장倭將인데, 그를 미화하는 소설을 피해 당사자인 조선인이 썼으니 가토 기요마사의 후손으로서는 얼마나 감격스러운 일이었겠는가!
장혁주의 친일은 겉으로 드러나는 모습이 아니라 마음으로부터 우러난, 참으로 감격스러운 것이었음이 분명하다.

『서사시어동정』
김용제
『경성일보』 1943. 7.

지은이는 카나무라 류사이金村龍濟인데, 이는 김용제金龍濟(1909~1994)가 창씨개명한 이름이다. 김용제는 일본 주오대학을 중퇴한 후, 프롤레타리아 시 운동을 하며 문단에 나왔다. 그 후 그의 활동과 사상으로 인해 4년간 옥살이를 하고 조선으로 강제 송환된 그는 이전과는 전혀 다른 삶을 살기 시작하는데, 이때부터 그의 친일 활동이 시작되는 것이다. 조선총독부 외곽단체인 조선문인협회 발기인으로 활동한 그는 제1회 총독문학상을 수상하기도 하였다. 『서사시어동정敍事詩御東征』은 그의 두 번째 시집인데 일본어로 쓰였다.

最新刊發賣

源庵 吳智泳先生著

東學史

定價 一圓八十錢
送料 十八錢

東學史는우리東方幾千年來初有의大革新史니이冊은東學道에精力이만흔源庵吳智泳先生의所著이다 今古未有의道法을알려거든東西大勢의變遷과우리東方의事情을알려거든맛당히이글을읽어보라◉注文時는必히先金을要함

發行所 京城府鐘路二丁目 振替京城六二三一 永昌書館

098

동학사東學史

오지영 / 영창서관 / 『매일신보』 1940. 12.

최신간 발매
원암 오지영 선생 저
정가 1원 80전
우송료 18전

『동학사』
동학사는 우리 동방 기십 년래 초유의 대혁신사니 이 책은 동학도東學道에 정력이 많은 원암 오지영 선생의 소저이다. 고금에 없던 도법을 알려거든 동서 대세의 변천과 우리 동방의 사정을 알려거든 마땅히 이 글을 읽어 보라.
발행소: 영창서관

저자 오지영吳知泳(1868~1950)은 전라북도 고창 출신으로 동학농민운동이 일어나던 해에 양호도찰兩湖都察이라는 자리에 있었다. 운동이 일어난 후 무력항쟁을 주장한 전봉준이 이끄는 남접과 이에 반대하는 최시형이 이끄는 북접 사이에서 화해를 이끌어 내 공동전선을 펼치도록 하는 데 성공했다. 그 후에도 천도교의 주요한 인물로 활동하였는데, 후에 이돈화가 이끄는 주류 세력과 의견을 달리해 혁신파를 구성하고 지도자로 활동하였다.
이처럼 그는 동학농민운동의 한가운데 있었기에 그가 저술한 『동학사東學史』에는 동학농민군이 요구한 유명한 '폐정개혁안'이 처음 수록되는 등 주요한 자료로 평가받는다.

定價 二圓
送料 二十七錢

松岩 著

世紀의 英雄 히틀러傳

드르라! 英雄의 咆哮를!
읽으라! 鐵과 血의 記錄을!

저금世界에는 새로운歷史가 展開되고잇다。西에는 獨逸을 中心으로한 歐洲新秩序! 東에는日本을 中心으로한 東亞新秩序! 읽으라! 歐羅巴新秩序의指導者 히틀러ー의傳記를! 世界를 震撼시키는 驚異的存在!

그의傳記는正히獨逸復興의歷史오新世紀의歷史의聖典이다。

★ 울려 흔들림.

099

히틀러전

함태영 / 명문당 / 『매일신보』 1941. 7.

송암松岩 저
정가 2원, 우송료 27전
『세기의 영웅 히틀러-전』

들으라! 영웅의 포효를!
읽으라! 철과 혈의 기록을!
지금 세계에는 새로운 역사가 전개되고 있다.
서에는 독일을 중심으로 한 구주 신질서!
동에는 일본을 중심으로 한 동아 신질서! 읽으라! 구라파 신질서의 지도자 히틀러의 전기를!
세계를 진감震撼★시키는 경이적 존재!
그의 전기는 정히 독일 부흥의 역사요 세기의 역사의 성전이다.

히틀러가 이끄는 독일, 무솔리니가 이끄는 이탈리아, 그리고 일본이 삼국동맹조약三國同盟條約을 맺은 것은 1940년 9월 27일이었다. 이로써 제2차 세계대전의 한 축이 완성된 것이다.
그리고 이때부터 일본제국주의가 히틀러와 무솔리니를 우상화하기 시작했다. 함께하는 자들을 높이면 자신은 저절로 높아질 테니까.
『세기의 영웅 히틀러-전』은 삼국동맹조약이 맺어진 지 10개월이 채 못 되어 출간되었는데, 광고를 보면 송암松岩이라는 사람이 저자로 되어 있다.
이 책이 우리나라 출판사인 명문당에서 출간된 걸로 보아 우리나라 사람일 가능성이 높은데, 이승만 대통령 시절 부통령을 지낸 바 있는 함태영咸台永(1873~1964)의 호가 송암松岩이다.

또 하나! 기억해야 할 사실이 있다.
당시 민족적 비밀결사에서는 아예 "세계 영웅전을 연구·토의해서 조선청년의 분기에 자료로 삼을 것"을 과제로 설정하기도 했다.
위인들의 행동을 보면서 그들은 조선이 이렇게 일본의 식민지가 되고 또 그러한 현실을 벗어나 독립국이 되지 못하고 있는 것은 '조선에 훌륭한 영웅이 없기 때문'이라는 생각을 갖기에 이르렀다.

그런데 당시 청년들에게 영향을 준 전기류는 비스마르크나 나폴레옹 등 세계사적 영웅도 포함되었지만, 주된 경향은 크게 두 가지로 대별된다.
첫째는 히틀러나 무솔리니 등 당면한 파시즘전쟁을 주도해 가던 인물의 전기류이며, 둘째는 이러한 제국주의의 지배와 그들의 전쟁에 저항했던 간디 등 식민지의 민족지도자와 관련된 것이다.
이 중 첫 번째가 더 많은 영향을 주었으며, 실제로 당시 청년층이 가장 많이 접하면서 숭배했던 위인은 바로 히틀러였다. 히틀러나 무솔리니에 관한 소식은 신문지상을 통해 쉽게 접할 수 있었으므로 더욱 그러했다.
이들이 히틀러의 『나의 투쟁』 등을 가장 많이 읽었던 것은 파시즘전쟁으로 조성된 정세 하에서는 어쩔 수 없는 일이기도 했다.
많은 청년들이 민족주의적 의식을 가지게 된 동기로서 히틀러에 관한 소문이나 저서를 듣고 있는 것을 볼 때, 이들이 조선의 청년 학생층에 미친 영향은 상당히 컸다.
한 예로, 비밀결사 '무등회'★의 주모자인 남정준도 『히틀러전』을 읽고 민족의식에 공감했다고 했다.

그러니까 오늘날 우리가 상상하는 히틀러의 모습과는 전혀 다른 시각을 식민지 청년들이 품고 있었다는 사실을 기억해야 한다.
오늘날 시각으로 섣불리 특정 현상을 재단해서는 안 된다는 말이다.
그렇다면 독립운동가였던 함태영이 『히틀러전』을 저술했다는 것도 전혀 이상할 것이 없다.
철학자 김태길金泰吉(1920~2009)이 "돈을 내고 책을 사서 읽을 형편은 못되었다. 그러나 외가는 부자여서 외사촌들이 사 온 책을 빌려 볼 기회는 있었다. 『무솔리니전』과 『히틀러전』 그리고 『나폴레옹』 등 위인전을 읽은 기억이 남아 있다."라고

1993년 1월 19일 자『경향신문』「나의 독서편력」이라는 수필에서 서술한 것 또한 오늘날 우리가 상상하는 히틀러와는 다른 평가가 그 시대에 있었다는 증거일 수 있겠다.

洪蘭坡氏의最近名作

朝鮮童謠百曲集

下編出來

여러분의苦待하시던百曲集下編五十曲이나왓습니다발서全國的으로大歡迎을받는本書는全編이모다上編以上의자미잇고아름다운노래뿐이오伴奏도모다잇습니다

定價金八拾錢送料四錢

朝鮮歌謠作曲集

壹輯出來

朝鮮의歌人鷺山의時調十五編에아름다운樂曲을붓친것인대獨唱曲으로는다시업기어려운아름답고뜻깊은노래들이다時調의樂曲化！敎壇에樂壇에레코ー드에…樂界의一大收穫이다

定價金五十錢・送料貳錢

發行元 [illegible] 硏樂會

分賣所（京城）永昌書館・漢城圖書株式會社・第一書店・以文堂書店・博文書館

其他平壤・大邱・[illegible]와各著名書店에도有함

홍난파 洪蘭坡

『조선동요백곡집』·『조선가요작곡집』 / 홍난파 · 이은상 / 연악회 / 『동아일보』 1933. 6.

홍난파 씨의 최근 명작

『조선동요백곡집』
하편 출래出來
여러분의 고대하시던 100곡집 하편 50곡이 나왔습니다. 벌써 전국적으로 대환영을 받는 본서는 전편이 모두 상편 이상의 재미있고 아름다운 노래들뿐이요 반주도 모두 있습니다.
정가 80전, 송료 4전

『조선가요작곡집』
1집 출래出來
조선의 가인 노산鷺山의 시조 15편에 아름다운 악곡을 붙인 것인데, 독창곡으로는 다시 얻기 어려운 아름답고 뜻깊은 노래들이다.
시조의 악곡화! 교단에 악단에 레코드에……. 악계에 일대 수확이다.

정가 금 50전, 우송료 2전
발매원: 연악회

홍난파洪蘭坡(1897~1941)는 우리에게 작곡가이자 바이올리니스트, 지휘자로 알려져 있는데, 난파는 그의 호이고 본명은 영후永厚다.

일제의 수탈에 고통받는 식민지 백성의 아픔을 표현한 것으로 알려진 가곡 「봉선화」가 그의 대표작인데, 안타깝게도 수양동우회 사건에 연루되어 옥살이를 하고 나온 이후 같은 사건에 연루되었던 많은 사람들이 그러하듯 친일 활동을 하여 오늘날에도 그의 업적과는 별개로 오명을 안은 채 평가받고 있다.

한편 일제강점기의 광고를 보면 그를 단순히 음악가로 보는 것이 마땅한지 의문이 드는 게 사실이다.

외국소설을 번역, 출간한 것은 물론이요 신소설을 발표하기도 하였고 다른 한편으로는 독립운동에 가담하기도 하였다. 또한 몇몇 잡지를 창간하면서 식민지 백성을 위한 문예운동에도 앞장서는 등 길지 않은 삶 내내 치열하게 살았음을 확인할 수 있으니 말이다.

『조선동요백곡집朝鮮童謠百曲集』은 홍난파가 편찬한,

동요곡집으로, 처음 출간된 것은 1929년이었다. 그 후 1931년과 1933년에 상·하권이 발행되었다.
1928년 6월 20일 자『동아일보』기사에서 볼 수 있듯이 홍난파는 이 책에 실을 가사를 공모하였다. 이 동요집에 실린 노래에는 오늘날에도 유명한「낮에 나온 반달」,「퐁당퐁당」등이 포함되어 있다.
함께 광고에 수록된『조선가요작곡집』은 노산 이은상의 시조에 곡을 붙인 작품집으로, 1933년에 출판되었다.

◇童謠懸賞募集 시내창
성동일백사십구번디(昌成洞一
四九)에잇는 연악회(硏樂會)에
서는 조선어린이의맘을 노래한
순진한 창작에한하야 일인이편
이내를 륙월금음날까지 모집한
다는데 주소와씨명을 명긔하야
관제엽서에 보내주기를 바란다
하며 작품중에서 가작일백편을
선택하야 조선동요백곡집(朝鮮
童謠百曲集)을편성할터 한부식
진정하고 그중에서 십편을특선
하야 작자에게 상품을준다하
며백곡집은 홍남파(洪南坡)가
『피아노』반주를부처작곡하야동
경고등음악학원작곡교수『워크
매이스터—』씨의 교열을바더책
자를발행할터이라더라.

「동요현상모집」기사
『동아일보』1928. 6.

홍난파가 편찬한『조선동요 100곡집』(상권 1929년, 하권 1933년)의 출간과 동요 현상모집을 알리는 내용으로, 홍난파의 이름이 홍남파로 실린 게 흥미롭기도 하다.

縮譯 어대로 가나? 原名 코-바듸스

發行所 廣益書館

『축역 어대로 가나?』 원명 『코-바듸스』
홍난파
광익서관
『동아일보』 1921. 11.

『코-바듸스』를 홍난파가 축소·번역한 작품이다.

피아노獨奏、 피아노聯彈
바이올닌合奏、 大正琴獨奏
女聲獨唱、 男聲獨唱
女聲合唱(오케스트라伴奏附)
만도린、세라(六絃琴)合奏
바이올닌、세라、만도린合奏

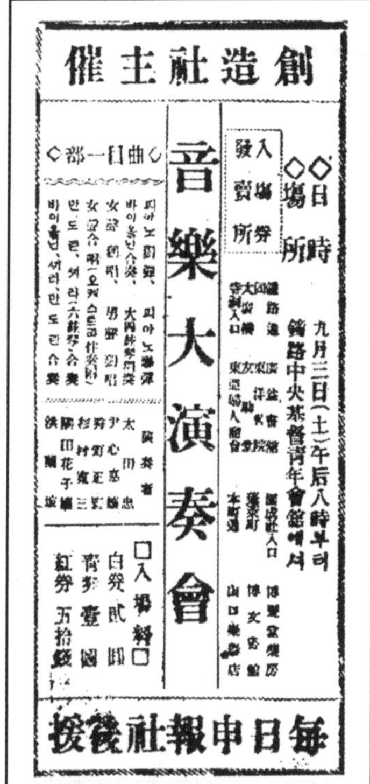

創造社主催

音樂大演奏會

◇日時 九月三日(土)午后八時부터
◇場所 鐘路中央基督靑年會館에서

◇曲目一部◇

□入場料□
白券 貳圓
靑券 壹圓
紅券 五拾錢

每日申報社後援

「음악대연주회」 사고
『매일신보』 1921. 9.

홍난파는 바이올린, 기타, 만돌린 연주자로 소개하고 있다.

新小說豫告

戀愛小說 最後의 握手

洪永厚君創作

「신소설 예고」 연애소설 『최후의 악수』
홍영후 군 창작
『매일신보』 1921. 4.

홍난파의 연애소설 『최후의 악수』를 새롭게 연재할 예정이라는 내용이다.

最新刊

哀史

佛國文豪 유-고-原作

蘭坡 洪永厚 抄譯

發賣元 博文書館

『애사』
빅토르 위고 원작·난파 홍영후 초역抄譯
박문서관
『매일신보』 1922. 7.

프랑스 문호 빅토르 위고의 『레미제라블』을 홍난파가 원문 전체가 아니라 필요한 부분만 번역하여 실었다. 광고 문안에 이 책이 "19세기 제일의 양서"라 했던 톨스토이의 말이 소개되어 있다.

서해문집 출판문화연구소

서해문집 출판문화연구소는 도서출판 서해문집이 설립한 출판 관련 연구소다.
오늘날 대한민국, 나아가 세계 출판계는 새로운 영상 시대, 모바일 시대의 개막을 맞아 심대한 위기를 맞고 있다. 출판, 즉 눈에 보이는 매체에 기록하여 교류하고 전승하는 문명의 기록 활동은 오늘날 인류가 누리는 모든 삶의 기반이 되었고, 향후에도 그럴 것이다.
그러나 대한민국에서 출판은 사양산업의 대표요, 앞선 시대를 뒤따르지 못하는 전통산업으로 치부되는 게 현실이다. 출판문화연구소는 그러한 편견의 벽을 무너뜨리고 결국 문명의 기록자로 작동해야 할 출판의 새로운 모습을 찾고자 설립되었다.
그러하기에 출판문화연구소는 산실散失되어 가는 문명의 흔적들을 모으고, 새로운 시대에 걸맞은 문명의 기록·전달 방식을 모색하고자 한다.
작은 출판사에서 설립한 소규모 연구소이기에 이른 시기에 성과를 거두기는 힘들지 모른다. 그러나 우공이산愚公移山의 정신은 바로 출판에 필요한 게 아닐까!
독자와 시대의 관심을 기대한다.

김흥식

대학 시절 수십만 권이 꽂혀 있는 도서관에 들어서며 빛나는 인류 문명에 사로잡힌 후 평생을 책을 만들기로 결심하였다.
그 후 출판에 필요한 돈을 마련하기 위해 10년간 직장생활을 한 후 도서출판 서해문집과 파란자전거, 도서출판 그림씨를 세웠다.
우리 고전에 현대의 숨결을 불어넣었다는 평가를 받는 〈오래된 책방〉 시리즈, 어린이들에게 인류의 고전을 쉽고 깊게 전하는 〈파란클래식〉, 근대 인문정신의 본격적 전개와 더불어 탄생한 문명의 성과물을 모은 〈클래식그림씨리즈〉 등을 기획·출판하였다.
한 나라의 출판은 무엇보다 고전古典과 기록문명의 출판을 앞세워야 한다고 굳게 믿는 고전신봉주의자로, 옮긴 책으로는 《징비록》, 《택리지》 등이 있고, 지은 책으로는 《한글전쟁》, 《안중근재판정참관기》, 《전봉준재판정참관기》, 《세상의 모든 지식》, 《백번 읽어야 아는 바보》(동화) 등이 있다.